경영 스케치

알기쉬운
경영학
입문서

Business Management
Sketches

허정수
노춘섭
장준호
김영환

도서출판
청람

▪ 머리말 ▪

21세기의 경영환경은 과거의 관점에서는 도저히 예측할 수 없는 단절적 변화의 시대이며, 기존의 경영방식과 패러다임이 획기적으로 변화되지 않는 한 지속적인 발전을 꾀할 수 없는 급진적 혁신의 시대이다. 무수히 많은 경쟁업체들이 범세계적으로 치열한 생존경쟁을 펼치고 있으며, 살아남기 위해서는 독창성과 차별성을 토대로 기업을 재구축해야만 한다.

본 저서 『NEW 경영 스케치』는 이러한 경영환경의 시대적 변화를 반영하고자 노력하였고, 경영학을 처음 접하는 독자들에게 경영에 쉽게 접근할 수 있는 입문서의 역할을 할 것으로 믿어 의심치 않는다.

경영학은 종합학문이자 실천학문이고, 응용학문이다. 또한 경영은 곧 삶이요, 삶은 곧 경영이다. 즉 경영은 기업, 국가에만 한정되어 있는 것이 아니라, 인간의 생활과 밀접한 관계를 가지고 우리의 삶 깊숙이 파고들어 있다. 본서는 경영의 기초적인 이해를 증진시켜 줄 뿐만 아니라 삶의 지침서로서의 좋은 양서가 될 것이다. "경영을 알면 세상을 지배하고, 경영을 모르면 지배당한다"라는 말은 국가의 지배구조에서만 통용되는 것은 아닐 것이다. 따라서 경영의 모든 개념들은 조직이나 집단뿐만 아니라 개인에게도 적용되며, 지혜로운 삶의 노하우를 제공한다. 경영마인드를 가지고 생활하는 개인은 그렇지 않은 사람보다도 더 현명하고 지혜로운 삶을 영위하는 것이다. 누구나 이와 같은 삶을 갈망할 것이고, 이를 위해서라도 경영은 경영학을 공부하고 연구하는 학생들이나 전공자만의 전유물이 아니라, 모든 사람들이 배워야 할 교양으로 간주되어야 한다.

또한, 좁은 의미의 경영학 연구대상을 기업으로 한정하여 볼 때, 현재의 선도기업 간에도 경쟁이 더욱 격화될 것이며 어느 기업도 미래의 존속과 성장을 장담하기 어려운 현실이다. 그러나 우리나라의 정보화나 세계화의 진전은 선진국과 큰 차이가 없는 것으로 나타나, 이 점에서 매우 희망적일 뿐만 아니라 지금까지 어려운 상황에서도 현재의 경제성과를 달성한 점으로 비추어 앞으로 우리는 훨씬 나은 기회를 맞이할 수 있음을 기대해 보면서 새로운 시대에 적응할 수 있는 경영의 중요성을 더욱 실감하게 된다.

따라서 경영학은 내용이 그 시대의 흐름이나 기업의 활동과 바로 연결되어 있다는 점에서 현실문제뿐만 아니라 미래의 상황과도 직결되어 있다. 그동안 이 분야를 공부하고 강의해 오면서 항상 느껴왔던 것은 그 범위가 너무나 넓다는 것과 계속 새로운 분야가 빠른 속도로 탄생한다는 것이다. 그러므로 그 중요성과 방향도 아주 빨리 변화해야 한다.

경영이라는 학문이 이처럼 현재의 흐름이나 환경, 그리고 미래예측의 중요성에 큰 비중을 두고 있기에 본서의 기본적 구상도 이런 점에 착안하여 현재와 미래의 경영자에게 요구되는 지식체계와 상황인식에 도움을 주고자 하였다. 따라서 경영학을 처음 공부하는 학생이나 실무자들이 경영학의 기초지식과 새로운 지식을 쉽게 이해할 수 있도록 가능한 한 쉽게 기술하였다. 그러나 교재로서 미흡한 표현과 오류는 저자의 연구부족에서 비롯된 것이므로 독자들의 넓은 이해와 따끔한 충고를 기대한다.

본서는 저자가 그동안 저술했던『현대 경영학원론, 1997』,『경영학의 이해, 2002』와『경영학원론, 2010』,『처음 접하는 경영학, 2012』그리고 훌륭한 선학들의 연구결과와 저서를 기반으로 이루어졌다. 구성은 한 학기의 강의분량을 염두에 두어 총 4부의 대분류와 12장의 소분류를 하였는데, 1부는 경영학의 기초로 경영학의 기초적 이해와 역사 그리고 경영자와 기업가에 대한 내용을 담고 있다. 2부는 기업과 환경으로 기업의 본질과 형태, 기업환경의 이해, 그리고 사회적 책임과 윤리경영 순으로 기술하였다. 3부는 경영관리 3개의 과정, 즉 계획, 실행, 그리고 통제를 각각 7장, 8장, 9장으로 구분하여 기술하였으며, 마지막으로 4부는 경영의 부문별 기능으로 생산관리, 마케팅관리, 인적자원관리, 재무관리를 두 개의 장으로 할애하여 집필하였다. 마지막 12장은 경영의 현재와 미래를 기술하여 현재의 경영과 미래의 경영을 비교하였으며, 미래 경영의 단초를 제공하고 있다. 각 장마다 사례를 포함하여 본문의 내용을 이해하는 데 도움이 되고자 하였고, 전체 분량을 최소화하여 본문을 간략하게 구성하려고 노력하였다.

그동안 책이 나올 때까지 많은 도움을 주신 선배 · 동료 교수님들께 감사의 말씀을

드린다. 그리고 시간의 촉박함 등 어려운 여건 하에서도 출판을 기꺼이 맡아주신 도서출판 청람의 이수영 사장님과 편집부 직원들께 고마운 마음과 함께 무궁한 발전을 기원한다.

2014년 1월

어등산 기슭에서 황룡강을 바라보면서…

저자 일동

▪ 차례 ▪

경영스케치

Part 01 경영학의 기초

경 영 스 케 치

Chapter 01

경영(학)의 이해

제 1 절 경영의 개념

우리는 인간을 가리켜 흔히 사회적 동물이라고 한다. 한자어로서 인간이 뜻하는 바와 같이, 혼자 살 수 없는 것이 인간이기 때문이다. 즉 인(人)은 두 사람의 합이요, 간(間)은 두 사람의 관계를 말한다. 이는 모든 사람이 사회적 생활을 영위함으로써 자신의 욕구를 충족시킬 수 있다는 의미를 내포하고 있다.

이처럼 인간은 공동생활을 영위하고 있기 때문에, 구성된 공동체가 유지 · 발전할 수 있도록 노력하는 삶을 살고 있다. 예컨대, 인간의 생활은 크게 가족 등과 같이 본능에 기초를 둔 자연발생적 집단 내의 생활과 교회, 회사, 학교 등과 같이 인간의 이성에 기초를 둔 협력적 관계로 이루어지는 생활로 구분될 수 있다. 여기서 우리가 사회적 생활이라고 할 때는 협력적 관계로 이루어지는 생활을 일컫는다. 그러나 개미나 꿀벌과 같은 동물들의 생활은 협력적 관계이지만 본능에 기초를 둔 자연 발생적인 집단생활이라고 할 수 있다.

또한 과거의 자급자족 생활과는 달리 개인의 능력으로 해결할 수 없는 일들과 직면하게 되어 이를 극복하기 위해 필연적으로 다른 사람들의 도움을 얻어 협력생활을 하게 된다. 즉 우리의 보다 나은 삶을 영위하기 위해 소비되는 재화는 그 대부분이 타인에 의해 생산되고 있다는 것이다.

따라서 우리의 경제생활은 언제나 타인들과의 교섭(negotiation)이나 교환

(exchange)에 의해서만 이루어 질 수 있다. 이러한 생산이나 교환 또는 소비활동에서 공동의 이익을 추구하기 위한 목적을 갖는 사람들의 협력적 생활이 이루어지게 되면서 인간조직(human organization)이 형성되었다. 이러한 조직을 존속 · 발전 · 성장시키기 위해서는 공동의 목적을 향한 협동적 활동이 효율적이고 효과적으로 수행되고 조정되어야 하는데 이를 위한 모든 활동을 '경영'(management)이라고 한다.

즉 경영이란 협력체계인 인간 조직체에 대한 종합적인 이해와 조직의 공동 목표를 달성하기 위한 인적 · 물적자원을 효율적이고 효과적으로 운영하는 데 관계되는 활동이라고 할 수 있다. 요컨대, 경영은 조직의 자원들을 효과적이고도 능률적으로 계획하고, 조직화하고, 지휘하고, 통제함으로써 조직의 목표를 달성하는 과정이다.

조직체가 영리를 추구하는 영리조직이든 또는 비영리조직이든 목적 달성을 위해 총괄하는 역할을 담당하는 사람을 '경영자'(manager)라고 한다. 경영자는 조직의 구성원인 개인들에게 할당된 임무와 목적을 성공적으로 달성할 수 있도록 환경을 설계하고 유지해야 하는데, 이는 모든 종류의 조직과 계층에 있는 경영자의 과업이 되는 것이다. 따라서 경영자는 개인들이 집단의 목표를 위하여 최선의 노력을 다할 수 있도록 수단과 방법을 강구해야 할 책임을 지니고 있다.

이러한 관점에서 경영활동의 정의를 다음 내용과 같이 확장할 필요가 있다.

① 경영자는 계획, 조직, 충원, 지휘 및 통제의 관리기능을 수행한다.

② 경영활동은 어느 조직에서도 적용된다.

③ 경영활동은 모든 종류의 조직계층(organization levels)의 관리자에게 적용된다.

④ 모든 경영자의 목표는 잉여(surplus)의 창출이다.

⑤ 경영활동은 유효성(effectiveness), 효율성(efficiency) 및 생산성(productivity)과 밀접한 관계가 있다.

위에서 논의한 경영과 경영자는 매우 포괄적인 것이며 일반 조직에도 폭넓게 적용이 가능하다. 즉 정부 · 군대 · 교회 · 프로야구단 · 경찰 · 학교 · 정치단체 · 박물관 그리고 가정 등과 같은 비영리조직에도 보편적인 행동원리로서 경영과 경영자를 다룰 수가 있다.

이와 같은 조직체 전반에 걸친 광의의 개념으로부터 효율적이고 고유한 연구범위를 설정하기 위하여 경영자가 수행하는 기능이나 활동 등을 기준으로 더욱 구체적으로 구분되어야 할 필요가 있다. 예를 들면 행정조직체에 관한 분야는 행정학에서 그리고 가정은 가정학에서 조직의 특수성 내지 기능에 따라 연구된다.

그러므로 오늘날의 사회에서 핵심적인 역할을 수행하는 기업조직체, 즉 사기업을 대상으로 연구하는 학문을 경영학(business administration)의 범위로 규정할 수 있다. 따라서 경영학은 생산조직체인 기업에 대한 종합적인 이해를 하고, 이를 토대로 기업목표의 합리적인 달성을 위하여 기업활동이 어떻게 수행되어야 하고 이러한 활동을 어떻게 합리적으로 관리해야 하는가 하는 행동원리를 종합과학적 입장에서 다루는 하나의 지식체계라 할 수 있다.

자본주의 5.0

1970년 미국 시카고대 교수 밀턴 프리드먼이 제시한 기업이익 중심의 '자본주의 1.0'은 1990년 기업에 다양한 모습으로 관계를 맺고 있는 이해관계자들을 고려해야 한다고 주장하는 버지니아대 교수 에드워드 프리먼의 '자본주의 2.0'으로부터 도전받았다. 프리먼에 의하면 기업은 사회적 권한을 가진 만큼 사회적 책임도 져야 한다는 것이다. 이어 1998년 영국 런던정경대 교수 앤서니 기든스가 주창한 '제3의 길(The Third Way)'이 등장했다. 그 내용은 진보 진영에서 추구하는 복지사회를 보수 진영에서 추구하는 시장자본주의로 구현하자는 것이었다. '자본주의 3.0'으로 명명된 이 주장은 '천사의 모습을 가진 자본주의'로 여러 나라에서 다양한 방식으로 나타났다. 한국에서도 뉴라이트 운동을 비롯해서 보수 성향의 NGO들이 이 취지에 찬동했고, 이명박 정부도 이 노선을 채택했다.

2008년 미국에서 촉발된 금융위기 속에서 금융권 지배 세력에 불만을 품은 군중이 벌인 '월스트리트 점령(Occupy Wall Street)' 운동은 대중으로부터 폭발적인 지지를 끌어냈다. 이들은 '자본주의 3.0'이 천사의 모습을 한 악인(惡人)들의 포장술에 불과하였다고 주장하며, 시장 논리에 근거하여 고삐가 풀어졌던 금융산업에 대한 규제를 강화하는 동시에 대기업의 탐욕을 억제하는 적극적인 정책을 정부에 요구하였다. 아나톨 칼레츠키가 『자본주의 4.0』이란 책에서 갈파한 것처럼, 사회는 대기업이 마지못해 동냥같이 제공하는 책임으로는 더 이상 만족하지 못하게 된 것이다. 요원의 불길처럼 전 세계로 퍼져 나갔던 이 운동은 구체적인 정책 대안을 개발하지 못한 채 끝나고 말았지만, 이제 지구촌은 자본주의가 더 이상 자유라는 명분으로 평등을 가로막지 못한다는 인식을 확실하게 갖게 되었다.

이런 세계적인 전환기에 나타난 새로운 움직임이 '공유가치 창출'이다. 이 운동은 기업이 천사의 모습만 보이지 말고 '천사의 마음을 가진 자본주의'로 사회를 받아들여야 한다고 주장한다. 세상에 존재하는 수많은 사업 기회 중에는 기업가치와 사회가치를 동시에 추구할 수 있는 방안이 반드시 있다는 전제하에 두 가치를 동시에 증진하는 것이 이 주장이 추구하는 핵심이다. 이미 피터 드러커는 '인간중심 자본주의'라는 이상사회를 제시하면서 "오늘날 사회적이고 세계적인 모든 이슈는 숨겨진 사업 기회이다"라는 표현으로 공유가치 창출 시대가 도래하리라고 예견했었다. 이렇듯 공유가치 창출 방향으로 나아가는 자본주의를 '자본주의 5.0'이라고 부를 수 있다.

이제까지 나타난 다섯 가지 자본주의 유형을 오른쪽에 시장지배, 왼쪽에 정부지배를 나타내는 수평선 위에 표시해보면 다음과 같다. 먼저 시장의 능력을 믿는 '자본주의 1.0'은 오른쪽 끝에, 정부의 능력을 믿는 '자본주의 2.0'은 왼쪽 끝에 놓인다. 그 다음으로 '자본주의 3.0'은 중간과 오른쪽 끝 사이에, '자본주의 4.0'은 중간과 왼쪽 끝 사이에 놓여 완화된 모습을 나타낸다. 마지막으로 공유가치 창조를 주장하는 '자본주의 5.0'은 한가운데에 놓이게 된다. 경영자는 이 위치에서 시장과 정부를 균형잡힌 시각으로 보면서, 기업과 사회 간의 조화로운 협력관계를 이끌어가게 된다. 이제 미래를 지향하는 경영자라면 기업가치와 사회가치를 동시에 구현하는 공유가치 창출을 핵심전략으로 삼아야 한다.

자본주의 1.0~5.0의 좌표

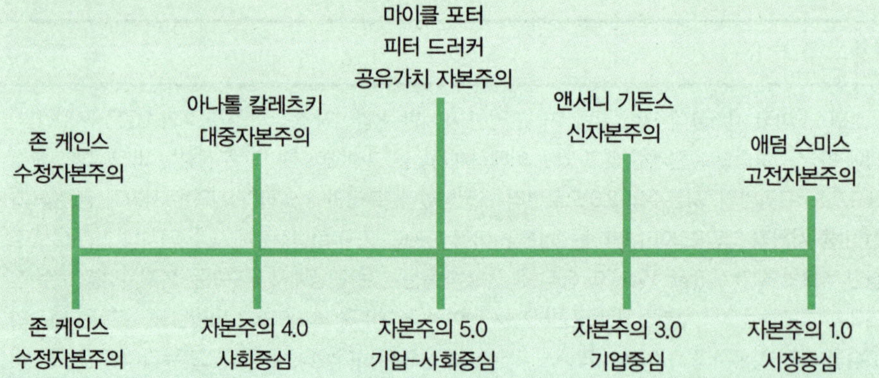

자료 : 조선일보 2012년 10월 15일

제 2 절 경영학의 연구대상

지금까지 경영학이란 과학(science)인가? 또는 기술(art)인가? 하는 논쟁이 종종 있어 왔다. 또한 '경영학이란 어떤 학문인가'에 대해서도 아직 통일된 체계나 정의를 찾기가 어렵다. 그러나 일반적인 개념들을 요약해서 정의를 내린다면 경영학이란

'생산조직체인 기업의 경영관리를 연구 대상으로 하며 기업을 둘러싸고 있는 기업환경과의 상호관련 속에서 당면하게 되는 모든 문제들을 효과적으로 해결하는 방법 내지 사고를 체계적으로 이론화한 지식체계'라고 할 수 있는 학문이다.

우리가 다루는 경영학은 넓은 의미의 사회과학에 속하는 학문이며 사회과학에는 여러 가지 다른 학문, 예컨대 경제학, 정치학, 법률학, 사회학 및 심리학들이 속해 있다. 이들 여러 학문들이 저마다 독자성과 대상이 있듯이 학문으로 성립된 경영학의 연구대상으로서 기업, 나아가 기업의 목적달성을 위한 영리원칙을 살펴본다.

1. 개별경제로서의 기업

경영학은 앞에서 설명한 대로 사회과학이므로 분명히 사회계의 현상을 그 대상으로 하는 것인데 이 사회라는 대상이 어떤 측면을 어떤 고찰수준을 전제로 하여 탐구하는 지식체계인가를 다른 관점에서 살펴보기로 하자.

우리의 경제생활은 사회 전체와의 관련하에서 사회경제 내지는 국민경제의 일환으로 끊임없이 반복되고 또 발전하고 있다. 그리고 우리의 경제상황은 사회적 분업에 의하여 향상되었다고도 할 수가 있다.

그러나 이와 같은 사회 전체로서의 경제는 반드시 통일적인 의사에 의해서만 영위되는 것은 아니다. 사회경제의 운영은 오히려 회사나 공장 또는 슈퍼마켓이나 우리의 가정과 같은 개개의 경제단위 활동으로부터 이루어지는 것이며 이와 같은 경제단위를 개별경제라 한다. 즉, 이와 같은 각종의 개별경제가 사회경제의 실체가 되어 서로 연결됨으로써 사회 전체로서의 경제가 유지되고 발전되는 것이다.

따라서 우리의 경제생활에 대하여 연구하고자 할 경우 사회 전체의 경제에 대하여 연구함은 물론이거니와 이들 개별경제 자체에 대하여도 이해할 필요가 있다. 사회 전체의 경제를 연구하는 학문으로서 경제학이 발달하고 있는 것과 마찬가지로 개별경제에 대해서도 그것을 전문적으로 연구하는 학문이 필요하게 되는 것이며 경영학은 바로 그와 같은 필요에서 생성된 것이라고 할 수 있다. 그리고 전체경제(국민경제)를 구성하는 개별경제에는 여러 가지로 분류할 수 있으나 일반적으로 [그림 1-1]과 같이 세 가지로 구분된다.

첫째, 재정(public finance)인데 국가나 지방자치단체들의 경제를 말한다. 이의 주요 기능은 행정상의 지출을 관리하는 소비경제로서 재정수입은 조세 등에 의존한다.

둘째, 가정(household or housekeeping)으로서 가계(household economy or family budget)라고도 한다. 우리들의 가정생활에 필요한 소비 경제를 목적으로 하는 개별경제이다.

셋째, 기업(enterprise)으로서 사회에 재화(goods)의 생산 및 서비스(services)를 제공하는 조직체이며 여기에 관련되는 문제를 연구하는 것이 경영학이다.

즉, 경영학은 기업을 연구하는 학문이다. 따라서 경영학의 연구 대상은 기업이다. 이와 같이 경영학은 기업을 고유의 연구대상으로 하는 학문으로서 경제학과는 다른 독립된 하나의 사회과학이다.

기업 수의 증가나 기업의 대규모화, 기업의 사회에 대한 영향력의 증대, 자본주의 경제의 고도화 등의 변화를 배경으로 하여 경영학에 의하지 않고서는 해결하지 못하는 문제들이 발생하게 된다. 경제학이 연구대상으로 하는 전체경제(국민경제)는 각 개별경제와의 상호 관련 속에서 성립하게 되며, 개별경제가 전체경제를 구성하는 요소로서 기능하게 되는 것이다.

나아가 경영학의 주된 연구대상은 특히 영리를 목적으로 하는 기업, 즉 사기업에 초점을 두게 되는데 이는 현대의 자본주의 경제체제하에서는 주로 영리적인 기업이 그 핵심적인 역할을 하고 있기 때문이다.

그림 1-1 | 개별경제의 형태

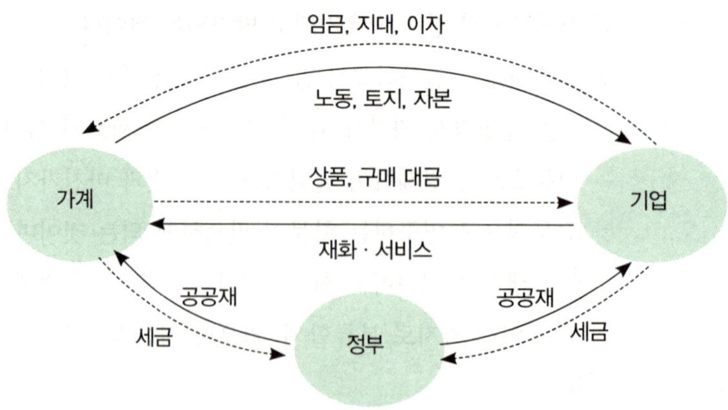

2. 선택원리

현대경영학의 주된 관심 대상은 개별경제 중 기업이라는 이름의 사기업(영리기업)에 그 초점이 놓여 있으며 그것은 곧 '목적의 달성을 위한 기업생존의 원리'라고도 할 수 있으며 영리추구가 생존의 기본적 과제가 된다.

영리추구 원칙이란 단적으로 표현할 때 '이윤의 추구'라는 형식으로 나타나지만, 이러한 원칙의 내용과 이윤 추구의 방식에 따라 목적 달성을 위한 몇 개의 선택할 수 있는 원리가 선정된다.

기업목적을 위한 선택원리 내지 목적달성을 위한 행동원리가 무엇이냐에 대한 논의에 따라 학파(schools)나 다른 접근방법(approaches)이 생겨나기도 한다. 여기에서는 기본적 선택원리로서 수익성, 경제성, 생산성, 유효성을 살펴보기로 한다.

1) 수익성

수익성(profitability)이란 자본과 이익의 관계인 수익률에 의한 기업행동의 원리이다. 여기에서 수익이란 판매수익으로서 이로부터 비용을 공제한 부분이 이익이 된다. 수익성은 자본이익률로 표시하며 이는 매출이익률과 자본회전율의 곱으로서도 표현할 수 있다. 따라서 일반적으로는 계량적으로 표시가 가능하며 수익성이 극대화될 경우 이는 곧 바로 이윤극대화에 영향을 미치게 된다.

2) 경제성

경제성(economic efficiency)이란 경영활동을 위해 투입 내지 소비된 모든 재화와 용역에 대한 성과 내지 급부와의 관계로서, 최소의 희생으로 최대의 성과를 얻으려는 행위를 의미한다. 이는 경영의 건전한 성장을 측정하는 척도로서 이용되고 경제적 가치에 의해 측정된 생산성이라고도 볼 수 있다.

또한 생산요소의 경제적 결합에 있어 비용상으로 유리한 대체가능성을 평가하는 데에 있어서 최적의 대안을 선택할 수 있는 기준이 된다. 따라서 경제성은 수익성보다 그 범위가 넓으며 계량적으로 표현되지 않고 비교 가능한 기준이 되는 경우가 많다.

3) 생산성

생산성(productivity)이란 생산을 위해 투입된 여러 요소의 양과 이에 의해 만들어진 산출량과의 상대적인 비율이다. 그러므로 생산성은 생산요소가 얼마나 용이하게 이용되는가를 나타내는 물적인 능률이나 효율로서 이미 사용한 것과 그것에 의해 생산된 것과의 비율이라고 할 수 있다. 투입되는 생산요소의 종류에 따라서 노동생산성, 부가가치생산성, 자본생산성, 토지생산성 등으로 구분하기도 한다. 그러므로 생산성은 그 자체가 순수한 기술적 개념으로서 좋다든지 나쁘다든지 할 수 있는 것이 아니고, 생산성 향상의 방법 내지 그 성과의 분배 등이 문제의 초점이 된다.

또한 생산성과 유사한 개념으로 효율성(efficiency)이 있는데 이는 투입과 산출의 비율로서 "더 많이, 더 좋게, 더 빨리, 그리고 더 싸게"에 그 초점이 있다. 다시 말하면 효율성이란 무슨 일이든지 낭비 없이 적절하게 수행한다는 것을 시사하기 때문에 '무엇(what)'이 행해져야 하는가보다 오히려 '어떻게(how)' 행해지는가에 역점을 두고 있다.

4) 효과성

효과성(effectiveness)이란 경영목표가 달성된 결과를 양, 질, 시간, 비용 등의 관점에서 파악하는 것을 말한다. 그러므로 유효성은 과정을 중시하는 효율성을 포함하는 상위의 개념으로서 주로 인간에 대한 작업의 효과, 목표의 적절성, 목표와 작업에 내재된 가치 등에 관계가 있기 때문에 전체 시스템의 결과측정에 활용된다.

예컨대, 어느 기업이 시장점유율을 높이려는 목표가 달성되어 경쟁기업들을 앞지르는 결과를 얻었지만, 즉 유효성은 있지만 그 과정에서 비효율적일 수도 있는 것이다. 따라서 유효성을 제고시키기 위해서는 어느 조직체든지 효율성을 고려한 인간의 개성, 기업의 목표, 사회의 규범과 가치에 더욱 접근될 수 있도록 그 조직이 설계되어야 한다.

표 1-1 | 경영학의 선택원리

구분	산출공식	개념
수익성	이익/투입자본	영리원칙의 실현 정도 측정 척도
경제성	산출가치/투입가치	경제원칙의 실현 정도 측정 지표
생산성	산출량/투입량	생산요소별 변환과정의 성과 측정 척도
유효성	산출/목표	목표달성 정도 측정 척도

(1) 효율성과 효과성 비교

효율성은 과업을 제대로 하고 있는 것을 의미하며(doing things right), 투입과 산출 간의 관계이며, 산출된 결과물과 투여된 입력물의 비율로 표현하게 된다. 반면에, 효과성은 올바른 과업을 수행하고 있는 것을 의미하며(doing right things), 목표달성(goal attainment)의 정도와의 관계이며, 실제 결과물이 원하는 결과물에 충족되는지를 지속적으로 측정하게 된다.

경영자는 돈, 사람, 장비와 같은 희소한 자원의 투입을 다루기 때문에 이들 자원의 효율적 사용에 관심을 갖고 있다. 그러므로 효율적인 경영활동은 자원코스트의 최소화와 관련되고 있다. 그러나, 경영은 비용의 최소화를 추구할 뿐만 아니라 목표달성을 위한 제반 활동을 통하여 결과를 극대화하는데 관심을 가지고 있다. 즉, 성공적인 경영은 목표를 달성하는 것뿐만 아니라 효율성을 높이는 일에도 관심을 가져야 한다.

그림 1-2 | 효율성과 효과성의 범주

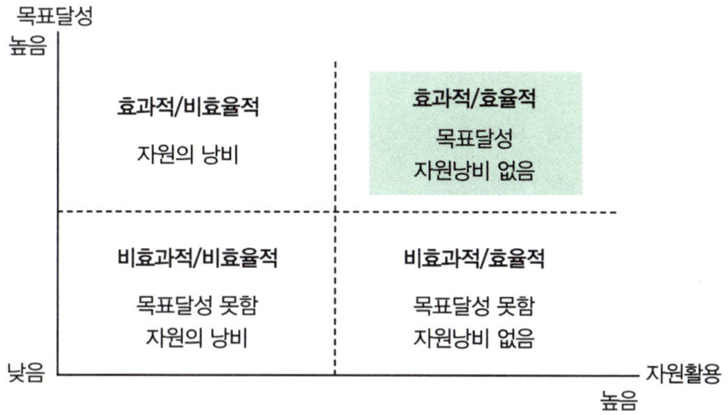

효과성과 효율성

경영학자 피터 드러커는 기업경영과 관련한 중요 문제점으로 '효과성(effectiveness)과 효율성(efficiency)의 혼동'을 지적한다. 효과성이란 '올바른 일을 하는 것(doing the right thing)'이고, 효율성은 '일을 제대로 하는 것(doing things right)'을 뜻한다. 이 둘로 네 가지 조합이 가능한데, 최선의 경우는 꼭 해야 할 일을 똑부러지게 하는 것이요, 최악의 경우는 해서는 안 될 일을 열심히 하는 것이다. 다시 말해 처음부터 하지 말았어야 할 일을 일사불란하게 해치우는 것이 최악의 경우다.

국가경영도 기업경영과 마찬가지다. 그런데 참으로 정부가 해선 안 될 일을 너무도 일사불란하게 해치우는 경우가 많다. 국민이 낸 세금으로 편성된 예산사업 중 애초에 시도하지 말았어야 할 사업을 감행함으로써, 그리고 반드시 해야 할 일을 조악하게 만듦으로써 얼마나 많은 국민 혈세를 낭비했는가. 재정은 본래 기능과 목표에 가장 충실하게 운영하는 것이 바람직하다. 지출의 남용과 오용을 막고 최선의 효율성을 발휘할 수 있도록 운영해야 한다. 그 무엇보다도 투명성과 합리성을 견지해야 한다.

자료 : 신동아 2013년 3월호

제 3 절 경영학의 접근방법

경영활동이나 경영현상은 보는 시각에 따라 다양하다. 경영의 현실적인 존재를 기업이라 할 때, 기업이 생존 · 발전 · 성장한다는 것을 생명체의 운동현상에 비유해 볼 수 있다. 즉 조직이라는 생명체는 입체적인 모습이고 그 행동의 특성은 동태적이다. 한 마디로 간략하게 입체적이고 동태적인 현상을 어떻게 완전하게 설명할 수 있는가? 우리는 영화의 한 장면처럼 어떤 공간에서 존재하는 모습을 일부분 그것도 한 측면만을 볼 수 있을 뿐이며 그것도 시각과 시간 등에 따라 제각기 다른 모습을 관찰할 수 있을 것이다.

이것이 관찰의 한계이며 경영학 연구방법의 다양한 시각인 것이다. 이와 같이 대상의 특정 국면을 선택하여 연구하는 관점(viewpoint)을 접근방법(approach)이라고 한다. 따라서 역사와 문화적인 배경을 달리하는 나라마다 그 시대의 요청이 다를 것이고, 경영하는 과정에서 대두되는 문제점을 보는 시각도 달라질 수밖에 없다.

따라서 경영학 연구에 있어서 단 한 가지 방법만이 적용되는 경우는 드물며 몇 가지 방법들이 단계적 · 중복적 또는 상호 교차적으로 쓰여지고 있다. 경영학의 일반적인 접근방법은 다음과 같다.

첫째, 관찰적 방법(observational method)이다. 관찰 또는 관측이란 '진실(truth)의 인지(認知)를 위한 첨단연구방법 이전의 연구방법'이라 할 수 있다. 그것은 실천적인 이론과학으로서의 양면적 학문인 현대 경영학의 연구에 있어서는 대부분의 경우 사실의 관찰에서부터 시작되는 것이 일반적이기 때문이다.

둘째, 귀납적 방법(inductive method)이다. 특수한 것으로부터 출발하여 그것들에 공통되는 보편적 법칙을 찾아내는 것이 귀납법의 본질이다. 다시 말해서, 귀납법이란 관찰된 개개의 사례(사실)를 총괄하여 그러한 특수 사실로부터 일반 정리를 끌어내는 방식으로서, 특히 이론적 순수과학적인 경향이 짙은 독일경영학에서의 주된 연구방법의 하나가 되고 있다.

셋째, 연역적 방법(deductive method)이다. 귀납과 반대되는 방법론으로서 보편적 원리 또는 일반적 주장에 의거하여 행하는 연구방법이 연역적인 연구방법이다. 즉, 이미 알려진 보편적 법칙(일반적 주장)에서 특수한 법칙을 끌어내는 수법을 이용한다. 특히 개념적 · 가정적 · 선언적인 추론 도출에는 연역법을 사용한다.

경영학 연구에 있어서는 연역적 방법과 귀납적 방법이 서로 단계적 · 중복적 또는 상호 교차적으로 이용하는 경우도 있다. 특히 가설이 직접적으로 검증되지 않고, 다만 간접적으로만 검증될 수 있을 경우 또는 이미 알고 있는 많은 법칙을 포괄적인 법칙 아래서 통일하고 조직하는 경우 등에 흔히 사용된다. 특히 이러한 경우의 연구방법을 연역적 귀납법(deductive-inductive method)이라 하며, 또 사실 이러한 귀납법과 연역법의 종합으로 성취된 실제의 사례적인 과학의 진보도 많다.

넷째, 직관적 방법(intuitional method)이다. 직관(intuition)은 논증과 반대되는 개념으로서, 논증의 경우처럼 주어진 판단의 확실성 또는 개연성을 확정할 수 있는 근거를 밝혀주지 못하는 비논증적 연구방법이지만, 역사적으로 볼 때, 위대한 발견은 이른바 '순간의 직관'에 의해 이루어진 경우도 많았다는 사실을 간과해서는 안 된다.

이를테면 경영학에서의 가설(hypothesis)은 이러한 직관의 결과일 때가 많으며, 이론에 있어서 뿐만 아니라 실제에 있어서도 직관이 경영자의 의사결정에 미치는 영향도 적지 않다. 결국 실천적인 이론과학이라는 현대경영학의 학문적 성격상 직관이 차지하는 방법론상의 비중이 크며, 현실적으로 경영자의 경험에 의한 많은 사례들을 볼 수 있다.

다섯째, 역사적 방법(historical method)이다. 역사는 미래를 위한 기초이자 안내자로서 이용된다. 따라서 경영학을 연구하기 위해서는 우선 그 역사, 즉 경영학사를 이해하는 일부터 시작하는 것이 원칙이다. 그것은 경영학 역시 다른 사회과학과 마찬가지로 연구하는 입장 내지 관점의 차이에 따라 각종의 학파가 존재해 왔으므로 과거와 현재에 있어서 경영학 생성과 발달을 고찰하여 보고, 각 학설 내지 각 학파의 개별적 특성(또는 시대적 특징)을 밝히는 것이 경영학의 체계적인 연구를 위해서도 필수불가결한 전제이기 때문이다.

제 4 절 경영학의 학문적 특성

경영학의 학문적 특성은 다음과 같은 네 가지 관점에서 요약할 수 있다. 그것은 이론적 학문으로서의 특성과 실천적 학문으로서의 특성, 그리고 과학으로서의 특성과 기술로서의 특성이다. 또한, 오늘날과 같이 복잡다기한 경영현상과 행동을 해석하고 인간이 지닌 인지능력의 한계를 극복하기 위해 다른 학문과의 활발한 교류를 통해 밀접한 관계를 전제로 한 종합과학적(interdisciplinary) 학문이다.

1. 이론적 학문과 실천적 학문으로서의 경영학

이론적 학문으로서의 경영학은 이론과학(theoretical science) 또는 순수과학(pure science)으로서의 특성을 갖는 것을 의미한다. 이는 나타나고 있는 경영현상에 대한 이론적 연구방법을 통하여 경영현상에 나타나고 있는 공통적 속성을 하나의 원칙으로 정립해 나가는 경영학을 의미한다. 이 연구에 있어서는 현재 나타나고 있는 경영사상에 대한 단순한 기술에 그침으로써, 있는 그대로의 경영현상에 초점을 맞추어 연구한다. 따라서 이와 같은 방법에 있어서는 기술과학(descriptive science)적 방법을 채택하게 된다. 기술과학이란 있는 그대로의 경영현상을 사실적으로 분석함으로써 거기에서 경영의 제 원리를 논리적으로 정립해 나가는 학문의 방법을 의미한다.

반면, 실천적 학문으로서의 경영학은 실천과학(practical science) 또는 응용과학(applied science)으로서의 특성을 갖는 것을 의미한다. 이는 기업이 가진 목적을 성취하기 위하여 어떤 수단이나 방법을 선택하는 것이 가장 이상적이겠는가를 항상 고려하면서 규범적(normative)인 선택을 하게 되는 연구의 학문을 의미한다. 따라서 여기에서는 있는 그대로의 경영현상에 대한 단순한 기술이 아니라, 경영은 적어도 이렇게 전개되어야 한다고 하는 가치규범적인 차원에서 경영의 실천원리를 추구해 나가는 학문을 말한다.

이러한 양 학문의 관계는 상호보완적 관계로서 다루어져야만 한다. 경영학이 이론적 학문으로서의 특성을 나타낼 때 그것은 경영실무가 지향하여야 할 이론적 기초, 다시 말해서 경영실무를 위한 비전을 제시한다. 또 경영학이 실천적 학문으로서의 특성을 나타낼 때 그것은 경영이 단순한 이론을 위한 이론으로서가 아니라, 이론을 바탕으로 그것을 실행에 옮김으로써 경영의 과실을 딸 수 있는 실천적 처방전을 얻게 된다. 이로써 이론과 실천은 상호보완적 관계를 통하여 보다 더 큰 관리적 성과를 거둘 수 있도록 한다. 결국 이론 없는 실무 또한 실무가 수반되지 않는 이론도 있을 수 없다는 점에서 이들 양 특성은 상호보완적인 것이다.

2. 과학론과 기술론

경영학이 하나의 과학으로서의 특성만 갖느냐 아니면 기술로서의 특성도 아울러 갖느냐 하는 것에 관하여는 논란이 있을 수 있다. 본 장의 서두에서 제기하였던 이 문제를 우리는 흔히 과학 · 기술논쟁(science or art controversy)이라고 하는데, 이 논쟁은 결국 계란이 먼저냐 아니면 닭이 먼저냐(egg or chicken cycle)의 논쟁으로 비유될 수밖에 없다. 따라서 경영학은 과학으로서의 특성과 기술로서의 특성을 아울러 갖는다는 결론에 도달하게 된다.

경영학이 과학(science)으로서 다루어 질 때 그것은 경영의 실천원리에 필요한 하나의 비전과 원리를 제시하게 되고, 또 그것이 기술(art)로서 다루어지게 될 때 그것은 현실적으로 경영체가 추구하는 과실을 보다 용이하게 얻을 수 있는 실천적 처방전을 제시한다.

그러나 만일에 경영학이 하나의 과학으로서만 다루어지게 된다면, 그것은 현실과는 동떨어진 이상론에 그치게 되어 지식을 위한 지식(knowledge for knowledge)의 학문으로 전락하게 된다. 그것은 행동을 위한 지식(knowledge for action)도 아울러 제공할 수 있어야 한다.

반대로, 만일에 경영학이 하나의 기술로서만 다루어지게 될 때, 그것은 경험과 직관에 의존해서 시행착오(trial and error)의 혼란만을 거듭하게 하고, 이로써 경험지상주의에서 오는 이론적 일관성의 부재를 불가피하게 하는 이론체계로 전락하게 된다. 이로써, 경영학은 이론성과 실천성을 함께 추구할 수 있는 양면적 학문으로서의 특성을 갖게 된다.

이상에서 우리는 경영학이 이론 및 실천적 특성과 과학 및 기술적 특성을 아울러 갖는다는 것을 고찰하였다. 따라서 이것을 하나의 그림으로 요약하면 다음과 같이 나타낼 수 있다.

그림 1-3 | 현대경영학의 성격

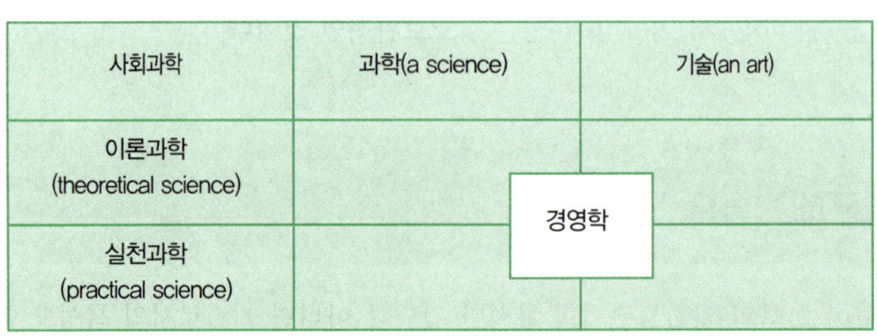

3. 인접과학과의 관련성

경영학은 다양한 관련학문의 연구성과를 수용하고 있는 종합과학적 또는 학제적 성격을 지니고 있다. 그 이유는 경영학의 연구대상인 경영현실이 가지는 복잡성과 복합성, 그리고 다차원적인 성격 때문이다. 경영학의 인접과학으로서 경영학의 학문적 체계정립에 일조를 한 대표적인 학문에는 경제에 대한 이해를 도모하는 경제학, 사회에 대한 이해를 촉진하는 사회학, 인간에 대한 이해를 도모하는 심리학, 그리고 수리에 대한 이해를 촉진하는 수학, 통계학 등이 있다. 공학, 법학 등의 응용과학도 경영학의 성립에 기여하고 있다.

첫째, 경제학은 기본적으로 한 국가나 사회의 경제시스템을 연구대상으로 하는 데 비해, 경영학은 그 시스템을 구성하는 생산주체인 기업을 기본단위로 하고 있다. 경제학의 일반이론, 경제학에서 규명된 원리 · 원칙이 그대로 경영학에서도 원용되고 있고, 경제무대 속에서 기업경영활동을 전개하여야 하기 때문에 경제학을 이해하지 않고서는 기업경영 문제를 해결하기 어렵다.

둘째, 심리학은 개인의 행위를 연구하는 학문이며 경영학은 기업이라는 조직체를 연구하는 학문이다. 기업을 구성하는 가장 중요한 요소인 인적자원을 기업의 목적달성에 효과적으로 활용하기 위해서는 심리학의 연구가 중요하다. 특히 경영학과 밀접한 관계를 가지고 있는 심리학 분야는 산업심리학, 조직심리학 등이 있다.

셋째, 사회학은 사회 · 조직 · 집단에서의 인간의 사회적 행동을 연구대상으로 하며, 기업조직은 사회를 구성하는 핵심적인 요소 중의 하나라는 점에서 두 학문은 밀접한 관계를 가지고 있다. 실제로 경영학의 여러 이론이 조직 내에서의 권력작용, 역할과 규범, 상호작용 등과 같은 사회학의 이론에 기반을 두고 있다.

넷째, 기업경영은 계수관리이며 그 의사결정의 기초는 객관적인 계수에 의해서 행해진다. 통계학은 현대경영에 있어서 경영현상을 계수적으로 관리하도록 도와주며 수학적 · 통계적 모델을 활용하여 경영정책의 수립과 사업의 집행에 있어서 매우 중요한 역할을 담당하고 있다.

그림 1-4 | 경영학 연구의 인접과학

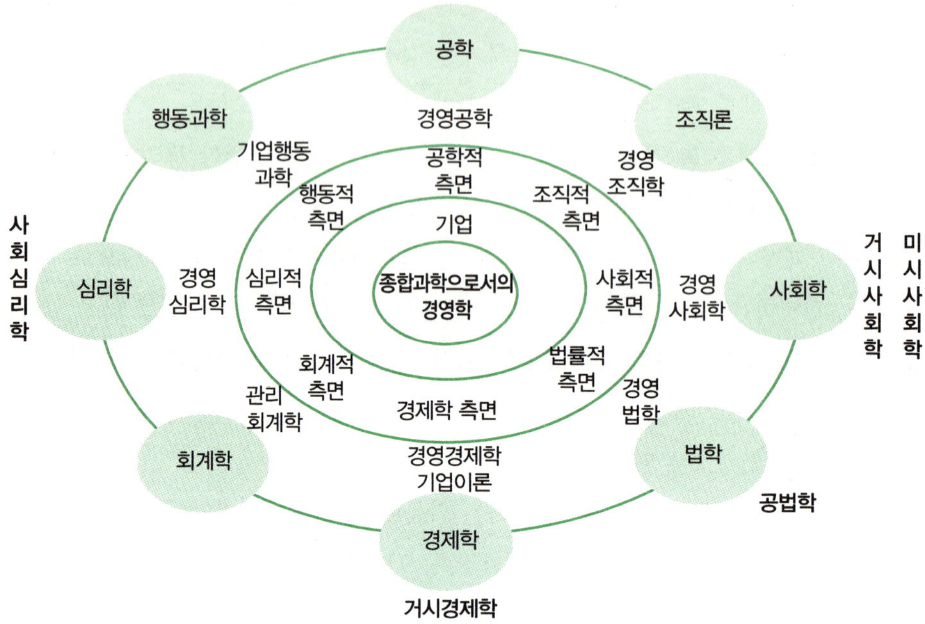

Chapter 02

경영학의 역사

경영학을 처음 접해보면서 먼저 경영학의 발전과정, 즉 경영학의 역사를 배워야 할 필요성은 명백하다. 과거에 시도되었던 여러 가지의 관점과 방법을 고찰해보고, 그 학설과 주장을 살피는 것이 경영학의 체계적인 연구를 위해 매우 중요하기 때문이다. 경영학의 발달을 산업혁명 이전부터 시작하여 근대 경영학의 바탕이 된 고전적 경영학과 현대의 조류까지를 미국 경영학을 중심으로 살펴보기로 한다.

제 1 절 산업혁명기까지의 경영사상

학문은 시대적 환경의 산물이라고 할 수 있으며 그 시대가 갖고 있는 특이한 문제를 해결하려고 하는 노력과정에서 전체적으로 흐르는 사상과 결합되어 새로운 학문이 생성되고 또 발전되어 왔다.

고대의 인류는 공동생활을 하였고, 그 곳에 우두머리가 있었다. 사냥을 하고 제사를 지내고 이웃 종족 간 전쟁을 할 때 누군가가 지휘를 하였을 것이다. 그런 의미에서 경영이라는 현상은 이미 태고때부터 존재하였다고 볼 수 있다. 고대 문명의 발생과 함께 도로나 성곽, 궁전 등이 건설되었고, 조세의 징수나 군대조직의 관리를 위해 경영의 필요성이 증대되었을 것이며 이에 따라 경영과 관련되는 지식이 이곳저

곳에서 간헐적으로 발표된 것을 볼 수 있다. 예를 들면, 『구약성서』의 '출애굽기'에서 모세가 이스라엘 민족을 어떻게 조직하여 탈출하였는지를 밝힌 구절이라든지, 이집트와 마야문명의 유적에서 경영관리를 유추해 볼 수도 있고 또 고대 그리스, 로마 혹은 중국의 현인들이 남긴 관료조직이나 용병에 관한 문헌은 많은 부분에 걸쳐 경영의 문제를 다루고 있다. 특히 로마시대부터 프러시아 제국에 이르기까지 군대조직에 적용된 원칙들은 현대의 기업조직을 구성하는 데에도 많은 부분 적용이 될 수 있다. 그 당시의 명령체계, 권한의 위임, 참모진의 이용 등에 대한 인식 그 자체는 지금과 크게 다를 바 없다.

중농주의자들이 주장하는 "경제에 있어서의 자연적인 조화관"에 영향을 받은 애덤 스미스(Adam Smith, 1723~1790)는 그의 『국부론』(Wealth of Nations)을 통해서 국가의 간섭이 심했던 중상주의 관세정책을 비난하면서 '보이지 않는 손'을 통해 시장과 경제활동이 이루어진다고 주장하였다. 그는 또한 분업(分業)의 원리를 주장하면서 전문화된 노동이 가져오는 장점과 단점을 지적하였다. 이러한 노동의 분화개념은 사회 모두에 유익하고 공장시스템을 위한 경제적 이론의 근거를 제공했으며 산업혁명과 연결되었다.

영국에서 일어난 산업혁명은 인류의 생활양식을 변혁시켰다. 그때까지만 해도 대부분의 사람들은 토지에 얽매인 생활을 영위해 오고 있었다. 소수의 장인들이 있어서 구두나 옷, 혹은 농기구들을 제작하였지만 어디까지나 소규모의 가내공업 수준을 넘지 못하였다. 그러나 제임스 와트(James Watt)에 의해 발명된 증기기관이나 하아그리브스(Jame Hargeavs)와 케이(John Kay)에 의한 방직기를 비롯한 여러 가지 생산기술의 혁신은 산업사회로의 급격한 변화를 촉진시켰다. 농민들을 도시로 끌어들여 공장의 노동자로 변신하게 하였다. 오랫동안 인간의 육체적 노동에만 의존해 오던 사회는 값싼 동력을 얻을 수 있었으므로 이제는 기계를 중심으로 움직이게 되었고 교통수단의 발달은 이러한 사회변혁의 속도를 더 한층 가속화시켰다.

공장의 규모가 대형화되면서 경영자가 큰 조직을 경영하는 것이 점점 어려워지게 되었다. 농노의 신분에서 겨우 벗어난 노동자들은 대부분이 글자를 읽지 못하였으며, 경영자들도 축적된 지식이 없이 오직 상식에만 의존해서 경영을 해야 했다. 군대조직이나 교회를 관리하는 것은 비교적 쉬운 일이었다. 왜냐하면, 절대적인 권위를 합법적으로 부여받고 또 그 사회에서 독점적인 위치를 차지한 조직들이었기 때문이다. 그러나 새로이 탄생하게 된 기업조직들은 노동자로부터 절대적인 복종을 받을 수도 없었을 뿐 아니라 밖으로부터의 경쟁이 점점 심해지고 있었다.

그리고 시장확대는 대규모 생산 및 대규모 자본을 필요로 하게 했으며 노동의 분화는 지휘 및 조정의 필요성을 강조하는 결과를 낳았다. 한편, 이 시기에 프랑스의 경제학자인 세이(Jean Baptisk Say, 1767~1832)는 최초로 경영관리(management)를 사람, 기계, 자재(3M)와 함께 생산의 제4요소라고 인정하였다.

따라서 초기경영자들은 이와 같은 노동자에 대한 문제뿐만 아니라, 현대경영자들이 가지고 있는 문제와 유사한 계획, 조직 그리고 통제에 대한 문제점을 아울러 가지고 있었다. 즉, 사업을 계획함에 있어서는 가내공업체계보다 훨씬 더 장기적인 안목을 필요로 하였고, 조직화의 경우에 있어서는 공식적인 조직구조를 갖추어야 하였으며, 작업통제 면에서는 교육을 잘 받은 신뢰할 만한 하위경영자의 부족으로 여러 문제에 직면하게 되었다.

1. 공장시스템의 경영관리 선구자들

이러한 시기에 대규모 산업조직의 문제를 해결하고자 많은 선구자들이 나타났으나 그 중에서 대표적으로 오웬(Robert Owen)과 베비쥐(Charles Babbage)를 들 수 있다.

오웬은 인적자원도 자금이나 생산원료만큼 중요하며 근로자들의 생산성을 높이는 일은 대단히 중요하다고 하였다. 근로자들은 체벌보다는 보상을 통해 일을 더 열심히 한다고 주장하고, 근로자들의 하루 작업시간을 10시간 반으로 줄일 것과 식사시간 동안 쉬게 할 것, 또 10살 미만의 어린이들은 고용하지 않을 것을 요구하였다. 지금 생각하면 너무나 당연한 이야기들이지만 그 당시의 경영자들이나 정치인들에게는 아주 급진적인 사상으로 받아들여졌다. 또한 그는 고임금 경제론을 주장하면서 고임금이 고생산성을 야기한다는 고전전 경영학의 기틀을 마련하기도 하였다. 하지만 기득권층에 의해서 철저히 외면당하자 좌절감을 느낀 그는 1824년 신대륙인 미국으로 이주를 하고 그 곳에서 그의 이상을 실현시키려고 노력하였다.

베비쥐는 과학적 관리법의 할아버지로 불리운다. 근대 수학을 발전시킨 인물로서 수학의 원리를 경영에 적용시키려고 하여 후에 컴퓨터가 경영에 사용될 수 있는 기초를 마련하였다. 그는 생산시설과 원료를 효율적으로 관리하는 데에 수학이 어떻게 이용될 수 있는지를 자세하게 설명하였다. 또한 노사 간의 관계를 개선시키는 데에도 관심을 표시하였는데 이윤의 배분과 상여금제도가 노사문제의 해결에 도움을 준다고 주장하였다.

이와 같은 노력이 있었음에도 불구하고 체계적인 연구가 시작된 것은 비교적 최근의 일이다. 19세기말이 되면서 제품에 대한 시장은 포화상태에 이르게 되고, 그에 따라 기업 간의 경쟁이 치열해지면서 존속하기 위해 생산원료나 노동력을 효율적으로 이용해야만 되는 기업환경으로 바뀌게 된다.

그림 2-1 | 경영관점의 전개과정

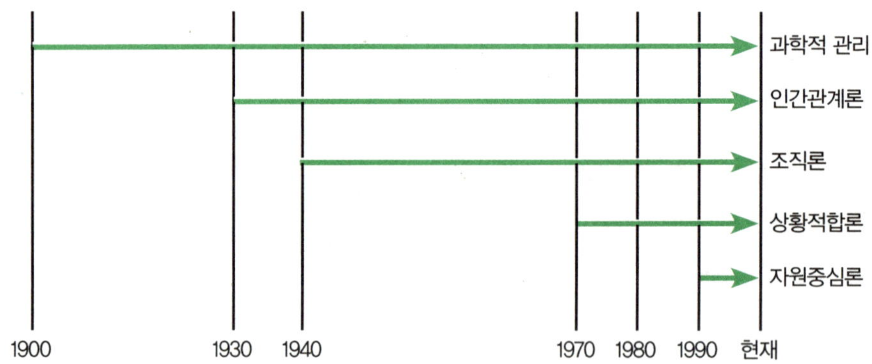

제 2 절 고전적 관리론

고전적 관리론은 안정되고 과업변화가 완만한 정태사회에서 합리성을 행동기준으로 삼는 경제인을 전제로 한 것이다. 즉, 테일러(Taylor)의 과학적 관리는 현장중심의 직무수행과정에서, 관리과정론은 조직운영상의 관리과정이나 관리기능의 순환과정에서 각각 최선의 방법을 찾고자 하였고, 베버(Weber)의 관료적 모형에서는 합리적인 규칙에 입각한 능률과 일관성을 중시하였다.

고전적 관리론은 조직의 공식적인 면, 분업에 의한 수직적 권한, 규칙 · 규정준수, 생산성지향, 과학적 방법의 적용 등을 통해서 조직의 기본적인 틀과 관리과정의 순환관계를 밝히는 데에 공헌을 하였으나 기계적 인간관에 의한 사회적 관계 경시, 비공식적 조직의 관계, 개인적 경험과 한정된 관찰에 따른 검증의 한계라는 점 등에서 취약점이 지적되고 있다. 이에 대한 반작용으로 호손실험(Hawthorne experiment) 이후 정립된 인간관계론적 접근이 등장하였다.

1. 테일러의 과학적 관리론

과학적 관리의 아버지라 불리우는 테일러(Frederick W. Taylor)는 대학진학을 포기하고 1875년에 주형제작 및 기계제작견습공으로 시작하였으며, 1878년에는 기계제작자로서 필라델피아의 미드베일철공소(MidvaleSteel Company)에 들어갔는데, 여기서 그는 일과 후에 공부를 하여 공학사의 학위를 취득하고 기사의 우두머리(chief engineer)가 되었다. 그는 고속절삭공구를 발명하였으며, 인생의 대부분을 자문기사로 보냈다. 아마 경영관리의 발달에 그보다도 더 큰 영향을 미친 사람은 드물 것이다. 도제(徒弟, apprentice), 일반노동자, 직장, 기사장 그리고 철강회사의 최고기술자로서의 경험은 그에게 작업자의 문제점과 태도를 직접 이해할 수 있는 기회와 또 경영관리의 질적 향상을 연구하기 위한 좋은 기회를 주었다.

초기의 기술자문뿐만 아니라, 고속절삭공구와 다른 발명품으로부터 취득한 특허로 테일러는 부유하였으므로, 45세가 되던 1901년에 퇴직을 하였고, 그의 인생의 나머지 14년을 무료 상담자로서 그리고 과학적 관리(scientific management)에 대한 그의 사상을 전파하는 강사로서 지냈다. 이러한 오랜 경험을 토대로 1911년『과학적 관리의 원칙』을 저술하였다.

테일러는 노동자와 경영자 책임에 대한 명백한 개념도 없었고, 효과적 작업표준도 없이 고의적으로 작업속도를 늦추는 등 작업현장 곳곳에 비능률적인 요소가 산재하고 있음을 발견하고 이를 바로 잡기 위해서 다음과 같은 과학적인 관리원칙이 있어야 한다고 주장하였다.

첫째, 과학적인 작업과정 연구이다. 테일러는 경험을 통해 노동자들은 자신들의 능력을 최대한 발휘하지 않고 있음을 알아냈다. 즉, 노동자들의 태업(怠業)은 고질적인 것으로 생산현장에 널리 분포되어 있었는데, 이러한 태업의 원인은 경영자들의 주먹구구식 경영 때문이었다. 작업에 관한 과학적인 분석을 하지 않았으며 또 노동자들이 하루에 할 수 있는 작업량에 대한 충분한 연구가 없었기 때문에 합리적인 작업할당이 이루어질 수 없었던 것이다. 이런 상황에서는 노동자들은 가급적 적은 노력으로 최대의 보상을 경영자로부터 얻어내려고 자기 능력을 의도적으로 축소시킨다. 경영자는 경영자대로 최소한의 인건비로 노동자들을 부리려고 함으로써 노사 간의 협동을 기대할 수 없게 되고 그 결과는 낮은 생산성으로 나타나게 된다. 이러한 점을 시정하기 위하여 과학적인 작업연구를 통해 합리적인 작업방법을 발견하려고 노력하였다. 또 합리적인 작업량의 할당을 위해 테일러는 작업을 수행하기 위해 필요한 동작(action study)과 각 동작에 소요되는 시간에 관한 연구(time study)를 권장하였다.

둘째, 공구 및 작업환경의 표준화이다. 테일러는 노동자들을 채용한 후에 실시하는 작업훈련은 한계가 있다고 하였다. 그는 노동자의 신체적 조건, 예를 들면 근육의 발달 정도, 지구력 등은 그 노동자가 맡게 될 작업에 일치하여야 한다고 보았다. 그러므로 처음부터 작업에 적합한 사람들을 과학적으로 선발하여 적재적소에 배치해야 한다고 주장했다.

셋째, 성과급제도(piece-rate system)이다. 그 당시는 시간제 임금이 지배적이었으나 테일러는 생산량과 직접적으로 결부된 성과급 제도가 노동자들의 작업동기를 높이는 데 가장 적합하다고 보았다. 즉 근로자들이 하루에 생산한 양에 비례하여 사람마다 차별적 임금을 받도록 하는 차별적 성과급제, 즉 인센티브 제도(incentive system)를 동기유발 수단으로 사용하였다. 하지만 차별적 성과급제는 작업에 대한 의욕과 동기를 유발하기보다는 일정 성과를 달성하지 못한 노동자들을 해고하는 수단으로 사용되었고, 특히 인간의 기계화 등 여러 가지 문제점들을 야기하였다.

넷째, 기능별 감독제도(functional fore man)이다. 이 제도는 작업이 진행되어 감에 따라 감독자도 달라지게 한다. 이러한 제도를 통해 노동자들은 작업에만 열중할 수 있고 작업의 계획, 지시 및 평가 등은 각 기능별 감독이 전담하게 되어 생산성을 높이게 된다. 한 사람의 감독자가 부하들의 작업 전반을 감독하게 하던 당시의 관행으로 볼 때 이 제도는 대단히 혁신적인 것으로 받아들여졌다.

차별 성과급제도 및 동작연구 등과 같은 테일러가 주장하는 방법들은 노동자를 기계로 취급하고 착취를 하여 단지 경영자들만 이득을 보게 한다고 주장하는 노동자들의 저항이 거세어져서 테일러는 급기야 의회의 청문회에 불려나가 자신의 경영철학을 발표하게 된다. 그곳에서 그는 과학적 관리에 의한 새로운 방법이 성공하려면 생산성 향상으로 얻어진 과실이 노사 간에 공평하게 분배한다는 점을 강조하고 그 이후로도 기본정신을 전파하는 데 노력하였다.

이러한 과학적 관리법이 보다 저렴한 제품의 공급을 통해 그 당시 사람들의 경제생활의 수준을 높인 데 대한 공헌을 지금도 인정하지 않을 수 없다. 다음에 설명할 포드(Ford) 자동차와 같이 미국 산업의 발전에 지대한 공헌을 한 자동차 회사들도 일찍이 테일러의 지도를 받았다.

2. 포드시스템

경영자들은 능률향상을 위한 구체적인 방법으로 테일러의 과학적 관리법에서와 같이 시간연구나 성과급 제도와 같은 인위적인 방식이 아니라 기계의 효율적인 활용을 통한 종합적인 능률 향상방법에 관심을 갖게 되었다. 이러한 사고를 실천에 옮긴 대표적인 사람이 바로 자동차 조립라인을 설계한 포드(H. Ford)이다.

포드는 계속 생산을 통한 능률, 생산성의 향상 및 관리의 합리화를 그의 독자적인 경영철학을 통하여 실천하고자 하였는데 이러한 사고를 포디즘(Fordism)이라고 한다. 포디즘은 이윤극대화를 추구하는 종래의 기업개념을 부인하고, 기업을 사회에 대한 봉사기관으로 규정하고, 봉사를 실현하는 원리로써 제품의 저가격, 고임금(low-prices, high- wages)을 근본정신으로 삼고 있다.

포드는 봉사주의의 경영이념, 즉 포디즘을 실현하기 위해서는 경영합리화에 의한 원가절감뿐이라고 여기고 경영합리화에 대한 구체적인 방법으로 생산의 표준화와 이동조립법을 채택하였다. 이러한 특성으로 인하여 작업조직의 합리화에 의하여 작업의 동시적 진행을 가능케 하는 동시관리(management by synchronization)도 실현하게 되었다.

첫째, 컨베이어(conveyer)에 의한 생산방식은 제품의 표준화(standardization),

기계 및 공구의 전문화(specialization), 작업의 단순화(simplification), 부품의 규격화(specification)로 부품의 호환성이 가능하게 되었고, 호환성 부품(interchangeable parts)의 연속 대량생산이 가능하게 되었으며, 또한 소비자에게도 부품의 신속한 교환과 수리를 가능하게 해 주었다.

둘째, 불필요한 노동량을 최소한도로 줄이고 노동력을 유효적절하게 활용하기 위하여 컨베이어 시스템에 의한 이동조립법(moving assembly method)을 연구, 채택하여 작업대상이 정지하여 있고 작업자가 그곳에 가서 일을 하는 정지 조립작업(stationary assembly method)의 부품 및 재료의 운반, 공구의 준비와 처리 등에 불필요한 동작이 따르기 때문에 많은 노동량이 소모되는 문제점을 개선하였다.

테일러가 미국에서 활동하고 있던 비슷한 시기에 유럽에서는 어떻게 하면 경영자들이 보다 효율적으로 조직을 편성하고 지휘를 할 수 있는가를 연구하며 그 원칙을 제공하려고 노력한 사람들이 있었다. 이들을 일컬어 고전적 조직론자 혹은 간단하게 관리론자라고도 한다. 테일러가 작업현장의 능률을 높이는데 관심을 집중시킨 데 비해 이들은 복잡한 조직 전체의 관리문제에 초점을 맞추었다. 이들 중에서 가장 대표적인 사람들로 페이욜과 베버를 꼽을 수 있다.

3. 페이욜의 관리론

현대 경영관리 이론의 아버지는 아마 프랑스의 산업가인 페이욜(Henry Fayol)일 것이다. 비록 영국이나 미국의 경영관리학자들이 '페이욜'의 연구에 대해 많은 관심을 가졌다거나 또는 1920년대나 그 이후까지 그의 연구에 대해 많은 것을 알았다는 증거는 거의 없으나, 일반 관리원칙에 대한 '페이욜'의 예리한 견해는 '산업 및 일반관리'(Administration Industrielle)라는 제목 하에 1916년에 프랑스어로 처음 나타났다. 프랑스어로 여러 차례의 출판을 거듭한 이 논문은 1929년에 가서야 비로소 영어로 번역되어 미국 경영학자들의 관심이 페이욜의 연구에 주어졌지만, 미국에서 영문번역판이 출판된 것은 1949년이었다.

페이욜의 관리론은 '관리적 활동론'과 '관리의 일반원칙론' 유명하다. 우선, 그는 어떠한 경영이든 지니게 되는 '경영활동'에는 기술적 활동(생산 · 제조 · 가공), 상업적 활동(구매 · 판매 · 교환), 재무적 활동(자본의 조달과 운용), 보전적 활동(재화와 종업원의 보호), 회계적 활동(재산목록 · 대차대조표 · 원가 · 통계 등), 관리적 활동(계획 · 조직 · 명령 · 조정 · 통제)으로 구분하고 있다.

여섯 가지 종류의 활동(또는 기능) 중에서 관리(administration)란 바로 여섯 번째의 관리적 활동을 의미하며, 그것은 곧 "예측(계획)하며, 조직하며, 명령하며, 조정하며, 통제하는 것"이라는 것이다. 이것이 페이욜의 이른바 관리 5요소이기도 한 것이다. 여기서부터 오늘날의 경영관리론에서 말하는 관리기능(management function)의 개요가 형성되기에 이르는 것이다. 다시 말해서 관리기능이란 오늘날 대략 계획 · 실행 · 통제의 세 가지로 집약되게 마련이지만, 그러한 사고방식의 기초

표 2-1 | 페이욜의 14가지 경영원칙

원칙	내용
분업	노동력을 사용할 때 능률을 위하여 필요하다.
권한과 책임	공식적 요소(경영의 지위에서 연유하는 요소)와 개인적 요소(지능, 경험, 도덕적 가치, 과거의 업무 등의 복합적인 요소)의 결합이다.
규율	복종 · 근면 · 정열 그리고 존경의 외적 표시를 얻는 것을 목표로 하는 협약에 대한 존중이다.
명령의 통일성	고용자가 한 사람의 상사로부터만 명령을 받아야 함을 의미한다.
방향의 통일성	동일한 목표를 가진 일단의 활동은 한 사람의 지휘자와 하나의 계획만을 가져야 한다.
개인의 전체이익에 대한 종속성	각 개인의 이익은 전체이익에 종속하여야 한다.
보상	보상과 지급방법은 공정하여야 한다.
집권화	권한의 집중 및 분산 정도에 대해서 언급하고 있다.
계층사슬(scalar chain)	최고 지위에서부터 최저 지위까지의 상위자(上位者)의 사슬이다.
질서	사람과 사물의 배치에 있어서 조직화의 원칙을 의미한다.
공평성	부하를 다룰 때는 친절과 정당성으로써 그들의 충성심과 헌신을 끌어내야 한다.
지위의 안정성	불필요한 인사이동이 나쁜 경영관리의 원인과 결과가 된다.
주도성	부하들이 계획의 입안과 실행할 수 있도록 한다.
단결심 (esprit de corps)	팀워크의 필요성과 의사소통의 중요성을 강조한다.

가 미국 경영학 출현 훨씬 이전에 이미 페이욜에 의해 구체적으로 지적되었다는 점에 그 나름대로의 의의가 크다.

여기서 페이욜은 처음으로 경영(management)과 관리(administration)를 구별, "경영과 관리가 혼동되어서는 안 되며, 전자는 경영목적의 달성을 위해 기업구조나 규모에 관계없이 위의 여섯 가지 활동을 수행하는 것을 뜻하며, 후자는 그 가운데 여섯 번째의 활동에 불과하다"고 하였다. 다시 말해서 페이욜에 있어서는 경영개념은 최대이윤을 목적으로 한 종합적인 활동이며, 관리개념은 기업활동에 있어서의 주요 기능의 하나로 파악되고 있다. 그리고 페이욜은 14가지 경영원칙을 제시하였다.

4. 베버의 관리조직론

비슷한 시기에 독일에서는 베버(Max Weber, 1864~1920)도 조직의 관리에 관심을 기울였다. 그는 산업혁명의 여파로 독일사회 도처에서 큰 변혁이 일어나고 있는 것을 목격한 후 독일사회의 많은 조직들이 비능률적으로 운영되고 있다고 판단했다. 그러나 기본적으로 사회전체가 점차 합리적인 방향으로 나아가고 있으므로 조직들이 어떤 원칙 아래 구성되고 관리된다면 대단히 능률적으로 사회에 공헌할 수 있을 것이라고 생각하였다.

베버는 이러한 측면에 착안하여 이상적인 조직의 형태를 고안해 내고 이를 관료조직(bureaucracy), 또는 관료제라 하였다. 이러한 조직은 3가지 지배 유형에 따른 지배 모형을 제시하였는데 지배를 정당화할 수 있는 권한의 유형은 전통적(traditional), 카리스마적(charismatic), 합리적 · 합법적(rational-legal) 권한으로 분류될 수 있다. 베버의 이념형에 입각한 조직의 지배는 합법적 · 합리적 지배이며, 전통적이나 카리스마적인 인물이 지배하는 조직이 아니라고 하였다. 베버는 합리적인 지배를 위해서는 관료제가 필요하며 이상적인 관료제는 다음과 같은 내용을 갖는다고 하였다.

첫째, 분업(division of labor)이다. 모든 업무는 단순하고 일상적이며 명확히 규정된 과업으로 분할되어 각 구성원에게 할당된다.

둘째, 고도의 공식화이다. 공식적인 규칙과 절차에 의존함으로써, 일치를 모색할 수 있고 직무담당자의 행동을 규제할 수 있게 된다.

셋째, 명확히 규정된 권한의 위계구조이다. 직위의 위계구조를 갖는 다단계의 공식적 구조가 형성됨으로 인하여 하위직위는 상위직위의 감독과 통제 하에 있게 된다.

넷째, 비인격성이다. 제재조치는 일관적이고 비인격적으로 적용됨으로써, 구성원에 대한 개인적인 인신비평과 사적인 감정개입을 배제할 수 있게 된다.

다섯째, 능력에 기초를 둔 평가이다. 선발과 승진에 관한 의사결정은 후보자들의 기술적 자격, 능력, 성과에 기초를 둔다.

여섯째, 조직구성원의 신분보장이다. 조직구성원들은 각 조직 내에서 경력경로를 밟아 가도록 요구된다. 이러한 경력을 밟아가는 대가로서, 구성원들은 종신고용을 보장받게 되는 것이다. 따라서 조직구성원들의 기술이 모두 소모되어 더 이상 남아 있지 않게 되거나, 그 기술이 진부화되었다 하더라도, 조직구성원들은 그 조직 내에 계속 남아 있을 수 있게 되는 것이다.

일곱째, 구성원들의 조직생활과 사생활의 명확한 구별이다. 개인사정으로 인한 요구사항이나 이해관계를 완전히 배제함으로써, 그러한 사사로운 사항들이 조직활동을 합리적이고 비개인적으로 수행해 나가는 데 있어서 저해요인으로 작용하지 못하도록 한다.

이러한 특징들이 베버가 가설적으로 내세운 이념형, 즉 합리적이고 능률적인 조직구조를 설명하는 것이다. 베버는 이와 같은 조직특성을 갖춘 관료제가 정부의 행정기구뿐만 아니라, 기업, 정당, 교회, 군대 등의 조직에도 타당하다고 주장하였다. 그러므로 우리가 지적하고 넘어가야 할 것은, 베버가 제창한 관료제는 가장 합리적이며 효율적인 조직모델은 아닐지라도 적어도 '관료제'라는 말이 흔히 말하는 나쁜 의미의 조직구조를 뜻하는 것은 아니라는 점이다.

이상적인 관료제는 인간을 통제하는 수단 가운데서 합리적인 측면을 강조하면서 정확성, 안정성, 규율의 엄격성, 신뢰성을 중요시한다. 따라서 조직의 효율성과 통제라는 측면에서 강점을 지니고 있는 것이다. 문제는 이를 현실적인 개별 조직에 어떻게 전환하여 적용할 것인가 하는 점이다.

그러나 이상형의 관료제에도 현실적으로 다음과 같은 역기능이 존재함을 알 수 있다. 즉 관료제는 형식적인 규칙과 규정 및 절차에 집착하여, 그 결과 조직목표의 달성보다는 규칙이 중요시된다. 또 규칙과 목표가 대치되는 상황에서는 오직 기술주의(technicalism), 나아가서는 형식주의와 문서주의가 지배하게 되는 것이다. 그리고 권한의 축적, 책임 회피와 분산, 의사결정의 지연, 관료들의 방해 행위, 파벌주의, 변화에 대한 저항 등이 관료제가 갖고 있는 역기능으로서 현대 기업경영에서는 부정적인 의미로 더 많이 사용되고 있다.

제 3 절 행동과학의 출현과 조직론

과학적 관리법이 포괄하게 되는 대상(對象)영역이 기업 전체의 경영관리가 아니라, 다만 그 기업에 있어서의 공장관리나 생산관리 등 주로 인간의 작업(일)을 중심으로 한 기술적인 관리 면에서만 치우쳐, 사람을 중심으로 한 인사관리나 조직관리와 같은 인간 자체의 관리면은 소홀히 다루어졌다는 문제점이 야기된다.

고전관리이론에 이어 대두하게 된 것이 인간관계적 관리이론(인간관계론)이며, 또 그 이후의 조직론적 관리이론(조직이론)이다. 인간관계론의 효시는 메이요(Mayo)가 중심이 된 하버드그룹(Harvard group)이며, 그들의 이론을 뒷받침하는 것이 바로 그 유명한 호손실험(Hawthorne experiments)의 결과라 할 수 있다. 그리고 전통적 관리론과 인간관계론을 보완하고자 버나드(Barnard)와 사이몬(Simon)의 조직론이 출현하게 된다.

다수의 학자들은 근로자들이 집단생활에서 보이는 다양한 행동의 원인들 즉 개인의 태도, 행동, 행동적 과정 등에 초점을 맞추어 경영의 문제들을 규명하려고 했는데, 이와 같은 연구의 흐름이 조직행동론(OB : Organizational Behavior)과 더불어 행동과학(behavioral science, 1930~1950년대)적 경영이론을 형성하였다.

1. 메이요의 호손실험

하버드대학의 심리학 교수였던 메이요(Elton Mayo, 1880~1949)는 어떤 요인들이 근로자들로 하여금 자발적으로 열심히 일을 하게 하고, 또 만족을 주는가를 연구하였다. 그 과정에서 근로자들 간의 인간관계가 중요한 것임을 밝힘으로써 인간관계론을 주창한 학자로 인정받게 된다. 그의 주장을 설명할 때 빼놓을 수 없는 것은 미국의 호손(Hawthorne)시에 있는 웨스턴일렉트릭(Western Electric)회사의 공장에서 1924년부터 30년대 초까지 약 10년간 4단계에 걸쳐 행한 실험이다.

그림 2-2 | 행동과학 이론의 주요 핵심

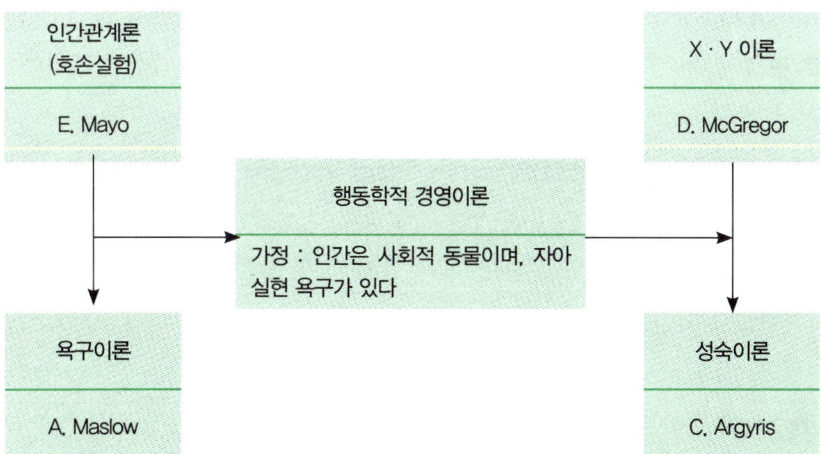

자료 : John. R. Schermerhorn, *Management for Productivity*, John, Nileyand Sons, Inc., 1989, p. 48.

이 실험의 주된 목적은 과학적 관리법의 유효성을 실제로 검증하는 연구였으며, 그 연구결과로 조직체에 대한 새로운 인식이 태동하게 되었고 나아가 인간관계론(human relations)이라는 새로운 학문분야가 정립됨으로써 경영학의 발전에 기여하는 계기가 되었다는 점에서 그 의의가 크다.

① 조명실험(1924. 11~1927. 4) : 조명(illumination)의 변화가 작업자의 생산성에 미치는 영향을 알아보기 위한 실험이다. 이 실험의 결과는 예상과는 반대로 조명, 임금지급 방법, 휴식시간 등이 작업능률에 별다른 영향을 미치지 않는 것으로 나타났다.

② 계전기 조립실험(1927. 4~1929. 6) : 그 밖의 작업과 관련된 요인들이 작업자의 생산성에 미치는 영향을 알아보려는 실험이다. 이 실험의 결과 작업과 관련된 요인(작업시간의 단축, 임금제도, 휴식시간, 작업환경 등)과 밖의 작업조건의 변화(종업원 사기, 감독방법, 인간관계 등)가 생산성향상에 영향을 미친다는 결론을 얻어내게 되었다.

③ 면접실험(1928. 9~1930. 5) : 작업자의 태도를 알아보기 위해 약 2만 명의 작업자를 대상으로 광범위한 면접조사를 실시한 결과, 작업장의 물리적 조건보다 사회적 조건과 작업자의 심리적 조건이 작업자의 태도와 생산성에 더 많은 영향을 미친다는 결론을 얻었다.

④ 배전작업 관찰실험(1931. 11~1932. 5) : 작업장에서의 다양한 사회적 요인(social factors)의 분석결과, 기업이 정한 공식조직과는 별도로 자연발생적으로 형성된 비공식조직(informal organization)의 존재를 인식하게 되었다.

이상과 같이 호손실험을 통하여 인간은 경제적 조건뿐만 아니라, 심리적 · 사회적 조건에 의해서도 영향을 받는 존재라는 사고방식이 정립되었다. 따라서 인간관계론의 핵심은 인간행동의 연구를 개인적인 경제적 욕구에서 집단적 · 사회적 욕구로 전환시킴으로써 인간의 만족도와 생산성향상에 사기(morale)의 개념을 도입하게 된다.

인간관계론은 전통적 관리론에서 경시되어온 비공식 조직의 존재와 그 기능을 밝힘으로써 과학적 관리론이 인간을 경시하고 기계적 내지 물리적인 면에 치우친 문제를 제기하여 경영학의 발전에 큰 공헌을 한 것은 사실이나 다음과 같은 한계를 지적할 수 있다.

첫째, 조사방법론상의 문제 등 과학적 타당성이 결여되어 있다.

둘째, 비공식조직을 지나치게 강조한 나머지 공식조직의 목적을 경시하였다.

셋째, 과학적 관리론과 마찬가지로 산업사회에서의 노동조합의 역할을 전혀 고려하지 않았다.

넷째, 기업을 폐쇄사회로 간주하였다.

이러한 호손실험의 연구는 그 후, 인간행동의 미시적 측면에 대한 연구로서 동기유발이론과 리더십이론의 중심이 되는 행동과학이론과 인간행동의 거시적 측면을 중심으로 조직의 공식적 측면과 비공식적인 측면의 상호작용을 다루는 조직행동론의 연구방법으로 전개되었다.

인간중심경영

경영학에 유명한 실험 이야기가 있습니다. 무대는 1927년 미국 시카고 외곽 호손(Hawthorne)지역에 위치한 웨스턴일렉트릭(Western Electric)사의 전화기 생산 공장. 이곳에서 회사 연구진을 난관에 빠뜨린 한 사건이 발생합니다. 웨스턴일렉트릭사는 조명을 밝게 하면 작업 능률이 올라갈 것으로 생각해 3년 전부터 공장 내 조명 밝기와 작업 생산량의 관계에 대한 실험을 해오고 있었습니다. 처음에 조명을 밝게 하자 예상대로 생산성이 올라갔습니다. 하지만 조명을 다시 원래 수준으로 되돌려도 이상하게 생산성이 줄지 않습니다. 심지어 조명 밝기를 이전보다 더 어둡게 해도 생산성은 떨어지지 않은 기현상이 발생했습니다.

실험 결과에 당황한 회사는 전문가를 초빙합니다. 초빙된 전문가는 하버드 경영대학의 엘튼 메이요(Elton Mayo) 교수. 메이요 팀은 추가적인 조명실험을 하면서 실험에 참가한 여직공들에게 작업은 힘들지 않은지, 다른 문제는 없는지를 끊임없이 물어봅니다. 동시에 비슷한 실험을 진행하는데, 여직공들의 노동시간을 단축하고 휴식시간을 확대하며, 간식 제공 등 노동여건을 개선합니다. 예상대로 생산성이 높아졌지만 노동조건을 원래대로 되돌렸을 때 앞선 조명실험과 마찬가지로 생산성이 떨어지지 않았습니다. 마침내 메이요 교수는 실험의 주역으로 선발됐다는 여공들의 자부심이 어떤 상황에서도 높은 생산성을 유지시키는 요인이라고 결론을 내렸죠. 즉 여직공들은 회사의 중요한 실험에 선발되어 자신이 주목받는다는 사실을 알았고, 팀 구성 시 마음이 맞는 사람과 팀을 이뤄 구성원들끼리 자발적으로 서로 도왔으며, 팀이 좋은 성과를 얻게 되면 일류 팀이라는 자부심이 생겨 성취에 대한 더 강한 동기를 갖게 된 것입니다. 즉, 인정받는다는 느낌이 일에 신바람을 불어넣은 것입니다. 호손실험은 근로자에 대한 일종의 '관심'이 근로자의 동기를 유발하고, 높은 성과를 실현하게 한다는 대표적인 사례입니다.

이 실험에서는 또 한 가지 새로운 점이 발견됐습니다. 하나의 조직 속에 두 개의 조직이 존재한다는 것이죠. 하나는 '공식조직'으로 보통 회사에서 마케팅부서, 회계부서 등과 같이 업무를 위해 만든 조직을 말합니다. 또 다른 조직은 '비공식조직'으로 사내 동기 모임이나 출신학교 모임 등 업무목적보다는 같은 경험과 사고방식을 갖는 동료끼리 모여 자연스레 형성된 조직이라고 할 수 있습니다. '비공식조직'은 때때로 '공식조직'에 영향을 미치기도 합니다. 예를 들어 작업능률 향상을 위해 새로운 시스템을 도입하면서 직원 몇 명을 명예퇴직시킨다면 비공식으로 연결된 직원들의 사기도 떨어뜨려 작업능률이 나빠집니다. 생산성을 올리기 위해 도입한 시스템이 오히려 생산성을 악화시키는 역효과를 초래한 것입니다. 반대로 회식 등으로 업무상 의사소통이 원활해졌다면 이것은 '비공식조직'이 '공식조직'에 긍정적인 영향을 주는 사례라 할 수 있겠죠.

이처럼 종업원의 소속감과 안정감, 참여의식이 생산성에 영향을 미치고 인간관계로 형성된 비공식조직이 경영성과를 좌우한다는 메이요의 주장은 '인간과 기계를 동일하게 취급해서는 안 된다'는 사실을 인식시키며 큰 파장을 일으켰습니다. 그 당시 학자들과 경영자들은 '테일러(F. Taylor)'와 '포드(H. Ford)'로 대변되는 표준화된 관리, 자동화 · 기계화 등의 대량생산 방식이 경영관리의 전부라고 생각했기 때문입니다. 호손공장의 실험을 통해 메이요 교수는 '인간중심 경영'을 주창합니다. 마침 대공황으로 인해 대량해고가 흔하던 시절 근로자를 중시한 그의 연구결과는 사람들에게 큰 호응을 받게 되죠. '감정 자본주의'로 유명한 사회학자 에바 일루즈(Eva Illouz)는 호손공장 실험을 산업에서 '감정'이 중요한 요소로 떠오른 계기로 꼽습니다. 과거 직장생활의 정답은 직장 내 개인적인 감정은 감추면서 공(公)과 사(私)를 확실히 가리는 것이었습니다. '애사심'과 '책임감'이라는 명제 앞에 사사로운 감정은 설 자리가 없었습니다. 하지만 점차 가족같이 따뜻한 분위기의 일터가 좋은 직장이라 여겨지는 시대가 되고 있습니다. 마찬가지로 경영자도 좋은 상담자로서 직원들의 마음을 잘 헤아리고 살필 줄 알아야 유능한 경영자로 여겨지고 있습니다. 바야흐로 '인간관계'가 중요해지는 시대인 것이죠.

자료 : 매일경제신문 2012년 4월 12일

2. 행동과학론

행동과학(behavioral science)은 조직내에서 인간행동에 영향을 미치거나 이를 결정하는 요인에 관한 지식을 체계화하려는 학문이다. 오늘날 산업사회의 급속한 변화는 기업을 둘러싸고 있는 외부환경을 매우 복잡하게 만들고 있으며 이에 따라 조직의 구성요소인 인간은 많은 변화와 문제에 직면하게 되었다. 이러한 인간을 보다 종합적이고 과학적이며 실증적인 방법으로 연구하려는 필요성을 느끼게 되어 1950년대부터 심리학, 사회학, 인류학 등 인간행동을 연구하는 사회과학분야가 서로의 전문영역을 초월하여 종합적 관점에서 공동연구의 인식을 바탕으로 행동과학이론이 등장하게 되었다.

고전학파들이 경시한 인간성에 초점을 맞춤으로써 경영학을 한걸음 진보시켰으며, 그 당시 경영자들이 갖고 있던 '근로자는 기계이며 경영자는 기술자'라는 관념을 변하게 하였다. 그 결과 조직구성원들 간의 인간관계와 개인적 동기, 또 경영자의 인간관계기술의 중요성을 부각시켰다.

1) 맥그리거의 X · Y이론

메이요가 호손실험에서 테일러의 과학적 관리법을 권위주의적이고 과업중심적 관리라고 비판하게 된 것이 맥그리거(D. McGregor)의 X이론과 Y이론의 기반을 정비하는 데 직접적인 동기가 되었다고 할 수 있다.

인간이란 원래 게으르고 지시를 받거나 금전적 유인이 있어야 열심히 일한다고 믿고 있기 때문에 의사결정권을 경영자에게 집중시키고 많은 규칙을 만들고 부하를 철저히 감독하는, 다시 말해 통제기능을 강조하는 조직을 만들게 된다는 것이다. 이와 같이 맥그리거는 인간의 본성을 부정적으로 보는 견해를 X이론이라고 명명하였다.

Y이론은 인간의 본성에 대해 반대의 견해를 갖는다. 즉 인간은 스스로 일을 즐기고 적절한 동기가 주어지면 적극적으로 조직의 활동에 협력하기 때문에 통제할 필요가 없다는 견해이다. 인간의 본성에 대해 이와 같이 긍정적인 생각을 북돋워주고 서로 협력하는 분위기를 조성하는 형태로 조직을 구성해야 한다는 이론이다. 이처럼 맥그리거의 Y이론이 관리의 방법으로서 더 유익하다고 보고 구성원들을 통제하기보다 자발적으로 협력하도록 유도할 것을 강조하였다.

그러나 현대사회에서는 X이론이나 Y이론이 인간관계의 정립에 있어 기본이론으로 그 절대성을 인정하지 않고 있다는 것을 현실적으로 받아들여야 할 것이다. 즉 당근(carrot)과 채찍(stick)에 의한 관리나 통제에 의한 관리의 X이론적 사고에서 "목표에 의한 관리"로의 경영자 스타일을 변화시켜 Y이론으로 전환한다는 것이다. 그러나 Y이론이 경영학계를 풍미하고 있던 시대에 미국의 생산성 향상은 오히려 지지부진하였던 점을 간과해서는 안 된다.

2) 아지리스의 성숙 미성숙이론

아지리스(C. Argyris)는 공식조직이 개인의 행위에 미치는 영향을 검토하는 과정에서, 각종 규제와 제도가 근로자들의 잠재능력을 충분히 발휘시킬 수 없게 되었다고 보았다. 그는 인간이 성숙함에 따라 미성숙단계에서 성숙단계로 전환한다고 하였다. 따라서 종업원들은 독립적이고 장기지향적이며, 능동적임은 물론 자기지시적이고 자기통제적이므로, 이들의 관리에 있어서 지나친 간섭이나 규제는 오히려 정상적인 성숙화를 방해한다는 것이다. 그러므로 경영자는 종업원에게 추가적인 책임을 부여하여 그들에게 성장 및 성숙에의 유연성을 제공해야 한다는 것이다.

3) 조직이론

조직이론은 전통적 경영관리론이 인간성을 무시한 조직 우선의 이론이며, 인간관계론이 공식조직의 문제를 경시한 사람 우선의 이론이라는 각 이론의 한계성을 종합하였다는 데 그 의의를 찾을 수 있다.

(1) 버나드의 협동체계적 조직론

조직론적 관리론의 시작은 1983년에 출판된 버나드(Chester. 1. Barnard)의 『경영자의 역할』에서부터 이어진다. 그러나 이 문헌의 출현은 경영학에 있어서 버나드 혁명으로까지 불리어질 정도로 미국 경영학계에 커다란 파문을 일으켰다. 왜냐하면 이제까지의 과학적 관리론이나 그 보완책으로서의 인간관계론이 주로 대내적 · 부분적 · 정태적인 시각에서 경영관리론을 다루어 왔으나, 버나드의 그것은 주로 대외적 · 전체적 · 동태적이라는 전혀 새로운 시각에서 다루어졌기 때문이다. 더구나 고전관리론이 인간성을 경시한 'organization without people(인간없는 조직)'의 이론이며, 또 인간관계론이 공식조직의 문제를 경시한 'people without organization(조직없는 인간)'의 이론인 데 비해, 버나드의 이론은 바로 이 양자를 통합한 데에 그 의의를 찾아볼 수 있어 더욱 그러하다. 그러기에 버나드는 오늘날 '근대조직론의 아버지'로까지 높이 평가되며, 현대 조직적 관리론의 시조로 불리운다.

버나드는 조직을 '사람들의 의식적이고 목적지향적인 협동 행위'로 보았고, 따라서 조직은 협동체계이며, 구성원의 협동이 조직목표를 달성하는 데 가장 핵심적인 사항으로 간주하였다. 즉 버나드의 이론은 사람들의 활동을 시스템으로 보고, 공식적인 조직에서 조직구성원 혼자서 달성할 수 없는 것을 다른 사람과 공동으로 노력하여 달성한다고 하였다. 그리고 조직의 목표와 이 목표를 달성하기 위해 일을 하는 개인의 목표 및 필요 사이에는 균형이 유지되어야 조직이 효율적으로 운영될 수 있다는 것이다. 또 조직에서 사람들의 활동을 조정하는 전문기능을 지닌 자를 'executive'라 호칭하였다.

(2) 사이몬의 조직적 의사결정론

테일러 이후의 고전적 이론의 보완책으로서 메이요 등이 앞세운 인간관계론이 지나치게 인간성을 중시한 비공식조직의 이론인 데 비해, 이 양자를 종합한데서 그 의의를 찾을 수 있었던 버나드의 조직론적 관리론은 아무래도 비공식조직보다도 공식조직에 그 이론적인 비중이 주어졌다고 할 수 있다.

또 고전적 관리론에 있어서는 조직의 상위자가 명령의 권위를 지니고 있다는 사고방식을 앞세우는 데 반해, 버나드의 새로운 조직론에 있어서는 명령의 권위가 생겨나는 것은 부하가 그 명령을 수용하기 때문이라고 주장하는 것이다. 이때 명령 내용의 합리성, 즉 의사결정의 문제가 중요하게 되는데, 바로 이 부분이 사이몬에 의해 계승되어 상세히 전개되기에 이르는 것이다. 따라서 조직론적 관리론의 기초를 확립하게 된 버나드 이론을 의사결정의 문제를 중심으로 더욱 더 발전시킨 학자가 바로 1978년도의 노벨경제학 수상자이기도 한 사이몬(H. A. Simon)이다.

사이몬은 조직을 성립시켜 존속시키는 조건이 곧 'management'라는 사고방식을 앞세워, 그 조건의 중심이 되는 것이 바로 '조직적 의사결정론'이라 하였다. 따라서 개인이 조직에 참가해서 그 일원으로서 행하는 조직적 의사결정은 정서적 반응보다도 인지적 · 합리적 반응(선택)을 보다 의미 있는 조직 내 행동의 국면으로서 파악하고자 하는 것이다. 동시에 각자의 조직적 의사결정은 전통적(과학적) 관리론, 또는 경제학에 있어서 그 전제가 되고 있는 초합리적 경제인을 비현실적인 것이라 해서 이를 배제하는 것이다. 그 대신 제한된 합리성, 곧 정보수집능력의 한계와 계산능력의 한계 밑에서 주관적 · 합리적으로 선택하게 되는 행동특성이 강조되며, 조직이 제공하는 공헌과의 비교에 있어서 조직에 참가하는 인간행동이 묘사되는 것이다.

이처럼 사이몬은 인간행동(human behavior)과 의사결정(decision-making)의 관계를 깊이 다루면서 "개인은 행동을 일으키기 이전에 어떤 행동을 일으켜야 하는가에 대해서 자기의 의사를 결정하게 되며, 이를 의사결정이라 하지만, 인간행동의 그 의사결정이야말로 앞으로의 관리론에서 깊이 다루어야 할 중요한 과제"라고 하였다. 따라서 "경영관리는 곧 의사결정과 동의어로 간주되어야 한다"고 덧붙이기도 한다.

조직론파에 속하는 사이몬이 그 가운데서 특히 의사결정을 강조한다고 해서 그의 이론을 흔히 조직적 의사결정론이라 지칭하기도 한다. 이러한 흐름은 특히 1950년

대부터 1960년대에 걸쳐 화려하게 전개되어 나가며 다른 학파에 대해 커다란 영향을 미치는 요인이 되기도 한다.

제4절 시스템이론

시스템 개념은 제2차 세계대전을 통하여 실용화되었다. 전시의 물자수송, 전함의 배치, 병참(logistics)문제 등 복잡한 전략 요소들을 전쟁목표 차원(전체성)에서 통합하고, 관련된 여러 부문이 목표달성을 위해 상호 협동하고 유기적으로 작용함으로써 기대되는 효과보다, 부문의 집합인 전체가 결과적으로 훨씬 큰 상승효과(시너지효과, synergy effect)를 거둘 수 있게 되었던 것이다.

시스템 사고는 오늘날 많은 학문분야에 다각적으로 적용되고 있다. 철학, 자연과학, 공학에서 뿐만 아니라, 사회과학에 있어서도 시스템 접근방법이 널리 활용되고 있다. 시스템 접근방법이란, 간단히 말해서 시스템 개념을 이용하여 전체의 입장에서 상호관련성을 추구하여 주어진 문제의 해결을 기도하는 시스템 사고방식이라 할 수 있다. 즉, 어떤 현상이나 문제들을 다룰 때 전체적 관점에서 관련된 다른 요소들과의 상호작용을 고려하는 것이다.

시스템의 특성으로서 여러 가지가 제시되고 있으나 보편적인 시스템이 갖고 있는 속성으로서 다음 네 가지를 들 수 있다.

첫째, 집합성이다. 시스템은 두 개 이상의 식별 가능한 단위체(unit)로 구성되는데, 이는 실제적 또는 개념적일 수도 있으며, 자연적이거나 인공적일 수도 있다. 가령 생산시스템은 원자재, 작업자, 에너지, 기계설비 등으로 구성된다.

둘째, 상호관련성이다. 시스템을 구성하는 단위체 간에는 서로 관련이 있거나 상호작용을 한다. 가령 생산시스템에 있어서 불량한 원자재를 사용할 경우, 작업자에게는 작업이 어려울 뿐만 아니라 불량품이 나오기 쉽다.

셋째, 목적 추구성이다. 시스템에는 그 특유의 목적이 있다. 이 가운데는 단일의 것도 있으며, 서로 모순되는 다수의 것도 있다. 또한 계량적으로 명확히 규정할 수 있는 것도 있지만, 정성적인 막연한 것도 있다. 시스템의 목적을 효율적으로 달성하기 위해서는 그 목적에 알맞은 수단을 취할 필요가 있다.

넷째, 환경적응성이다. 시스템은 외부환경의 변화에 적응을 해야 한다. 외부 환경은 물질 · 에너지 · 정보의 상호 교환에 의해서 시스템에 영향을 주기도 하고 받기도 한다. 따라서 개방시스템(open system)에는 보통 환경변화에 대처하여 존속하기 위한 환경적응성이 있다.

개방시스템은 [그림 2-3]에서 볼 수 있는 것처럼 생존이 환경에 달려 있는 시스템으로서 환경으로부터 자원, 에너지, 정보 등을 받아들여 재화와 서비스를 창출해 내면서 환경과 균형 상태를 유지하는 시스템으로서 예를 들면 태양에너지시계를 들 수 있다. 오늘날 조직을 시스템이라 말할 때는 조직이 항상 상호작용을 하고 있음을 의미하는 개방시스템 관점을 말한다.

결국 외부환경과 끊임없이 상호작용하고 영향을 받는 개방시스템으로서 경영을 파악하고, 시스템적 사고를 통해서 기업경영의 여러 문제를 해결하고자 하는 것이 시스템 접근방법의 기본사고이다. 이는 당면한 여러 가지 문제(기술혁신, 포화상태의 시장, 생산자원의 제약, 기업활동의 규제 등)들이 종래의 접근방법으로서는 해결할 수 없을 만큼 복잡 · 다양해짐으로써 현대경영에서 이 접근방법이 더욱 필요하게 된 것이다.

그림 2-3 | 기업조직 시스템의 기본형태

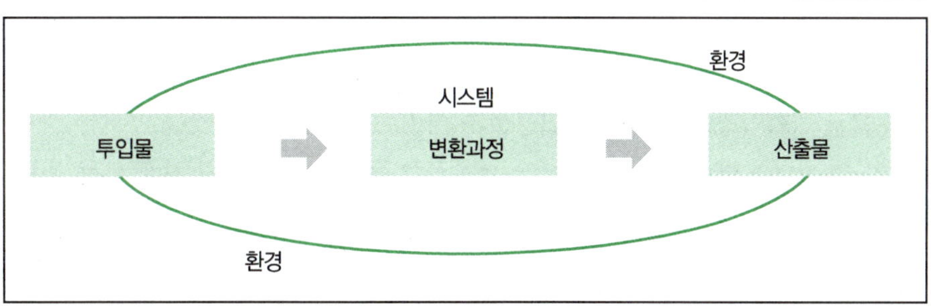

또한 기업을 하나의 시스템으로 볼 때 기능별로 나누어진 각 부문(sub-system)의 성과가 모여서 기업 전체의 성과를 이룬다는 관점에서 부분최적화(sub-optimization), 즉 하위시스템의 능률보다는 최적화, 즉 시스템 전체의 유효성을 추

구하는 것이 시스템 사고의 기본방향이라 할 수 있다.

따라서 개방시스템 사고는 경영자들로 하여금 여타 내 · 외부 실체를 무시하면서 조직경영의 한 측면에만 열중하도록 허용하지 않고 있다.

제 5 절 상황적합론

상황적합론이란 모든 상황에 적합한 경영이론이란 없고, 조직이 처한 특별한 상황에 따라 문제의 해결책도 다르다는 주장이다. 즉, 상황적응적 접근방법은 모든 상황에 적용될 수 있는 유일 최선책은 존재하지 않으며(no one best way), 상황에 따라 경영원리의 효과도 달라지기 때문에 상황조건(if)에 따른 대응(then)적 처방을 전제로 하고 있다.

불확실한 상황 속에서 치열한 경쟁을 헤쳐 나가야 하는 개방시스템으로서의 현대 기업에서 경영자는 시스템접근법을 통해 현명한 의사결정을 도모할 수 있다. 그러나 이 접근법은 각 기업의 경영자가 환경의 변화, 경영목표와 전략의 설정, 내부 구성원의 상황조건은 다른 기업의 상황조건과 같을 수 없기 때문에 경영상의 여러 문제를 해결하는 데 있어 특정 기업의 대응방식이 타 기업에서도 항상 유효한 해결대안일 수는 없다는 것을 의미하는 것이다.

요컨대 컨틴전시 또는 상황적합이론으로도 불리우는 상황적응이론(contingency theory)이란, 기업경영에는 여러 접근법과 이론이 존재하며, 그것들이 모든 상황에서 항상 적응 가능하거나 또는 동일한 효과를 창출하지 않는다는 전제 하에 경영자가 각각의 상황조건에 가장 어울리는 적합한 대응책을 선택하는 것이 최선이라는 점을 강조하는 이론이다.

그러나 상황적응 접근방법을 비판하는 사람들은 이 이론이 전혀 새로운 것이 아니며 앞서 언급한 사람 · 과업 · 구조중심의 각종이론을 엮어서 짠 조합(組合)이론일 뿐이라고 혹평하기도 한다. 그들은 경영원칙이 유연하게 적용되어야 한다는 말은 일찍이 페이욜(Fayol)도 지적한 것이었다고 주장한다. 또한 상황적응접근방법은 시스템

접근방법에서 언급된 여러 요인이 고려되지 않고 있으며, 이론적 틀이 제대로 정립되지 않고 있다고 비판도 받고 있다. 그러나 전통적 경영이론의 한계성인 특정 상황 하의 문제해결의 부적격성을 극복할 수 있다는 점에서 의의가 크다.

한국식 경영

'가장 한국적인 것이 세계적이다'란 말이 크게 회자되던 때가 있었습니다. 한국을 가장 잘 보여주는 요소가 전 세계 사람들을 매료시킬 원동력이란 말인데, 최근 '강남스타일'을 비롯한 '한류'의 세계적인 인기를 보니 이 말은 여전히 현재 진행형이란 생각이 듭니다. 기업 경영에도 한류 바람이 불고 있습니다. 올해 여름 영국의 세계적인 출판사 '루틀레지(Routledge)'에서 『타이거 매니지먼트(Tiger Management)』란 경영서적이 출판됐죠. 영국을 비롯한 미국, 싱가포르 등 여러 나라에서 동시 발매가 됐는데, 한 가지 흥미로운 것은 이 책이 바로 한국식 경영을 의미한다는 점입니다.

이 책의 저자는 마르틴 헤메르트(Martin Hemmert) 교수로 약 8년 전 한국의 경영대학에 부임한 외국인 전임교수입니다. 그는 한국 기업의 강점을 외국인의 눈을 통해 풀어냅니다. 이 책에서 꼽는 한국 기업의 경쟁우위는 스피드와 유연성 그리고 저돌적이고 공격적인 성향입니다. 이같은 모습이 마치 호랑이와 닮았다 하여 저자는 이를 타이거 매니지먼트라 칭했습니다. 호랑이를 좋아하는 한국 사람들의 정서를 담아낸 이름이기도 하죠.

사실 한국식 경영이 주목을 받는 사례가 이뿐만이 아닙니다. 작년 여름 경영저널 중 세계 최고 권위를 자랑하는 미국의 하버드비즈니스리뷰(HBR · 2011년 7~8월호)에 '삼성 성공의 패러독스(paradox)'라는 주제의 논문이 실렸습니다. HBR가 한국 기업경영 방식을 상세하게 조명한 것은 이번이 처음이었는데, 삼성은 아시아 기업으로는 도요타, 싱가포르에어라인에 이어 세 번째로 이 저널에 등장했습니다. 이 논문은 덩치가 큰 대규모 기업집단이 의사결정과 실행속도가 매우 빠르고 유연한 점, 관계지향적인 동양식 경영과 성과위주 평가의 미국식 경영을 조화롭게 적용시키는 점, 다각화와 전문화를 동시에 추구하는 점을 삼성 경영의 특징으로 설명합니다. 그리고 이같은 경영은 기존 경영이론으로 설명할 수 없는 일종의 역설이라 강조합니다. 서로 성격이 상반된 요소를 결합해 특출한 성과를 만들어내는 한국 기업의 모습은 현대 경영학을 발전시켜온 서양 사람들의 시각에서 모순으로 느껴지는 것이죠.

헤메르트 교수는 이런 한국 경영 스타일이 전통적인 유교 덕목을 중시하는 문화 위에 일본과 미국의 영향을 받은 관리방식 그리고 한국 특유의 군대문화, 뜨거운 교육열 등에서 그 유래를 찾습니다. 다양한 역사적 · 사회적 요소가 복합적으로 어우러져 독특하고 강력한 조직문화, 일종의 한국식 경영 DNA를 탄생시킨 것입니다. 유교에 기초한 위계질서, 임직원의 높은 충성도와 사명감, 새로운 학습에 대한 열망은 다른 문화에서 좀처럼 보기 힘든 한국 기업들의 특징입니다. 여기에 과단성 있게 빠른 결정을 내리는 오너경영이 더해져 저돌적인 경영 스타일을 완성시켰습니다. 삼성 반도체의 눈부신 성공신화, 현대차의 7전8기 세계시장 도전기, 두산의 대담하고 역동적인 인수 · 합병(M&A) 스토리 등은 바로 이런 한국식 경영의 결정판입니다.

기업의 경쟁력이 국가와 산업의 생존을 보장하는 오늘날의 경제 환경에서 경영자의 적극적인 사업계획과 조직의 신속성, 유연성은 치열한 글로벌 경쟁에서 살아남게 하는 강력한 무기입니다. 그리고 이를 가능케 하는 기업조직의 DNA는 이제는 유지 · 발전시켜야 할 한국 기업의 경쟁력이 되고 있습니다. 우리만의 장점을 외면하고 미국과 서구 기업 방식만이 글로벌 스탠더드라며 무비판적으로 받아들이는 자세는 앞으론 지양해야 합니다. 물론 지배구조의 투명성을 높여야 하는 등 아직 한국 기업도 고쳐야 할 부분이 있습니다. 하지만 지나치게 자신의 평가에 엄격하고 비판적인 태도는 우리 스스로 이미지를 평가 절하시킵니다. 헤메르트 교수는 해외 기업가들에게 타이거 매니지먼트를 배워야 한다고 주장하면서, 효과적인 적용을 위해서는 구체적 목표를 세우고 문화적 차이를 고려하며 프로젝트 관리자에게 권한을 위임하라고 조언합니다. 이제는 외국인이 우리에게 한 수 배울 차례입니다.

자료 : 매일경제신문 2012년 11월 21일

Chapter 03

경영자와 기업가

제1절 경영활동

경영활동은 경영목표를 성취하기 위해서 경영자원을 이용하여 경영성과를 창출하는 일련의 행동을 의미한다. 경영활동은 경영과정과 경영기능으로 구분할 수 있다.

경영의 관리과정(management process)은 경영을 효율적으로 달성하기 위해 요구되는 기본적인 기능이다. 이러한 관리과정은 조직의 규모가 확대되고 업무가 복잡해짐에 따라 그 역할이 더욱 중요하게 부각되는 것으로서, 여기에는 계획, 조직화, 지휘 및 통제의 네 가지가 있다.

경영기능(management function)은 업무의 성격별로 구분하는 것으로서 인사, 재무, 마케팅, 회계, 생산 등이 있다. 경영학에서 가르치고 있는 전공분야가 바로 이 업무기능에 따라 나누어진 것이며, 기업이 부서를 만들 경우 경영기능별로 분리하는 것이 가장 일반적인 방법이다.

1. 관리과정

쿤츠(H. Koontz)와 오도넬(C. O'Donnell)은 경영활동을 계획화(planning), 조직화(organizing), 충원화(staffing), 지휘화(directing), 통제화(controlling)의 5대 기

능으로 분류하고 있다. 오늘날 많은 학자들은 경영기능을 계획(plan), 실행(do), 평가(see)의 기본적인 3대 기능으로 개념화하기도 한다.

계획이란 조직의 목적과 목표를 결정하고 그것을 달성하기 위한 실행방안을 개발하는 것이다. 또한 기존의 조직구조를 변화시키거나 새롭게 설계하여 실행 단계의 기반을 확립한다.

실행이란 계획 단계에서 설정된 목표와 경로에 따라 자원을 조달하고 배분하는 제반 활동을 의미한다. 경영자는 조직구성원의 동기를 유발시키며 그들의 행동을 지휘하고 분쟁과 마찰을 해결할 수 있도록 지원한다.

평가는 조직구성원의 실제 성과와 원래의 표준을 비교하여 시정조치를 취하는 활동이다. 이러한 평가결과는 다음 계획을 세우는 데 반영되어야 하며, 이러한 순환관계를 피드백(feedback)이라고 한다.

그러나, 최근의 흐름을 살펴보면, 경영자의 관리기능은 점차 계획화(planning), 조직화(organizing), 지휘화(leading), 통제(controlling)의 네 가지 범주로 수렴되는 경향을 보이고 있다.

첫째, 계획(planning)은 경영목표를 수립하고 이를 달성하기 위한 가장 좋은 방안을 찾는 활동을 의미한다. 계획은 경영자원을 확보하고 투입하게 하며, 기업의 구성원이 목표와 일치되는 행동을 수행할 수 있게 한다.

둘째, 조직화(organizing)는 조직을 어떠한 형태로 구성할 것인가를 결정하고 인적 · 물적자원, 자본, 정보, 지식 등을 배분 · 조정하는 활동을 의미한다. 즉, 목표를 달성하기 위해 요구되는 여러 가지 업무를 형태별로 분류하여 어떠한 단위에서 어떤 업무를 수행할 것인가를 결정하는 것이다. 이와 아울러 각 단위별로 필요한 인원을 선발하거나 각각의 업무를 어떤 사람이 가장 잘 수행할 것인가를 판단하여 그 사람을 해당되는 단위조직에 배치하는 인적자원 관리업무를 포함한다.

셋째, 지휘(leading)는 조직의 목표를 달성하기 위해서 요구되는 업무를 잘 수행하도록 조직구성원들을 지휘하고 동기를 유발하는 활동을 의미한다. 지휘의 기능은 조직구성원과 서로 의견 교환을 하고 어떠한 형태로 작업을 진행하여야 하는가에 대한 방향 제시와 최대한의 능력을 발휘하도록 동기부여를 제공하는 모든 행위를 포함한다.

넷째, 통제(controlling)는 조직구성원의 모든 행동이 의도된 목표와 부합되고 있는지 작업수준을 평가한 후 사전 혹은 사후에 수정행동을 취하는 것을 의미한다. 따라서 이 기능에는 조직구성원이 계속적으로 최선을 다하여 업무를 수행하는지를 감시 · 감독하여야 하고, 수행된 업무에 대하여 정해진 기준에 부합되는지를 판단하여 잘못이 있을 경우에는 이를 지적하고 수정하는 것을 포함한다.

2. 업무기능

경영전략은 기업이 정해진 목표를 달성하기 위해서 기업의 내적 및 외적 환경에 대응하기 위한 방안에는 어떠한 것이 있으며, 이러한 방안의 수립 및 실행을 어떻게 할 것인가를 다룬다.

생산관리는 기업이 유형 또는 무형의 자원을 이용하여 제품이나 서비스를 가공하는 생산시스템을 계획 · 운영 · 통제하는 일련의 관리활동이다.

마케팅관리는 조직의 목표를 달성하기 위해서 해당 고객과 커뮤니케이션을 창출 및 유지하고, 이를 위한 구체적인 프로그램의 분석 · 계획 · 실행 · 통제를 수행하는 것이다.

재무관리는 기업의 경영목표를 달성하기 위해서 필요한 자금의 조달을 비롯하여 자금의 운용 · 관리 · 통제에 이르는 총체적인 관리활동을 말한다. 회계는 기업 경영활동을 측정 · 기록 · 해석하고 기업 내부 및 외부의 관계자들에게 필요한 정보를 제공하여 의사소통을 원활하게 함으로써 경영의사결정을 지원하는 총체적인 시스템을 말한다.

인사 · 조직관리는 조직구성원들로 하여금 자발적으로 조직의 목표달성에 기여하게 함으로써 조직의 발전과 개인의 발전을 동시에 달성하게 하는 제도 및 기술의 체계를 말한다.

경영정보시스템은 경영관리활동에 필요한 적절한 정보를 적절한 구성원에게 적절한 시점에 적절한 형태로 제공하여 주는 정보시스템을 운영하고 관리하는 것을 의미한다.

제2절 경영자 유형 및 자질

포괄적인 의미에서 볼 때, 모든 경영자는 자원을 이용하여 집단의 목표를 효과적으로 달성함으로써 최대의 잉여를 산출하기 위하여 노력한다. 이러한 넓은 의미에서 경영자의 목표는 영리기업과 비영리기업에 있어서 동일하다.

여기에서는 오늘날 기업을 실질적으로 이끌어 나가는 인적요소로서의 경영자는 어떠한 의의를 갖는 것인가에 대하여 살펴보기로 하자.

기업은 기업의 목적을 달성하고자 설립 운영되는 하나의 조직체이다. 기업 스스로 계획을 세우거나 혹은 기업활동을 수행하지는 못하는 것이며, 반드시 사람을 통하지 않으면 안 되는 것이다. 즉, 기업의 운영을 위해서는 우선 원재료, 기계설비, 토지, 건물 등을 구입하기 위한 자본이 필요하지만 조달된 자본을 실제로 활용하여 그 생산적 임무를 수행하기 위해서는 사람의 힘이 필수적으로 필요하다.

현대기업의 생산방법이 아무리 기계화되고 자동화된다고 하더라도 사람 없이는 기업이 운영될 수 없다. 이러한 사람의 힘을 인적자원이라 하며, 이는 그 역할에 따라 두 가지로 나누어 볼 수 있다. 즉, 기업의 경영활동을 실제로 계획하고, 지도하고, 감독하여 기업의 성장을 이끌어 가는 경영자와 경영자의 계획에 따라서 실제로 경영활동을 실행하는 노무자로 구분되어진다. 이러한 의미에서 경영자는 경영활동의 지도 · 감독자로서 기업의 두뇌라고 할 수 있다.

한편, 기업이 규모면에서 성장을 거듭하게 되면서 경영자들이 갖추어야 할 지식은 더욱 전문화 · 고도화되고, 기업환경이 복잡화되면서 보다 전문적인 경영자의 필요성이 대두되었다. 다음에서는 여러 유형의 경영자에 대하여 설명하기로 한다.

1. 경영자 유형

1) 소유와 경영의 분리

소유와 경영의 분리과정에 따른 경영자 유형은 소유경영자, 고용경영자, 전문경영자로 분리할 수 있다.

(1) 소유경영자(owner manager)

소유경영자는 자본주의적 기업의 원시형태에서는 자본가인 출자자가 경영관리 기능을 직접 담당하였다. 즉, 자본가는 출자자인 동시에 경영자로서 이를 소유경영자라 한다. 이러한 경우 보통 소유와 경영이 분리되지 못하고 일치하는 것이 그 특색이다. 이러한 소유경영자는 오늘날 소규모 기업인 개인기업이라든가 합명회사에서 쉽게 찾아볼 수 있으며, 대규모 기업인 주식회사에 있어서도 출자자인 주주가 동시에 업무 집행이사인 경우에는 이에 해당한다고 할 수 있다.

(2) 고용경영자(employed manager)

고용경영자는 기업의 규모가 커지고 경영관리활동의 내용이 복잡화되면 소유경영자 혼자서는 기업을 합리적으로 운영할 수 없게 된다. 이러한 경우에는 흔히 지배인으로 불리우는 유급경영자를 고용하여 경영자가 담당하고 있던 경영관리 기능의 일부를 위임하여 분담하도록 하는데, 이를 고용경영자라 한다. 이러한 고용경영자는 소유경영자와 고용관계를 형성하고 이들은 단지 기업가가 맡고 있는 경영관리기능 중에 일부만을 위임받아 수행하게 된다.

(3) 전문경영자(professional manager, expert manager)

전문경영자(professional manager, expert manager)는 기업의 발달에 따라 이루어진 소유와 경영의 분리현상과 기업이 대규모화되고 기업활동이 고도로 복잡하게 되면 이러한 대규모 기업을 합리적으로 경영할 수 있는 과학적이고 전문적인 경영지식과 능력을 가진 경영자가 필요하게 되는데 이들이 곧 전문경영자이다. 이들은 종래 기업가가 수행하던 기능 중 출자를 제외한 모든 기능을 인수받아 전담 · 수행하게 된다.

현대적 경영자로서의 전문경영자는 대주주의 대표가 아니라 경영자로서의 전문적 지식 · 경험 · 능력이 있기 때문에 경영자의 지위에 선발된 경영의 전문적 주체이다. 따라서 오늘날의 전문경영자는 경영자로서의 책무를 다하는 바탕 위에서 경영의 주체가 되어야 하며, 이를 위해서는 적어도 다음과 같은 두 가지 기준을 준수하여야 할 것이다.

첫째, 경영자가 수행하는 기능은 개별기업이라는 사적이익의 추구보다도 사회의 복지에 필요한 사회적 기능으로서 수행되어야 한다.

둘째, 경영자의 대내적인 기능인 관리기능의 발휘는 어디까지나 경영관리의 과학적 · 실증적인 지식체계를 응용하여 수행하며, 경영관리의 과학적 기준을 설정 · 유지 · 개선해 나가야 한다.

이상의 두 기준은 오늘날 의사나 변호사 등 전문적 자유직업에 있어서는 이미 달성된 지 오랜 성질의 것인데, 전문경영자 역시 이와 가까운 전문직업인으로서 사회적 책임을 자각하여 과학적 기준에 따라 경영관리를 수행해 나가야 할 것이다. 또한 이러한 전문경영자의 등장이 곧 현대의 고도산업사회에 있어서 경영관리기능의 중요성을 높임과 동시에 경영의 사회적 책임을 강화하는 계기가 되고 있다.

그러나 이상의 두 가지 기준을 완수하는 전문경영자라 하더라도 그 지위를 이용해서 자기의 개인적 이익을 추구하거나 자기의 이익을 출자자의 이익과 일치시켜 행동하는 것은 소유경영자의 경우와 하나도 다를 바 없으며 현대적인 의미에서의 전문경영자라고는 할 수 없다. 물론 필요 최저한의 수익은 기업이 그 경영활동을 지속해 나가기 위해서는 필수불가결의 요소가 된다. 따라서 경영관리의 전문가로서의 전문경영자는 무엇보다도 먼저 사회적 제도로서의 기업운영에 책임을 져야 하며, 이를 위해서는 어떻게 기업을 유지하고 성장시켜 나아가는가를 항상 염두에 두고 행동해야 할 것이다.

오너경영자 vs 전문경영자

오너경영자란 기업을 경영하는 경영자가 기업 소유주일 때를 말하며 보통 소유경영이라고도 불립니다. 반면 전문경영자란 특정 산업에 전문적인 지식과 경험을 가지고 경영자 지위에 올라 회사를 경영하는 사람을 말합니다. 과거 기업이 작을 때는 기업의 주인이 직접 경영하는 방식이었지만 점차 기업이 거대해 지고 경영 내용도 복잡해지면서 조직 관리에도 전문적인 기능이 필요하게 됐죠. 따라서 기업 소유주가 해당 산업과 조직을 관리하는 데 지식과 경험이 풍부한 전문가를 찾아 회사 경영을 맡기게 되면서 전문경영자들이 등장하게 됩니다.

전문경영자가 등장하면서 기업 소유주인 주주와 기업을 직접 경영하는 경영자가 서로 분리되고 '소유와 경영 분리'가 나타나게 됩니다. 전문가가 주인을 대신해 경영해주니 큰 문제가 없어 보이지만 사실 소유와 경영의 분리에는 구조적인 문제가 숨어 있습니다. 바로 대리인문제(agency problem)입니다. 회사에서는 주주가 주인, 주주에게 경영을 위임받은 경영자는 대리인이 되는 것이죠. 전문경영자 체제에서 대리인 관계가 성공적으로 유지되기 위해서는 대리인인 경영자가 주인인 주주와 맺은 계약을 성실히 이행하여야 합니다. 하지만 둘 사이에는 이해관계가 달라질 수 있는데, 주주는 회사의 장기 가치를 중시하는 반면 전문경영인은 자기 임기 동안만 회사가 잘되기를 원할 수 있습니다. 그러다 보니 전문경영인들은 짧은 임기 동안에 성과를 높이기 위해 투자보다는 비용 줄이기에 나서고 단기적인 이익을 위해 우량 자회사를 매각하는 일도 벌이게 되는 것이죠.

오너경영의 장점으로는 강력한 리더십을 통해 책임 있는 의사결정과 장기적인 시각에서 투자결정도 신속하게 할 수 있다는 것입니다. 이 때문에 우리나라에서는 오너경영이 환영받을 때가 많습니다. 오너경영 체제로 전환한 LG전자도 당시 이 소식이 알려지자 당일 주가가 5% 가까이 급등하면서 투자 확대와 장기 비전이 제시되리라는 긍정적인 반응과 전망이 쏟아졌습니다. 하지만 오너경영도 장점만 있는 것은 아닙니다. 주인이 직접 경영하기 때문에 문제가 없으리라 생각할 수 있지만, 오너경영은 해고당할 가능성이 낮기 때문에 잘못된 결정에 대한 견제장치가 없고 의사결정이 불투명하고 독단적일 가능성이 높습니다. 또 오너경영도 대리인문제가 생길 수 있습니다. 대주주 경영인은 전문경영인과 마찬가지로 경영자로서 다수의 소액주주와 이해관계가 다를 수 있고 소액주주를 외면하는 문제도 발생할 수 있습니다. 무리한 인수 · 합병과 사업 추진으로 그룹에 큰 어려움을 가져온 과거 금호아시아나 구조조정과 최근 웅진의 법정관리 사태 등은 오너경영의 폐해를 보여주는 단적인 사례라 할 수 있죠.

자료 : 매일경제신문 2012년 10월 24일

2) 경영계층의 분리

조직은 일반적으로 최고 · 중간 · 하위라는 3개의 경영계층(levels of management)으로 구성되어 있는데, 경영자의 유형은 이와 같은 위계수준(hierarchy)에 의해 최고경영층, 중간경영층, 하위경영층으로 구분되고 있다. 각 계층별 경영자는 기본적으로 조직의 자원을 효율적이고 효과적으로 활용하여야 하며, 서로 상이하지만 밀접하게 관련되어 있다.

(1) 최고경영층(top management)

최고경영층은 궁극적으로 조직의 성공 혹은 실패에 대하여 책임을 지고 있다. 기업의 장기적인 목표 및 자원배분과 관련된 전략계획을 다루며, 조직 전체 또는 많은 부분에 영향을 미치며, 의사결정은 주로 전략적 의사결정이다. 일반적으로 임원에 해당하는 이사급 이상의 상충부에 있는 경영자를 의미한다. 일반적으로 다음과 같은 네 가지 기능을 수행한다.

첫째, 사업의 기본목표를 설정하고, 그 목표를 실현시키기 위한 최적계획을 수립하는 계획기능이다.

둘째, 기업의 공통목표를 달성키 위해 조직의 각 부분이 개인적으로나 집단적으로나 가장 효율적인 기능을 수행할 수 있도록 조직을 편성하는 조직기능이다.

셋째, 기업의 전체계획이 실현될 수 있도록 '적재적소'의 원칙에 따른 인사조치를 취하는 인사기능이다.

넷째, 여러 가지의 책임과 권한을 부하에게 위임함으로써 최고경영층 자신은 전체적인 계획이나 지휘에 전념할 수 있도록 유효적절한 통제방법을 취하는 통제기능이다.

(2) 중간경영층(middle management)

중간경영층은 최고경영자가 설정한 기업의 방침과 계획을 실행하며, 중간경영층은 최고경영층과 하위경영층 중간에서 상호 간의 이견을 조정하고 원활한 의사소통을 돕는 역할을 수행한다. 중간관리층의 의사결정은 주로 관리적 의사결정이다.

또한, 중간경영층의 직무의 주요한 부분은 조직의 효율성과 효과성을 높이기 위한 제조기술 혹은 마케팅 전문지식과 같은 기술과 노하우(know-how)를 개발하고 실행하는 것이다. 대체로 부장, 차장, 과장 등의 직급에 해당하는 경영자를 지칭한다.

첫째, 최고경영층이 설정한 경영방침이나 경영계획을 담당부문에서 효율적으로 수행키 위해 업무계획을 수립하는 기능이다.

둘째, 목표이익을 달성키 위해 수립된 계획에 따라 일상업무를 감독 · 관리하는 업무관리기능이다.

셋째, 이들은 최소비용으로 최대효과를 올릴 수 있도록 부단히 업무의 개선에 노력하는 업무개선기능이다.

넷째, 이들은 최고경영층과 하위경영층 간의 의사소통의 중계역할을 담당한다. 특히 각종 자료를 최고경영층에게 제공함으로써 최고경영층의 통제활동을 원활하게 하는 기능이다.

다섯째, 이들은 업무활동이 원활히 수행될 수 있도록 리더십을 발휘하여 부하를 통솔해 나가는 기능이다.

(3) 하위경영층(lower management)

현장경영자(supervisory manager) 또는 일선감독층이라고도 하며, 작업자의 활동을 감독하고 조정하는 경영자라 할 수 있다. 재화와 서비스를 생산하는 데 필요한 특정의 활동을 수행하는 비경영적 종업원의 일상적 감독책임을 지고 있다. 일반적으로 생산현장의 직장, 조장, 반장 등의 감독자와 사무직의 계장 또는 대리에 해당하는 직책이다.

어떤 경영자에 있어서 네 가지의 경영기능인 계획, 조직, 지휘, 통제에 대한 상대적 중요성은 경영계층에 있어서의 그 경영자의 직위(position)에 따라 다를 수 있다. 일반적으로 경영자들이 조직의 성과를 유지하거나 개선하기 위하여 자원을 계획하고 조직하는 데 보내는 시간은 그들이 조직 위계에서 상위로 올라갈수록 증가한다. 즉, 최고경영자는 조직의 장기적 성과를 결정하는 데 아주 중요한 기능인 계획과 조직화에 그들 시간의 대부분을 소비한다. 조직의 위계에서 경영자의 지위가 낮을수록 그들은 일선경영자 혹은 비경영적 종업원을 지휘하고 통제하는 데 보다 많은 시간을 할애하게 된다.

2. 경영자의 자질

경영자가 어떠한 자질과 기능을 구비해야 할 것인가에 대하여 살펴보고자 한다. 경영자는 때때로 기업의 목표와는 상관없는 기능적이고 전문적인 일 자체를 목적으로 생각하기 쉽다. 그렇게 되면 경영자는 부하들의 성과를 기업전체에 대한 공헌에 의해 측정하지 않고 오직 전문적인 기량(craftsmanship)이라는 기준에 따라 평가하게 된다. 또한 보수나 승진의 결정에 있어서도 그러한 기준을 사용하게 된다. 그러나 참된 경영자는 기량에 대한 관심과 아울러 기업의 공통목표에도 관심을 가지는 사람이어야 한다는 점에서 현대의 경영자는 기본적으로 다음과 같은 자질을 갖추고 있어야 한다.

① 다른 사람이 신뢰하는 성격과 성실성
② 아이디어를 창출하고 실패를 두려워하지 않는 도전적인 성격
③ 타인을 믿고 그들의 의견을 경청하며, 그들의 성장을 도우려는 자신감과 겸허함
④ 적절하며 신뢰성이 있는 사고능력과 사물을 효과적으로 분석하고 새로운 것을 빨리 습득하고자 하며 항상 미래에 관해 높은 관심을 갖는 자세
⑤ 기업 내외의 사정에 정통할 뿐만 아니라 그것이 가지는 의미를 전체적으로 평가하고 지각할 수 있는 능력
⑥ 기업이나 기업 내의 사람들에게 영향을 미칠 수 있는 여러 가지 가능성을 감지하는 직관력, 상상력 및 통찰력
⑦ 새로운 아이디어를 편견 없이 검토하고 받아들이려는 솔직성과 유연성
⑧ 표현이 명확하여 부하들이 일을 추진할 경우 납득된 상태에서 할 수 있도록 하는 설득력

한편, 경영자가 갖추어야 할 자질과 관련하여 스킬 믹스(skill-mix)론이 있는데, 스킬 믹스란 경영자라면 지위의 고하를 막론하고 누구든지 갖추어야 할 기본적인 기능을 통틀어 말하는 것으로 구체적 내용은 다음과 같다.

1) 개념적 기능(conceptual skill)

이는 모든 경영층이 지니고 있어야 할 경영자 기능을 기능적인 측면에서 표현한 것으로서, 계획 · 조직 · 통제라는 세 가지 주요 기능을 보다 효과적으로 발휘할 수 있는 숙련도를 뜻한다. 또한 이는 경영의 조직전체를 총체적으로 파악하고 각 부문조직을 상호 연관시켜 볼 수 있는 능력을 의미하기도 한다. 나아가서 기업의 목적이나 전략을 설정하는 일체의 관리적 재능을 총괄하여 말하기도 한다.

2) 인간적 기능(human skill)

이는 경영조직 내에 있어서의 인간관계를 원만히 유지 · 발전시키는 기능이다. 다

시 말해서, 이 기능은 조직의 모든 구성원으로 하여금 조직의 공동목표의 달성에 협력 · 공헌토록 유도하는 능력을 뜻하는 것으로, 계층 간의 인간관계가 그 주요 대상이 된다. 그런데 전술한 관리적 기능이나 후술하는 기술적 기능이 교육훈련을 통해 상당한 질적 향상을 도모할 수 있는 것인 데 비해, 이 기능은 그 원래의 정서적 성격 때문에 상당부분이 경영자 자신의 타고난 소질과 재능에 달려 있다고 할 수 있다.

3) 기술적 기능(technical skill)

이는 전문적 지식과 경험을 토대로 한 해당분야의 기술적 이해도와 숙련도를 뜻한다. 예를 들면, 제지회사의 간부에게는 종이생산에 관한 제반 기술적 이해가 갖추어져 있어야 하며, 반도체 기술자에게는 반도체기술이 고루 갖추어져 있어야 하는 것과 같다.

그런데 이상과 같은 스킬 믹스는 경영자의 계층에 따라 그 중요도가 달라질 수 있다. 즉, 기업목적의 결정, 경영전략의 수립 등과 같은 경영자 기능을 담당하는 최고경영층의 경우는 관리적 기능이 중시되며, 최고경영층과 하위경영층의 중간에 위치하여 상하의 인간관계를 원만히 하는 데 교량적 역할을 하여야 할 중간경영층의 경우는 인간적 기능이 중시된다. 또한 하위경영층의 경우에는 종업원을 통솔, 지휘, 감독하는 입장에 있는 만큼, 현장의 기술 관련적 성격으로 말미암아 기술적 기능이 매우 중요하다고 할 것이다.

한편 슘페터는 경영자에게 혁신적 기능이 매우 중요하다고 지적하였는데, 이는 특히 급변하는 오늘날의 기업환경에서는 더욱 중요하다고 판단된다. 혁신은 첫째, 제품의 혁신(product innovation), 둘째 공정의 혁신(process innovation), 셋째 판매의 혁신(marketing innovation)의 3가지로 집약될 수 있는데 결국 현대적 경영자에게 요구되는 기능으로서의 혁신이란 보다 좋고 보다 경제적인 재화나 서비스를 제공하는 것이라고 할 수 있으며, 이를 보다 구체적으로 표현하면 이익을 증대시키기 위한 사업상의 새로운 아이디어의 창출, 기존의 아이디어와 새롭고 창조적인 아이디어의 결합 등을 가리킨다고 할 수 있다.

여성 리더십

'유리천장'(Glass Ceiling)은 여성들의 고위직 진출을 가로막는 회사나 공무원조직 내의 보이지 않는 장벽을 뜻한다. 미국의 경제신문 월스트리트저널이 1970년에 만들어낸 신조어로, 남녀차별을 언급할 때 자주 쓰는 용어다. 미국 정부는 이 말이 유행처럼 나돌 즈음 '유리천장위원회'를 만들어 여성차별 해소를 독려했으니 유리천장이 남녀평등 인식을 새롭게 일깨운 셈이다. 높은 실업률, 치솟는 물가, 만성파업 등 심각한 '영국병'을 치유한 마거릿 대처 전 총리(총리 재임 1979~1990)는 여성 리더를 보는 왜곡된 선입견에 경종을 울렸다. '철의 여인'이란 닉네임에선 남성을 압도하는 카리스마가 느껴진다. 하지만 20세기만 해도 유리천장은 몇 차례 충격은 받았지만 여전히 견고했다.

그토록 견고함을 자랑하던 유리천장은 21세기 들어 여기저기 금이 가고 있다. 금이 간 정도가 아니라 깨진 유리천장도 수두룩하다. 재정위기에 내몰린 유럽을 구하기 위해 동분서주하는 앙겔라 메르켈 독일 총리, 글로벌 금융시장을 좌지우지하는 국제통화기금(IMF)의 크리스틴 라가르드, 2008년 민주당 대선후보 경선에서 오바마에게 지고도 "높고 단단한 유리천장을 깨지는 못했지만 1,800만 개(득표수)의 금을 가게 만들었다"고 당당히 외친 힐러리 클린턴 미국 국무장관은 유리천장을 깬 대표적 여성이다. 유리천장이 깨져가는 건 우리나라도 마찬가지다. 주요 공무원시험에서 여성들이 수석을 독차지한 것은 오래 전 얘기고, 대한민국 건국 이후 처음으로 여성 대통령도 탄생했다.

여성 리더십은 공감과 섬세함, 남성 리더십은 카리스마적 권위로 상징된다. 규모의 경제를 기반으로 한 전통산업 시대는 남성적 리더십이, 창의 · 감성 · 협업이 중요시되는 정보기술(IT) 시대는 여성적 리더십이 더 적합하다는 분석이 나오는 이유다.

자료 : 한국경제신문 2013년 1월 11일

제3절 기업가의 의의와 기능

경영자와 비슷한 개념으로서 기업가라는 용어가 있는데, 기업가란 여러 가지 생산요소들을 결합하여 재화나 서비스를 만들어 이익을 추구하려는 사람을 말한다.

그러나 현대적 의미에서의 기업가란 슘페터(J. A. Schumpeter)가 지적한대로 기업자원의 새로운 결합, 즉 혁신을 수행하는 사람으로서 그들 특유의 기업가정신(entrepreneurship)을 발휘하여 혁신을 통해 환경변화에 적응함으로써 새로운 기업을 형성하는 사람들이다. 기업가정신이란 한 사람의 독립인으로서 엄격한 경쟁사회

속에서 혼자의 힘으로 불확실성에 도전하여 새로운 사업기회를 발견하고, 이에 대응하는 새로운 사업영역을 개척하여 성공적인 기업을 형성하는 개척자인 동시에 선구자이며 모험가로서의 혁신자가 가지는 정신을 말한다.

한편 기업가가 수행하는 사회적 역할은 과거 · 현재 · 미래의 시간과 관련지어 여러 사람들의 아이디어를 결합하여 새로운 역사를 형성하는 것이다. 이러한 기업가적 역할을 오늘날 기업의 경영자가 맡아서 수행해야 하지만, 현실적으로 그렇지 못한 경우가 많아서 흔히 경영자의 기업가적 역할의 수행이 절실하다고 말하는데, 이는 경영자가 혁신자로서의 역할을 수행하지 못하고 단순히 관리자적 역할만 수행하기 때문이다.

이와 같이 기업의 경영자가 기업을 성장시켜 나가기 위해서는, 특히 기업이 급격한 확장기나 변혁기에 있는 경우에는 기업가적 경영자(entrepreneurial manager)로서의 역할을 수행하여야만 한다. 슘페터는 기업가의 혁신기능을 새로운 제품개발, 새로운 기술의 도입, 새로운 시장개척, 새로운 조직의 편성 등으로 구분함으로써 넓은 뜻에 'innovation'으로 이해하고 있다. 또한 그는 혁신을 기업가의 주요 직능으로 다루고 창조에 기초를 두지 않은 기업의 존재의미를 무시하면서 그들이 신결합(new combination)을 이룩했을 때, 비로소 그가 기업가가 된다고 하였다. 따라서 기업의 본질을 창조적 파괴(creative destruction)의 과정으로 파악하고 있기 때문에, 기업가는 전혀 새로운 제품과 생산방식을 창조하기도 한다.

기업가정신

"기업가정신을 실천하는 국가는 단연 한국이 1등이었다"(피터 드러커). "한국은 내가 방문한 국가 중 모험가적 성향이 가장 큰 나라였다"(홀로몬 MIT 교수). "한국의 눈부신 경제성장은 한국인 특유의 기업가정신이 발현됐기 때문이다"(김동선 중소기업연구원장). 유명 인사들의 발언을 굳이 인용하지 않더라도 자원빈국 대한민국이 불과 반세기 만에 세계의 경제 강대국들과 어깨를 나란히 하게 된 근인(根因)은 누가 뭐래도 '기업가정신'(entrepreneurship)이다. 일제 강점과 한국전쟁으로 더 척박해진 경제적 인프라에 희망의 씨앗을 뿌리고 꽃을 피운 것 역시 기업가정신이다.

기업가정신의 사전적 의미는 '기업의 본질인 이윤추구와 사회적 책임을 수행하기 위해 기업가가 갖춰야 할 자세나 정신'으로 요약된다. 한마디로 사익(私益)과 공익(公益)을 조화하고 이를 극대화하기 위한 진취적이고 도전적 정신을 뜻한다.

기업가정신을 강조한 대표적 인물은 '창조적 파괴'(creative destruction)로 널리 알려진 경제학자

조지프 슘페터(1883~1950)다. 그는 기술혁신을 통한 창조적 파괴에 앞장서는 기업가의 자질로 신제품 개발, 새로운 생산방법 도입, 신시장 개척, 생산성 향상 등을 꼽았다. 오늘날엔 기업가정신이 전통적 의미 외에 고객제일주의, 창의와 열정, 공정한 경쟁, 사회적 책임, 국가에 대한 기여 등으로 범주가 더 넓어졌다. 흔히 회자되는 고(故) 정주영 현대그룹 명예회장의 "어이, 해봤어"라는 짧은 말속엔 무일푼으로 글로벌 기업을 일군 기업가의 도전과 열정이 고스란히 녹아 있다. 시대의 아이콘 스티브 잡스의 기업가정신은 변화와 혁신이 포인트다.

기업가정신은 경영자들만의 얘기가 아닌, 지금 이 시대를 사는 청년들이 품어야 할 기상이기도 하다. 도전과 열정, 혁신과 변화, 창의와 공존의 마인드는 경제 · 정치 · 문화 등 모든 분야를 아우르는 성공의 키워드이기 때문이다. 한국경제가 저성장의 늪으로 빠져드는 조짐이 곳곳서 나타난다. 비실대는 글로벌경제의 영향이 크지만, 두손 놓고 주변만을 탓할 수는 없다. 경제위기 탈출의 해법은 기업가정신을 다시 한 번 확 일깨우는 것이다. '제2 한강의 기적' 출발점은 기업가정신의 부활이다.

자료 : 한국경제신문 2012년 11월 30일

경 영 스 케 치

Part 02 기업과 환경

경 영 스 케 치

Chapter 04

기업의 본질과 형태

제 1 절 기업

1. 기업의 본질

광의의 의미에서 경영의 대상은 모든 조직을 포함한다. 즉 모든 조직체가 다 영리를 추구하는 것이 아니기 때문에 비영리조직까지를 포함한다. 조직(organization)은 공동의 목적을 추구하기 위해 둘 이상의 사람이 모여 상호 협력하는 유기체이다. 즉 조직의 필요요건은 공동의 목적과 상호협력이다. 조직을 통한 상호협력이 필요한 이유는 개인 활동의 한계 또는 비효율성에 있다. 혼자서 불가능한 일, 또는 혼자하기보다 여럿이 하면 쉬운 일 등은 조직을 통해 가능해지거나 경제적으로 할 수 있다.

기업은 자본주의 경제체제하에서 발달한 역사적 제도이며, 시장경제사회의 대표적인 조직으로써 가장 핵심적인 기능을 담당하고 있다. 즉, 기업은 인간의 욕구를 충족하기 위해 소비자가 원하는 재화(goods), 즉 제품이나 서비스를 제공하고 이익을 창출하기 위한 목적을 지닌 조직이다. 이 같은 목적을 지님으로써 기업은 가족, 학교 또는 교회 등과 같은 조직단위와 구분되며 이런 의미에서 기업이라고 하는 조직단위가 존재하기 위한 확실한 기반이 되는 것이다.

신고전학파 기업이론에서는 기업은 생산요소의 상이한 배합으로 여러 종류의 생산품들을 생산할 수 있으며 경영자는 최적생산 계획을 선택함으로써 이윤의 극대화나 시장가치 창출을 이룩하는 역할을 한다. 기업 내부에서 행해지고 있는 여러 가지 문제점에 대해서는 언급이 없으며 기업을 검은 상자(black box)에 비유하기도 한다. 그러나 기업의 활동에 대한 보다 자세한 이해가 필요해짐에 따라 기업 존재의 근거와 기업 내부 작동에 많은 이론이 나타났다.

거래비용 경제학적 관점에서 기업은 거래비용(transaction cost)을 절약하기 위해 기업이 생겨나게 되는 것이며 기업을 정보의 불완전성으로 인해 시장에서 발생하는 거래비용을 낮추기 위해 등장하게 되는 연쇄 계약관계(nexus of contracts)로 파악하는 기업이론의 전개와 동시에, 정보의 불완전성 때문에 현실적으로 주주와 경영자 간의 이해상충, 즉 대리인문제(agency problem)와 이에 따른 대리인비용(agency costs)이 발생하게 되는데, 이러한 대리인비용을 절약하기 위한 기업이론이 발달하였다. 또한 기업내부 요소 간의 상호작용과 기업과 환경과의 상호작용의 문제에 대한 전체적인 시각을 제공하는 이론은 시스템이론이다.

메소포타미아 시대에도 기업은 존재했다

기업은 왜 존재할까요? 이 질문은 좀 생뚱맞아 보이지만 노벨 경제학상과 관련된 심오한 질문입니다. 구체적으로 개개인은 시장에서 거래를 통해 생산활동을 하면 되는데, 왜 굳이 기업을 만들어 생산활동을 하는 것일까요?

이 질문에 대해 1937년 영국의 젊은 경제학자 '로널드 코즈(R Coase)'는 경제활동의 연결에 소요되는 거래비용(Transaction Cost)을 최소화하기 위해 기업이 존재한다고 주장했습니다. 생산자와 소비자가 간헐적으로 만나 상거래를 하는 것보다 거래 당사자들을 모두 한자리에 모이게 하는 내부화가 효과적이란 것이죠. 내부화로 인해 개별적인 흥정과 가격결정 과정에서 발생하는 여러 불편함과 비용을 없앨 수 있는 것입니다. 여기서 거래비용이란 각종 거래행위에 수반되는 비용으로 거래 상대방을 찾아 협상하는 데 드는 비용, 혹시 나중에 발생할지도 모르는 분쟁 대비 비용까지 모두 감안한 비용입니다. 시장의 불확실성으로 인해 발생할 수밖에 없는 모든 불편함의 비용인 것이죠.

한편 내부화를 통한 거래비용 절감은 기업 내 관리체계의 구축에 드는 인건비와 반비례하는 경향이 있습니다. 내부화에 따른 비용인 셈입니다. 하지만 19세기에 나타난 대량생산과 대량분배는 관리체계 구축비용을 획기적으로 절감시킵니다. 바야흐로 관리체계라 불리는 현대적 기업이 등장하게 된 것인데, 경제사학자 앨프레드 챈들러는 이러한 현상을 "관리체계라 부르는 '보이는 손'이 시장 구조라 부르는 '보이지 않는 손'을 대체한 것이다"고 표현한 바 있습니다.

하지만 사실 기업은 아주 오래전에도 존재해 왔습니다. 여러 기록을 살펴보면 기업의 기원은 B.C. 3000년 메소포타미아 시대까지 거슬러 올라갑니다. 물론 당시엔 강력한 조직체를 갖춘 기업은 없지만 느슨한 형태의 기업 형태가 존재했습니다. 단순 물물교환 이상의 경제적 거래 관행이 존재했고, 유프라테스강과 티그리스강 유역에서 상거래를 했던 수메르인들은 재산의 보호를 위한 계약제도도 발전시켰죠.

오늘날 기업의 가장 많은 형태인 주식회사제도는 로마시절부터 시작했습니다. 이 당시 기업은 몇 사람이 결성해 만든 조합의 성격이 강해 회사로서의 기반은 취약했다고 합니다. 하지만 로마인들이 이때 도입한 유한책임제도와 전문경영인 개념은 현대 주식회사의 뿌리가 되어 기업 발전에 기초가 됩니다. 이후 주식회사는 인류 발전에 큰 역할을 했습니다. 투자자들에게 여러 기업의 시장성 있는 주식을 구매하게 해 위험분산의 기회를 마련해 줬고, 반대로 조직에는 투자재원을 확보할 수 있게 했습니다. 대규모 조직에 효율적인 관리체제를 정착시키는 개혁 조치에도 앞장섰습니다. 스스로 조직 강화는 물론이거니와 투자자들에게 투자 문호를 대폭 개방해줌으로써 경제 활성화를 견인하는 역할도 했습니다.

기업은 우리 생활을 밑바탕에서부터 변화시킨 모든 물건을 제공하고 있습니다. 이처럼 우리 삶에 소중한 역할을 하는 기업의 기원을 알아보는 것도 의미 있는 일입니다.

자료 : 매일경제신문 2013년 5월 2일

2. 기업의 특성

기업은 생산활동의 주체이며, 이윤추구의 주체이며, 고객의 창조이며, 공유가치 창출의 특성을 가지고 있다.

첫째, 생산활동의 주체이다. 경제활동의 3주체는 가계, 기업 및 정부이다. 이 가운데 주로 생산활동을 담당하는 기업(corporate)은 경제활동의 가장 핵심적인 주체로서 자본주의 시장경제를 지탱하는 뿌리가 되며, 가계 및 정부와 의 상호작용을 통하여 유지 · 발전한다.

둘째, 이윤추구의 주체이다. 전통적으로 기업은 '여러 사람이 모여 재화나 서비스를 생산하여 판매함으로써 이윤 극대화를 추구하는 조직'이라고 정의되어 왔다. 즉 기업의 주된 활동은 '재화나 서비스를 생산하여 판매하는 것'이고, 기업이 추구하는 목표는 '이윤의 극대화'에 있다. 이러한 이윤추구를 통해 기업은 영속적 존재(going concern)로 남으려고 한다.

셋째, 고객의 창조이다. 피터 드러커(Peter Drucker)는 기업의 단 한 가지 목적은 '고객의 창조'에 있다고 강조하고, 이를 위해 '마케팅과 혁신'이 기업의 기본적인 기능이 되어야 한다고 주장한다. 즉 기업의 존재를 결정짓는 것은 고객이고, 고객이 구입하는 것은 제품과 서비스 자체가 아니라 그것들이 제공하는 효용이라고 보고, 기업의 목적은 단 한 가지 '고객의 창조'에 있다고 주장한다. 이에 따라 기업은 몇 가지의 기본적인 기능을 갖는데, 바로 '마케팅과 혁신'이라고 주장한다.

넷째, 공유가치창출이다. 전통적으로 기업의 목표는 이익창출로 여겨져 왔지만 최근 들어 공유가치창출(CSV : creating shared value)이 강조되고 있다. 이는 마이클 포터(M. Porter)에 의해 주장된 것으로 기업이 이익을 내면서 동시에 공익적 가치도 창출해야 한다는 것이다. 사업전략을 세우거나 새로운 상품을 기획하는 단계에서부터 경제적 이익과 함께 사회적 가치도 반드시 고려해야만 지속적인 성장과 도약이 가능하다는 것이다.

한국기업 국가사회 공헌도

'기업의 역할 중 가장 중요한 것은?'

일반 국민 사이에선 이 질문에 '일자리를 만드는 것'이라는 답이 가장 많았다. 반면 경제 전문가들은 '제품과 서비스 공급을 통한 가치 창출'이란 의견이 다수였다.

한국기업공헌평가원과 한국공인회계사회가 일반인 1,000명, 최고경영자(CEO) 등 경제 전문가 71명을 대상으로 설문조사한 결과 두 집단의 시각차가 큰 것으로 나타났다. 일반인들은 일자리에 이어 국가경쟁력 제고, 외화(수출), 국가재정(법인세) 등의 순서로 중요하다고 꼽았다.

전문가들이 가장 먼저 언급한 가치창출은 꼴찌로 처졌다. 반면 전문가들은 가치창출에 이어 일자리창출, 국민소득, 국가재정 등을 중요하게 봤고 사회공헌은 맨 마지막에 뒀다.

국가와 사회에 공헌한 기업으로는 일반인과 전문가들이 공통으로 삼성전자, 현대자동차, 기아자동차를 '톱3'로 꼽았다. KT, 현대중공업, LG전자, LG디스플레이, 포스코, 삼성중공업, 한국전력공사 등이 10위권에 이름을 올렸다. 조사를 주관한 한종수 이화여대 교수는 "사회공헌도 최상위권 기업은 일반 국민과 전문가 사이에 이견이 거의 없었다"고 설명했다.

평가원과 회계사회는 매출과 수출 실적, 고용, 연구개발(R&D) 투자, 기부금 등 5개 항목을 바탕으로 업종별로 사회공헌도가 높은 기업도 선정했다. LG화학(화학), 포스코(금속), 현대건설(건설), 롯데쇼핑(유통), 대한항공(운송) 등이 업종별 1위에 올랐다.

자료 : 한국경제신문 2013년 6월 13일

제 2 절 기업의 형태

경영학에서 기업의 형태를 연구하는 것은 사업의 종류나 규모에 따라 가장 효율적인 기업형태를 선택하려는 데 목적이 있다. 예를 들어, 소비계층의 폭이 넓고 소비가 꾸준히 이어지는 생활필수품의 경우에는 대량생산에 의한 효과를 거둘 수 있는 대규모 기업형태가 유리하며, 유행에 민감하거나 수요가 한정되어 있어 대량생산이 곤란한 공예 · 예술품과 같은 종류의 사업은 중소규모의 기업이 오히려 유리할 것이다.

기업의 형태는 [그림 4-1]와 같이 그 분류기준에 따라 아주 다양하게 존재할 수 있겠지만, 본 장에서는 여러 기업 형태 중 법률적 형태 및 소유와 지배를 중심으로 한 분류기준에 따라 기업형태를 설명하고자 한다. 우리나라의 경우 법률상으로 개인상인, 합명회사, 합사회사, 유한회사, 익명조합, 주식회사 등의 형태가 있다.

1. 개인기업

기업의 형태 중에서 역사적으로 가장 오래되고 현실적으로는 가장 단순한 형태가 개인기업(sole proprietorship, individual enterprise)이다. 개인기업은 단독의 출자자가 무한의 책임을 지고 자본을 투자하여 처음부터 그 경영을 담당하는 단독경영 형태이다. 출자자 자신이 생산수단을 소유하고 동시에 경영자로서 그것을 지배하는 것이 보통이나, 때로는 자기 자신이 노동을 하는 경우도 있다. 오늘날 소규모 수공업자, 영세한 공장, 소매상 등이 여기에 해당된다.

개인기업은 이와 같이 자본의 투자와 경영이 어느 한 개인에 의해 수행되는 자본의 집적이 극히 낮은 기업형태로서, 여러 가지 장점을 지닌다. 무엇보다도 경영에서 얻어지는 모든 이윤은 소유자인 동시에 경영자의 차지가 된다. 뿐만 아니라 개인기업의 경영자는 여타 기업형태에서는 맛볼 수 없는 성취감을 만끽할 수 있고, 운영에 있어 관리 · 지휘의 일관성과 신속성을 유지할 수 있다. 그 외에 불황일 때에는 조업

단축이 용이하며, 지역과 소비자의 취향 등에 따른 수요에 대한 적응성, 기업비밀의 보전, 설립과 해산의 용이성 등 많은 장점이 있다.

단점으로는 개인기업은 전적으로 개인적인 재력과 능력에 의존하기 때문에 기업의 성장과 발전에 한계가 있다. 구체적으로 개인자본의 유한성, 무한책임, 경영기술의 부족, 종업원들의 발전기회의 부족, 인재확보의 곤란, 경영의 계속성 부족 등이다. 이러한 의미에서 개인기업은 회사형태로 발전하는 과도기적인 형태로서 이해되기도 한다.

그림 4-1 | 기업의 형태

2. 합명회사

합명회사(general partnership)의 기원에 관해서는 여러 가지 견해가 있으나, 보통 중세 이탈리아에서 발달된 소시에따스(Societas)에서 유래했다고 한다. 합명회사 형태의 기초가 된 소시에따스는 중세 유럽의 대륙 내 상업도시를 중심으로 가족공동체 내지는 혈연관계를 기반으로 성립 · 발전했다. 사업의 형태는 출자자 상호 간의 신뢰관계를 핵심으로 한 인적 결합관계가 강한 형태를 띠었다.

즉, 몇 명의 상속인이 가부(家父)의 영업을 공동 상속하여 이것을 계속 유지한 가족적 결합이 합명회사의 기원이다. 합명회사는 2인 이상의 사원이 공동으로 출자하여 각 사원이 회사의 채무에 대해서 연대무한책임을 지고 출자자 모두가 경영에 직접 참가한다. 따라서 회사운영에 관한 의사결정뿐만 아니라 사원의 지분양도에 있어서도 전 사원의 동의가 필요하다. 이는 인적회사의 대표적 형태로서 전 사원이 공동책임, 무한책임을 지게 되므로 소규모 기업형태에 적합하다.

합명회사는 개인기업에 비하여 자본조달이 용이하고, 관리상 시너지효과의 창출도 기대된다. 그러나 사원들 간의 의견불일치에 의한 의사결정 지연이나 잘못된 의사결정을 내릴 수도 있다.

3. 합자회사

합자회사(limited partnership)의 유래는 보통 중세 유럽의 코멘다(Commenda)에서 찾는다. 코멘다는 중세 이탈리아와 북구의 해안 상업도시에서 위험성이 많은 해상운송과 해상무역을 배경으로 성립된 것이다. 코멘다란 본래 일종의 위탁계약관계, 즉 위탁자는 해상기업가(수탁자)에게 상품 또는 자본을 위탁하고 거기에서 얻는 손익에 관한 계약이며, 그 위탁자는 그 출자액을 한도로 하는 유한책임을 지는 데 반해서, 수탁자는 그 영업에 대한 전 책임을 지는 것이다.

우리나라 상법의 규정에 의하면 유한책임 사원은 출자는 하되 경영에 참가하지 않고, 지분을 양도받고자 할 경우에는 무한책임 사원의 동의를 얻어야 한다. 이에 무한책임 사원은 출자를 하는 동시에 경영에 참여하여 채무를 집행할 권리와 의무가 있다. 특히 채무에 대해서는 무한책임 사원이 전원 연대무한책임을 져야 한다.

4. 유한회사

유한회사(limited company)란 일정한 지분을 가진 비공모 유한책임 사원만으로 조직된 인적기업이다. 1좌의 출자액은 5,000원 이상으로 균일하고, 사원수가 비교적 소수인 2인 내지 50명까지로 한정되며, 자본총액은 1천만 원을 최저액으로 하고 최고액의 제한은 없다. 업무의 집행과 결정은 사원총회에서 선임된 이사에 의해 실시되는 특징을 가지고 있다.

유한회사는 사원 전원이 유한책임을 지는 자본단체라는 점에서는 인적회사와 다르고 주식회사와 같지만, 지분의 양도에 제한이 있으며, 자본형성 방법에 관하여 법의 규제가 완화되어 있다는 점에서는 주식회사와 다르고 인적회사와 유사하다.

원래 중소기업을 위한 기업형태로는 합자회사와 합명회사가 있으나, 이들 회사에는 구성원의 전부 또는 일부가 회사의 채무에 관하여 채무자로서 무한책임을 져야 하므로 자기의 출자지분 이상의 위험을 부담하고 싶지 않은 자에게는 적합하지 않다. 이러한 이유에서 주식회사와 같이 구성원의 유한책임을 인정하면서 조직구조가 간단하고 법의 규제도 적으며, 원하지 않는 인물이 자유로이 구성원에 참가할 수 없는 회사형태가 중소기업에 요망되게 되었다. 이러한 필요에 따라 나타난 것이 바로 유한회사이다.

5. 협동조합

두 사람 이상의 당사자가 조합계약을 체결하고 각자 출자하여 공동으로 사업을 경영하고 그 손익을 분배하는 조직체를 조합(partnership)이라고 한다. 조합은 조합원이 연대무한의 책임을 지므로 합명회사와 비슷한 점이 있으나, 합명회사와 다른 점은 조합은 법률상의 사업주체가 조합원 각자이므로 법인이 아니라는 것이다.

조합의 업무집행에서는 조합원이 전부 참여하는 것이 원칙이나, 경우에 따라서는 조합원 중의 한 사람 또는 몇 사람에게 위임(委任)할 수도 있다. 민법상의 조합은 대개의 경우 사업 창설 후, 회사형태를 취하기 전의 과도기적 형태로 이용되지만 영구적인 공동사업을 영위하기 위하여 만드는 경우도 있다. 민법상의 조합은 각 조합원이 출자(금전, 기타 재산, 노무)를 하고 공동으로 사업을 경영할 것을 구비서류 또는 서면서약으로 약속함으로써 설립된다.

FC바르셀로나가 협동조합

스페인의 세계적인 명문 프로축구팀 'FC바르셀로나'와 오렌지주스의 대명사 '썬키스트'의 공통점은 무엇일까요? 축구와 주스. 이 둘의 특징에서 공통점을 찾기가 쉽지 않을 텐데요. 이 둘의 공통점은 둘 다 협동조합이란 점입니다. 협동조합이라고 하면 보통 농업과 같은 한정된 분야에서의 생산자

조직이나 관련 단체 같은 느낌이 듭니다.

협동조합의 정의를 살펴볼까요. 작년 12월에 제정된 우리나라 협동조합기본법에서는 '재화 또는 용역의 구매 · 생산 · 판매 · 제공 등을 협동으로 영위함으로써 조합원의 권익을 향상하고 지역사회에 공헌하고자 하는 사업조직'이라고 협동조합을 정의합니다. 또 협동조합의 국제적인 조직인 국제협동조합연맹에서는 협동조합을 '공동으로 소유되고 민주적으로 운영되는 사업체를 통해 공통의 경제적 · 사회적 · 문화적 필요와 욕구를 충족시키고자 하는 사람들이 자발적으로 결성한 자율적인 조직'이라고 정의합니다.

정의를 이해하기가 쉽진 않지만 쉽게 말해 협동조합도 일반 기업이나 우리가 잘 아는 주식회사 등의 영리조직과 마찬가지로 사업을 위한 조직입니다. 하지만 그 목적과 운영방식이 영리조직과는 조금 차이가 있을 뿐이죠. 설립 목적을 보면 협동조합은 영리보다는 조합원의 실익을 증진한다는 점이 다릅니다. 또 형태로 보면 개인 소유가 아닌 여러 사람이 공동으로 소유하는 다수공동기업으로 주식회사와 유사하지만 대주주가 존재하지 않는다는 점에서 주식회사와 차이가 있습니다.

협동조합은 자본금 대신 조합원들이 낸 출자금을 바탕으로 합니다. 출자금도 1인이 전체 30%를 넘지 못합니다. 또 의사결정 시 출자 규모에 상관없이 1인 1표로 운영되고 조합원들이 공동으로 의사결정을 한다는 점에서 주식회사와는 완전히 다릅니다.

또 일반 기업과 협동조합은 잉여금 처리에도 차이가 있습니다. 기존의 주식회사에서는 보통 매출에서 생산비용을 모두 제하고 남는 잉여분은 모두 투자자, 즉 주주의 몫입니다. 주주에게 돌아가는 잉여금을 배당이라고 합니다.

협동조합 설립절차가 간편해지면서 최근 생산자 직거래, 공동구매 · 판매, 식자재유통 등 대형 유통 자본에 맞선 동네 소상공인들끼리 뭉쳐 협동조합을 만드는 사례가 크게 늘고 있습니다. 경제가 어렵기 때문에 '뭉치면 산다'라는 생각이 많아지는 모양입니다. 이렇게 동종 업종끼리 모여 조합을 만들면 1인 기업일 때보다 비용절감과 판매확대 등에서 큰 시너지효과를 기대할 수 있답니다.

자료 : 매일경제신문 2013년 4월 17일

6. 주식회사

주식회사의 성립배경은 투자자본의 증대에 따라 기업이 다액의 자금조달을 필요로 하여 그것을 충족하기 위해 광범위한 자본을 집적하는 것이 불가피하게 되었다는 것이다. 또한 제도적으로도 주식회사 설립이 종래의 특허나 면허제로부터 점차 준칙주의로 이행하여, 19세기에 들어와서는 영국, 프랑스, 미국 등에서 산업혁명 초기에는 철도에서 채용되었으나 차차 일반산업에도 보급되어 중요산업의 대다수가 주식회사 형태를 취하게 되었다. 우리나라의 경우 1897년에 주식회사 한성은행이 그 효시이다.

앞에서 설명한 거대자본의 집적 필요성과 아울러 주식회사의 자본은 회사가 주식을 발행함으로써 다수인으로부터 조달되고, 출자한 사람은 경영에 있어 주주전원이 유한책임을 진다. 따라서 주식회사는 다음과 같은 특징을 지니고 있다.

그림 4-2 | 주식회사의 특징과 자본동원

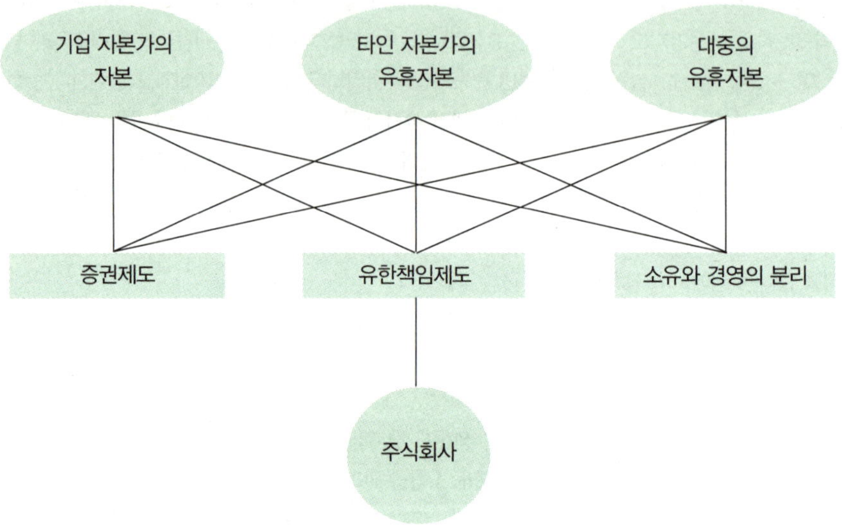

1) 유한책임제

주식회사의 주주는 자기가 소유하고 있는 주식금액의 범위 내에서만 투자의 위험을 부담할 뿐, 회사의 부채가 아무리 많아도 주주 개인의 재산까지는 그 위험이 미치지 않는다. 이와 같이 주주의 책임을 유한책임으로 하는 것이 그 지분의 증권화와 함께 일반투자자로부터 자금의 조달을 쉽게 하는 중요 요인이 된다. 유한회사의 사원도 유한책임이 그 특징이기는 하나, 그 사원수가 50명 이내로 제한되어 있어 거대한 자본이 필요한 현대 경영에서는 어려움이 많다.

2) 자본의 증권화제도

주식회사의 또 다른 특징은 출자자의 지분을 증권화하여 자유로이 매매 양도할 수 있도록 하여 자본의 동원을 가능케 한 것이다. 즉, 개인 또는 단체가 소유한 지금까지 투자되지 않은 자본, 결국 사회에 광범위하게 존재하는 유휴자본을 동원 결합해서 하나의 거대한 자본으로 집적시켜 대규모의 기업경영이 가능하게 된 것이다. 즉, 주식을 매개로 해서 일반대중의 출자를 촉진하는 동시에 투자지분을 다른 출자자의 승인 없이도 자유로이 양도할 수 있는 조건을 부여한다. 이와 같이 자본 증권이 양도가능성과 매매가능성에 의하여 거대자본의 동원이 가능하게 된다.

3) 소유와 경영의 분리

주식회사에서 주주들은 그들 중에서 또는 주주 이외의 사람 중에서 유능한 경영자, 즉 임원을 선출하여 그로 하여금 경영의 지휘 · 감독을 전담하게 하고, 대다수의 주주는 투자물로서의 주식을 소유하고 오로지 이익배당이 많아지는 것과 주식가격이 상승하는 것을 기대할 뿐 경영에 직접 참여하지 않는다. 그러므로 주식회사는 주주나 자본가보다 경영에 관한 지식과 경험이 풍부한 전문경영자가 경영을 직접 담당할 수 있기 때문에 보다 효율적인 경영이 가능하며, 이것이 주식회사 발전의 커다란 요인이 되고 있다([그림 4-3] 참조).

그림 4-3 | 자본가와 경영자

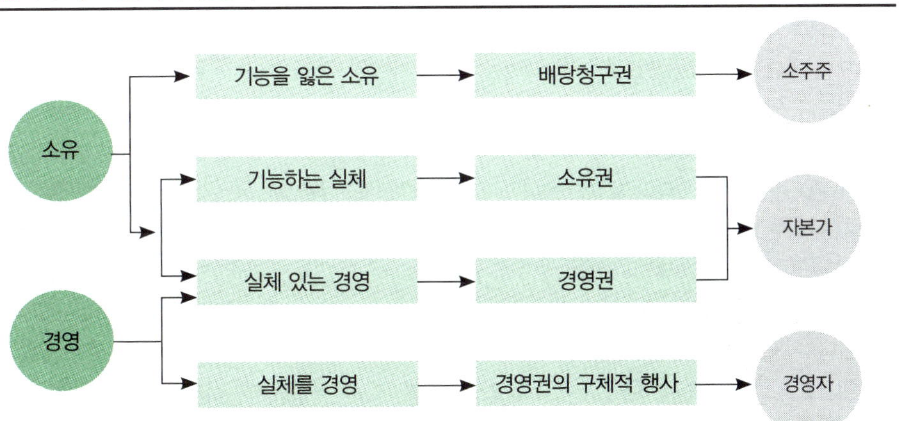

일반적으로 소유와 경영의 분리 또는 자본과 경영의 분리라 함은 대규모 주식회사 제도에 있어서 출자자인 주주가 경영권을 직접 행사하지 않고 주주총회를 통해 전문경영자에게 경영권을 위임하여 경영을 담당케 하는 현상을 의미한다.

도덕적 해이

도덕적 해이를 의미하는 모럴 해저드는 근본적으로 인간의 이기심과 제도적 허점의 합작품이다. 인간은 속성상 공익보다는 사익에 민감하기 때문에 제도점 허점이 보일 때마다 이를 악용하려는 경향이 강하다. 따라서 선진사회일수록 모럴 해저드가 싹틀 여지를 제도적으로 차단한다. 법과 제도가 합리적일수록 모럴 해저드의 여지는 줄어든다. 지나치게 느슨해도, 지나치게 억압적이어도 도덕적 해이가 극성을 부릴 가능성이 높아진다. 사회 전반의 도덕심이 높아지고 교양시민이 늘어나면 모럴 해저드의 입지는 그만큼 좁아진다. 노블레스 오블리주는 모럴 해저드의 천적이다.

■ 모럴 해저드 부르는 정보 비대칭

경제학적으로 모럴 해저드는 주로 정보의 비대칭이 야기한다. 정보 비대칭은 계약 당사자 중 어느 한쪽의 숨겨진 정보로 인해 다른 쪽 계약자가 추가적 비용을 부담하거나 그럴 가능성이 높아지는 현상을 일컫는다. 자신의 병력을 숨기고 보험에 가입하면 보험사의 손실이 커지고, 이런 손실을 보충하기 위해 전반적인 보험료를 인상하면 다른 가입자들의 보험료 부담이 늘어나는 것이 대표적 사례다. 모럴 해저드의 개념을 정립한 케네스 애로 교수는 정보가 비대칭인 상황에서 주인(principal)을 위해 최선을 다할 의무가 있는 대리인(agent)의 비도덕적인 행위를 설명하기 위한 도구로 모럴 해저드란 용어를 사용했다. 정보의 비대칭으로 인한 모럴 해저드는 보험시장이나 중고시장에서 흔히 나타난다. 모럴 해저드는 정보의 비대칭에 흔들리는 양심이 결합해 만든 결과물이다. 도덕적 해이의 근인(根因)은 인간의 이기심이다. 법적 허점이나 상대방의 약점, 정보의 비대칭 등을 이용하거나 악용해 가능한 한 사익을 추구하려는 본성이 모럴 해저드를 부추기는 것이다. 연금을 타려고 호적 나이를 고치거나 사망신고조차 미루는 사람들이 급증하고 있다는 뉴스는 우리 사회에 복지 모럴 해저드가 어느 정도인지를 단적으로 보여준다.

■ 도덕적 해이 막는 법과 제도

모럴 해저드의 개념을 정립한 애로 교수는 도덕적 해이의 예방을 노자가 강조한 도덕보다 순자적 관점에서 찾으려 했다. 모든 사람의 양심에만 맡기기보다 인간의 속성이 기본적으로 이기적이라는 점을 인정하고 이를 차단해 공동의 선을 추구할 수 있도록 제도(시스템)를 정립하면 도덕적 해이를 어느 정도는 막을 수 있다고 생각한 것이다. 시스템이 배제된 상황에서 도덕만을 강조하면 위험한 사회가 될 가능성이 크다는 것이다. 선진사회는 사회질서를 결코 도덕에만 호소하지 않고 합리적인 시스템을 만들어 도덕적으로 나태해질 여지를 줄인다는 뜻이다. 법과 제도를 치밀하게 운용하면서 도덕은 단지 보조적 수단으로 활용한다는 것이다. 그가 말하는 시스템은 무엇일까. 은행에서 운용되는 '순번 대기표'가 한 사례다. 대기표가 생기면서 은행에서 새치기하려는 마음이 사라지고, 청원 경찰도 줄어들었다. 합리적인 시스템은 제도의 허점을 악용해 개인적 욕심을 채우려는 '도덕적 나태'를 상당히 막아준다. 합리적이고 균형 잡힌 법이나 제도가 중요한 이유다. 하지만 지나치게 억압된 규제는 오히려 모럴 해저드를 부추긴다. 제도가 잘 정비된 선진국보다 독재국가에서 도덕적 해이가 더 많이 발생하는 것은 흔히 목격되는 사례다. 정보가 잘 소통되면 모럴 해저드의 공간이 좁아진다. 도덕적 해이의 상당 부분은 정보의 비대칭에서 비롯되기 때문이다. 경제학에서 말하는 '역선택'도 정보의 불균형이 원인이다. '윗물이 맑아야 아랫물이 맑다'는 속담처럼 사회 지도층의 '노블레스 오블리주' 회복은 '양심사회'를 만드는 지름길이다.

자료 : 한국경제신문 2013년 3월 8일

Chapter 05

기업환경의 이해

제 1 절 기업환경

1. 기업환경의 의의

기업은 생물학적 유기체와 유사하다. 즉 기업도 생존하고 성장하기 위해 기업을 둘러싸고 있는 환경이라는 상위시스템의 변화에 적응하지 않으면 안 된다. 만약 환경변화에 적응하지 못하면, 유기체와 마찬가지로 기업은 스스로 도태될 수밖에 없다. 그러므로 그 환경의 본질을 이해하고 상황인식과 변화할 수 있는 능력이 배양되어야 한다. 왜냐하면 기업은 홀로 존재할 수 없기 때문이다.

넓은 의미에서 기업환경(business environment)의 개념은 기업에 영향을 미치는 모든 요인과 상황의 전체라고 표현할 수 있다. 이 요인과 상황은 정태적인 것만 의미하지 않는다. 기업 자체가 독자적인 목적과 기능을 갖는 경제주체이므로, 변화하는 환경과 주체와의 조화적인 관계를 유지하여야 한다는 점에서 동태적 의미로서도 파악되어야 한다. 따라서 기업환경에 대한 개념은 기업을 둘러싸고 영향을 주는 외계(外界)로 인식되어지는 것이 일반적이다.

기업환경은 변화무쌍하여 기업에게 유리하게 작용하다가도, 일순간 위협요인이 될 수도 있다. 따라서 기업가는 환경의 변화를 예의주시하여 변화에 따른 적절한 대응전략을 마련해야 한다.

공룡을 주제로 한 '쥬라기공원' 영화로부터 유추해 볼 수 있듯이, 사실상 생태적인 면에서 볼 때 공룡이나 기업은 환경과의 관련 없이는 존속할 수 없으며, 환경과 교환관계를 유지하고 적응함으로써 비로소 존속되는 것이다. 그런데 여기서 말하는 교환이란, 기업을 포함하는 여러 조직체와 환경 사이에서 이루어지는 상호작용(interaction)의 한 과정으로서 양자는 생태시스템(ecosystem)이라 할 수 있는 동태적인 상호작용의 패턴(pattern)을 통해 기능적으로 연결되고 있는데 이러한 상호작용의 모델이 [그림 5-1] 기업의 환경적응모델이다.

그림 5-1 | 기업의 환경적응모델(에코시스템의 모델)

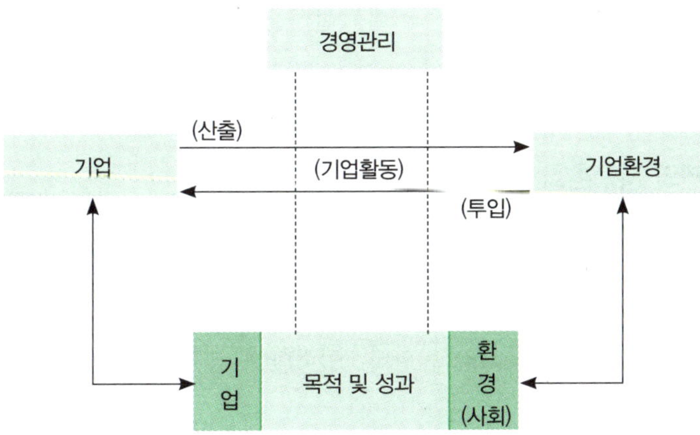

여기서 기업과 기업환경의 중간에 위치한 목적과 성과는 조화와 균형을 유지하는 과정에서 이룩되고 끊임없이 수정되면서 나타나게 된다. 이 과정에서 기업이 쇠퇴되어 가거나 성장하게 된다고 설명할 수 있다. 이상과 같은 모델에서 보듯이 기업은 환경과 끊임없는 교환과 상호작용을 통하여 목적을 달성하고 성과를 나타내게 되므로 기업이 환경을 올바르게 인식하게 되면 합리적인 경영관리가 가능해지고, 동시에 계속기업(going-concern)으로서의 존속이 가능하게 되는 것이다.

2. 기업환경의 변화

기업은 시장경쟁에서 생존하기 위해 끊임없이 노력하고 있다. 기업전략의 결정에 있어서 최적의 대안을 선택하더라도 기업을 둘러싼 외부 환경에 따라 지속적으로 수정을 해나갈 필요가 있다. 21세기 진입을 전후하여 기업의 경영환경은 급격하게 바뀌고 있다. 시장은 글로벌화되고 경쟁은 갈수록 심화되었다. 변화속도는 빨라지고 불확실성은 크게 높아졌다. 디지털 기술혁명으로 인해 기술의 수명주기는 급격히 짧아졌고 승자독식 등 새로운 경쟁양식이 부상하였다. 교육수준과 의식수준이 높은 지식근로자의 비중이 크게 높아졌으며 기업의 사회적 책임에 대한 요구 또한 날로 거세지고 있다. 그 중에서 기업 생존의 불확실성을 증대시킨 외부환경의 대표적인 변화를 살펴보고자 한다.

1) 세계경제의 지구촌화

제품, 자본, 기술 등의 경영자원이 국가 간의 상호의존성이 증대되어 별다른 장애 없이 국경을 자유롭게 이동하여, 세계가 마치 하나의 국가처럼 되는 현상을 세계경제의 지구촌화(globalization)라고 한다. 이러한 현상은 앞으로 더욱 가속화 · 고도화될 것으로 보인다.

첫째, 세계무역기구(WTO)의 출범과 확산으로 기존의 제도와 법규 등에 의한 경제적 · 인위적 장벽을 점진적으로 철폐하고 있다. 비록 회원국가들에 한정된 것이기는 하지만, 경영자원 이동장벽의 철폐는 전 세계적 차원에서 진행되고 있다.

둘째, 교통과 통신의 발달로 국가 간의 경제적 소통이 빈번해짐에 따라 각 국가 간의 상호의존 관계가 고도화되고 있다. 특히 인터넷과 같은 정보통신기술의 발달로 인해 경영자원 정보의 공유로 세계시장이 단일화되고 있다.

셋째, 세계적 규모의 다국적기업들이 세계화 및 글로벌 경영전략을 실행하는 과정에서 세계경제의 지구촌화를 촉진하였다. 즉, 제품의 개발 · 생산 및 판매에 이르는 전체 가치사슬(value chain)을 추진하는 과정에서 지역 또는 국가의 구분 없이 이들의 활동무대가 됨으로써 경제적으로 하나가 되고 있다.

2) 소비자 권력의 강화

소비자의 권력이 강화된 원인으로는 시민단체와 같은 비정부기구 활동의 증가와 인터넷의 보편화에 따른 온라인 미디어의 발달을 들 수 있다. 시민단체의 활동은 소비자의 이익이 침해되지 않도록 소비자를 대변하는 단체로써 소비자의 권익을 신장시켰고, 특히 온라인 미디어의 발달은 사회적 비평가뿐만 아니라 일반 시민들도 쉽게 뉴스를 만들어내는 것을 가능하게 함으로써 과거에는 감추어지거나 일부 사람들 사이에서 소문으로만 떠돌던 기업들의 비도덕적 행위들이 일반 대중에게 드러나는 경우가 늘고 있다.

또한 각종 제도 및 법의 재정비를 통해 소비자 권력이 강화되어 가고 있다. 예를 들어, 생산되어 판매되는 기성품에 자신의 기호를 맞출 수밖에 없었던 소비자가 생산과정에 피드백을 넣는 프로슈머(prosumer), 즉 생산자(producer)이자 동시에 소비자(consumer)인 존재로 되었다.

또한 제품의 생산과정에서 노동착취가 이루어지지는 않았는지, 환경을 해치지는 않았는지를 살펴보고 제품을 판단하는 윤리적 소비자 시대가 오게 된 것이다. 세계적인 경영컨설팅 기업인 맥킨지는 보고서를 통해 미래 시장에서 가장 주목해야 할 것으로 윤리적 소비자를 언급하기도 했다. 따라서 기업들은 생존을 위해 단순히 제품을 생산하는 역할에서 벗어나 강력한 힘을 가진 윤리적 소비자들의 요구에 적절히 대응할 필요성이 커지게 되었다.

당장 회사를 바꾸려면...

김 교수는 인터넷의 발달이 경영환경을 계속 변화시키고 있다고 분석했다. 제품과 서비스의 정보가 인터넷을 통해서 소비자들에게 이전보다 훨씬 더 많이 제공되고 교류된다. 시장은 공급자중심에서 수요자중심으로 바뀌고 있다.

미국 최대 온라인 쇼핑몰 아마존의 창업자 제프 베조스는 "제품이나 서비스를 공급받고 불만이 생긴 소비자는 주변 사람 평균 6명에게 불만을 표시한다. 하지만 온라인에선 그 숫자가 6,000명으로 늘어난다"고 말했다. 인터넷을 기반으로 한 고객의 힘이 그만큼 커졌다는 얘기다.

"산업화 그 자체라고 할 수 있는 대량생산체제를 이어서 대량주문생산이라는 방식이 등장했죠. 하지만 지금은 그것으로는 부족합니다. 고객별 차별화가 필요하죠. 예컨대 자동차보험은 연령별, 직업별, 과거 사고 경력 등으로 차별화해서 산정하고 있죠. 만약 자동차에 센서를 달아서 운전습관까지 모니터링을 한다면 보험료를 더 세분화해서 책정할 수 있을 겁니다. 서비스나 금융에 한정된 얘기일까요? 제품을 파는 산업도 애프터서비스(AS)를 통해 차별화할 수 있습니다. 전자제품을 살 때 설명서만 있으면 되는 고객이 있는가 하면, 설치부터 사용법 설명까지 다 해줘야 하는 고객도 있으니까요."

21세기 경영철학의 변화

20세기	→	21세기
• 폐쇄적 • 계층적 • 비밀주의 • 독립된 다국적기업	→	• 개방 • 협업 • 공유 • 글로벌 활동

산업사회와 지식 · 정보사회의 경영

산업사회	→	지식 · 정보사회
• 표준화된 직무분석과 업무 • 생산 계획과 일정관리 • 예외 관리와 재무적 통제 • 인센티브에 바탕을 둔 보상시스템 • 사업부조직구조	→	• 혁신 지향 • 일방적 직무 배정이 아닌 자발적 참여 • 구성원 간의 신뢰 중시 • 성과와 아이디어에 따른 보상 • 계층별 조직구조가 아닌 격자형 자율적 팀의 구성

■ **'협업은 21세기 경영의 혁신'**

돈 텝스콧 캐나다 토론토대 경영학과 교수는 그의 책 『위키노믹스』에서 '협업은 21세기 경영의 혁신'이라고 주장했다. 한 기업이 모든 걸 다 잘할 수 없다는 얘기다. 협업경영의 대표적인 예는 항공기 제조회사인 보잉이 꼽힌다.

보잉은 787 모델을 만들 때 이전까지 없던 새로운 방식을 도입했다. 여객기 한 대에 수만 장씩 만들던 설계도를 아예 만들지 않고, 20장 안팎의 제조매뉴얼만 제작했다. 매뉴얼에는 '항속 거리 몇㎞ 이상, '좌석 간 통로 몇㎝ 이상, 실내온도는 몇℃ 수준으로 유지할 것' 등 787기가 갖춰야 할 기본적인 컨셉트가 담겨 있었다. 그리고 세부 디자인을 주요 모듈을 만드는 협력업체들에 맡겼다. 그 결과 787은 직전 모델인 777에 비해 개발비용이 절반으로 줄었다.

"비용도 비용이지만, 보잉은 이제 자체 R&D로는 더 이상 차세대 항공기를 감당할 수 없다는 것을 인식한 것입니다. 또 협력업체들의 역량을 최대한 끌어내는 길이 모듈방식이라는 것을 파악한 것이죠. 이처럼 외부자원을 최대한 활용하는 것은 21세기의 새로운 생산모델입니다."

대규모 협업으로 새로운 가치가 생성되는 예는 이미 속속 등장하고 있다는 것이 김 교수의 설명이다. 대표적인 예는 사용자들이 만드는 열린 백과사전인 위키피디아다. 사진 공유 사이트 플릭커, 특허권 장터인 이노센티브 등도 대표적인 협업 사이트다.

"대규모 협업은 이미 새로운 사업영역으로 자리 잡고 있습니다. 기존 제조업 회사가 협업을 통해 시장이 필요로 하는 제품과 서비스를 찾을 가능성이 높아졌다는 뜻입니다. 다른 말로 하면 혁신을 더 잘할 수 있다는 것입니다."

자료 : 한국경제신문 2013년 4월 18일

제2절 기업환경의 영역

기업환경을 분류하거나 영역을 정할 때 관점에 따라 다양한 견해가 있을 수 있고, 또한 영역을 설정할 때도 확실한 경계를 표시하기는 매우 어렵다. 관점에 따라 거시적 환경과 미시적 환경, 또는 물적 환경과 인적 환경 등으로, 또는 어느 정도의 통제 가능한 부문과 불가능한 부문 등으로도 구분이 가능하다.

그러나 일반적으로 기업조직을 경계로 하여 조직의 내부환경(internal environment)과 외부환경(external environment)으로 분리하여 파악하고 외부환경은 경제적, 정치적, 기술적, 사회적, 자연적 환경 등으로 구분되고 내부환경은 경영자, 종업원, 주주 등과 같은 기업의 구성원 또는 이들의 집합체를 말하며, 경제적 이해 시스템, 비공식적 인간관계시스템 그리고 기업가치시스템과 같은 하위시스템으로 더욱 세분될 수 있다.

1. 외부환경(일반환경)

1) 사회적 환경

사회적 환경이란 사회나 집단을 구성하고 있는 개인의 행동에 영향을 미치는 여러 요인들, 즉 가치관, 생활양식, 사회구성원의 욕구, 가족구성원의 변화, 그리고 사회적 전통이나 관습 등과 같은 모든 사회제도나 사회적 태도를 말한다. 이와 같은 요인은 기업 경영자나 종업원의 행동은 물론 소비자의 구매행동과 소비행태에도 영향을 미치기 때문에 기업의 의사결정이나 제품계획에 이를 반영해야 한다. 그리고 개인이나 이들이 형성하는 집단은 기업과 직접적인 이해관계를 가지고 있어서 기업활동에 영향을 미치는 경우가 많다.

이러한 사회적 요인의 변화는 다른 환경보다도 훨씬 예측하기가 힘들다. 개개인의 관심이나 욕구, 연령층, 시대적 상황 등에 따라 변하기 때문이다. 그리고 경영활동이 국경을 넘는 다국적기업의 경우는 지리적 · 자연적 환경이나 역사, 전통, 생활양식, 가치관, 관습 등이 나라마다 다르기 때문에 사회적이고 문화적인 환경은 기업활동에 지대한 영향을 미치는 매우 중요한 환경요인이 된다. 이 같은 경향이 비교경영학의 연구에 많은 업적을 낳고 있다.

2) 경제적 환경

경제적 환경은 기업이 활동하고 있는 나라에서 생산과 배분 그리고 제품과 서비스에 대한 소비의 본질과 방향을 결정해 주는 기업에 대한 압력인 동시에 한 나라의 전반적인 경제적 건전성을 말해 주는 것이다. 따라서 '기업환경이란 경제적 환경'이라고 할 만큼, 경제적 환경은 기업의 일반적 환경 중에서 가장 중요하고 기업에게 직접적인 영향을 미친다.

즉, 경제적 환경(economic environment)이란 기업활동과 직접적인 관련을 가지는 경제시스템의 전체를 말한다. 기업은 국민경제를 구성하는 개별경제로서 생산활동을 능률적으로 수행하는 생산실체이므로 경제적 환경은 다른 모든 환경과는 달리 직접적이고 또한 즉각적인 영향을 미치고 있다는 점에서 가장 중요한 요인인 것이다. 이러한 경제적 환경요인에는 경제체제나 경제성장, 산업구조, 경쟁형태, 국민총생산, 재정정책이나 금융정책, 인플레이션, 실업률, 소비성향의 변화, 수출입 동향 등 다양하게 나누어지는데 여기에서는 중요한 세 가지에 대해 간단히 살펴보기로 한다.

경제체제(economic system)란 거시적 차원에서 보면 '경제의 기본적 구성요소인 경제이념(정신), 질서(조직) 및 기술의 세 요인의 상호관계에 의해서 형성되는 경제형태'이며, 미시적 차원에서 보면 경제주체의 '경제행위와 결과에 직 · 간접으로 영향을 미치는 모든 제도, 조직, 법규, 전통, 신념, 태도, 가치, 금리 및 그 결과 발생하는 행동패턴(behavior pattern)을 포함하는 경제형태'로 포괄적인 의미로 말할 수 있다.

경제성장은 생활수준의 향상을 위한 재화 및 용역의 생산이 증대하게 되어, 이에 따라 일반 소비대중의 국민소득이 증가되므로 경제적 생활수준이 향상되는 것을 말한다. 즉, 국민총생산액(GNP) 및 국민의 개인소득(PI : Personal Income)인 국민소득(NI : National Income)의 증대에 의해서 인류사회의 경제적 복지가 향상되는 것을 뜻한다. 즉, 경제가 성장한다는 것은 경제의 궁극적인 목표인 인류사회의 경제적 복지의 향상을 말한다.

경제체제가 자본주의일 때 이의 경제체제하에서는 기업은 ① 독점(monopoly), ② 과점(oligopoly), ③ 독점적 경쟁, ④ 완전경쟁 등 [표 5-1]와 같이 네 가지 조건(환경) 중의 어느 한 조건하에서 운영된다. 이 같은 경제적 조건은 분명히 기업을 경영하는 경영자의 행동에 중요한 영향을 미친다.

표 5-1 | 경쟁유형과 특성

경쟁유형	경쟁자수	경쟁지식	판매의 집중	제품의 본성	진입의 장애
독점	없음	완전함	한 사람에 의한 100% 판매	대체재가 없음	많음
과점	약간 있음	불완전함	각자에 의한 높은 비율	대체재가 거의 없음	약간 있음
독점적 경쟁	많음	중간정도	각자에 의한 약간의 비율	대체재가 많음	많음
완전경쟁	많음	완전함	각자에 의한 최소의 비율	대체재가 거의 많음	많음

자료 : J. A. Pearce and R. B. Robinson, *Management*, McGraw-Hill, 1989.

3) 기술적 환경

오늘날 기술적 환경은 일반적 환경요인 중에서 가장 변화가 빠르고 그 정도가 심한 환경이다. 이는 제품과 서비스를 생산하는 데 사용되는 기술의 질(quality of the technology)의 발달에 기인되는 바가 크다. 따라서 기업은 소비자가 요구하는 제품과 서비스를 생산하기 위해서 끊임없는 기술개발에 몰두해야 하는 것은 기업의 생존을 위해 필수적이다.

오늘날 지배적인 기술의 형태는 인간과 유리(遊離)되어 물질 내지 이의 고도화된 형태인 컴퓨터 등의 기계 속에 내재화되어 있는 물적기술로서 이는 흔히 산업기술로 불리운다. 또한 종래의 기술이 가졌던 기술적인 한계를 넘어서 기술진보가 급격하게 단시일 내에 이루어져 획기적인 신기술이 생기는 경우 이를 기술혁신이라 한다.

기업이 이러한 연구개발과 기술혁신에서의 적응과 도입, 기술개발 등에 뒤떨어진다는 것은 바로 도태를 의미하게 되므로 기술환경의 중요성은 더욱 가중되고 있다.

현존하는 기업은 과거 어느 때보다 많은 기술을 개발하여 다가오는 미래를 대비하고 있기 때문이다.

4) 정치 · 법률적 환경

정치적인 환경은 정부 더 구체적으로는 정부가 규정하고 있는 법률과 깊이 관련되어 있고 많은 경우에 법률은 그 나라의 정치풍토와 일치되고 있으므로 '정치적 · 법률적 환경'으로 다루고 있다. 그것이 기업활동에 중시되는 이유로는 다음과 같은 세 가지를 들 수 있다.

첫째는 기업에 어떤 법률적인 제한을 가한다는 것이다. 법률은 부분적으로 기업이 할 수 있는 바와 해서는 안 되는 바를 규정하고 있다. 예를 들어, 공해방지법, 독과점규제법, 공정거래법, 품질규제법 등과 같은 법률을 제정하고 행정명령 등을 통하여 여러 가지의 규제를 가하고 있다.

둘째는 기업에 얼마만큼 지원적(pro-business) 또는 반지원적(anti-business)인가는 경영전략 및 활동에 크게 영향을 미친다는 것이다. 예를 들어, 조세감면, 금융지원, 중소기업육성, 세제혜택 등을 통하여 기업의 경영활동을 촉진하고, 기업의 자율성을 보장해 주고 있다.

셋째는 이러한 환경의 안정성이 장기적인 계획수립에 중요한 요인이 된다는 것이다.

이상에서 설명한 네 가지 영역별 내용을 요약하면 다음과 같다.

표 5-2 | 기업 외부환경의 내용

구분	내용
사회 · 문화적 환경	사회제도, 사회적 전통과 관습, 생활양식, 예술, 도덕, 개인이나 집단의 가치관과 욕구, 문화적인 요인들
경제적 환경	의료시장, 노동시장, 소비자시장, 투자자, 경제성장, 경쟁상태, 산업구조, 재정 금융정책, 인플레이션, 국제화경향
기술적 환경	기술혁신과정, 기술이전과정, 상업기술, 정보기술, 경영관리기술, 연구개발기관
정치 · 법률적 환경	정부의 금융 조세재정정책과 각종 법규, 외국정부, 국제법과 국제적 규제, 이해관계자집단

2. 과업환경

과업환경(task environment)이란 기업과 매우 밀접한 관련을 가지면서 경영활동에 직접적으로 영향을 미치는 요인들로 구성되는 미시적 환경을 의미한다. 기업의 입장에서는 그 대상이 확인되어 영향력의 행사가 가능하기 때문에 통제가능한 환경이라고 할 수 있다. 이러한 과업환경은 일반적으로 기업의 경영활동으로 인해 직접적 또는 간접적으로 이득이나 손해를 보는 이해관계자들로 나누어진다.

이해자집단(利害者集團, interest group)이란, 상호 간에 이해관계에 관련되어 구성된 집단인데, 기업차원에서 보면 '어떤 집단의 경제적 복지가 그 기업의 활동에 직접적으로 그리고 강력히 의존하고 있는 관계자 집단'이라고 정의할 수 있다. 일반적으로 이 집단의 구성으로써 [그림 5-2]와 같이 ① 주주, ② 종업원 및 노조, ③ 공급자, ④ 서비스제공자, ⑤ 금융기관, ⑥ 고객, ⑦ 경쟁기업 및 ⑧ 정부 등의 여러 가지를 열거할 수 있다.

그림 5-2 | 기업과 경영주체 (이해자집단)

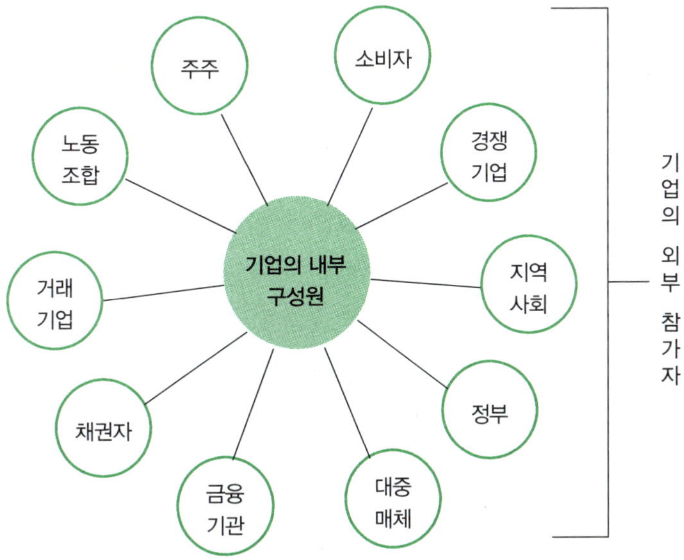

1) 주주

주주(株主)는 기업의 소유자적 입장에서 주주총회라는 기관을 통하여 기업의 중요한 의사결정이나 최고경영자그룹의 임명과 면직에 관한 권리를 행사한다. 따라서 주주의 의견은 곧 기업의 행동에 직접적인 영향을 미칠 수 있다. 그러나 점차 주식시장의 대중화가 이루어짐에 따라, 주식이 다수의 사람들에게 고도로 분산되고, 또한 주식의 구입이 기업경영에의 직접적 참가목적보다는 주식의 매매차익이나 배당에 의한 이익을 목적으로 하는 경우가 많아짐에 따라 주주의 기업경영에 대한 영향력이 점차 약화되고 있는 실정이다.

2) 공급자

기업은 그들의 최종생산품을 산출해내기 위해서는 외부환경으로 일컫는 사회로부터 원자재, 에너지, 설비, 노동력, 자금을 조달받고 사용하게 된다. 경영자는 원재료나 노동력을 원활히 확보하기 위해서 대리인을 통하거나 자사 내의 구매담당 책임자로 하여금 원자재, 각종 부품, 노동력의 공급동향 및 추이를 분석하게 하고 적정가격에서 원하는 양이 구입되도록 한다.

공급자로부터 원자재나 부품을 구입할 때의 주된 목표는 저렴한 가격에, 원하는 분량이 적기에 조달되도록 하는 데 있다. 경기과열로 인해 원자재 공급난이 심각한 경우에는 기업으로부터의 원자재 확보경쟁은 더욱 치열해지며, 이때 경기침체기 혹은 평상시에도 이들 공급업체들로부터 원자재를 꾸준히 구입해 온 기업만이 적기에 원자재를 조달받기가 용이해진다. 이들 공급자들이 외부 직접환경으로서 중요한 의의를 갖는 이유는 기업이 이들과 원활한 관계를 유지하는 것이 경영의 성패 또는 기업의 사활과 직결되어 있기 때문이다. 어느 기업이 경쟁기업보다 원자재를 저렴한 가격에 적기에 공급받을 수 있다면 그 기업의 최종생산품의 가격경쟁력은 향상될 것이며, 원자재난이 심화된 상황에서 턱없이 높은 가격에 원자재를 구입해야 하거나 또한 구입조차 불가능하다면 가격경쟁력이 상실되고, 시장에서 도태될 위기에 직면할 수도 있게 된다. 근래에 대두된 공급체인관리(SCM : supply chain management)는 공급자 관리의 중요성을 말해 주고 있다.

3) 소비자

'고객은 왕이다'라는 말이 있듯이 소비자들이 기업에 미치는 영향은 지대하면서 매우 중요하다. 대량생산이 가능해지고 동일하거나 유사한 제품을 생산하는 경쟁기업의 수가 늘어남에 따라 소비자는 높은 품질의 상품을 보다 저렴한 가격에 구입하기를 원하게 되었고, 또 구입한 이후에도 철저한 사후서비스(after service)를 요구하게 되었다. 이것은 시장이 판매자시장(seller's market)에서 구매자시장(buyer's market)으로 전환되었다는 것을 의미하며, 그만큼 경쟁의 심화가 가속화되고 있다.

소비자의 기호에 맞는 상품을 개발하기 위해서는 시장조사, 예비상품판매(pilot marketing) 등의 과학적이고 체계적인 방법을 사용하여야 하며, 일단 개발되어 생산된 상품은 적극적인 가격 및 판촉정책을 동원하여 모든 양을 판매하도록 전사적으로 총체적인 노력이 경주되어야 한다. 이 개념이 바로 '토탈마케팅(total marketing)'인 것이다.

또한 기업은 경제적 약자인 소비자를 보호하기 위해 제공되는 상품이나 서비스의 품질 우량화와 가격 저렴화에 노력하고, 소비자의 복지가 향상될 수 있는 방향으로 의사결정을 내려야 한다. 이를 위해 소비자와 기업 간의 의사소통 채널을 항상 마련하여 그들의 불평을 수렴하고 이를 해결해 나갈 전담부서를 기업에 설치 · 운영하는 등의 토탈마케팅 개념을 구현하는 노력이 필요하다.

4) 경쟁자

제조원가의 절감을 위해서는 생산체제의 대규모화와 기계화가 필수적이었으나, 이는 고정비의 증대를 초래하여 수요의 변동에 대한 공급의 탄력성을 저하시킴으로써 과잉생산이라는 문제점을 야기시켰다. 따라서 기업 사이에는 격심한 판매경쟁이 유발되고 기업의 경영자는 그에 대응하여 경쟁기업보다 비교우위를 확보하기 위한 전략을 수립하는 데 고심하게 되었다. 즉, 경영자는 경쟁업자의 동태를 주시하면서 소비자들의 욕구를 충족시킴으로써 시장점유율을 확보하고 증대시키기 위한 전략적인 노력을 기울이지 않을 수 없게 된 것이다.

앞에서 설명한 경쟁환경에 따라 즉, 완전경쟁, 과점, 독점의 각 경쟁상황에 따라서 경쟁행위 및 경쟁규범도 다양하게 나타난다. 예를 들어 과점시장의 상황하에서는 비교적 소수의 판매자와 다수의 구매자가 있게 되며, 지배적 기업의 선도력에 의해 묵시적이고 비공식적인 합의가 이루어져 가격과 시장점유율이 결정된다.

그러나 경쟁회사의 존재는 비교우위의 측면에서는 분명히 부정적 측면과 부담으로 작용하지만, 때로는 경쟁업체와 적당히 협조하거나 담합(談合) 등의 수단을 통하여 현존 가격과 시장의 질서를 유지하도록 함으로써 상부상조의 혜택을 누릴 수도 있다. 예컨대 포장마차가 동떨어진 곳에 한두 개 있는 것보다 하나의 집단으로 형성되어 있을 때 손님이 훨씬 더 많이 찾는다거나 우리나라 참치산업의 대표 주자격인 두 기업이 격심한 경쟁 없이 원만한 관계를 유지하면서 전체 참치시장을 확대했던 것은 그 좋은 예이다.

5) 금융기관

기업환경으로서의 금융기관은 기업조직의 참여자이자 전체 기업의 의사결정에 대해 큰 영향력을 행사하는 존재이다. 왜냐하면 금융기관은 기업 소요자금의 가장 중요한 원천이기 때문이다. 특히 자본주의하에서 기업이란 자금의 순환을 주도하는 금융기관에 크게 의존하기 마련이다.

이렇듯 금융기관은 경영전략의 결정과 실행에 대한 기업환경으로서의 이해집단적 비중이 크며 막강한 영향력을 지니고 있지만, 그 사실이 곧 기업의 전략결정에 대한 금융기관의 광범위한 참가를 보장해 주는 것은 아니다. 다시 말해서, 금융기관이 이해집단 가운데의 위성집단에서 핵심집단화하는 것은 상황에 따른 일시적인 현상일 뿐 장기적이며 전면적인 것은 아니라는 뜻이다. 일반적으로 금융기관 또는 금융업자가 기업에 대해서 상당한 영향력을 미치게 되는 것은 기업이 자금 내지 금융적 서비스를 필요로 하는 경우가 대부분이다.

6) 지역사회

외부 경영환경으로서의 지역사회는 일반적으로 지방정부(지방자치단체)를 일컫는다. 이들 지역사회 역시 기업과 협력관계에 있을 수도 있으며, 적대관계로 변모할 수 있는 양면성을 지닌 이해집단이다.

기업과 지역사회가 원만한 협조체제를 유지할 수 있는 것은 지역사회가 공장이나 기업을 자기 지역에 유치함으로써 고용과 소득증대를 이룩하여 경제적 도약의 발판으로 삼고자 하는 경우이다. 이 경우 우수기업을 유인하기 위하여 각종 세제혜택 제공, 저렴한 공장부지 제공, 저렴한 용수(用水)및 전력의 공급 등 각종 유인책을 사용하게 된다. 기업 또한 지역사회의 발전에 일익을 담당한다는 긍지와 소명감을 갖고 동일지역 주민의 우선적 채용, 견학 목적하에 지역주민의 공장에의 초청, 양질의 제품을 지역주민에게 우선적으로 발송하는 등의 노력을 경주하게 됨으로써 지역사회와 기업은 상호 신뢰하는 분위기를 조성할 수 있으며 기업 홍보에도 좋은 효과를 거둘 수 있다. 또한 지방정부에 세금을 납부하고 지역의 여러 기업들과 협력관계를 구축함으로써 지역사회의 발전에 기여한다.

그러나 요즈음 공해, 소음문제, 폐수방류, 임금체불 등 지역사회에 피해를 입히는 사례도 적지 않다. 기업의 터전이라 할 수 있는 지역사회의 도움 없이 기업은 성장할 수 없으며, 지역사회에 이바지하여야 한다는 것은 기업이 갖고 있는 사회적 책임의 일부분이라는 것을 잊어서는 안 된다.

7) 노동조합

기업의 의사결정에 대한 이해집단으로서의 종업원(employee)이나 또는 노동조합의 영향은 갈수록 커져가는 추세에 있다. 특히 기업이 필요로 하는 노동의 공급요인과 경영활동에 노동조합이 미치는 영향은 상당히 크다고 하겠다.

기업환경으로서 노동조합은 대내적인 기업환경이라는 점에서 다른 기업환경적인 이해집단들이 미치는 영향과는 그 질적인 면에서 다르다. 이를테면 다른 기업환경에 대해서는 기업의 일방적인 의사결정에 의해 그 적응책으로서의 경영전략이 마련되는 데 반해, 이 경우는 노사관계의 원만한 유지를 전제조건으로 쌍방 간의 합의에 의해 마련된다는 뜻이다. 특히 우리나라에서는 노동조합이 기업경영에 차지하는 비중은 앞으로 더욱 커질 것으로 전망된다.

8) 언론매체

기업의 경영성과에 상반된 영향을 미치는 또 다른 외부환경은 언론매체이다. 라디오 · TV · 신문 · 잡지 등을 소위 매스미디어라고 부르는데, 이들 언론매체들을 이용하여 기업은 더 많은 물건을 팔기 위해 적극적인 판촉활동을 전개하기도 하며, 이들에 의해 기업이미지가 실추당하거나 공개적인 지탄을 받기도 한다.

오늘날과 같은 정보화시대에서는 소비자가 구매의 최종의사결정을 행하기에 앞서 이에 필요한 여러 정보를 주로 언론매체를 통하여 입수하고 있기 때문에 경영자는 매출을 늘리기 위해서 이들 언론매체를 활용하지 않을 수 없는 것이다. 시청률이나 청취율이 높은 TV와 라디오, 발행부수가 많은 신문과 잡지를 이용하여 제품광고 또는 기업광고를 행하며, 보다 많은 고객들에게 정보전달의 효과가 있어서 매출액 신장에 간접적으로 기여하지만, 이때에는 반드시 높은 광고료를 지불하여야 하는 경제적 부담을 피할 수 없다.

9) 정부

정치적 · 법률적 환경의 시행 주체(主體)로서 정부의 영향력은 대단히 크다. 그러므로 기업의 의사결정과 실행에는 항상 정부의 역할을 고려하는 과정이 포함되어야 한다. 물론 기업활동에 대한 정부의 개입은 전쟁시나 대공항과 같은 비상사태에 더욱 두드러지는 것은 당연하다고 하더라도 평상시에도 정부의 역할은 매우 크다.

우리나라에서는 눈부신 경제발전을 이룩하는 동안 기업은 정부의 보호하에 성장해온 경향이 없지 않아서 '정경유착'이라는 말이 있으나, 이제 WTO체제하에서 국제사회 속에 한국 기업의 위치를 더욱 공고히 하기 위해서 정부는 최소한의 행정지원만을 담당하고 연구개발에서 소비자보호에 이르는 기업과 관련된 모든 행위는 기업 자신들이 스스로 해결해 나가야만 할 것이다.

제 3 절 환경경영

1. 환경경영의 개념

환경경영이란 기업활동의 모든 과정에 걸쳐 환경성과를 개선함으로써 경제적 수익성과 환경적 지속가능성을 동시에 추구하는 일련의 경영활동을 의미한다. 기업활동 모든 과정에 걸쳐 이루어지는 것이니 만큼 여러 경영활동에 복합적으로 적용되며 환경방침을 개발하여 실행하고 환경측면을 관리하는 데 활용되는 조직의 경영시스템의 일부로 볼 수 있다.

환경경영에서는 경제적 수익성과 환경적 지속가능성의 조화가 궁극적 목표가 될 것이며, 그 대상 범위는 원료의 구매에서부터 제품 생산, 마케팅, 소비, 그리고 폐기 단계에 이르기까지 직 · 간접적으로 기업활동과 연계되는 전 과정이 된다. 그리고 이에 따라서 환경경영의 목표를 달성하기 위한 구체적인 실천방법들은 기업활동의 전 과정에 걸친 환경성과의 개선이라는 관점에서 모색되어야 한다. 결국 환경경영이 지향하는 바는 환경성과 경제성의 조화라는 새로운 경영목표를 달성하기 위해서 확대된 책임범위를 대상으로 기업의 환경성과 개선과 경쟁력 제고를 동시에 추진하는 것이다.

환경경영에서는 기업의 경영철학이나 경영목표가 근본적으로 달라져야 하며, 각 기능별 경영활동의 접근방법이나 구체적인 실천수단은 물론 그 결과에 대한 평가방법도 달라져야 할 것이다.

그림 5-3 | 환경경영의 개념

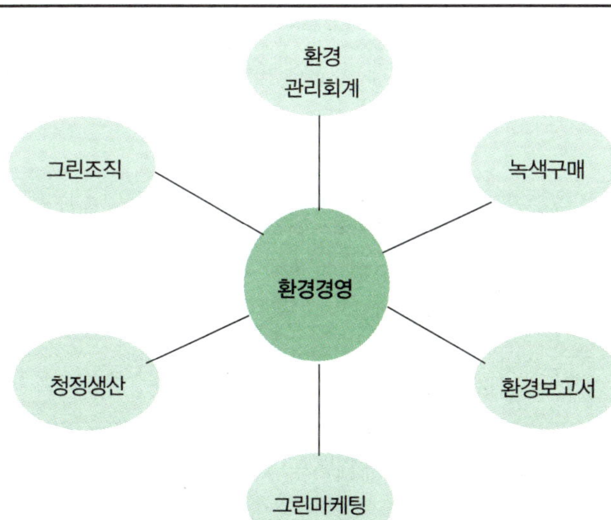

2. 환경경영의 필요성

오늘날 기업들은 생존과 성장을 위한 전략의 일환으로 환경경영의 새로운 패러다임으로 전환해야 할 필요성이 있다. 환경경영의 필요성을 살펴본다면, 환경관련 규제 및 위협에 대응하는 방어적인 차원과 새로운 기회의 활용이라는 적극적인 차원에서 살펴볼 수 있다.

1) 방어적 측면

우선 위협적인 측면을 보면, 최근 급속히 강화되고 있는 대내외적 환경규제와 무역환경연계의 진전으로 말미암아 기업은 생존을 위해 환경을 신경쓰지 않을 수 없게 된다. 1970년대 초 OECD 회원국들의 합의를 거쳐 처음으로 공표된 오염자부담 원칙(PPP : polluter pays principle)은 '제품이나 서비스로부터 야기되는 모든 환경비용은 그 오염자(공급자)가 부담해야 한다'는 것이다. 즉, 기업의 환경인식 제고와 실천이 동반되지 않으면 불가능하다.

그리고 소비자들의 환경인식이 크게 확산되고 또한 환경관련 비정부기관들의 환경보호운동이 고조됨에 따라 환경문제를 적절히 관리하지 못하는 기업은 치명적인 타격을 입게 되었다. 그 밖에도 대형오염사고 발생 시 당해 기업이 부담해야 할 환경오염 배상금 및 부대비용이 엄청나게 커짐에 따라 환경관련 리스크에 대한 철저한 관리가 필요하게 되었다.

(1) 행정 당국의 각종 환경규제에 능동적으로 대처

현대의 환경법은 법적/행정적 규제 및 경제적 유인을 통한 기업의 자발적인 환경개선을 유도하고 있다. 법적/행정적 규제는 날로 강화되어 가고 있으며 경제적 유인수단인 배출부과금제도, 환경오염복원비용부담제도, 폐기물예치금제도 등도 계속적으로 강화되고 있어 기업에는 부담으로 작용하고 있다. 특히 환경사고는 우발적으로 발생하더라도 기업은 법적/행정적인 제제뿐만 아니라 기업이미지 실추의 큰 피해를 남기게 된다. 환경경영체제는 환경법규 등 환경과 관련된 각종 규제를 파악하고 법규 등의 준수를 자체적으로 감시하는 경영시스템이므로 환경사고의 발생을 미연에 방지할 수 있어 기업의 사업적 위험을 감소시킬 수 있다.

(2) 환경운동단체 등의 압력 증가

환경운동단체 등은 지구환경 보호를 위하여 기업의 활동을 규제하여야 한다는 인식을 갖고 있으며 환경에 대한 배려를 하지 않는다고 판단한 기업의 사업활동 방해, 제품불매 등의 행동을 함으로써 기업에 큰 손실을 끼친다. 최근에도 "쓰레기 문제해결을 위한 시민운동협의회"에서는 일회용품 사용업체에 대한 불매운동을 전개하였다. 또한 미국의 환경운동단체들은 공동으로 환경친화적인 기업경영을 촉진하기 위한 주주결의 운동을 실시하고 있다. 이 운동은 환경보호와 관련된 기업의 행동지침을 설정하여 기업이 이를 이행하도록 주주들을 조직하여 경영진을 압박하는 것이다.

이러한 환경운동단체들의 요구에 효율적으로 대응하는 방법은 기업의 환경현황을 투명하게 공개하고 환경성과를 개선하기 위한 대책을 수립하는 것이다. 환경경영체제는 기업의 환경현황을 파악한 후 개선 목표를 수립하여 기업의 환경성과를 지속적으로 개선하는 경영시스템이므로 환경운동단체 등의 압력에 가장 효율적으로 대처할 수 있는 시스템이다.

2) 적극적 측면

기업경쟁력의 제고와 신시장 개척이라는 적극적인 측면에서도 찾을 수 있다. 환경경영은 자원의 효율적인 이용을 통하여 비용절감을 가능케 하고 선두주자의 이익(Front-runner's Advantage)을 제공함으로써 기업경쟁력을 제고하는 주요 인자로 작용한다. 더욱이 환경경영은 최근 급성장하고 있는 환경산업이라는 새로운 시장을 개척하고 선점할 수 있는 기회를 부여하고 있다. 그 외에도 환경경영은 기업의 환경친화적인 이미지를 부각시키고 나아가서 제품에 환경친화성을 부가함으로써 녹색소비주의(Green Consumerism) 시대를 맞이하여 기업경쟁력을 제고시킬 수 있는 원동력이 될 수 있다.

(1) 기업의 경쟁력 강화의 도구로서 활용

기업의 경쟁력은 가격경쟁력과 비가격경쟁력으로 구분할 수 있다. 가격경쟁력을 결정하는 요소는 생산비, 환율, 시장접근비용 그리고 정부의 수출가격정책 등이다. 특히 생산비는 각종 생산요소의 가격과 조세제도 그리고 환경비용에 의해 결정된다고 할 수 있다. 오늘과 같이 생산기술이 고도로 향상되고 생산정보의 유통이 활발한 상황에서 경쟁사보다 생산기술의 효율화를 이룩하여 제품 생산단가를 낮춘다는 것은 쉬운 일이 아니다. 경쟁기업보다 환경비용이 높은 기업은 가격경쟁력이 떨어질 수밖에 없으며 기업의 지속적 생존에 위험요소가 된다. 그래서 많은 기업이 환경비용이라 불리는 제품 생산과정의 손실을 줄이기 위한 노력을 하고 있다. 우리가 쉽게 생각할 수 있는 환경비용은 각종 폐기물 발생비, 환경오염 방지시설 설치 및 각종 환경오염물질 처리비용, 에너지 사용비, 정부 및 이해관계자의 환경관련 민원 등 요구사항에 대응하기 위한 비용 등이다.

환경경영체제를 구축하여 운영함으로써 기업은 환경비용을 줄이기 위한 체계적인 경영시스템을 운영할 수 있으며, 선도적인 환경경영을 실천하는 기업은 기업활동의 모든 부분에서 환경비용을 감소시켜 기업의 경쟁력을 강화시켰다. 대표적인 예로서 3M사의 3P(Pollution Prevention Pays) 프로그램을 들 수 있다. 3P는 오염물질을 발생원에서부터 예방하여 환경을 보호하고 기업의 재산을 보호함으로써 회사를 더 강하게 만드는 것을 목표로 하고 있다. 이 3P 프로그램은 1975년 실시 후 14억 파운드 이상의 오염물질을 저감하였으며 7억 5천만 달러의 비용을 절감하였다.

(2) 고객의 환경경영 실시 요구 – 환경친화적 상품 구매

녹색 소비자주의로 표현되는 환경을 고려한 구매 행위가 확산되면서 기업은 제품의 환경성을 소비자에게 입증하여야 하는 시장여건이 조성되고 있다. 최종소비자에게 제품을 판매하는 기업은 환경마크, 환경경영체제 인증 등을 통하여 소비자에게 제품의 환경친화성을 홍보하여야 한다. 또한 최종 제품 생산자는 원 · 부재료 공급업체에 제품 생산 시 환경을 고려할 것을 요구하게 됨으로써 환경경영에 대한 요구는 확산될 수밖에 없다. 피아트(Fiat)자동차는 1994년에 360여 개의 공급사들에 대하여 환경자원(에너지 사용량, 대기/수질 오염물질 발생량, 폐기물 발생량 등)의 발생량을 조사하여 환경자원의 발생량을 줄이기 위한 대책을 공급업체와 공동으로 수립하였다.

기업, 성장 지속하려면…

친환경경영은 글로벌 기업으로 가는 필수요건이 됐다. 우선 기업 스스로를 위해서 중요성이 더욱 커졌다. 환경을 생각하는 그린경영을 펼치지 않고서는 지속가능한 성장이 불가능하기 때문이다. 에너지 절감과 효율화 작업은 기업의 경쟁력 강화에도 반드시 필요하다.

기업의 사회적 책무를 강조하는 최근의 사회적 합의는 친환경 '그린경영'을 향한 노력에 가속도를 붙였다. 녹색성장은 주요 글로벌 기업들이 강화하고 있는 윤리경영과도 일맥상통한다. 단지 좋은 제품과 서비스만 제공한다고 해서 1등 기업으로 평가받는 시대는 지났다. 친환경경영은 개별 기업뿐 아니라 사회 전체의 편익까지 동시에 키우는 동력으로 자리잡았다.

■ 친환경 제품이 경쟁력의 지름길

삼성전자가 6년째 글로벌 넘버원을 지키고 있는 부문이 있다. 바로 환경마크 인증이다. 작년 말 기준으로 이 회사가 만드는 2,926개 모델이 글로벌 환경마크를 획득했다. 세계 전자기업 중 가장 많은 숫자다. 향상된 성능에 전기도 적게 쓰는 친환경 제품이 소비자들에게도 사랑받는 것은 물론이다.

글로벌 시장에서 최상위권에 포진한 기업들은 친환경 기술을 적용한 새 모델로 경쟁사들을 따돌리고 있다. 현대중공업이 개발한 선박용 엔진이 대표적이다. 이 회사는 지난 3월 동급 엔진과 비교해 연비는 최대 7% 개선시키면서 유해가스 배출은 7%가량 줄인 신형 엔진을 선보였다. 작년 말에 액체연료와 가스연료를 골라서 사용할 수 있는 대형선박용 엔진도 세계 최초로 개발해 주목을 받았다.

효성의 폴리에스테르 원사 브랜드인 '리젠'도 눈길을 끄는 친환경 제품이다. 이 회사는 버려진 페트병을 재활용해 합성섬유를 뽑아내는 기술을 개발, 생산 과정에서 에너지 소비와 이산화탄소 배출을 크게 낮추는 성과를 올렸다. 낡은 어망에서 원사를 얻어 최상급 품질의 나일론을 얻는 기술도 갖고 있다.

현대자동차그룹은 수소연료전지차, 전기차 등 친환경차를 미래 성장동력으로 집중 육성하고 있다. 세계 최초로 수소연료전지차 양산체제를 갖춘 현대 · 기아차는 하이브리드카(휘발유 · 전기 혼용차)와 전기차의 장점을 합한 '플러그인 하이브리드카'도 조만간 생산할 계획이다.

■ 에너지 절감 경쟁도 후끈

정유 · 화학 · 제철 등 대규모 장치산업은 에너지를 많이 쓰는 대표적인 업종이다. 생산공정에서 에너지를 효율적으로 사용하는지 여부가 회사의 경쟁력과 직결되는 사업장이다. 친환경 설비를 구축하기 위한 기업들의 노력과 경쟁도 그만큼 치열하다.

SK이노베이션은 하루 단위로 온실가스 배출량을 점검하고, 이를 생산정보시스템과 연계해 통합 관리하는 시스템을 2011년 구축했다. 덕분에 석유사업 자회사인 SK에너지의 온실가스 배출량은 2010년 842만t에서 이듬해 824만t으로, 작년엔 820만t까지 줄었다. 폐기물 재활용 비율도 70% 수준까지 끌어올렸다.

서울 서린동에 있는 SK 본사 건물의 지하 5층엔 얼음을 보관하는 대형 창고가 있다. 밤에 값싼 전기로 얼음을 얼려 두었다가 낮에 얼음이 녹는 과정에서 나오는 냉기로 에어컨을 가동한다. 이런 빙축열 시스템으로 본사 에어컨 전력 사용료의 30%를 아끼고 있다.

자체 설비로 전력을 조달하는 기업들도 늘고 있다. 포스코는 포항과 광양제철소에서 쓰는 전기의 약 70%를 공정 중에 나오는 부생가스를 이용한 자가발전과 코크스 건식 소화설비 등 에너지 회수설비와 액화천연가스(LNG) 발전설비를 통해 자체 조달하고 있다. 현대차는 올 연말 충남 아산공장 지붕에 대규모 태양광 발전소를 설치한다. 발전소가 들어서면 3,200가구가 1년 동안 쓸 수 있는 용량의 전기를 얻게 된다.

GS칼텍스는 친환경 고도화설비로 황화합물 배출을 연 7만t 줄였고, 에쓰오일은 대기와 수질을 연속으로 자동측정하는 설비로 그린 경영을 실천하고 있다.

삼성전자 관계자는 "친환경 경영은 기업의 지속가능한 성장을 위한 핵심요소일 뿐 아니라 자연과 미래를 위한 가치 있는 투자"라며 "사람과 자연을 존중하는 경영으로 인류의 삶과 지구환경 보전에 기여하기 위해 녹색경영을 지속적으로 펼치고 있다"고 강조했다.

자료 : 한국경제신문 2013년 6월 17일

Chapter 06

사회적 책임과 윤리경영

제 1 절 기업의 사회적 책임

1. 기업의 사회적 책임의 개념

기업의 사회적 책임과 도덕성은 단지 경영자들이나 기업의 CEO뿐만 아니라, 조직 내 모든 구성원들의 가장 우선적인 관심사가 되어야 한다. 대체적으로 폐쇄적인 사회, 그리고 전제적 통치체제 아래에서는 각종 비리가 성행하고 은폐되기 쉬우나, 민주화시대나 정보화사회에서는 그러한 은폐나 왜곡이 거의 불가능하게 된다. 따라서 현대 경영에서는 기업의 사회적 책임과 도덕성이 절실히 요청되고 있으며, 기업의 윤리성이나 도덕성의 정립이야말로 일류기업의 성장조건으로 등장하고 있다.

Carroll 교수는 기업의 사회적 책임을 경제적 책임, 법적 책임, 윤리적 책임, 자선적 책임 등 네 가지로 구분하고 있다. 기업의 경제적 책임이란 기업 자체가 존재하는 목적으로서 제품과 서비스를 생산하여 적절한 가격에 판매하고 투자자들에게는 보상이 가능한 이윤을 창출하는 책임을 의미한다. 즉 기업의 경제적 책임이란 생산활동을 통하여 부가가치를 창출하고 고용 및 유효수요를 창출하는 등의 사회적 기여를 의미하고 있다.

기업의 법적 책임이란 기업경영이 공정한 규칙 속에서 이루어져야 한다는 것으로서 사회가 만들어 놓은 법의 테두리 내에서 경영을 해야 하는 책임을 의미하고 있다. 따라서 기업의 입장에서 경제적 책임과 법적 책임은 당연히 수행하여야 하는 의무라 할 수 있을 것이다.

기업이 국가경제에서 차지하는 비중이 점점 더 커지고 그 영향력도 커짐에 따라 사회는 기업에 경제적 책임과 법적 책임 이외에 추가로 '윤리적 책임'과 '자선적 책임'을 요구하게 되었다. 특히 급변하는 정보화시대에서 사회 이슈에 대한 네티즌들의 활발한 참여와 시민단체들의 지속적인 활동은 기업의 사회적책임에 대한 인식을 제고함과 동시에 윤리적 책임과 자선적 책임을 강하게 요구하는 계기가 되고 있다.

기업의 윤리적 책임은 법적 강제성을 띠고 있는 것은 아니지만 사회가 기대하고 요구하는 바를 충족시킬 수 있어야 한다는 것이다. 즉 기업은 기업의 모든 이해관계자(소비자, 내부 이해관계자, 외부 이해관계자) 등의 기대, 기준 및 가치에 부합하는 행동을 하여야 할 책임이 있다는 것이다.

기업의 사회에 대한 자선적 책임은 자발적인 책임의 수행, 경영활동과는 직접 관련이 없는 문화활동, 기부, 자원봉사 등을 의미하고 있다. 상술한 기업의 사회적 책임은 기업에 윤리경영을 요구하게 되는 이론적 근거가 되고 있다.

그림 6-1 | 기업의 사회적 책임의 범위 및 역사적 발전

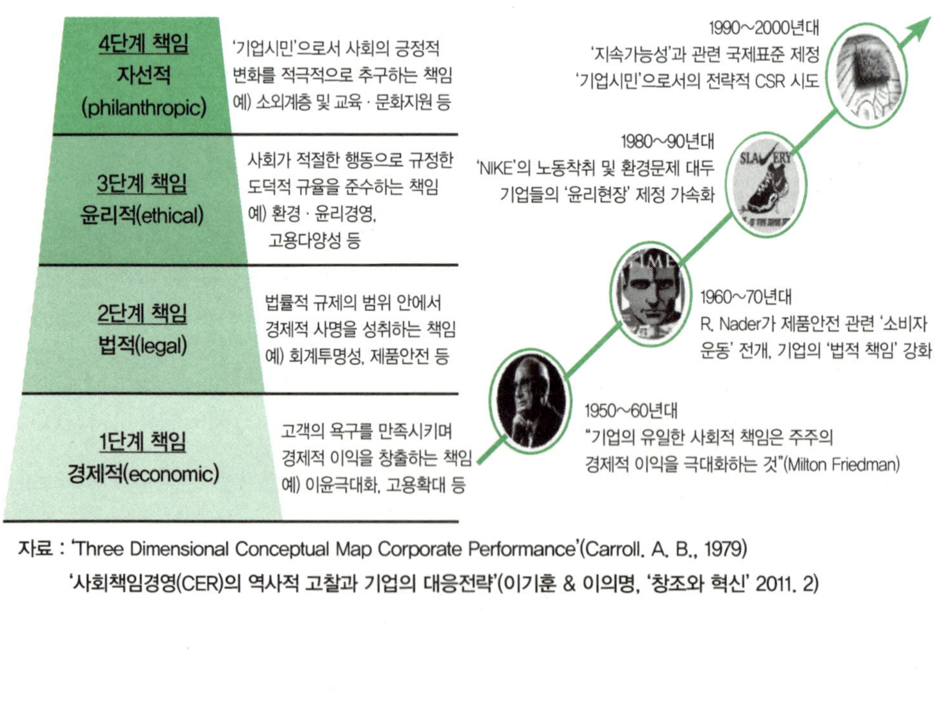

자료 : 'Three Dimensional Conceptual Map Corporate Performance'(Carroll. A. B., 1979)
'사회책임경영(CER)의 역사적 고찰과 기업의 대응전략'(이기훈 & 이의명, '창조와 혁신' 2011. 2)

1) 사회적 책임 논의의 배경

최근 기업의 사회적 책임에 대한 세계적인 관심이 고조되고 있는 배경에는 환경과 자원의 위기, 양극화에 따른 사회적 위기, 기업부패와 경제 및 금융의 위기에 기인하고 있다.

첫째, 환경과 자원의 위기이다. 지구온난화, 기후변화, 물 부족, 에너지비용 증가, 생태계 멸종위기 등 환경 및 자원고갈에 대한 위기의식의 증가는 사람들로 하여금 시장경제 발전과 외부비용 증가에 대해 더욱 우려하게 만들고 있다. 지구화 내지 세계화의 확산과 함께 이른바 지속가능한 발전을 추구하는 움직임이 1990년대 이후 고조되면서 기업에 요구되는 역할과 책임도 커지고 있는 것이다.

둘째, 양극화에 따른 사회의 위기이다. 세계화를 통한 자본과 노동시장의 개방으로 괄목할 만한 경제적 성장이 일어나면서, 그로 인한 빈부 격차의 심화, 국가 간 기업표준 격차의 심화로 세계적으로 양극화현상이 나타나고 있다. 지속가능성은 1980~90년대 전반에는 환경문제의 관점에서 제기되었지만, 1990년대 중반부터는 빈곤 · 실업 · 인권 등 사회문제까지 포함하여 논의되었기 때문이다.

예컨대 1995년 코펜하겐에서 열린 “사회개발에 관한 세계정상회의(World Summit on Social Development)”에서는 사회적 공정성과 인권에 기초를 둔 인간중심의 사회개발이 21세기의 과제라는 내용의 “코펜하겐 선언”이 발표되었고, 빈곤추방, 고용, 사회통합이라는 폭넓은 사회문제의 맥락에서 지속가능한 발전이 논의되었다.

OECD 각료이사회가 2000년 6월에 새롭게 채택한 “OECD 다국적기업 가이드라인”은 기업이 자신이 활동하고 있는 국가의 정책을 충분히 고려할 뿐만 아니라 이해관계자의 의견을 배려해야 한다는 일반 원칙을 규정함과 동시에, 정보공개 · 고용 및 노사관계 · 환경 · 뇌물수수금지 · 소비자 이익 · 과학과 기술 · 경쟁 · 과세 등에 관한 행동규칙 또한 제시하였다.

셋째, 기업 부패와 경제 및 금융의 위기이다. 세계 곳곳에서 일어나고 있는 기업의 비리와 부패로 인한 기업 및 기업리더에 대한 불신감의 팽배는 기업지배구조(Corporate governance)의 개선과 투명경영에 대한 요구의 목소리를 더욱 높이고 있다.

기업의 정도경영 여부는 재무성과나 기업 명성의 제고에 큰 영향을 미치지만, 단순히 그러한 영향 요인에 그치지 않고 자칫 소홀할 경우 기업의 존폐를 결정할 수도 있게 되는 핵심적 영향요인으로 작용하고 있다고 말할 수 있다. 이는 기업의 사회적 영향력이 증대됨에 따른 결과라 할 수 있는데, 2001년 12월 회계부정을 통해 기업실적을 과장하고 문어발식 사업 확장에 따른 손실을 축소 · 은폐하는 방법으로 수년간 높은 주가상승률을 유지해 오던 엔론(Enron)이 결국 파산에 이르게 된 사건에서도 알 수 있듯이, 기업의 정도경영은 기업 자신이 살아남기 위한 실용적 전략을 의미하는 것이 아니라, 하나의 기업이 건전성과 자기 통제력을 상실하게 될 경우 단지 하나의 불량 기업이 사라지고 그 대표자가 민 · 형사상 책임을 부담함으로써 모든 문제가 해결되는 것이 아니라, 사회 전체에 파국적인 해악을 끼치게 된다는 점에서 전체 사회의 존립을 위한 필수적 요구사항을 의미하는 것이라 할 수 있다.

또한, 2008년 리먼브라더스(Lehman Brothers)의 파산으로 촉발된 미국발 금융위기의 경우도 투자은행들의 무분별한 레버리지 확대, 그리고 자신들이 설계한 서브프라임 모기지론 관련 파생 상품에 대한 일반 고객들의 투자를 권유함과 동시에 이른바 리스크 헷징이라는 핑계로 동일한 파생상품의 가치 하락을 전제로 한 투자를

그림 6-2 | 사회적 책임 논의의 다양한 배경

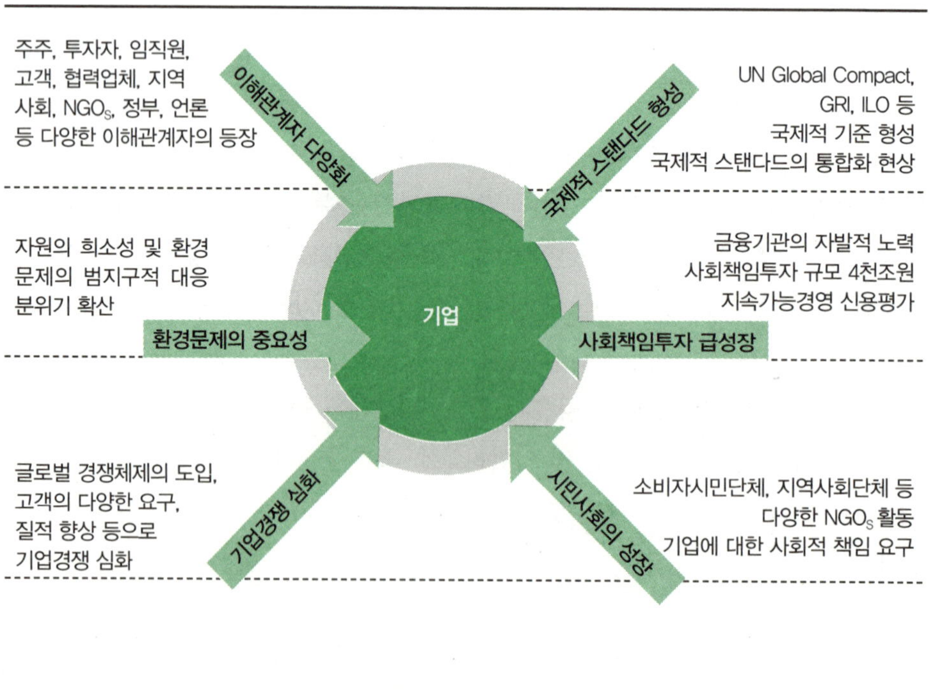

유치함으로써 결과적으로 대다수 일반 고객을 이루고 있는 연금 생활자들의 생존 기반 붕괴를 초래했을 뿐 아니라, 연이은 금융경색으로 인해 도산위기에 처한 기업들을 구제하기 위하여 막대한 공적자금이 투입됨으로써 결과적으로 국민의 부담만을 가중시켰다는 점에서 기업의 정도경영이 기업 자신만의 문제가 아니라는 사실을 잘 보여주고 있다.

2) 사회적 책임을 보는 관점

기업의 사회적 책임을 보는 방식에는 주주중심의 접근법(shareholder approach), 이해관계자중심의 접근법(stakeholder approach), 사회구성원접근법(societal approach)이 있다.

첫째, 주주중심의 관점이다. 주주는 기업에 대해 배타적이고 독점적인 소유권과 지배권을 가지고 권리를 행사하는 반면, 기업은 주주의 이익을 최대화해야 한다는 책임을 지게 된다. 자유시장경제의 이상적인 논리에 따르면, 모든 기업이 경쟁의 규칙을 지키면서 각자 자신의 이윤을 최대화하기 위하여 정상적으로 노력하면 사회 전체의 후생(welfare)이 극대화된다. 이는 기업이 이윤추구활동으로 주주에 대한 책임을 다하면 기업의 본원적인 사회책임을 다하는 것임을 의미한다. 이 논리를 근거로 기업은 국가와 사회로부터 사회적 법인(法人)으로 인정되어 기업시민권을 부여받고 국가나 사회가 보유한 제반 하부구조(infrastructure)를 활용할 수 있는 권리를 누리게 되며 기업시민으로서 납세와 준법의 의무를 지닌다. 따라서 주주중심의 접근법에서 기업의 사회적 책임이란 이윤추구를 위한 경제활동, 납세, 준법이 전부가 된다.

둘째, 이해관계자중심의 관점이다. 주주중심의 접근법이 경제적 계약을 근거로 한다면 이해관계자중심의 접근법은 사회적 계약을 기반으로 한다. 경제환경의 복잡성이 날로 증가함에 따라 경제와 사회의 상호의존성 또한 커지고 있다. 이제 그 어떤 경제활동도 복잡한 사회적 의미를 지니게 되고 사회에 직접적으로 미치는 영향도 커지게 되었다. 즉 기업활동에 의해서 경제, 사회, 환경적으로 영향을 받는 이해관계자는 기업에 대하여 확장된 책임을 요구할 수 있다. 이와 함께 주주 이외의 다른 이해관계자도 기업이 만들어낸 부(富)를 나누어 가질 수 있는 권리를 갖게 된다.

셋째, 사회구성원 관점이다. 기업을 '자연인과 동등한 하나의 인격체'로 간주하는 것이다. 여기서 '인격체'의 의미는 법적인 주체가 아니라 사회의 한 구성원으로서 실질적인 주체를 의미한다. 사회의 한 구성원으로서 인간의 권리와 의무가 존재하듯이 사회구성원이자 사회조직으로서 기업의 권리와 의무가 존재한다는 것이다. 그래서 기업은 사회의 요구에 부응하여 사회가 추구하는 목표를 달성하는데 일정하게 기여해야 한다는 것이다.

2. 사회적 책임에 대한 논란

기업의 사회적 책임에 대한 문제는 영리추구와 국민복지 증진이라는 상충되는 두 가지 명제를 어떻게 하면 적절히 조화시킬 수 있는가에 대한 고민으로부터 출발한다. 경제단체들은 기업활동의 본질은 이윤극대화이며, 사회적 책임의 수행은 경영성과를 논의하고 남은 잉여활동에 해당하는 것으로 규정하는 경향이 있는 반면, 시민단체들은 기업의 이윤추구목표보다 사회적 공기(公器)로서의 기업관을 강조하여 기업윤리 준수와 사회적 책임부여 등 평등의 개념으로 기업활동을 평가하고자 한다.

1) 사회적 책임 부정론

기업의 사회적 책임에 대한 부정론은 기업의 사회적 기능을 경제적 측면에 중점을 두어 기업이 시장 경쟁 상황에서 각 기업의 이익을 극대화할 수 있도록 의사결정을 해야 한다는 관점에서 출발하는데, 이러한 입장을 정리해 보면 다음과 같다.

첫째, 기업의 사회적 책임 수행은 '이윤극대화'라는 기업의 본질적 기능을 저해한다. 이윤극대화를 위해 비용을 절감하고 능률을 집중해야 하는데 사회적 책임 수행시 발생하는 비용이 제품가격에 전이돼 시장경쟁력이 약화되고 사회적 참여 과정에서 기업 경영능률을 분산해 기업 목적에 혼란이 야기되어 결과적으로 경영효율이 떨어지게 된다. 이 입장에서는 진정하고 유일한 의미에서의 기업의 사회적 책임은 곧 경제적 이윤의 추구인 것이며, 기업가들은 이익을 극대화하기 위해 능률을 증진시키고 비용을 절감할 때 바로 사회적으로 공헌하는 것이 된다.

둘째, 사회적 책임이라는 명목하에 기업이 다양한 분야로 활동의 영역을 넓혀가게 될 경우 이미 기업의 본질적 기능인 이윤극대화를 통해 사회적 권력이 충분한 상태에서 그 이외의 분야에 대한 기업의 영향력이 비대해져 다원주의적 사회의 권력분산이 붕괴될 수 있다. 기업이 이윤추구라는 원칙 추구 차원에서 사회적 책임을 수행하는 것이 아니라 경영자가 사회적 책임 자체를 목적으로 하는 참여활동을 펼칠 경우 기업이 다원사회의 지배자로 군림하게 된다.

셋째, 기업은 사회의 문제들을 인식하여 효율적으로 처리할 수 있는 능력과 기능이 떨어진다. 즉, 기업의 관심과 경험 분야는 기업 운영에 있어 경제적 측면에 집중돼 있기 때문에 사회문제를 인식하고 해결하는 데 전문성이 부족하다. 기업들은 가능한 경제적 기회를 포착하고 오로지 이익추구에만 종사하는 존재들이어서, 사회적 이슈를 효율적으로 처리할 수 있는 인식능력과 기능을 갖추고 있지 못하다는 것이다. 이러한 상황에서 사회적 책임 활동에 있어서는 비전문가인 기업이 경제적 대안도 마련되지 않은 채 사회적 의무를 이행하도록 일방적으로 강요받는다면 그 의무 이행으로 인해 부담해야 하는 부가적인 비용 때문에 기업경쟁력의 약화를 초래하게 됨으로써 결국 사회 전반에 나쁜 영향을 미치게 된다는 것이다.

2) 사회적 책임 찬성론

기업의 사회적 책임에 대한 찬성론은 기업의 사회적 책임 활동과 참여를 긍정적으로 인식하는 관점으로, 기업의 사회적 기여가 미치는 긍정적인 영향, 특히 사회 전체에 대한 생활의 질 개선에 주목하는데, 이를 정리하면 다음과 같다.

첫째, 규범적인 관점으로 사회가 기업이 설립되거나 적어도 기업이 유지 · 발전하는 데 도움을 주었기 때문에 기업은 당연히 사회문제 해결에 있어서 조력할 의무를 지고 있다. 이 입장에서는 기업은 사회 속에서 비로소 생겨나고 그 영속성을 부여받을 수 있으므로 그러한 측면에서 기업은 일련의 사회문화적 규범을 수용하고 그 제약조건하에서 행동해야 한다는 점을 강조한다.

즉 오늘날의 경우에는 기업이 단순히 경제적 이익의 효율적 달성만을 요구받았던 과거와는 다른 방향으로 사회규범이 변화하고 있으며, 각종 사회문제를 해결하는 데 이용할 수 있는 가치있는 자원을 많이 확보하고 있는 기업이 사회문제의 해결에 적극적으로 나서야 한다는 요구가 팽배해 있다는 것이다. 다시 말해서 경영능력, 직능적 진취성 그리고 자본이라는 실질적 자원의 측면에서 다른 사회기관들보다 우월한 능력을 보유하고 있기 때문에, 사회적으로 유용한 성과를 창출할 수 있도록 기업이 이러한 능력을 발휘해야 할 필요가 있다고 한다.

둘째, 장기적 · 실리적 측면으로 기업이 사회 프로그램으로 비용을 지출함으로써 기업과 사회와의 우호적인 환경이 형성되어 장기적으로 기업의 이익을 극대화시키는 데 기여하게 된다. 사회적 책임을 수행하는 기업은 공중에게 긍정적이고 호의적인 이미지를 형성해 감에 따라 고객과 종업원, 투자자 등 주요 이해관계자를 설득하게 되고 이로써 기업 이윤증대에도 기여하게 된다. 만일 기업이 사회적 요구를 무시하고 외면할 경우 결국에는 이것이 사회 전체의 비용으로 되돌아오게 되어 기업의 비용지출 또한 증대될 것이라고 한다. 사회적 책임을 계속적으로 수행하지 않는 기업의 정책이 지속됨으로써 기업의 권력을 실질적으로 상실하게 되거나, 기업의 유지 및 성장 또한 보장받을 수 없게 된 사례들이 보여주듯이 기업의 사회적 책임 수행을 통한 이미지 개선 등은 기업의 장기적인 이익과 이어지게 된다는 것이다.

셋째, 기업이 사회적 책임을 수행하고 사회문제에 조력함으로써 사회환경이 개선되고, 이렇게 나아진 사회환경은 기업이 기능을 수행하는 데에 결과적으로 도움을 주게 된다. 삶의 질이 개선된 지역사회 환경이 기업의 제품과 서비스의 소비를 조장하게 된다.

넷째, 유한한 지구 자원을 활용하는 기업에 있어 자원을 보호하고 유지하기 위해 노력하는 사회적 책임이 당연하다. 비록 환경문제의 처리에 있어 비용부담 주체의 불확실성이라는 문제와 비용과 편익의 국가 간, 세대 간 불공평한 분배라는 문제가 현실적인 장애물로 존재하기는 하지만, 산업활동의 주체인 기업이 자원과 환경을 이용하여 이익을 창출하고 있다는 점은 분명한 사실이다. 가령 농업 분야의 기업들은 세계 수자원의 최대 사용자일 뿐만 아니라, 화학비료의 사용 등을 통해 수질오염 및 토양오염의 원인제공자가 되고 있다.

또한 에너지 분야와 교통 분야에 연관된 기업들은 화석연료 자원의 대표적인 사용자일 뿐만 아니라, 대기오염 및 온실가스 배출 등으로 인한 전 지구적 차원의 기후변화에 원인제공자가 되고 있다.

기업의 사회적 책임에 대한 긍정적 · 부정적인 관점 모두 기업을 사회 내에서 유지 발전시키고자 하는 입장에서 제기되었다. 기업의 사회적 책임에 대한 부정론도 기업의 사회적 책임에 대한 근본적인 부정보다는 기업의 본질적 기능인 이윤극대화에 대한 우려에서 출발된 것이다.

그러나 기업의 생존과 이익률의 신장을 위해 윤리경영을 선택하는 기업들이 증가하고 있는 것으로 보아 기업의 장기 존속을 위한 기업의 사회 참여가 결국 부정론의 주장처럼 이윤극대화에 저해가 되기보다는 장기적인 측면에서 보탬이 되는 것으로 볼 수 있을 것이다.

사회적 책임 준수 기업이 주가수익률도 우수

사회적 책임을 다하는 상장사의 최근 6년간 주가수익률이 코스피수익률보다 40% 이상 높았다는 조사 결과가 나와 눈길을 끈다.

사회적 책임투자 컨설팅회사 서스틴베스트는 올해 상반기 국내 주요 상장사의 환경 · 사회 · 지배구조(ESG) 성과를 평가한 결과 최우수 등급을 받은 40개사의 6년(2007년 7월~2013년 5월)간 주가수익률이 코스피수익률보다 41.3% 높았다고 9일 밝혔다.

반면 같은 기간에 최하위등급을 받은 기업 30개사의 주가수익률은 코스피수익률보다 40.7% 낮았다. 이는 서스틴베스트가 작년 하반기부터 올해 상반기까지 국내 상장사 500개사의 ESG 성과를 분석, 가장 높은 등급(AA)에 속한 기업들과 최하위 등급(E)을 받은 기업들의 최근 6년간 주가수익률을 분석한 결과다. 이들 기업의 6년간 수익률을 연간으로 환산하면 AA등급 기업들의 수익률은 매년 코스피를 5.5% 웃돈 반면 E등급 기업들은 코스피를 7.4% 밑돈 셈이다.

이번 조사 결과는 비재무적 요소인 환경 · 사회 · 지배구조가 기업의 주가수익률에 유의미한 영향을 미치는 것으로 볼 수 있다고 서스틴베스트는 해석했다.

류영재 서스틴베스트 대표는 "이번 조사를 통해 기업의 재무성과뿐만 아니라 비재무적 요소인 환경 · 사회 · 지배구조까지 투자에 반영한 사회책임투자가 우수한 성과를 낼 수 있는 것으로 나타났다"고 밝혔다.

자료 : 매일경제신문 2013년 6월 9일

3. 경영자의 사회적 책임의 내용

지금까지 살펴본 내용을 중심으로 경영자가 갖추어야 할 사회적 책임을 구체적으로 살펴보기로 한다. 사회적 책임의 내용은 주장하는 관점에 따라 또는 비중에 따라 다소의 차이는 있지만 일반적으로 다음과 같이 종합하여 설명할 수 있다.

첫째, 기업의 유지 및 발전에 대한 책임이다. 오늘날의 기업은 그를 지배하는 주주의 사적 소유물이 아니라 수많은 주주의 출자와 그 기업에서 생활을 영위하고 있는 많은 종업원과 고객을 가진 사회적 공기(公器)이다. 이러한 사회의 공기로서의 역할이 제대로 수행되려면 우선 무엇보다도 기업의 건전한 유지존립이 선행되어야만 한다.

따라서 경영자는 모든 능력과 기량을 발휘하여 필요이윤의 확보에 노력하고, 이윤 가운데 적정한 비율을 사내에 유보함으로써 기업존립의 전제조건을 구축해 나아가야만 하는 것이다. 즉, 이러한 책임은 여타 모든 책임의 수행을 가능하게 하는 전제가 된다. 경영자의 가장 큰 죄악은 기업을 존속시키지 못하는 데 있다.

둘째, 종업원에 대한 책임이다. 기업경영에는 물적요소 내지는 자본적 요소에 못지않게 인적요소로서의 노동력이 필요한데 종업원이야말로 이러한 노동력의 근원이라 할 수 있다. 그런데 인간으로서의 종업원은 건강이나 정서의 유지를 위시한 각종 육체적 및 정신적 욕구를 가질 뿐만 아니라, 가정이라는 배경을 지니어 이를 부양할 책임도 아울러지고 있다. 따라서 기업은 종업원에 대한 응분의 대우를 해줌으로써 이들의 복지증진에 기여할 책임을 져야 하는 것이다.

셋째, 주주에 대한 책임이다. 주주는 출자자인 동시에 기업의 지배자로서 가능한 한 최대의 이익배당을 기대한다. 따라서 주주가 없는 기업도 있을 수 없거니와 주주에 대한 이익배당을 하지 않는 기업도 생각할 수 없다. 기업이 이익배당에 소홀하게 되면 주주들의 당해기업에 대한 투자유인이 감소하게 되고, 결과적으로 추가적인 자본의 유치, 조달은 어려워지게 된다. 따라서 주주에 대한 적정한 이윤 배당은 기업경영자의 기본과제임과 동시에 책임이라고 할 수 있다.

넷째, 소비자에 대한 책임이다. 소비자는 기업의 생산품을 구매하는 사람들로서 소비자가 없는 기업은 생각할 수 없다. 그것은 기업이 소비자에 대한 서비스를 통해 비로소 그 존재 의의를 지니게 되기 때문이다. 따라서 보다 좋은 상품을 보다 저렴한 가격으로 소비자에게 공급하는 것은 기업의 당면한 과제인 동시에 책임이 아닐 수 없다. 기업이 소비자지향적(consumer orientation)으로 운영되지 않으면 기업은 소비자운동의 도전에 직면하게 됨을 잊어서는 안 될 것이다.

다섯째, 지역사회에 대한 책임이다. 사회적 제도로서의 기업은 국민경제적 견지에서 지역사회에 대해 응분의 책임을 져야만 하는데, 이는 기업이 지역사회로부터

직 · 간접으로 많은 것을 공급받을 뿐만 아니라, 지역사회의 안정과 번영 속에서 존속 · 발전할 수 있기 때문이다. 기업은 성장을 통한 고용기회의 확대로 지역사회의 유휴노동력을 흡수하겠지만, 지역주민은 경제적 지출의 증대도 기대하고 있는 것이다.

오늘날 기업공해로 일컬어지는 각종 폐해가 지역사회의 NIMBY(not in my back yard)현상으로 간주되는 일이 없도록 하고, 만일 그러한 폐해가 발생했을 때에는 이에 대한 사후보상 및 방지 대책을 철저히 강구해야 할 것이다. 특히 지역개발 내지 지역진흥에 있어서 지방자치단체의 활동에 발맞추어 보다 적극적인 협력과 아이디어를 제공해야 할 것이다.

여섯째, 후계자 양성의 책임이다. 경영자의 사회적 책임의 하나로서 기업의 계속적인 유지 · 발전에 대한 책임이 중요하다는 것은 이미 설명한 바 있지만, 사실상 기업의 미래발전을 위해서는 후계자의 양성문제가 매우 중요시되고 있는 것이다. 그것은 내일을 위한 유능한 경영자의 양성 없이는 기업성장은 기대할 수 없기 때문이다. 이러한 의미에서 후계자 양성문제는 역시 또 하나의 경영자의 사회적 책임이 되는 것이다.

일곱째, 연구개발에 대한 책임이다. 오늘날 우리의 사회는 급격히 서비스업의 체제로 개편되고 있는 바, 이러한 발전의 기초는 기술의 진보이다. 기술의 진보를 가능하게 하기 위해서는 연구개발(R&D)이 필요하며, 이는 생산성향상에 의해 사회적 이익이 증대되는 방향으로 전개되어야 할 것이다. '기술혁신의 시대'에 있어서 세계 각국이 기술보호의 장벽을 높이고 있는 실정이므로 우리나라의 경우 독자적인 기술의 개발과 연구는 우리 기업의 생존과 발전에 있어서 필수 불가결하다고 하겠으며, 이러한 관점에서 경영자는 기술개발, 나아가 기술발전방향의 예측에 많은 시간을 투자해야만 할 것이다.

100년 국민기업 만든 건 사회적 책임

라탄 타타 타타그룹 회장이 2012년 말 75세로 정년퇴임했다. 후임인 6대 그룹 회장에는 뜻밖의 인사가 일찌감치 선정됐다. 45세의 타타가문 출신이 아닌 사이러스였다.

그는 인도 태생이지만 국적은 아일랜드였다. 후계자선정위원회는 "국적과 종교를 뛰어넘어 그룹을 이끌 인물을 찾겠다"고 공언했고, 사이러스는 라탄 회장의 동생인 노엘 타타, 인디라 누이 펩시 회장, 비크람 판디트 씨티그룹 회장 등 쟁쟁한 인물을 제치고 그룹을 이끌게 됐다. 이러한 후계자 선정 과정은 지난 100년간 부동의 1위 자리를 지켜온 인도의 '국민 기업' 타타의 단적인 한 모습일 뿐이다. 타타그룹을 분석한 책 『타타에게 배워라』(매경출판)를 펴낸 오화석 인도경제연구소장은 "타타는 인도인들의 자부심이자 표상"이라며 "'깨어 있는 자본주의'의 모델이자 앞으로 전 세계를 이끌어 갈 기업 모델이 아닐까 싶다"고 말했다.

"타타가 빛덩이 신세가 된 재규어-랜드로버를 인수할 땐 우려가 많았죠. 그런데 효율성만 강조하던 서구적 기업문화가 자율성을 보장하고 스스로 능률을 올릴 수 있는 문화로 철학과 경영방식이 변한 뒤 극적인 턴어라운드를 했어요. 타타그룹의 특별한 문화가 있다는 겁니다."

매일경제 기자로 재직하며 인도에 관심을 갖게 된 그는 인도 네루대 국제학부 객원교수를 거쳐 인도경제연구소를 이끌고 있다. 오 소장은 150년이 된 이 기업의 철학을 '사회로부터 받은 것은 사회로 환원하는 것'이라고 소개했다. '인도 IT의 허브' 인도과학원을 비롯해 타타 암연구치료센터, 국립예술공연장, 타타 열대질병연구소 등이 모두 타타의 힘으로 세워졌다.

게다가 타타는 인도의 가난한 서민들이 차를 살 수 있도록 250만원에 불과한 차 '나노'를 출시해 공전의 히트를 쳤다. 77만원에 불과한 초저가 집 '나노 하우스'를 출시해 수억 명의 빈곤층에게 내 집 마련의 기회도 제공했다. 서민들의 삶을 돌보려는 노력이 결과적으로 '혁신'을 이끌어낸 것이다.

기업 수익의 3분의 2를 자선단체가 소유하는 구조임에도 불구하고 타타는 괄목할 만한 성장을 지속하고 있다. 1991년부터 2012년까지 타타는 매출이 26억 달러에서 1,000억 달러까지 43배나 성장했다.

오 소장은 "사회적 책임을 다하면 제품이 팔리고 우수인재가 몰린다"면서 "기업의 지속적 성장을 가능케 하는 혁신은 바로 사회적 책임을 다하는 것"이라고 했다.

자료 : 매일경제신문 2013년 2월 22일

제 2 절 윤리경영

1. 경영윤리와 기업행동 규범

오늘날 자본주의체제하에서의 기업은 재산의 자유로운 소유 및 처분, 영리추구, 자유로운 경쟁 등을 기본내용으로 하는 시장경제의 원리에 기초하여 운영되고 있다. 따라서 오늘날 경영자는 기업의 운영과 관련하여 상당히 폭넓은 행동의 자유가 허용되고 있으며, 이러한 기업의 자유에는 당연히 책임이 뒤따르게 마련이다. 왜냐하면 자유기업제도란 최소한의 강제와 최대한의 자발적 행동에 의해 기업제도를 확보하려는 것이기 때문이다. 따라서 방종한 자유에 대해서는 제한이 가해져야만 하는데, 그 이유는 자유가 존재할 수 있으려면 질서 있는 협력이라는 본질적인 요소가 유지되어야만 하기 때문이다. 그러므로 자유로운 기업행동에는 자율적 규제가 뒤따라야만 하는데 이의 기준이 되는 것이 바로 경영윤리(management ethics)이다.

원래 윤리란 인간의 행위기준이 되는 것으로서, 대다수의 사람들이 무엇이 옳고 무엇이 그른가에 대해 기초적인 합의를 한 것이며, 조직 내의 인간행동을 규제하는 규칙이 되는 것이다. 이러한 윤리를 규범적인 면에서 보면 이론적으로는 다음의 세 가지 형태가 존재한다. 첫째, 공리이론(utilitarian theory)으로 계획과 행동은 그에 따른 결과로 평가되어야 한다고 주장한다. 또한 이 이론에 따르면, 계획과 행동은 최대 다수의 최대 행복을 가져와야 한다는 것이다. 둘째, 권리이론은 권리(rights)에 기초를 두고, 모든 사람은 양심의 자유, 발언의 자유, 합당한 진행의 자유 등과 같은 기본적 권리를 가지고 있다고 주장한다.

그리고 경영윤리는 사회에서 받아들이는 윤리를 기업에 적용하는 것으로서 기업을 경영할 때 어떠한 행동을 하여야만 하는가에 대한 일련의 도덕적 원칙이나 가치 또는 규범을 말하는 것이다. 그러므로 기업의 경영자가 적절한 경영윤리에 따라 책임 있는 기업행동을 하지 않으면 사회는 이를 강제성 있는 법률로서 규제하게 된다. 실제로 많은 기업활동들이 비윤리적으로 행해져 온 결과 공공이익을 대표하는 정부에 의해 여러 면에서 규제를 받아온 것이 사실이다. 그러므로 경영자는 그들이 져야 할 사회적 책임의 내용을 올바르게 파악하고, 모든 이해관계자집단의 상호이익이 증진될 수 있는 방향으로 의사결정을 하여 효율적인 기업활동을 통해 사회이익의 증진과 아울러 기업목적을 달성할 수 있는 경영이념을 확립하고 이에 따라 기업을 경영해 나가야 할 것이다.

또한 경영윤리는 종업원들이나 경영자들의 의사결정과 행동을 위한 지침이나 표준을 제공한다. 윤리적 규범의 부재는 종종 적절한 도덕적 원칙들에 대한 공감대의 부재로 이어진다. 이럴 경우, 어떤 형태로든 기업의 반사회적 활동과 범법사실은 노출되기 마련이며, 따라서 기업은 막대한 타격을 받게 된다. 기업이 이러한 위험요소를 피할 수 있는 방법은 경영윤리를 재정립하는 일이며, 기업의 사회적 책임은 이런 기업내부의 민주화를 한 차원 높은 경영윤리관의 정립에 기초한다.

이제까지 살펴본 바와 같이 경영윤리는 타율이 아닌 자율의 개념이라 하겠는데, 자율은 타인에 의해 강제되는 영역이 아니기 때문에 실천성이 결여되기 쉬운 단점이 있다. 따라서 경영윤리가 지켜지지 않아서 기업의 이해관계자들이 선의의 피해를 입게 된다면 이는 사회적으로 묵과할 수 없는 일이 된다.

2. 기업의 윤리적 발달과정

라이덴바흐와 로빈(Reidenbach & Robin)은 기업이 이윤추구와 윤리적 고려를 어떻게 균형시키는가를 기준으로 기업조직의 윤리수준을 5단계로 구분하고 있다.

제1단계는 무도덕단계(amoral stage)이다. 이 단계는 기업의 소유주와 경영자를 이해당사자로 보고 이익의 극대화를 행동의 주목적으로 한다. 만약 비윤리적인 행위를 하다가 드러나면 처벌을 받으며, 이익을 내기 위한 대가로 생각하고, 그래도 이익이 크면 그런 비용은 감소한다. 이 단계에서는 비윤리적이지만 윤리적 문제에 대해서는 전혀 고려하지 않는 단계이다.

제2단계는 준법단계(legalistic stage)이다. 이 단계는 기업이 윤리적 행위를 하려고 노력은 아니 해도 적어도 법규는 준수하려고 한다. 따라서 이 단계의 기업은 기업의 윤리적 의무는 법규를 어기지 않으면 된다고 보고 그 이상의 노력은 하지 않는다.

제3단계는 대응단계(responsive stage)이다. 이 단계부터 윤리적 문제를 생각하기 시작한다. 기업의 사회적 책임을 인식하기 시작하고, 회사의 공장, 사업장이 있는 지역주민들의 이해문제를 고려하며, 대외적 이미지를 고려하려고 한다. 그러나 기업은 이익의 극대화를 먼저 염두에 두고, 그것을 위하여 윤리적인 경영을 한다.

제4단계는 윤리태동단계(emerging ethical stage)이다. 이 단계는 기업윤리와 기업이익의 균형을 찾으려고 노력한다. 따라서 기업의 목적, 기업의 경영이념 등을 규정할 때에 윤리를 반영시킨다. 기업윤리강령 제정, 기업윤리위원회 설치가동, 윤리문제를 인사평가에 반영시키고, 때로는 이익을 포기하더라도 기업윤리행위를 오히려 중요시 여긴다.

제5단계는 윤리선진단계(developed ethical stage)이다. 이 단계는 윤리적으로 가장 높은 단계인데, 명확한 윤리관과 윤리원칙을 천명하여 모든 기업구성원이 그 원칙에 따라서 윤리와 관련된 기업문제를 개선하고, 해결하도록 요구하고 있다. 중요한 것은 기업이익을 윤리 다음의 고려사항으로 취급한다.

그림 6-3 | 기업의 윤리적 발전단계

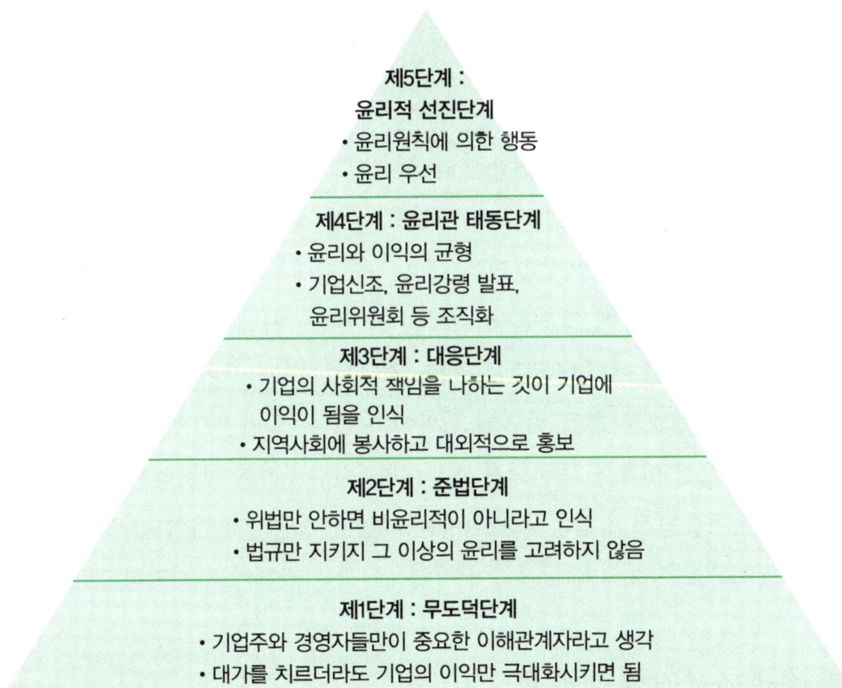

자료 : R. E. Reidenbach and D. P. Robin(1991), "A Conceptional Model of Corporate Moral Development," *Journal of Business Ethics*, April.

3. 윤리경영

1) 윤리경영의 개념

윤리경영(ethic management, moral management)은 기업윤리를 기업과 기업의 구성원들에게 적용함으로써 경쟁우위를 확보해 나가는 경영전략이다. 보다 구체적으로는 "경영활동의 옳고 그름을 판단하는 규범적 기준을 사회의 윤리적 가치체계에 두는 경영방식"을 의미한다. 윤리경영의 개념을 보다 구체적으로 이해하기 위해서는 현실에 존재하는 다양한 경영방식을 비교해 볼 필요가 있다.

(1) 비윤리적 경영방식(immoral management)

비윤리적인 경영행태는 기업의 이윤추구를 위해서는 기업윤리는 물론 법과 제도마저 장애물로 간주하는 전근대적인 경영행태이다. 주로 경제성장 초기에 나타나는 기업관으로 최근에는 거의 존재하지 않는다. 이러한 경영방식에서는 기업과 마피아 집단이 구분되지 않는다.

(2) 초윤리적 경영방식(amoral management)

초윤리적 경영방식에서 기업윤리는 경영과 전혀 상관없는 별개의 영역에 존재한다. 이러한 관점에 따르면 기업윤리는 애초부터 서식처가 다른 경영외적 요소이기 때문에 경영목표나 전략에 영향을 주어서는 안 된다. 기업은 합법의 테두리 내에서라면 이윤추구를 위해 어떠한 행동을 해도 좋다는 사고방식이다. 그러나 이러한 경영방식은 법률 분쟁과 사회적 비판에 휩싸이기 쉽다. 일반적으로 법률과 규제는 특정한 행위가 발생한 이후에 동원되기 때문이다. 기업윤리를 연구하고 있는 학자들은 현실세계에는 초윤리적 경영방식을 취하는 기업과 경영자가 가장 많으며 이들을 윤리경영의 영역으로 이동시키는 작업이 기업윤리학의 과제라고 지적하고 있다.

(3) 윤리경영(moral management)

윤리경영은 기업이 적법성의 테두리를 넘어 입법의 취지와 사회통념까지도 주요 의사결정에 반영하는 경영방식이다. 예를 들어 법적 책임이 없어도 자신들의 경영판단이 사회의 윤리적 기준과 상충하면 사회가 요구하는 기준을 따르는 경영방식이다. 이러한 경영방식을 따르는 경영자들은 법의 한계 내에서 행동하더라도 비윤리적 일 수 있다는 점, 아무리 선량한 관리자도 복잡한 경영상의 문제 앞에서 윤리적으로 잘못된 선택을 할 수 있다는 점에 주목한다. 윤리경영에서 윤리는 이윤과 마찬가지로 기업이 추구해야 할 중요한 전략적 목표 중의 하나이다.

표 6-1 | 기업윤리에 대한 태도를 기준으로 한 경영방식 분류

	비윤리경영 (immoral management)	초윤리경영 (amoral management)	윤리경영 (moral management)
윤리규범	경영활동이 윤리와 대립관계	경영활동은 윤리와 독립관계	경영활동은 윤리적 기준과 일치
기업의 목표	수단에 관계없이 높은 수익	이윤 외의 목적은 고려할 필요 없음	법과 윤리기준 내의 이윤추구
기업의 책임	경제적 책임	경제적 책임+법적 책임	경제적 책임+법적 책임+윤리적 책임
법률에 대한 태도	법은 경영목표 달성에 장애물	법률이 곧 윤리 (합법의 테두리에서 무엇을 해도 무방)	법은 최저한의 기준 (법 문구가 아닌 법정신을 존중)
전략	이익과 합치하면 무조건 추진	경영상 필요한 범위 내에서만 개인적인 윤리를 적용	건전한 윤리기준과 공생(윤리적 딜레마 발생 시 윤리우선)

2) 윤리경영의 필요성

첫째, 비윤리경영으로 인한 기업 리스크 발생이다. 2001년 미국에서 가장 존경받는 기업 중의 하나였던 엔론(Enron)의 회계부정으로 인한 파산은 사회에 커다란 충격을 주었다. 이는 비윤리적 의사결정으로 인해 기업이 도산할 수 있는 치명적 위험(risk)을 안고 있음을 시사한다. 월드컴(Worldcom), 글로벌 크로싱(Global Crossing) 등 엔론과 같은 일련의 기업 스캔들은 미국 경제를 위협에 빠뜨렸으며 이에 미국은 투자자 보호를 위한 조치로 기업지배구조를 강화하는 사베인즈-옥슬리(Sarbanes-Oxley)법을 제정(2002년)하기에 이른다. 사베인즈-옥슬리법은 철저한 사내 견제와 균형을 통한 경영의 투명성 강화를 요구하는 것으로 이사회 및 회계감사의 독립성 강화, 기업 윤리 규정 채택 및 내부 고발자(whistle blower) 보호 규정 신설, 최고 경영진의 책임 강화를 주 내용으로 한다.

둘째, 윤리경영 촉진을 위한 규범 및 표준안 강화이다. 1990년대 중반부터 선진기업을 중심으로 윤리경영이 기업의 최대 관심사로 떠오르면서 기업의 투명경영 및 사회적 책임에 대한 요구가 증대되고 있으며 WTO(World Trade Organization), OECD(Organization for Economic Co-operation and Development),

UN(United Nations) 등 국제기구를 중심으로 비윤리적 기업 생산 제품 및 서비스의 국제시장 진입을 규제하는 윤리라운드(Ethics Round)가 강화되고 있는 추세이다. 사베인즈-옥슬리법, OECD 뇌물방지협약, UN 반부패협약, ISO26000 등 윤리경영 관련 법규제정 및 사회책임 표준화 움직임으로 인해 윤리경영을 글로벌 표준화하려는 움직임이 두드러지고 있다. 국내에서도 기업의 지속가능성 및 국제경쟁력 유지를 위해서는 윤리경영이 필수라는 인식이 확산되고 있으며, 외환위기 이후 기업윤리에 대한 국민들의 기대치가 높아지고 기업의 사회적 책임경영을 강하게 요구하고 있다.

셋째, 기업에 대한 사회적 기대와 압력이다. 기업의 사회적 책임에 대한 압력은 윤리경영의 도입을 외부로부터 강제하는 요인이라고 할 수 있다. 1980년대 후반부터 전 세계적으로 불어 닥친 규제완화와 시장경쟁의 격화는 거대기업(big business)으로의 변화로 귀결되었고 기업의 자유도를 크게 신장시켰다. 이에 따라 M&A에 의한 거대기업의 탄생, 정부에 의한 사회복지 영역의 축소 등이 현실화되었고 기업이 지배하는 생활의 범위는 더욱 확장되었다. 소비자와 시민단체 등은 이러한 변화를 경계하면서 기업이 경제적 차원을 넘어 정치, 사회, 문화 전반의 영역에서 윤리적 선택에 충실하기를 기대하고 있다. 더 나아가 기업의 활동 범위가 법과 규제만으로는 통제할 수 없는 사회 전역으로 확장된 만큼 기업은 단순히 법률적 의무를 준수하는데 그쳐서는 안 되며 윤리적인 통제기준을 가져야 한다는 주장이 설득력을 얻고 있다.

넷째, 지속적인 기업성공의 필수조건이다. 기업 전체 조직에 내재하여 있는 윤리적 분위기가 기업 자체의 이익에도 필수적이라는 인식이 보편화되고 있다. 기업의 윤리적 경영문화 정착은 내부구성원의 근무태도에 큰 영향을 미쳐 이익증대, 생산성향상, 품질제고, 고객만족과 가치증대와 같은 종합적 품질관리(TQM)를 가능하여 기업경쟁력을 높여준다.

윤리경영 안 하면 '엔론'처럼 망한다

전국경제인연합회는 13일 서울 여의도 한국거래소에서 150여 명의 기업 관계자가 참석한 가운데 '윤리경영과 기업경쟁력 제고 방안 세미나'를 열었다.

김기찬 가톨릭대 교수는 '윤리경영의 새로운 과제'라는 주제 발표에서 "역사상 최악의 회계 부정이라는 오명을 남긴 엔론은 뛰어난 인재들이 많았지만 구성원들의 윤리의식에 대한 고민이 부족했고 결국 도덕적 해이로 이어졌다"고 강조했다.

그러면서 법에 따라 종업원을 통제하는 것보다 철학과 윤리정신을 강조하는 '윤리경영'이 필요하다고 덧붙였다.

윤리경영을 신시장 발굴이나 신제품 개발과 연계해 기업 경쟁력을 향상시킨 사례도 소개됐다.

신원무 LG경제연구원 수석연구원은 친환경 세제를 출시해 기존 제품과의 차별화를 추구한 P&G, 친환경 자판기를 도입해 매출 신장을 이룬 코카콜라를 예로 들며 사회와 기업 모두에 가치를 제공하는 '공유가치창출' 윤리경영의 필요성을 역설했다.

조은경 EK윤리지식연구소장은 주제 발표에 이어 진행된 패널 토론에서 "윤리경영은 속도보다는 방향성이 중요하다"며 "조직구성원 모두의 공감대가 형성돼야 윤리경영이 올바른 방향으로 나아갈 수 있다"고 강조했다.

한편 전경련은 선진국가의 윤리경영 노하우를 직접 체험하고자 올 하반기 회원사 임직원들로 구성된 '윤리경영 해외연수단'을 파견할 예정이다.

자료 : 연합뉴스 2013년 6월 13일

3) 윤리경영시스템의 구성요소

윤리경영이 추상적인 구호에 그치지 않고 실제 경영진의 의사결정이나 사원들의 행태에 영향을 주는 경영과정의 일부로 정착되기 위해서는 3C로 표현되는 실천시스템이 구비되어야 한다.

첫 번째, 윤리강령(Code of ethics)이다. 윤리강령은 기업윤리 준수를 위한 성문화한 기업과 임직원들과의 약속이다. 윤리강령(Code of Conduct)의 제정과 선포로 시작된다. 윤리강령은 기업의 윤리영역별로 설정할 수 있다. 윤리영역은 생산, 인사, 마케팅, 회계, 재무 등의 경영기능별로 구분하여 윤리강령을 구체화하는 방법도 있고, 대상관계별로 설정할 수 있다. 예를 들면 주주와의 관계, 노동자관계, 종업원관계, 경쟁업자관계, 환경집단관계 등 대상별 관계정립을 하여 그 내용을 명료화할 수도 있다. 윤리강령의 제정절차로는 여러 가지 방법이 있을 수 있으나, 일반적으로 윤리강령 제정위원회의 구성, 참고자료 수집, 윤리강령 초안의 작성, 회사 내에서의 공청회, 종업원 행동준칙 작성, 그리고 마지막으로 윤리강령의 확정 및 선포의 순으로 요약할 수 있다.

두 번째, 윤리경영전담임원을 선임하고, 윤리경영을 실현하기 위한 일상적인 감독조직(compliance check organization)을 운영하는 것이다. 윤리경영 전담임원은 정보공유 및 자원동원이 가능하도록 영향력을 갖춘 인사가 선임되며, 대체로 이사회에 직보할 수 있는 권한을 가진다.

세 번째는 기업윤리 준수를 위해 반복적인 교육을 실행함으로써 임직원들 간의 공감대를 형성(consensus by ethic education)하는 것이다. 선진기업들은 기업윤리에 대한 비전과 가치관공유를 위해 사례개발, 기준이 불분명한 윤리적 문제에 대한 공개토론 등 가능한 모든 커뮤니케이션 수단을 동원하여 윤리교육에 치중하고 있다.

그림 6-4 | 윤리경영 3C

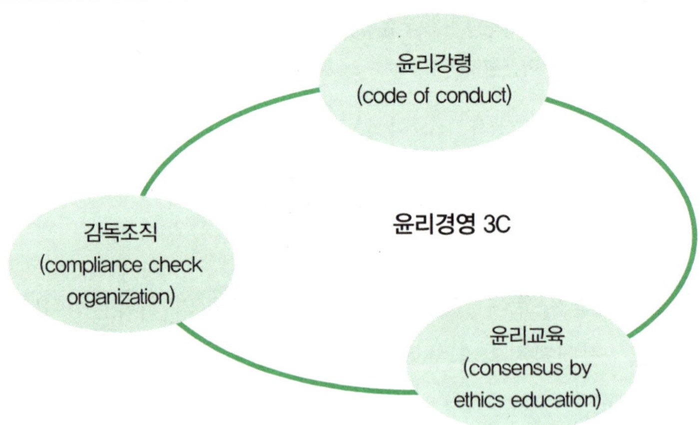

아름다운 기업들의 특별한 동행

엔화 약세와 경제민주화 입법 등 안팎으로 경영 부담이 커지고 있다. 기업의 사회적 책임이 그 어느 때보다 강조되고 있는 분위기다. 국내 대기업들은 상생과 나눔의 경영을 오래 전부터 실천해오고 있다. 최근에는 자체 일감을 외부 협력사들에 나눠주는 등 동반성장에 적극 나서고 있다. 삼성그룹이 1조 원 규모의 상생펀드를 조성하고, 현대자동차가 6,000억 원어치의 광고 · 물류 일감을 중소기업에 개방하는 것 등이 대표적이다.

■ **일감 나눠주기 등 파격적인 공생경영**

현대차그룹은 지난 4월 광고 · 물류 일감 중 6,000억 원 상당을 중소기업에 개방하겠다고 발표했다. 올해 예상되는 그룹 광고 발주액의 65%인 1,200억 원과 물류 분야 예상 발주금액의 45%인 4,800억 원을 중소기업에 주겠다는 것이다. 이로써 지금까지 이노션이 맡았던 현대차그룹의 기업광고, 국내 모터쇼 프로모션, 각종 이벤트 사업권을 중소기업이 따낼 수 있게 됐다. 현대글로비스가 맡고 있는 부품과 자재운송도 중소 물류업체가 배정받을 수 있다. 이미 지난달과 이달 광고 · 물류 일감 중 1,780억 원어치를 경쟁입찰을 통해 중소기업에 줬다.

LG그룹도 계열사 간 물량을 중소기업에 돌아가도록 했다. 연간 4,000억 원 규모를 외부 중소기업에 개방하기로 한 것. 그동안 시스템통합(SI)과 광고, 건설 등 3개 분야에서 수의계약으로 이루어지던 계열사 간 거래를 경쟁입찰로 전환하거나 중소기업에 직접 발주하기로 했다. LG전자는 협력회사의 신사업 발굴을 돕기 위해 '그린 파트너십'을 체결하고 있다. 2015년까지 태양광, 발광다이오드(LED) 등에 80억 원을 지원할 계획이다.

현대중공업은 최근 68개 협력사와 함께 미국 휴스턴에서 열린 해양기술박람회(OTC)에 참석했다. OTC는 전 세계 50여 개국, 2,500여 개 업체가 모이는 세계 최대의 해양플랜트 기자재 전시회 및 기술 콘퍼런스다. 협력사들은 OTC를 참관하며 해양플랜트 업계의 최신 기술동향 등을 파악하고 해외 진출 기회를 모색했다.

GS그룹은 계열사별로 △정규직 전환 확대 △협력사에 대한 금융지원 확대와 지급조건 개선 △기술 및 상품 공동개발 등을 통해 동반성장을 추진하고 있다.

■ 협력사와 동반성장 강화

삼성그룹은 전문 채용 사이트를 운영, 협력사 채용을 지원하고 있다. 협력사 신입사원에게 직무교육도 시켜준다. 지난해 협력사가 채용한 660명의 신입사원에게 삼성그룹 신입사원에 준하는 교육(3박4일)을 시켜줬다. 또 삼성전자는 자금조달을 지원하기 위해 기업은행, 산업은행, 우리은행과 함께 1 · 2 · 3차 협력사를 대상으로 하는 1조 원 규모 상생펀드를 만들었다. 삼성전자가 4,000억 원을 냈다.

SK그룹은 지난해 동반성장 실천계획을 세우고 협력업체 임직원의 역량개발을 지원하는 'SK동반성장아카데미' 해외연수 과정을 신설했다. SK텔레콤은 작년 3월 중소 협력업체 직원을 대상으로 한 재교육 프로그램인 '동반성장 MBA(경영학 석사)' 과정을 새로 만들었다.

포스코는 최근 산업통상자원부 및 대 · 중소기업협력재단과 함께 '성과공유 자율추진 및 동반성장 투자재원 출연 협약'을 맺었다. 동반성장 출연금액을 1,600억 원에서 2,100억 원으로 늘리기로 했다. 포스코 성과공유제는 발주처인 대기업과 각종 부품 공급처인 중소기업이 함께 연구과제를 수행해 얻은 경제적 성과를 나누는 게 골자다. 포스코는 작년까지 총 2,351건의 과제를 수행, 1,328억 원을 중소기업에 나눠줬다.

동국제강은 2010년 하나은행과 동반성장 협약을 맺고 중소기업 지원에 적극 나서고 있다. '상생패키지론'을 조성해 저리로 자금을 지원하고 있다. 1차뿐 아니라 2차 이상의 협력업체에도 금융지원이 가능하도록 해 실효성이 높다는 평가를 얻고 있다. 대우조선해양은 협력사 납품대금 100% 현금결제, 대금지급횟수 확대 등을 통해 협력사를 지원하고 있다. 산업은행과 함께 동반성장펀드 651억원을 조성, 협력사에 도움을 주고 있다. 협력사의 시설 투자를 위한 긴급자금 지원 등도 운영 중이다.

동부그룹은 협력사와 공동으로 제품 개발과 생산을 추진하고, 현금결제 비중 확대와 교육 지원 등 다양한 상생경영을 하고 있다. 동부건설은 최근 협력업체와의 동반성장을 위한 윤리의식 고취 교육을 했다.

에쓰오일은 협력사와의 공정하고 투명한 거래를 위해 일찍부터 전자구매시스템을 도입했다. 입찰부터 대금지급까지 전 구매과정도 자동화했다. 결제대금을 전액 현금으로 지급하고 있다.

자료 : 한국경제신문 2013년 6월 4일

경 영 스 케 치

Part 03 경영관리 Process

경 영 스 케 치

Chapter 07

계 획

계획과 부자

거부가 된 사람에게 어떤 사람이 와서 정중하게 묻는다.

"당신은 무슨 재주로 그렇게 많은 돈을 버십니까? 무슨 특별한 방법이라도 있나요?"

거부는 다음과 같이 답했다.

"물론이지요. 예를 들어 달걀 값이 올랐다고 해서 양계장을 차렸다고 합시다. 그런데 큰 장마가 져서 홍수가 나면 닭들은 모두 물에 빠져 죽게 됩니다. 그런데 경영을 잘하는 사람은 그런 일이 발생할 것에 대비하여 닭 대신 오리를 기르게 되지요. 나의 돈 버는 방법은 뭐, 그런 거지요."

이 일화는 '탈무드'에서 일부 수정 인용했는데 무슨 일을 하든지 미래의 상황을 예측하고 이에 대응할 계획을 세워서 실천해야 한다는 교훈을 알려 주고 있다.

기업의 경영도 마찬가지다. 기업 생존의 중요한 핵심은 미래 경영환경의 예측과 그에 따른 대응계획의 수립이라고 할 수 있다. 선진기업의 강점 가운데 하나는 장차 발생할 수 있는 상황에 대한 현실적이고 정확한 대응계획을 수립해 놓고 있다는 점이다. 뒤쳐진 기업일수록 비상사태가 닥쳤을 때, 즉흥적 대처를 잘하는 것이 일 처리를 잘하는 것이라고 생각한다. 그러나 나중에 뒤돌아보면 즉흥적 대처라는 것이 우왕좌왕의 수준이고 비용도 훨씬 많이 소요된다는 사실을 알게 된다. IMF 외환위기 이후 우리 기업이 겪었던 혼란과 어려움도 이 같은 미래 예측능력과 대응력 부족 때문은 아니었을까?

제 1 절 계획의 본질과 중요성

1. 계획의 의의

공자는 "한 평생의 계획은 어린 시절에 있고, 한 해의 계획은 봄에 있으며, 하루의 계획은 새벽에 있다(一生之計 在於幼, 一年之計 在於春, 一日之計 在於寅)"라고 하였다. 계획의 필요와 중요성을 강조한 것이다. 인간은 누구나 사고할 수 있는 능력을 가지고 있기 때문에, 미래에 대한 계획을 수립하게 된다. 조직도 개인과 마찬가지로 목표를 설정하고 현재보다 더 나은 곳을 향하여 나아가게 된다.

그러므로 계획수립(planning)이란 개인이나 조직이 '누가, 무엇을, 언제, 어떻게 해야 할 것인가를 미리 결정하는 것'이라 할 수 있다. 즉 계획수립이란 우리가 현재 있는 곳과 우리가 장래 나아가기를 원하는 곳과의 간격(gap)을 연결시켜준다.

장래를 정확하게 예측한다는 것은 거의 불가능하며, 또 통제 불가능한 요소 때문에 계획대로 추진되기는 매우 어려울 것이다. 그러나 계획을 수립하지 않는다면 모든 일은 우연에 맡겨질 것이고 비합리적으로 될 것이다. 따라서 경영계획이란 '기업의 미래지향적인 목표, 절차, 예산, 경영과정 등을 설정하고 이를 가장 합리적으로 달성할 수 있도록 미래의 설계와 구상을 하는 것'을 말한다. 즉, 기업의 활동이 합리적으로 수행되도록 관리하기 위해서는 먼저 목표를 설정하고 그 목표의 효과적 달성을 위해 필요한 활동방향, 지침, 그리고 순서를 결정해야 한다.

그러므로 미래의 기업활동의 수행에는 여러 가지 대체안(alternatives)들이 있으며, 이러한 대안들 중에서 최적의 것을 선택하고 이에 의거해서 기업활동을 선택하게 되면 가장 합리적인 기업활동을 수행할 수 있다. 이와 같이 미래의 활동과정에 대한 여러 대안들 중에서 가장 적합한 안을 선택하는 것을 계획설정 또는 계획의 수립이라고 하며, 이에 따라 선택된 미래의 활동과정에 대한 대안을 가리켜 경영계획이라 할 수 있다.

이와 같이 계획수립은 미래의 여러 가지 대체적인 행동과정 중에서 가장 유리한 어떤 것을 선정하는 것을 포함하기 때문에 그것은 모든 경영기능 중에서 가장 기본적인 기능이다. 계획수립은 또한 경영자의 다른 여러 직능이 어떻게 수행될 것인가 하는 것을 결정해 주는 지침이 된다.

그림 7-1 | 경영활동의 과정

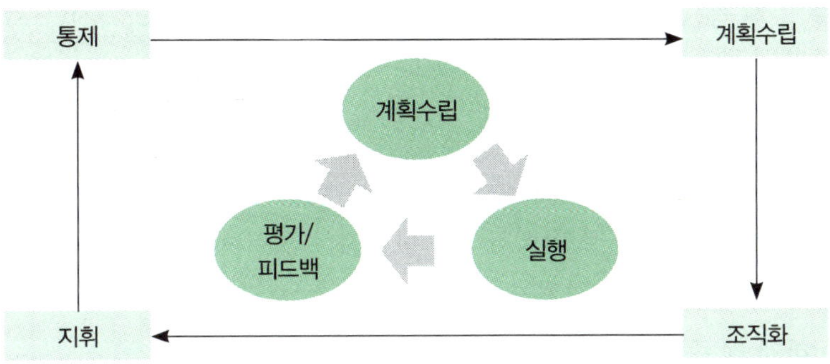

관리활동의 출발점으로서 계획기능이 중요시된 것은 최근의 일이다. 계획수립이 공식화되고 관리자의 주요 직능으로 인식되게 된 것은 다음과 같은 이유들 때문이다.

첫째, 컴퓨터의 등장으로 의사결정기법, 자료수집방법 등이 비약적으로 발전되었으며, 미래의 불확실성이 더 이상 계획수립의 주요한 장애물로서 등장하지 않게 되었다.

둘째, 급격한 기술 개발, 경쟁의 격화, 조직규모의 거대화 및 복잡화, 그리고 조직을 둘러싼 외부환경의 급격한 변화 등이 조직의 계속적인 성장과 존속을 위협하게 되어, 보다 체계적이고 과학적이며 장기적인 계획수립이 필요하게 되었다.

2. 계획의 중요성과 그 특성

계획은 이미 설명한 바와 같이 미래에 조직이 수행하여야 할 행동과정을 나타내는 것이므로 이의 실행을 통하여 관리자가 의도하는 목적을 달성할 수 있게 되는 것이다. 이러한 의미에서 볼 때 계획은 항해에 있어서의 목적지에 도달하기 위한 항로에 비유될 수 있다. 배가 정해진 항로를 따라서 항해하도록 하는 것은 관리자가 수립된 계획을 실행하는 것과 같다. 따라서 이와 같은 계획이 관리에 있어서 가지는 중요성은 다음과 같다.

첫째, 계획은 미래의 불확실성과 변화에 대처할 수 있는 여건을 마련해 준다. 즉 계획은 미래지향적이므로 미래의 불확실성 및 변화가 계획기능을 필요하게 만들며, 효과적인 계획수립은 조직의 내외환경으로부터 야기되는 불확실성을 어느 정도는 제거할 수 있게 해 줌으로써, 미래에 있어서의 활동을 어느 정도 확신을 가지고 수행할 수 있도록 한다.

둘째, 계획은 목표지향성을 가지고 있기 때문에 조직 내의 상이한 여러 활동이 조직의 공통된 목표를 향하여 수행되도록 이들을 통합하여 준다. 또한 계획을 수립함으로써 경영자로 하여금 근시안적인 목표달성에서 벗어나 장기적인 관점에서 현재의 계획을 재검토하고, 필요에 따라서는 수정하게 함으로써 조직의 최종적인 목표달성을 용이하게 해 준다.

셋째, 계획은 경제적인 조직운영을 가능하게 한다. 계획은 능률적이고 통일성 있는 관리활동을 강조하기 때문에, 목표달성을 위한 비용을 최소화시켜 준다. 즉 계속적으로 일관성 있게 효율적인 관리를 할 수 있는 여건을 마련해 준다.

넷째, 계획은 통제를 용이하게 할 수 있는 기초를 마련하여 준다. 효과적인 통제는 효과적인 계획수립을 전제로 하기 때문에, 계획 없이는 통제를 할 수가 없다. 예컨대, 구성원들의 업무성과를 측정 · 평가하기 위해서는 일정한 기준이 있어야 하는데 계획이 이들을 위한 제반 기준을 제공해 준다.

제 2 절 계획의 수준과 유형

1. 계획의 수준

계획화 과정의 산물인 계획은 조직의 수준에 따라 다르며 조직 각 부문이 어떠한 책임을 수행하는가에 따라 전략계획, 전술계획, 운영계획으로 구분된다.

첫째, 전략계획(strategic plans)은 조직의 전략적 목표에 도달하기 위한 계획이다. 전략계획은 주로 이사회나 중간관리층과의 협의를 거쳐 최고경영층이 개발한다. 전략계획은 기업의 기본 방향을 설정하는 것이며, 그 영향력이 전술이나 운용계획보다 포괄적이며 장기적이라 할 수 있다. 계획의 전반적인 과정이 성공적이기 위해서는 무엇보다도 전략계획이 효과적인 것이어야 한다.

전략계획을 바탕으로 하는 전략목표(strategic goals)는 최고경영층에 의하여 설정되는 기업의 목표나 미래의 최종적인 결과로 포괄적으로 정의할 수 있다. 이러한 목표는 조직 전체적으로 관련된 이슈를 말하며, 때로는 아주 일반적인 용어로 표현된다. 전략목표는 최고경영층에 의하여 공식적으로 언명되어지기에 공식목표로 불리기도 한다.

둘째, 전술계획(tactical plans)은 전략계획을 수행하고 전술적인 목적을 달성하기 위한 수단이다. 대부분의 경우 전술계획은 중간관리층에 의하여 만들어진다. 이 계획은 각 부서가 그들의 전술적인 목표를 달성하기 위하여 어떠한 단계들을 거쳐야 하는지를 나타내 준다. 일반적으로 전술계획은 전략계획보다 자세하고 구체적이다.

전술계획을 바탕으로 하는 전술목표(tactical goals)는 중간관리층에 의하여 설정되는 하위부서(단위)의 목표나 미래의 최종적인 결과이다. 이 수준의 목표는 전략목표에서 설정된 목표나 결과를 달성하기 위하여 각 부서들이 수행해야 할 활동들을 밝혀 놓은 것이다. 보통 전술목표는 전략목표보다 구체적이고 측정가능한 형태로 표현된다.

운영계획(operational plans)은 전술계획의 수행과 운영목표의 달성을 위해 고안된 수단이다. 중간관리층과의 협의하에서 하위감독자에 의하여 개발된다. 운영계획은 운영목표의 달성을 위하여 단기간 동안에 무엇을 달성하여야 하는가를 나타내고 있다. 운영계획을 바탕으로 하는 운영목표(operational goals)는 조직의 하위계층에서 수행하여야 할 구체적이고 측정가능한 목표나 미래의 최종적인 결과이다. 이 수준의 목표는 기업활동이 구체적으로 추구하는 실행목표이다.

살펴본 세 가지 수준의 계획과 목표는 계층을 이루고 있는 것으로 생각할 수 있으며, 세 수준의 계획과 목표는 조직의 전체 계획과 목표 달성을 위하여 동시화되어야 한다. 즉, 각 수준의 계획과 목표를 달성하려고 하는 노력이 통합되어 전체목표를 달성하려는 곳으로 유기적인 통합을 이루어야 하는 것이다. 이러한 측면에서 세 수준의 목표는 상호 간에 목표–수단의 연계(goals and means chain)로 볼 수 있다.

그림 7-2 | 계획과 목표의 수준

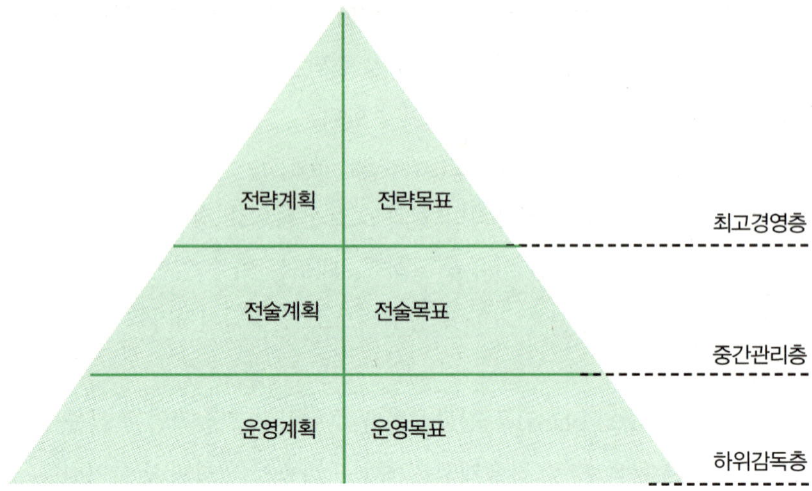

2. 계획의 유형

1) 목적과 사명

목적(purpose)과 사명 또는 임무(mission)가 특별히 구분되지 않고 사용하는 경우가 많고 목적과 목표를 상위개념과 하위개념으로 나누어 설명하기도 한다. 여기서 목적을 보다 쉽게 정의하면, 기업이 사회 속에서 무엇 때문에 존재하고 있는가에 대한 해답이라고 보면 될 것이다. 즉, 기업은 사회의 생산체 역할을 하는 것이 그 기본목적이 된다. 이 기본목적을 명확히 하지 않고는 목표를 세울 수 없게 된다.

2) 목표

목표(objective or goal)는 경영활동이 지향하는 기본계획을 구성하는 것이라 할 수 있다. 그러므로 기업의 목적이 달성될 수 있도록 각각 개별활동에 대해서 계수적으로 할당하고 계획하는 것이다. 목표는 다음과 같은 특성을 가져야 한다.

첫째는 목표의 구체성(specific)이다. 목표를 설정하는 이유 중의 하나는 불확실성을 제거하기 위한 것이다. 그러므로 성공적인 목표는 이러한 불확실성을 제거할 수 있도록 조직이 추구하는 최종적인 결과가 무엇인지를 구체적이고 정확하게 나타내 주는 것이어야 한다.

둘째는 목표의 측정가능성(measurable)이다. 목표를 설정하는 주된 이유 중의 하나는 통제를 보다 용이하게 하기 위한 평가기준을 마련하는 것이다. 측정가능한 목표들은 쉽게 이해할 수 있으며, 이러한 목표는 관리자들이 구체적으로 성과를 평가하고 피드백하며 통제하는 기준으로 사용된다.

셋째는 목표는 달성가능한 수준(attainable)이어야 한다. 목표는 현실적이면서 달성가능한 것이어야 한다. 세계적으로 인정받고 있는 우수기업들은 크고, 어렵고, 대담한 목표(Big, Hairy, and Audacious Goal : BHAG)를 설정하고 이를 강력히 추진함으로써 조직의 생산성 향상과 구성원의 만족을 높일 수 있었다.

넷째는 목표의 결과지향성 혹은 현실성(results oriented or realistic)이다. 이는 사고중심적인 목표보다 행위중심적인 목표를 설정하여야 함을 의미한다. 또한 현실성이란 제한된 시간과 예산 및 자원의 체계적인 운영을 고려하여야 한다는 것이다. 즉, 달성하고자 하는 목표의 현실적 제약조건을 고려하여 목표의 수준을 설정하고 최종적인 결과를 분명하게 제시하여야 할 것이다.

다섯째는 목표에는 시한(time bound)이 포함되어야 한다. 즉, 마감시간을 명시하여야 한다는 것으로, 목표달성 기한을 분명히 하여야 한다.

3) 전략

전략(strategy)은 조직의 목표를 달성하기 위하여 사용하는 자원의 획득과 사용 및 배분에 대하여 방침을 결정하는 과정으로 볼 수 있고, 기업의 기본적인 장기목표의 결정과 행동과정의 선택 및 이들 목표를 달성하는 데 필요한 자원의 배분이라고도 할 수 있다. 이러한 개념으로부터 전략은 기업이 미래에 당면하게 되는 환경을 예측하여 기업의 목적과 목표를 계획대로 달성할 수 있도록 자원을 배치하는 의미로 볼 수 있다.

4) 방침

방침은 의사결정이 이루어져야 하는 분야를 규정하며 의사결정이 기업목표에 부합하고 이에 기여하도록 보장하는 것이다. 일반적으로 조직 내 모든 계층에 방침은 존재한다. 기업의 주요 방침에서 시작하여 부서의 주요 방침을 통해 조직의 가장 세부단위에 적용될 수 있는 사소한 방침에 이르기까지 어느 계층에나 방침은 존재한다. 방침이 조직의 다양한 계층에서 재량에 따라 설정된다 하더라도 기업목적을 실현할 수 있도록 방침들은 일관성있고 총체적인 조화를 이루어야 한다.

5) 절차

절차(procedure)는 방침을 실행하기 위한 세부적인 계획으로서 앞으로 수행하여야 할 행동에 대한 표준적인 처리순서(standard procedures) 또는 표준적인 방법(standard methods)을 설정하는 것이다. 절차의 본질은 요구되는 활동의 시간적 순서를 결정하는 것이다. 절차는 조직의 모든 분야에서 쉽게 찾아볼 수 있다. 그러나 조직의 하위로 내려갈수록 절차는 보다 세밀하고 그 수가 많아진다.

6) 규칙

규칙(rule)은 목표를 달성하기 위해 여러 대안 가운데서 선택되어진 필수적인 행동을 나타낸다는 의미에서 가장 간단한 형태의 계획이다. 즉 규칙은 특정 상황과 관련하여 어떤 행동이 행해져야 할 것인지 혹은 하지 말아야 할 것인지를 규정하고 있다.

7) 실시계획

실시계획(program)은 목표를 달성하기 위해 수행되어야만 하는 일련의 행동과정(course of action)과 관련되는 모든 방침, 절차, 규칙, 과업의 분배, 과업의 수행단계, 이용될 자원, 그 밖에 주어진 행동과정을 수행하는 데 필요한 모든 요소들을 복합적으로 나타낸 계획이다.

8) 예산

예산은 예상되는 결과를 수치로 표시해 놓은 것이다. 따라서 이것은 숫자화된 프로그램이라고 말할 수 있다. 실제 재무적 운영예산은 이익계획이라고 부르기도 한다. 예산은 재무적 금액으로 표현될 수도 있으며, 노동시간, 제품의 단위, 특정 기계의 사용시간 또는 기타 측정가능한 다른 수치로 표현될 수도 있다.

제 3 절 계획수립과정

경영활동의 시발점인 계획화는 조직의 사명, 전사적 목표의 수립, 팀별 · 개인별 목표의 설정, 전략과 전술의 선택, 다양한 목표와 전략 및 전술별 자원의 배분 등을 결정하는 과정이다. 이러한 계획화는 일련의 중복되고 상호 관련된 요소 혹은 단계를 포함하는 복잡하고 포괄적인 과정이다. 계획화는 다음과 같은 네 가지 단계를 밟아서 수립되는 것이 일반적인 절차라고 할 수 있다.

첫째는 기업의 경영목표를 구체적으로 설정하는 단계이며, 둘째는 이를 토대로 경영계획을 수립하기 위한 몇 가지 대안을 개발하는 단계이며, 셋째는 이러한 대안을 합리적인 의사결정방법에 따라 평가하는 단계이며, 마지막으로 여러 경영계획안의 평가를 토대로 가장 합리적인 계획안을 선택하는 것이다. 따라서 경영자가 경영

그림 7-3 | 계획화의 과정적 단계

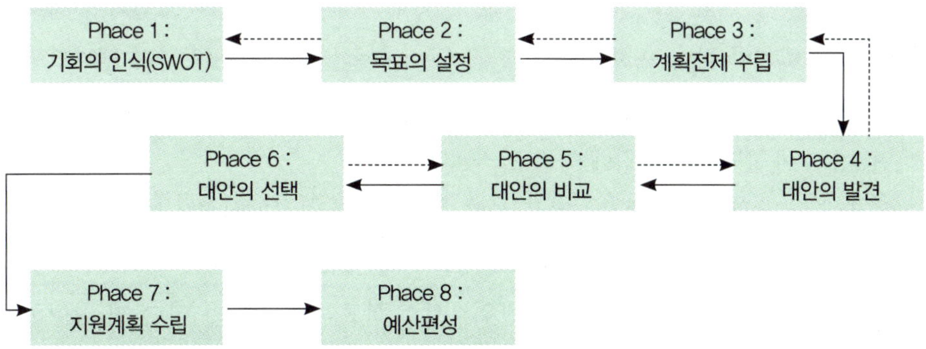

자료 : Don Hellriegel, Susan E. Jackson, John W. Slocum. Jr., *Management : A Competency-Baced Approahc*(9th ed.), McGraw-Hill Inc.m 2002. p. 206.

계획을 수립할 때 거치는 계획 단계를 보다 구체적으로 살펴보면 [그림 7-3]과 같다. 즉, 현재의 상황을 정의하고 목표를 설정하며 목표에 대한 지원요인과 장애 요인을 예측하고 목표에 도달하기 위한 행동방안을 개발하고 이를 평가한 후 예산을 편성하고 계획을 실행하며 실행과정을 통제하여야 한다.

제4절 목표에 의한 관리

조직구성원들에게 계획수립과정은 일반적으로 단순하면서도 추상적인 것으로 인식된다. 그러나 조직의 목표에 대한 관심이 증가할수록 구성원들은 계획이 언제, 누구에 의해 수립되어야 하는가를 명확히 인식하게 된다. 이와 같이 목표설정은 계획수립에서 중요성이 크기 때문에 목표설정에 활용할 여러 가지 기법들이 개발되었는데, 대표적인 것으로 목표에 의한 관리(Management by Objective : MBO)를 들 수 있다.

1. 목표관리의 의의

MBO는 통상 목표관리라고도 하는데, 실제로 세계전역에 널리 도입되어 적용되고 있기는 하지만 항상 명확한 정의를 갖지는 않는다. 즉, 경우에 따라 평가도구로 또는 동기부여의 기술로, 계획과 통제의 방법 등으로도 간주되기 때문이다. 다시 말하면 MBO 개념의 적용목적에 따라 달라지는 것이다.

목표에 의한 관리에서 목표설정은 하향식뿐만 아니라 상향식 방식에 의해서 상호적으로 이루어진다. 목표설정이 최고경영층에서 시작하여 하위층으로 내려오기는 하지만, 하위층에 있는 관리자들이 단위부서의 목표를 설정하는 데 함께 참여하여 구체적인 목표를 함께 설정한다. 즉, 이러한 관리체제하에서의 목표설정은 모든 구성원이 참여의 과정을 통해서 이루어질 수 있는 것이다.

MBO는 조직구성원 상호 간의 신용관계를 바탕으로 하는 개인목표와 조직목표를 통합화함으로써, 이로 인한 업적(성과)의 향상을 지향하는 현대경영관리의 중요한 기법이라 할 수 있다.

1970년대 중반까지 미국의 기업체 가운데 약 80%가 이미 MBO를 채택하여 사용하고 있는 실정이다. 이는 각 기업의 업종이나 상황에 따라 독특한 방법으로 실현되고 있다.

앞으로 더욱 구체화 · 실용화하기 위한 기법들이 환경과의 관계까지 포함된 내용으로 진전되어, 목표설정 – 목표실시 – 목표평가라고 하는 일련의 과정에 관하여 충분한 분석이 종합적으로 이루어져야 한다. 또한 일정기간마다 목표를 바꾸어 줌으로써 외부의 환경변화에 신속히 적응해 갈 수 있는 신축적인 목표관리가 되어야 한다.

2. 목표관리의 효과와 실천지침

1) MBO의 효과

MBO는 보다 공평한 업적(성과), 보다 효과적인 계획수립, 동기부여(motivation) 및 커뮤니케이션(communication)에 기여하는 경영관리시스템으로서 목표관리를 도입하여 얻을 수 있는 효과를 요약하면 다음과 같다.

첫째, 효과적인 계획을 추진함으로써 보다 나은 관리(better managing)를 돕는다.

둘째, 조직의 역할과 구조를 명확히 하도록 강요하는 경향이 있다.

셋째, 통제기준으로서의 목표를 명확히 제시함으로써 효과적인 통제를 하는데 도움을 준다.

넷째, 조직 내의 의사소통과 상호이해를 증진시켜 협동체제를 구축한다.

2) MBO의 실천지침

MBO는 지난 30여 년간 경영학자들 사이에 활발하게 논의되었던 내용 중의 하나이며 많은 경영자의 관심 속에 대다수의 기업들이 부분적이라 할지라도 도입·시행하여 왔다. 여기에 관한 서적들도 많이 발간되고 또 단점을 지적하는 연구결과들도 많다. 활발한 찬반토론의 결과 이 제도를 채택할 때, 피해야 할 사항들과 적극적으로 실천해야 할 사항들을 다음과 같이 종합하여 요약할 수 있다.

(1) 피해야 할 사항

① 목표 지상주의 : 계획은 하나의 수단이지 그 자체가 목적이 될 수는 없다. 상황에 따라 목표와 수단은 변할 수 있어야 한다. 그러나 인사와 금전적인 보상이 걸려 있을 때 부하들은 목표 그 자체를 절대적인 것으로 간주하는 경향이 있다.

② 숫자화할 수 있는 목표에만 치중 : 구체성을 지나치게 강조하면 숫자화하기 힘든 경영목표들을 소홀히 할 위험이 있다. 종업원의 사기(士氣), 조직문화, 만족 등을 명백하게 숫자화하기 힘든 경영목표를 그 예로 들 수 있다.

③ 과다한 서류업무 : MBO가 제대로 시행되지 않은 조직일수록 형식적인 서류들이 과다하게 발생하는 경향이 있게 된다. 형식적인 것은 최소한으로 줄여야 한다.

④ 상의하달(上意下達)식의 경영 : MBO를 지나치게 강조하는 조직일수록 상사의 영향력이 많이 작용하여 상의하달식 만으로 목표설정을 하는 경향이 있다. 이것은 MBO 근본취지에 어긋나는 것이다.

(2) 실천해야 할 사항

① 최고경영자의 지원 : 최고경영자가 솔선하여 이 제도에 적극성을 보이며 꾸준히 실천해야 한다. 최고경영자의 적극적인 지원이 없으면 MBO가 성공하기 어렵다.

② 자율(自律)의 존중 : 인사부서나 기획부서 등 참모부서에서 이 제도를 총괄하게 하지 말아야 한다. 각 부서의 경영자와 그 부하 사이의 일이 되도록 그들에게 맡겨져야 한다.

③ 올바른 목표의 설정 : 목표를 바르게 설정해야 한다. 그러나 중요한 목표를 구체적으로 이해하기 쉽게 그리고 목표달성 정도를 평가하기 쉽게 표현한다는

것은 쉬운 일이 아니다.

④ 정기적인 만남 : 상사와 부하 간에 정기적으로 직접 만나는 것이 중요하다. MBO의 요체는 상하 간에 업무와 관련하여 대화를 많이 나누게 함으로써 원활한 커뮤니케이션을 촉진시키는 것이다.

제 5 절 경영전략

전략(strategy)이라는 용어는 원래 전쟁에서 적을 제압하기 위해서 사용하는 대국적인 작전이라는 의미를 가진 군사용어였다. 이러한 용어가 기업경영을 다루는 학문에 사용된 것은 기업의 환경적인 여건이 전쟁을 수행하는 군대가 직면한 환경과 마찬가지로 동태적이고 경쟁적인 면에서 공통성이 있기 때문이다.

오늘날 기업에서 사용하고 있는 전략 혹은 경영전략(management strategy)은 동태적이고 경쟁적인 외부환경에 적응하기 위한 기업의 장기적이고 포괄적인 계획을 의미한다. 즉, 전략 혹은 경영전략은 기업의 목적을 달성하기 위한 수단으로 조직체 내부의 모든 기능과 활동을 통합한 종합적인 계획인 것이다. 이러한 경영전략은 미래지향적인 특성을 지니고 있기 때문에 기업이 기대하는 미래의 상황과 현재의 상황과의 차이(gap)를 극복하는 수단으로서 파악될 수도 있다.

이상의 내용을 종합하면 경영전략은 '경쟁환경하에서 기업의 목표 달성을 위한 기업환경 내의 다양한 자원의 활용과 관련된 통합적(integrated), 동태적(dynamic), 포괄적(comprehensive), 체계적(systematic)인 방안'이라고 정의할 수 있다. 이와 같은 전략을 효과적으로 수행하기 위해서는 주어진 목표를 감안하여 대체적 행동방안(alternative courses of action)의 결과를 예측하고 평가하는 것이 필수적이다. 그러므로 바람직한 경영자는 이러한 의사결정에 깊은 관심과 주의를 기울여야 할 것이다.

1. 경영전략의 수준

기업의 내 · 외부의 여건을 고려하여 형성되는 경영전략은 기업전략, 사업부전략, 그리고 기능별전략으로 구분할 수 있다.

그림 7-4 | 경영전략의 수준

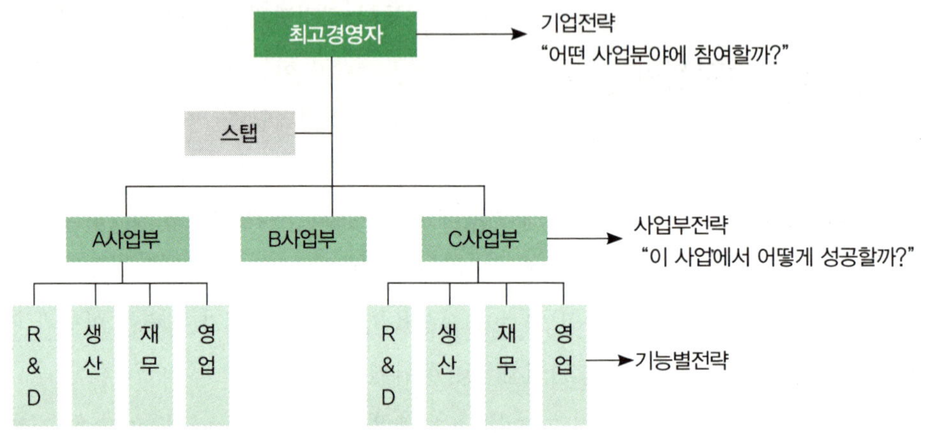

1) 기업전략

기업전략은 기업이 어떠한 사업을 하여야 하는지, 그리고 기업 전체적인 차원에서 각 사업부의 전략이 어떻게 조정되어야 하는지, 나아가서 사업부 사이에 자원은 어떻게 배분하여야 하는지를 결정하는 것이다. 즉 경영자원의 축적과 배분에 관계되는 전략이다. 일반적으로 기업수준의 전략은 최고경영층에 의하여 수립된다.

단일사업 집중전략(single business)은 단일제품이나 서비스, 혹은 연관된 소수의 제품이나 서비스를 집중적으로 육성하는 전략이다. 코카콜라나 월마트와 같은 기업은 성공적인 단일사업 집중전략을 펼치는 대표적 예이다.

수직통합(vertical integration)전략은 기업이 자신의 투입을 제조하거나 혹은 자신의 산출을 처리하는 것을 의미한다. 제철회사가 철광석을 공급받기 위하여 철광산업으로 사업을 확장하는 것은 후방통합의 한 예이며, 자동차회사가 자동차를 판매하기 위하여 유통사업을 시작하는 것은 전방통합의 한 예이다.

다각화전략(diversification strategy)은 제품이나 시장을 관련 혹은 비관련 분야로 확대시키는 전략이다. 관련다각화는 기업의 기존 활동의 가치사슬과 공통되거나 연관이 있는 한 두 요소를 가진 활동으로 기업의 활동을 확대하는 것이며, 이러한 연관성은 제조나 마케팅, 물류관리, 그리고 기술적인 공통성에 근거하고 있다. 반면 비관련 다각화는 전혀 공통성이 없는 새로운 사업이나 활동으로 다각화하는 것이다.

글로벌화(globalization)는 특정 기업이 모국을 벗어난 영역으로 시장을 확대하는 것을 의미한다. 대규모화된 시장, 이에 따른 투자비용의 회수, 규모의 경제 실현, 그리고 저원가 지역에 제조공장을 위치시키는 로케이팅 등을 통하여 기업의 수익성을 높일 수 있게 된다.

2) 사업부전략

사업부전략은 어떤 방면에서 경쟁적 우위를 유지하려고 할 것인지, 환경과 경쟁적 조건의 변화에 대해 어떠한 대응을 할 것인지에 초섬을 두고 있으며, 자원을 각 사업단위에 할당하고, 기능수준의 전략을 조정하는 것 등에 초점과 목표를 두고 있다. 각 사업부들의 전략은 비록 최고경영자의 승인하에 있는 것이지만 각 사업부 단위의 장에 의하여 개발된다.

저원가전략(cost leadership) 혹은 원가주도전략은 낮은 가격으로 제품을 생산함으로써 경쟁자보다 나은 성과를 얻고자 하는 것이다.

차별화전략(differentiation strategy)은 고객에 의하여 지각된 그들의 제품이 중요한 면에서 독특하다는 것을 인식할 수 있도록 재화와 용역을 창출하여 경쟁적인 우위를 얻고자 하는 전략이다.

집중화전략(focus strategy)은 제한된 고객집단과 세분화된 시장의 요구에 부응한다는 의미에서 저원가전략이나 차별화전략과는 근본적인 차이가 있다. 즉, 집중화전략은 지역이나 고객 형태, 혹은 제품라인의 세분화에 의해 정의된 특별한 시장 니치에 초점을 둔다는 것이다.

3) 기능전략

기능전략은 기업수준의 전략을 실행하기 위하여 사업 내의 특정한 기능을 담당하는 부서단위에서의 실행 계획이다. 즉, 사업 내의 각 주요 기능, 예를 들면 생산운영, 마케팅, 연구개발, 엔지니어링 등의 기본방향을 제시하는 것이다. 기능수준 전략의 핵심은 기업 혹은 사업단위에 경쟁우위를 제공해 줄 수 있는 독특한 능력을 개발하고 육성하는 것이라 할 수 있다. 이는 기능수준전략이 전략 수준의 상위전략에 의해 영향을 받는다는 것을 의미한다.

시장의 색깔

치열한 경쟁 속에 있는 시장을 '레드오션', 차별화된 상품과 서비스를 통해 높은 수익을 얻으면서도 경쟁 강도가 낮은 시장을 '블루오션'이라 부른다.

기업의 혁신을 주장했던 김위찬 교수의 '블루오션전략'이 한때 산업계 화두였다. '블루오션전략'은 매일매일 치열하게 경쟁하며 기업을 경영하는 입장에서는 가뭄의 단비 같은 말이다. 모든 기업들이 IT와 첨단산업을 지향하면서 일부 폐해도 있었지만 적어도 새로운 제품과 시장에 대해 고민하는 기회가 됐던 것은 분명하다. 현재 사업이 레드오션에 있다고 해서 어느 한순간 블루오션으로 사업을 전환하는 것은 현실적으로 불가능하다. 차라리 레드오션 속에서 파괴적 혁신을 통해 창출할 수 있는 블루오션을 조직구성원들과 함께 꿈꾸며 실행하는 것이 보다 현실적인 대안이다.

레드오션이라고 인식됐던 섬유산업도 극세사, 발열섬유, 불소수지섬유 등 차별화된 기능성 섬유를 만들면 블루오션이 된다. 처음에 블루오션으로 시작한 사업군이 지금은 레드오션으로 변화된 사업군도 있으며, 원천기술을 응용하여 새로운 블루오션을 만들어낸 사업군도 있다.

기술의 발달로 세상이 디지털화하고 세분화와 전문화만이 미덕인 것처럼 얘기되고 있다. 하지만 전체에 대한 통찰력에 바탕을 둔 전문화가 필요한 것처럼 기업에 있어서도 미래사업과 현재사업, 레드오션과 블루오션의 균형이 필요하다고 본다.

블루오션 조직은 조직구성원의 사고와 판단 기준이 레드오션 조직의 구성원과는 판이하게 다르기 때문에 분사시켜야만 더 크게 발전할 수 있다고 생각하고 있다. 그러나 현재의 블루오션도 언젠가는 레드오션이 될 수 있다. 레드오션 조직의 장점을 뽑아 블루오션 조직에 접목해야만 경쟁이 치열해지는 레드오션에서 생존할 수 있다.

자료 : 매일경제신문 2013년 3월 25일

2. 경영전략의 수립

경영전략의 수립과정은 기업에 따라 조금씩 형태와 분류를 달리할 수 있지만, 단순하게 보면 기업 전체를 총괄하는 목표수립, 목표달성을 위한 주요 변수 및 우선순위 결정, 경영자원의 배분 및 실행안과 실행주체의 결정, 커뮤니케이션과정의 네 단계로 구성된다. 이들 과정은 서로 독립적이 아니라 기업 전체차원과 사업부차원에서 상호작용을 하면서 이루어진다.

첫째, 기업 전체를 총괄하는 목표수립은 진공상태에서 이루어지는 것이 아니고, 현재와 미래를 보는 시각의 상호작용에 의하여 이루어진다고 볼 수 있다. 즉 과거의 연장선상에서 기업 내외의 환경변화를 고려하여 목표를 설정하는 방법이 있으며, 현재의 환경이나 제약요소를 철저히 무시하고 백지상태에서 자신의 기업이 5년, 10년 후에 어떻게 되고 싶은가로부터 시작하여 현재의 목표를 정하는 방법이 있다.

둘째, 목표달성을 위한 주요 변수 및 우선순위 결정은 전략목표를 달성하기 위한 수단이 되는 주요 변수를 파악하기 위하여 기업 외부의 경제환경분석기법, 산업구조분석기법, 기업 내부의 경영자원분석기법, 경쟁자분석기법 등을 실제로 사용하여 적용하기도 한다. 이러한 분석기법들의 요체는 장 · 단기적으로 자신의 기업가치를 최대화할 수 있는 변수가 무엇인가를 발견하고 그 변수들 간의 우선순위를 결정하는 것이다.

셋째, 경영자원의 배분 및 실행안과 실행주체의 결정은 기업 전체 차원에서 정의된 우선순위에 의해 경영자원(즉, 자금, 인력, 기술 등)을 배분하게 된다. 가장 핵심적인 요소는 앞서 정의된 우선순위와 일관되게 자원이 배분되는가의 문제이다. 개별사업부와 자원배분결정을 하는 경영전략 수립주체 사이에 많은 갈등이 있기 마련이다. 특히 재무적 경영자원뿐만 아니라 중역을 포함한 인적자원이 어떻게 배분되느냐 하는 것이 매우 중요한 현안으로 떠오르게 된다.

넷째, 커뮤니케이션은 전략수립의 전 과정을 통해서 발생한다고 볼 수 있다. 특히 이 단계에서는 전 조직구성원에게 전반적인 전략의 취지, 내용 등을 설명하기 위해 여러 가지 수단으로 많은 노력을 기울이게 된다.

그림 7-5 | 경영전략의 과정과 주요 요소

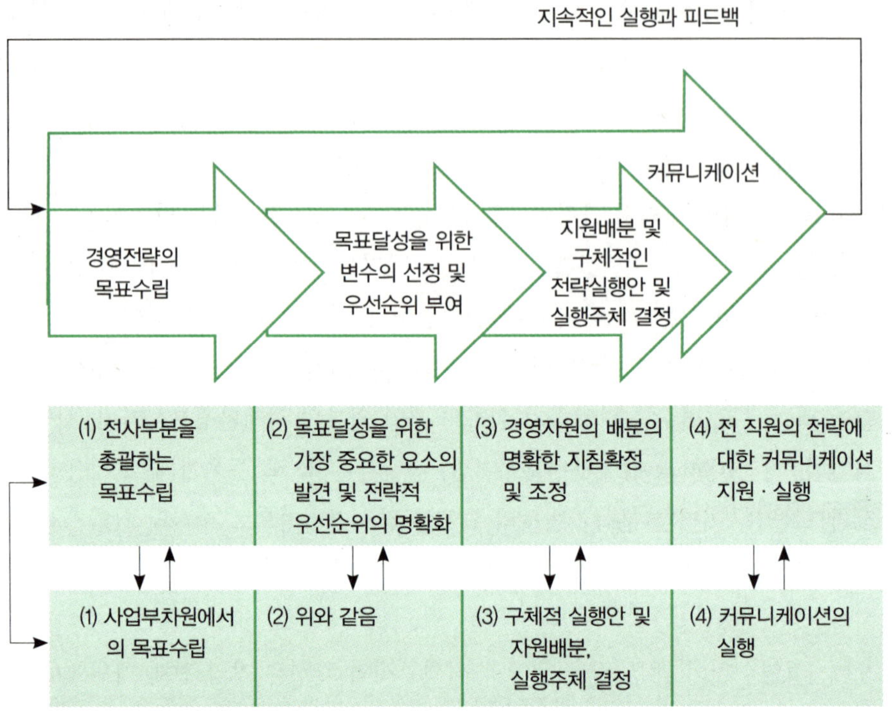

3. 분석기법

1) 외부환경분석

기업의 경영전략에 직접적인 영향을 미치는 환경은 일반적인 환경이라기보다는 과업환경이며, 그 중에서도 기업이 속해 있는 산업의 환경이다. 따라서 산업환경에 대한 분석이 먼저 이루어져야 한다. 이에 외부환경에 대한 대표적인 분석기법인 산업구조분석을 살펴보고자 한다.

포터(Michael E. Porter)는 잠재경쟁자의 시장진입 위협, 기존기업 간의 경쟁, 고객의 교섭력, 공급자의 교섭력, 그리고 대체재의 위협의 다섯 가지 요인이 산업의 경쟁강도를 결정하는 요인으로 결정된다고 하였다. 이러한 요소들의 힘이 강해질수록 기업은 가격을 인상하기가 어렵게 되며 이윤을 획득하기가 어려워진다. 따라서 산업경쟁도 분석 결과 강력한 경쟁강도는 기업에게는 위협으로, 그리고 경쟁강도가 낮은 것은 기회로 간주된다.

그림 7-6 | 산업구조분석

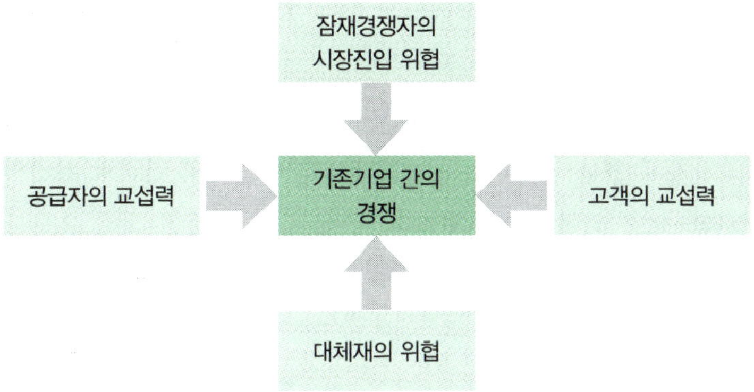

첫 번째 요인은 새로운 경쟁자의 시장진입위협(threat of new entrants)이다. 현재는 산업에 들어와 있지는 않지만 진입의 가능성을 가지고 있는 잠재적인 경쟁자이다. 이러한 잠재적 경쟁자의 시장진입을 어렵게 만드는 요인을 산업의 진입장벽(entry barrier)이라 한다. 산업의 진입장벽이 높게 되면 산업의 수익성이 높다고 하더라도 잠재적인 경쟁자가 그 산업에 쉽게 뛰어들 수는 없게 된다.

두 번째 요인은 기존업체 간의 경쟁(rivalry among established firms)이다. 산업 내의 기업 간 경쟁 정도가 낮다면, 기업은 가격을 올리고 이익을 보다 많이 얻을 수 있을 것이다. 그러나 경쟁이 치열하다면 판매수익으로부터 얻어지는 이윤의 폭이 감소하게 되어 수익성이 낮아지게 될 것이다.

세 번째 요인은 고객의 교섭력(bargaining power of customers)이다. 고객의 교섭력은 고객이 발휘하는 힘을 말한다. 만약, 고객이 제품가격의 인하나 보다 나은 품질, 혹은 보다 나은 서비스를 요구하게 되면 이는 기업의 입장에서는 위협이 된다. 반면에 고객이 입장이 약화되면, 기업은 가격을 보다 쉽게 인상시킬 수 있어 나은 수익을 영위할 수 있다. 고객이 기업에 대하여 다양하고도 강력한 요구를 할 수 있느냐 여부는 기업과 고객의 상대적인 힘에 의하여 결정된다.

네 번째 요인은 공급자의 교섭력(bargaining power of suppliers)이다. 공급자의 교섭력은 고객의 교섭력과는 상반되는 개념이다. 즉, 원재료나 부품을 제공하는 공급업자가 가격을 상승하거나 공급되는 제품의 품질에 대한 의사결정을 할 수 있는 힘이 공급자의 교섭력이며, 공급자의 교섭력이 커질수록 기업에게는 위협이 된다.

마지막 요인은 대체재의 위협(threat of substitute products or services)이다. 대체재는 기업이 생산하는 제품이 충족시켜 주고 있는 고객의 욕구와 유사한 욕구를 충족시켜 주는 제품들이다. 예를 들면, 커피산업에 속한 기업들은 홍차나 기타 소프트 드링크류의 제품을 생산하는 기업과 직접적인 경쟁을 하게 되는데, 이런 산업들은 서로 대체관계에 있는 것이다. 유사한 대체재는 제품의 가격과 기업의 수익성을 제한하는 강력하고도 위협적인 존재이다. 반대로 한 제품에 대해 유사한 대체재가 거의 존재하지 않는다면 다른 조건이 모두 같다고 할 때, 그 제품은 가격 이외에 추가적인 이익을 얻을 수 있다.

뜨거운 갑 · 을 논란…

요즘 대한민국은 '갑'과 '을'에 대한 이야기로 시끄럽습니다. 한 대기업 임원의 비행기 승무원 폭행과 유업회사 직원의 대리점 지주 폭언으로 촉발된 '갑을관계' 논란은 대한민국 사회의 어두운 면을 비추는 듯합니다. 본래 갑과 을 관계는 제품이나 서비스 공급계약서상에서 계약주체들을 지칭하는 법률 용어입니다. 일반적으로 제품이나 서비스를 제공하는 쪽을 '을', 이를 제공받는 쪽을 '갑'이라고 합니다. 계약서에 일일이 표기해야 하는 번거로움을 없애고, 계약 당사자들을 쉽게 구분되도록 구매자를 갑, 공급자를 을로 칭한 것이죠.

보통 비즈니스 생태계에서 갑을관계는 대기업과 중소기업 관계를 말하기도 합니다. 사실 대기업과 중소기업은 서로 필요에 의해 만난 관계이고, 상호 존중해야 하는 관계지만 실상은 상하관계를 넘어 비상식적인 주종관계로까지 변질되는 사례가 종종 있습니다. 이런 비즈니스적인 악습과 일련의 사회적 사건으로 인해 오늘날 갑을관계는 법률상 용어를 넘어 갑의 횡포나 약자인 을의 비참함을 나타내는 사회적 의미로까지 확대 사용되고 있는 실정입니다.

경영전략에서 산업구조를 분석할 때 종종 쓰이는 마이클 포터의 파이브포스(5-forces) 모형에는 이러한 갑을관계를 엿볼 수 있는 내용이 나옵니다. 이 모형에서는 기업이 산업 내에 갖는 힘을 표현하는 말로 교섭력(bargaining power)이란 용어가 나옵니다. 여기서 교섭력은 가격 설정에 미치는 영향력으로 해석할 수 있습니다. 즉 교섭력이 높은 쪽이 가격 설정에 강한 영향력을 갖는, 이른바 갑이 되는 것이죠.

자동차산업을 예로 들어볼까요? 완성차를 만드는 A기업은 부품을 공급하는 기업과 비교할 때 높은 교섭력을 갖습니다. 보통 부품을 공급하는 업체는 대체할 수 있는 경쟁자들이 존재하기 때문입니다. 부품을 공급하려는 기업이 많아지면 많아질수록 A기업 교섭력은 높아지고 부품 가격은 A기업에 유리하도록 매겨집니다. A기업은 말 그대로 시장의 갑인 셈이죠.

하지만 갑을관계가 적용되지 않은 사례도 있습니다. 을은 을인데 갑과 같은 을도 존재합니다. 예를 들어 A사에 자동차 핵심 부품을 공급하거나 어떤 자원에 경쟁자가 없는 독점력을 지닌 공급업체일수록 A기업에는 이 기업이 을이 아닌 갑처럼 느껴지게 됩니다. 여기서 우리는 을이더라도 전략적으로 자사 교섭력을 높여 을의 위치를 벋어나는 방법을 생각해볼 수 있는데, 이와 관련해 마이클 포터 모형에서 강조하는 것은 바로 차별화입니다. 갑에 휘둘리지 않는 을이 되기 위해서는 몇 가지 방법이 있습니다.

첫째는 전문화입니다. 선택과 집중을 통해 한 분야에서 높은 전문성을 획득하는 것이죠. 중소기업이라도 특정 시장에서 높은 기술력을 보유했거나 강력한 브랜드를 갖춰 차별화가 가능하다면 높은 교섭력을 가질 수 있습니다. 이를 위해서는 우선 목표시장을 매우 좁게 설정해야 합니다. 대신 그 분야만큼은 전 세계에서 가장 잘하는 기업이 될 수 있도록 자사의 모든 연구개발과 마케팅 역량을 해당 분야에만 꾸준히 집중시켜야 합니다. 비용과 시간이 걸릴 수는 있지만 기업을 차별화하는 가장 중요한 요소는 전문성입니다.

두 번째는 시장을 전략적으로 다변화하는 방법이 있습니다. 국내 시장에 머물지 말고 적극적으로 세계 시장으로 진출해 매출 다변화를 노리는 것이죠. 중국이나 미국, 유럽 등 잘 알려진 시장 외에 인도나 아프리카 등 미지의 시장까지 개척해보겠다는 열정과 자세가 필요합니다.

차츰 국내 대기업 의존도를 줄이고 국외 공급을 늘려가는 전략인 것이죠. 독일 히든챔피언은 중소기업이 어떻게 국제경쟁력을 갖추게 됐는지 잘 보여줍니다. 연필, 금붕어 사료, 주유소의 권총 모양 주유기 등 한 가지 품목에만 전문화해 국제경쟁력을 키운 뒤 세계 시장을 장악하는 이들 기업전략은 우리나라 중소기업에서도 배워야 할 모범 사례입니다.

기업은 정해진 갑을관계 게임 속에 빠져들 필요가 없습니다. 전략적으로 현재 위치를 어떻게 비틀고 새롭게 포지셔닝(Positioning)해 자사 존재가치를 차별화할 것인지 몰두해야 합니다. 갑이지만 을 같은, 을이지만 갑 같은 기업이 많습니다. 사실 중소기업과 대기업 구분은 근로자 수, 자본금 등에 따라 구분해 놓은 인위적인 제도에 불과합니다.

대기업이라 해도 중소기업 수준인 기업이 있는 반면 국제경쟁력을 갖춘 대기업 같은 중소기업도 있습니다. 시장에는 영원한 갑도 영원한 을도 없습니다. 다만 차별화만 존재할 뿐입니다.

자료 : 매일경제신문 2013년 3월 25일

2) 내부환경분석

외부환경에 대한 분석이 이루어지고 나면 기업은 보유하고 있는 내부 자원과 능력을 평가하여야 한다. 기업의 내부환경분석에는 기업이 가진 강점과 약점의 분석이 핵심이다. 좋은 전략이란 내부 능력의 약점을 보완하면서 자사의 강점을 이용하여 환경의 위협에 대처하고 기회를 적극적으로 활용하는 것이라 할 수 있다. 기업의 능력을 평가하는 유용한 방법 중의 하나가 포터(Michael E. Porter)가 제시한 가치사슬(value chain)분석이다. 기업은 외부환경으로부터 투입을 받아 이를 변형하여 산출물을 만든 후 소비자에게 판매하는 과정에서 가치를 창출하는데, 이 가치는 소비자가 지불하는 가격에 의해 실현된다.

가치사슬은 기업이 창조하는 가치가 어디에서 이루어지는가를 분석하기 위한 기법으로, 가치사슬은 제품에 가치를 더하는 본원적 활동과 지원적 활동으로 구분된다. 본원적 활동(primary activities)은 제품의 물리적인 생산, 마케팅과 판매, 물류활동 및 사후서비스와 관련된 활동이다. 그리고 지원적 활동(support activities)은 제조활동과 마케팅 활동 등 본원적 활동이 원활하게 이루어질 수 있도록 다양한 투입요소를 확보하고 관리하는 활동이다.

기업의 본원적 활동과 지원적 활동이 얼마나 효율적으로 이루어지느냐에 따라 기업의 가치창출 능력이 결정된다. 한 기업이 다른 기업과 비교하여 특정한 가치창출 활동에서 차별적 역량을 가지고 있다면 높은 수익을 올릴 수 있다. 만약 이러한 활동들이 제대로 기능하지 못한다면, 기업의 가치창출 활동에는 많은 비용이 들어가게 되고 그만큼 수익성이 악화되게 된다.

그림 7-7 | 가치사슬분석

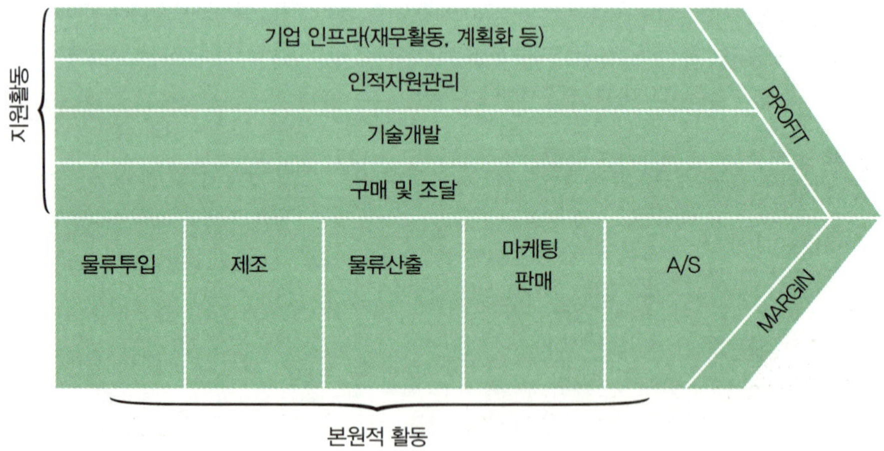

3) SWOT분석

『손자병법』에 "知彼知己者, 百戰不敗"라는 명구가 있다. 이는 자기 자신과 상대를 알고 싸우면 조금도 위태로움이 없을 것이며 언제나 승리할 것이라는 뜻이다. 기업의 경영은 특히 전략적 경영이라는 측면에서 전쟁과 비유되고 있는데, 이때의 상대를 외적인 환경으로 보고, 자신을 내적인 환경으로 볼 수 있다. 이 분석방법을 단순히 기회 · 위협분석이라고도 한다.

환경분석은 기업이 목적달성에 이르는 데 영향을 미칠 수 있는 현재 및 미래의 기회(opportunities)와 위협(threats)을 명확히 하기 위해 기업의 환경을 추적하는 과정이라고 할 수 있다. 흔히 기회는 기업목적의 달성에 유리한 상황이고, 위협은 기회가 적어지거나 없는 상황이라는 대조적인 상황이기도 하며 기업을 해롭게 할지도 모르는 불리한 상황이라 할 수 있다.

내부분석은 경쟁자와 그리고 전반적인 업적에서 본 상대적인 지위(posture)를 평가하기 위해, 그리고 강점(strengths)과 약점(weaknesses)을 평가하기 위함이다. 강점은 기업이 그의 목적(목표)을 달성하기 위해 사용할 수 있는 자원 또는 능력을, 그리고 약점은 기업이 그의 목적을 달성하지 못하게 하는 기업 내에서의 한계, 결점 또는 부족함을 의미하는 것으로 정의된다. 또한 전자는 조직목적의 달성을 촉진할 수 있는 내적인 조건 또는 요소로 그리고 후자는 반대로 조직목적의 달성을 방해할는지 모르는 내적 조건 또는 요소이다.

전략적 계획화를 위해서는 환경을 분석 · 평가하여 기회와 위협을 찾아낸 후에 기업 내부의 능력을 분석하여 강점과 약점을 찾아내지 않으면 안 된다. SWOT분석의 주된 목적은 내외적인 현실에 대한 냉철한 진단 · 분석이 기업의 목적을 달성하기에 적절한 전략을 선택할 수 있게 한다는 데 있다. 각 상황에 따라 네 가지 전략유형으로 설명할 수 있다.

표 7-1 | 외적 환경(기회 · 위협)과 내적 환경(강점 · 약점)의 연결

외적인 환경평가 / 내적인 기업분석	기회(O)	위협(T)
강점(S)	Maxi–Maxi (SO)	Maxi–Mini (ST)
약점(W)	Mini–Maxi (WO)	Mini–Mini (WT)

4) 성장 · 점유 매트릭스(BCG Growth Share Matrix)

단일사업 기업은 해당사업 분야의 외부환경과 내부능력을 비교적 용이하게 분석하고 전략을 수립 · 실행할 수 있다. 그러나 다각화된 기업의 경우는 각 사업부의 성격이나 과업환경이 서로 상이하고 사업부 간 관계도 매우 복잡하다. 따라서 기업 전체적인 관점에서 자원을 효과적으로 배분하고 사업부 간의 관계를 원활히 조정하는 것은 매우 중요한 문제이다. 즉, 더 이상 매력적이지 못한 사업들은 철수하거나 매각하는 등에 대해 의사결정을 내림으로써 한정된 기업자원을 어떤 사업에 투자할 것인지 우선순위를 결정할 필요가 있다. 이와 같이 다각화된 기업을 관리하기 위한 가장 대표적인 개념이 기업의 포트폴리오를 분석하고 평가하는 BCG 매트릭스(BCG Matrix)이다.

BCG(Boston Consulting Group)가 경험곡선과 PIMS(Profit Impact of Market Strategies)모형을 이용해서 제품 혹은 사업단위에 대해 평균적인 시장성장률과 실제적인 시장점유율의 두 가지 전략적 요인을 선정하여 현금의 사용(cash use)과 현금의 창출(cash generation)을 중심으로 매트릭스 형식에 의해 제품 혹은 사업단위 간의 균형을 도모하기 위해 개발한 기법이다.

이는 경험곡선(experience curve)의 효과, 즉 어느 제품판매액 또는 생산량이 2배로 증가하면 비용은 20~30% 저하한다는 주장에 근거를 두고 있다. 따라서 경쟁기업보다 큰 누적판매량을 올리면 비용상 유리해지며 시장위험도 낮아진다. 그리고 시장성장률이 높고 자사의 시장점유율이 높으면 경쟁기업에 비해 누적판매액은 커지며, 시장점유율의 증대에 의해 투자이익률이 높아진다. 여기서 PIMS는 수익성에 영향을 미치는 변수들 중에 그 크기를 찾아내어 중점적으로 관리하기 위해서 시장전략변수들의 기업이윤에 대한 영향분석기법이다.

이 매트릭스 모형은 대량생산의 원인 설명이 되는 경험곡선과 제품수명주기(Product Life Cycle : PLC), 즉, 제품은 도입기, 성장기, 성숙기, 쇠퇴기의 과정을 거치게 된다는 내용을 이해하고 본 매트릭스의 각 상황을 연관지어 보면 쉽게 설명될 수 있다.

그림 7-8 | BCG – 성장 · 점유 매트릭스모형

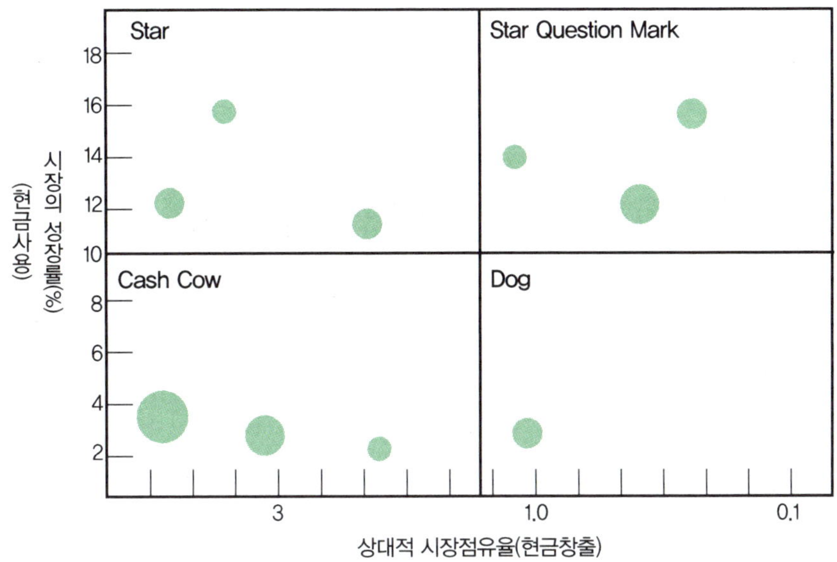

결국 BCG의 포트폴리오(portfolio)전략은 시장위험을 낮추고자 하는 기업에 있어 전략목표를 시장의 확대에 두고, 자사의 시장점유율과 투자이익률을 높일 수 있도록 제품 혹은 사업단위를 적절히 합치거나 분리 또는 자원의 배분을 하기 위한 기초분석 방법인 것이다.

[그림 7-8]에서 원으로 표시된 크기는 각 제품이나 사업의 매출액을 나타내며, 시장의 성장률은 일반적으로 GNP성장률을 기준으로 한다. 또 상대적 시장점유율이 1.0일 경우 경쟁기업의 제품이나 사업과 치열한 우위다툼을 의미한다.

먼저 상부 왼쪽 상한에 나타나는 것은 'Star'상품으로 불리는데 시장의 성장도 빠르고 자기회사의 시장경쟁력도 높은 제품사업으로 최상의 성장전망과 이익전망을 나타내고 있다. 그러나 사업의 현금흐름 자체는 아직 균형을 이루는 정도이다(많은 현금사용과 창출). 이러한 사업은 장기적으로 경험곡선효과에 의해 상당한 이익을 얻을 수 있다고 보고 있다.

시장점유율은 높으나 제품이나 사업의 성장이 낮은 사업은 'Cash Cow'로 불리며 상당한 현금유입의 원천이 될 수 있다. 이런 부류의 사업들은 흔히 과거의 Star사업으로, 미래에는 'Dog'로 전락할 가능성이 있기 때문에 Cash Cow로 붙들어 두려는 노력이 필요하다. 이런 사업들은 기업의 신규사업이나 기업의 간접비에 필요한 자금원이 될 수 있다.

[그림 7-8]에서 오른쪽 아래 칸에 나타나는 제품이나 사업은 낮은 경쟁력으로 인하여 'Dog'라고 불린다. 이런 사업은 낮은 성장전망에 시장경쟁력도 시원찮아 흔히 이익이 거의 없거나 손실을 보고 있다. 더욱이 이런 사업들은 기업의 자금을 소모하기 때문에 'Cash Cow'로 만들 수 없다면 그 사업에서는 손을 떼는 것이 유리하다.

오른쪽 윗 칸의 'Question Mark'사업은 시장성장률이 높으나 상대적 시장점유율이 낮은 사업으로 흔히 장래가 불확실한 모험적인 사업이나 제품이 여기에 포함된다. 이러한 사업들은 시장의 성장에 따라가기 위하여 상당기간 대규모의 투자가 소요되지만 그렇다고 성공이 보장되는 것은 아니다. 이런 사업은 적절한 전략과 충분한 자금이 있다면 Star사업으로 발전할 기회가 있지만, 동시에 Dog사업으로 전락할 위험도 크다.

여기서 각 상한에 따라 추구해야 할 전략을 검토해야 할 필요가 있다. 즉, Question Mark에서는 더욱 확장하여 Star로, 또는 부득이한 경우 Dog로의 이동 여부를 결정해야 하는데, 이때 Star로의 전략을 구축(building)전략, Dog로의 전략을 철수(divestment)전략이라 한다. Star에서는 계속 높은 시장점유율을 유지하는 전략(holding strategy)을 수립해야 한다. 또 Cash cow에서는 현금과 수익을 극대화하기 위한 수확(harvesting)전략을, Dog는 철수(divestment)전략을 강구하여야 한다.

이러한 BCG의 매트릭스모형은, 첫째 각 사업의 경쟁우위 원천이 되는 산업매력도와 해당산업 내 기업의 경쟁적 위치에 대한 분석을 통해 사업의 성공 여부에 대한 판단이 가능하며, 분석 결과를 통해 기업 전체적인 입장에서 투자의 우선순위를 결정할 수 있게 해줌으로써 자원의 효율적인 배분을 가능하게 한다.

둘째, 산업매력도와 경쟁적 위치를 통해 각 사업부의 상황을 평가함으로써 각 사업에 대한 전략적 대안인 지속적 투자, 혹은 산업에서의 철수 등 다양한 전략을 도출할 수 있게 한다.

셋째, 각 사업부에 대한 객관적 평가를 바탕으로 각 사업부별로 실현가능한 성과목표를 설정할 수 있으며 이는 사업부간의 성과에 대한 비교에도 유용한 시사점을 제공해 줄 수 있다.

제 6 절 의사결정

사람은 남녀노소를 불문하고 일생을 살면서 크고 작은 결정을 무수히 반복하게 된다. 즉 삶은 의사결정 혹은 선택의 연속이며, 이는 죽을 때까지 계속된다. 여러 대안들 중에서 하나의 최선(best)을 채택(adoption)해야 하고 거기에 대해 최선의 적응(adaption)이 이루어질 때, 성공적인 삶을 영위했다고 할 수 있다.

한 개인의 의사결정(意思決定, decision making)에서와 마찬가지로 조직 내에서의 의사결정도 매우 중요하다. 이러한 의사결정은 미래의 불확실성과 급변하는 환경으로 인하여 매우 어려운 일이다. 그러나 모든 사람들은 매일매일 수많은 의사결정을 해야 하며, 모든 조직체(기업)에서도 개인의 경우와 마찬가지로 조직체의 발전과 효과적인 기능수행을 위해서 의사결정이 필요하다.

예를 들어, 새로운 공장의 건립, 자금의 차입, 해외신출, 상여금의 결정, 종업원의 채용, 노조에 대한 자세 등의 의사결정이 기업조직 내에서 이루어지는데, 그 결과가 때로는 기업의 흥망을 좌우하게 된다.

기업의 미래에 대한 예측을 통해서 일정한 목표를 설정하고 이를 효율적으로 달성하기 위해 둘 이상의 대체적인 대안 중에서 하나의 행동방안을 선택 결정하는 경영자의 활동을 경영계획이라고 한다면, 경영자의 이와 같은 기능은 다름 아닌 의사결정이 된다. 따라서 의사결정이란 일정목표를 설정하고 그 목적을 달성하기 위해 다수의 대안(代案, alternatives) 가운데에서 어느 하나를 선택(choice)하는 인간의 합리적 행동이라 할 수 있다.

의사결정은 경영기능의 모든 분야에서 이루어지고 있기 때문에 그것은 전부 경영적 기능이 된다. 경영학에서 의사결정을 중요시하는 관점에서 의사결정과정을 계획과 동일하게 보거나 계획, 동기부여 및 통제기능을 의사결정의 범위에 넣기도 한다. 또 의사결정을 경영과 같은 개념으로서 취급하면서 그 범위와 중요성을 강조하기도 한다.

1. 의사결정의 과정

의사결정의 과정은 목표인식과 목표설정, 대체적인 행동대안의 결정, 결과 예측, 대안의 선택, 실행과 평가 순서대로 단계적으로 이루어진다.

첫 번째는 목표인식과 목표설정이다. 이 과정은 '문제'로부터 시작된다. 우리는 어떤 문제를 해결하기 위해서 무엇인가를 해야만 하며, 이때 목표는 어느 특정한 문제에 있어서 우리가 달성하고자 하는 것이다.

두 번째는 대체적인 행동대안의 결정이다. 문제를 파악하고 목표를 세운 다음 어떻게 그 목표에 도달할 것인가? 행동이란 어떤 목표를 달성하기 위하여 고안된 일련의 활동이다. 물론 원하는 목표를 달성하는 데 오직 한 가지 방법밖에 없다면 더 이상 논의할 필요가 없다. 그러나 어떤 목표를 달성하는 방법은 항상 여러 가지가 있기 때문에, 대체적인 행동대안을 모색해야만 한다.

세 번째는 결과예측이다. 기대되는 결과란 어떤 특정한 행동대안이 선택되었을 때, 조직의 성과에 있어서의 변화이다. 즉 어떤 대안이 실행되면, 그에 따른 결과가 발생하리라고 예상한다. 이러한 경영자들의 예측은 사실과 숫자에 바탕을 두고 있으며 주로 계량적인 용어로 이루어진다.

네 번째는 대안의 선택이다. 각 대안들의 예상되는 결과를 평가하고 나서 마지막으로 의사결정기준에 가장 잘 부합하는 한 가지 대안을 결정한다. 이러한 기준은 실질적으로 대안을 선택하는 기준이 되는 양적 · 질적 요소이다. 영리조직에서의 기준들은 성과(물)와 관련되어 있다.

다섯 번째는 실행과 평가이다. 실행이란 결정을 행동으로 옮기는 과정을 말하며, 평가란 그 행동에 대한 결과를 평가하는 것으로 미래의 의사결정에 기초가 되는 피드백이다.

그림 7-9 | 의사결정과정

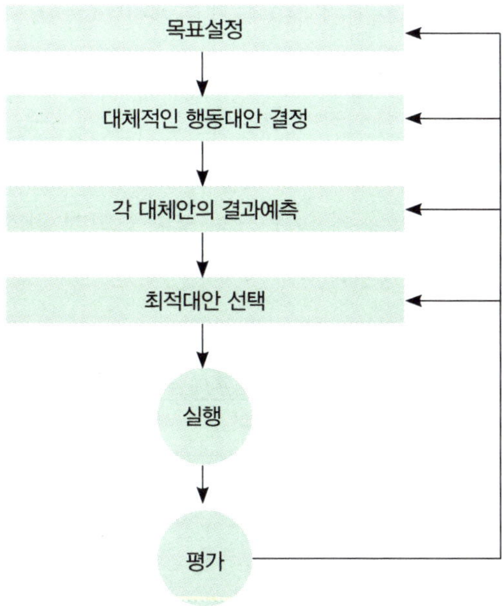

2. 의사결정의 구분

의사결정의 유형은 의사결정의 대상이 되는 문제의 성격, 의사결정의 적용수준 및 의사결정이 이루어지는 상황 등의 분류기준에 따라서 여러 가지가 있다. 의사결정의 대상이 되는 문제의 성격에 따른 정형화의 여부를 기준으로 정형적인 의사결정과 비정형적 의사결정으로 구분하고 있다. 의사결정이 이루어지는 상황에 따라 확실성하에서의 의사결정, 위험하의 의사결정, 불확실성하의 의사결정으로 구분하고 있다. 마지막으로 의사결정의 주체를 중심으로 개인적 의사결정과 집단적 의사결정 및 조직적 의사결정으로 분류하고 있다.

1) 문제의 성격에 따른 구분

사이먼(simon)은 조직의 의사결정 문제가 얼마나 구조화되어 있는가에 따라 의사결정의 유형을 정형적 의사결정(programmed decision making)과 비정형적 의사결정(nonprogrammed decision making)으로 구분하였다.

첫째, 정형적 의사결정은 너무나 빈번하게 이루어지는 일상적 의사결정이어서 경영자는 자동적으로 따르게 될 의사결정의 규칙을 개발한다. 즉, 예측가능한 상황에서 의사결정이 이루어지며 주로 방침, 지시, 규율 및 절차에 따라 정형화된다.

둘째, 비정형적 의사결정은 예외적이거나 새로운 상황에 부응하여 이루어지는 비일상적이고 불특정적인 의사결정이다. 즉, 이례적인 상황에서 의사결정이 이루어지며, 개인의 직관, 판단, 창의력 등에 의해 크게 영향을 받게 된다. 이러한 의사결정은 통상 최고경영층에 의해 수행된다.

그림 7-10 | 계층별 정형적 · 비정형적 의사결정의 분포

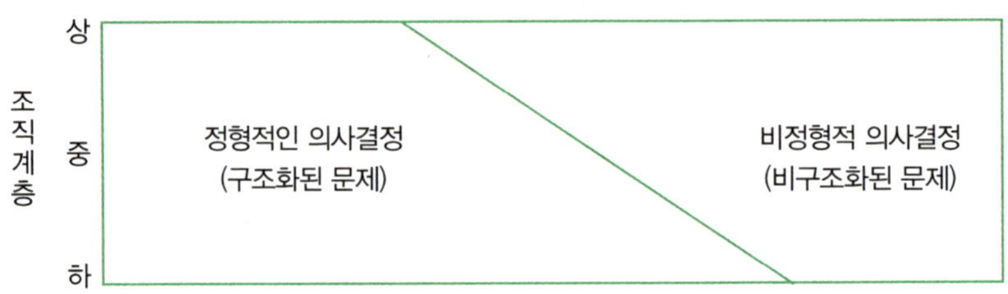

2) 상황에 따른 구분

의사결정이 이루어지는 주변의 조건 또는 영향을 미치는 조건을 의사결정의 상황(situation) 또는 조건(condition)이라고 한다. 이를 기준으로 해서 확실성(certainty)하의 의사결정, 위험(risk)하의 의사결정, 불확실성(uncertainty)하의 의사결정으로 구분하며 일반적으로 발생빈도나 확률의 개념이 많이 적용되고 있다.

첫째, 확실성하의 의사결정은 경영자가 의사결정에 필요한 모든 정보를 충분히 활용하여 각 대체안의 발생결과를 확실하게 예측할 수 있는 경우를 의미한다. 즉, 의사결정을 하는 경영자가 문제와 대체적인 해결안과 이의 가능한 결과에 관한 충분한 정보를 갖고 있는 조건을 의미하는 것으로 경영자가 그의 결과를 통제 또는 최소한 예측할 수 있는 조건을 말한다.

둘째, 위험하에서의 의사결정은 경영자가 어떤 대체안 또는 결과에 대하여 확실하게 예측할 수 없고 단지 약간의 정보에 의하여 일정한 확률을 가지고 판단해야 하는 조건을 의미한다. 실제로 경영관리활동의 상당부분이 위험하에 이루어지는데, 이

때의 위험이란 의사결정자가 어떤 대체안 또는 결과의 가능성을 판단해야 하는 조건을 의미한다.

위험하에서의 의사결정에서 주된 요소는 분명히 각 대체안이 관련된 확률을 정확히 결정하는 일이고, 그렇게 할 때 바람직한 의사결정을 할 수 있다. 즉 확률을 활용함으로써 의사결정자는 자기 기업에 어떤 대체안이 가장 바람직한가를 결정할 수 있게 된다. 이러한 상황하에서 의사결정을 할 때, 경영자가 할 수 있는 최선의 방법은 상황을 분석하고 여러 결과를 예측하며 각각의 가능성을 검토한 다음 기대수익이 큰 것을 선택하는 것이다.

셋째, 불확실성하의 의사결정은 의사결정자가 발생할 수 있는 결과를 추정할 수 있으나 그 발생확률을 할 수 없는 경우를 의미한다. 이러한 상황하에서는 완전한 의사결정이란 있을 수 없고 의사결정자의 능력, 취향, 위험에 대한 태도 등에 따라 차이가 발생한다. 따라서 의사결정자는 결과에 대한 주관적 평가를 통해 주관적 확률(subjective probability)이나 게임이론(game theory)이 유용한 방법으로 많이 이용된다.

3) 주체에 따른 구분

첫째, 개인 의사결정이다. 오직 자신의 이해관계만을 중심으로 개인의 인격에 근거한 개인적 의사결정은 집단적 또는 조직적 의사결정보다 실제로는 덜 질서정연하고 덜 시스템적인 과정을 밟는다. 따라서 전형적으로 완전히 합리적이지도 못하고 풍부한 정보에 기초한 의사결정을 할 수도 없다. 주로 직관이나 경험에 의존하게 되며 체계적인 과정이나 과학적인 정보분석 방법을 이용하기는 어렵다. 개인적인 의사결정은 문제나 과업의 유형이 다양한 지식과 기술보다는 개인의 창의성이나 능률이 요구되고 시간적 여유가 없는 상황에서 문제해결의 효과적인 접근방법으로 이용될 수 있다.

둘째, 집단 의사결정이다. 점차 많은 조직에서 중요한 의사결정은 경영자 개인에 의해서보다는 위원회(committee), 연구팀(study team), 태스크포스(task force) 및 심사 · 검토회(review panel) 등의 집단에 의해 이루어지고 있다. 이 의사결정은 "두 머리는 한 머리보다 낫다(two heads are better than one)"는 격언에서와 마찬가지로 다양한 교육 정도와 전공, 경험, 정보 및 관점을 지닌 사람들이 하나의 집단(group thinking)을 이루어 의사결정을 할 때 개인에 의해서 의사결정을 할 때보다 낫다는 주장에 근거한 것이다. 이 접근방법의 활용은 집단이 개인보다 더 나은 의사결정을 할 수 있고 집단적 의사결정이 수행하기에 보다 쉽다는 두 가지 가설에 기반하고 있음을 알 수 있다.

셋째, 조직 의사결정이다. 조직에 참여하는 사람은 두 가지의 인격을 지닌다. 조직에 어떤 활동을 제공한다는 기능적 측면에서 조직 인격(organization personality)을 지님과 동시에 개인차원의 의사결정을 하는 독립적인 개인 인격(private personality)을 지닌다. 조직 인격에 근거한 조직적 의사결정은 의사결정을 하는 사람이 부하에게 자주 권한을 위임한다는 의미에서 프로그램화(programmed)된다. 개인적 의사결정이 종업원 개인의 노여움, 원한 및 사적인 이익과 같은 인간적 요인을 대상으로 하는 데 비해 조직적 의사결정은 작업장에서 조화, 경쟁에 의한 생산성 등과 같은 조직의 목적과 요구를 대상으로 한다.

또한, 조직차원의 의사결정을 복합적 의사결정이라 하는데, 이는 어떤 조직 내에서의 의사결정은 사회적 관계로부터의 자극을 동인(motive)하기 때문이다. 즉, 상사의 명령이나 부하로부터의 요청 또는 정보가 의사결정의 동인이 되고 있다. 명령을 하는 상사는 의사결정의 결과를 명령을 하는 것이며, 그의 의사결정은 상호 관련되어 그물(net)처럼 서로 얽혀 있다. 이처럼 상호 간의 의사결정이 서로 얽혀 영향을 주고받는 경우를 복합적 의사결정이라고 하며, 이런 의미에서 조직차원의 의사결정을 복합적 의사결정이라 한다.

집단 창의

'거인의 어깨 위에 서 있는 소인'이라는 말이 있다. 라틴어에서 유래된 말로서 현재의 모든 발전은 과거 누군가의 연구와 업적에 기반하고 있다는 의미로 해석가능하다. 작은 소인일지라도 거인의 어깨 위에 오르면 거인보다 더 멀리 볼 수 있다. 시장을 선도한 혁신적인 아이디어 밑에는 기업이 오랜 시간 쌓아온 knowledge, skills과 다른 아이디어들이 있었다. 다듬어지지 않은 거칠고 엉뚱한 상상들이 기업의 knowledge, skills에 바탕을 두고, 수많은 다른 아이디어들과 연결되어 미래를 이끌어 갈 혁신적인 아이디어로 재탄생하였다. 더 멀리 바라 보기 위해서 거인은 더 커져야 하고 소인은 더 높아진 어깨를 딛고 올라갈 수 있는 용기가 필요하다.

픽사는 구성원 개인의 knowledge, skills을 구성원 누구나 이용할 수 있는 기업 전체의 자산으로 만들었다. 또한 픽사대학을 두어 다른 분야에서 오는 신선한 자극을 통해 창의적인 아이디어들이 풍부해지도록 하고 있다.

혁신적 아이디어를 자유롭게 제안할 수 있도록 하는 것 또한 거인을 키우기 위한 노력이라고 볼 수 있다. IDEO는 특별한 브레인스토밍 원칙이 있다. '질 대신 양을 추구하라', '아이디어를 평가하지 말고 다른 아이디어로 살을 붙여 나가라'는 원칙은 직원들이 자유롭게 의견을 낼 수 있는 토양이 되고 있다. 시각적으로 구체화될 때 아이디어는 더 풍성해진다는 것을 잘 알고 있는 IDEO는 아이디어에 대한 복잡한 보고서 대신 프로토타입을 먼저 만들라고 이야기한다.

창의를 막는 가장 큰 장애는 실패에 대한 두려움이다. 실패에 대한 안전망을 구축하는 것은 성공한 아이디어에 대한 보상보다 강력한 동기부여를 가져오기도 한다. 나이키는 직원들의 무모하고 엉뚱한 아이디어까지 기꺼이 수용한다. 하나의 엉뚱한 상상이 혁신제품으로 탄생하기까지 수많은 아이디어들과 프로토타입들이 만들어지고 실패한다. 이러한 기다림의 바탕에는 직원들의 아이디어를 존중하고, 실패를 창의로 가는 하나의 과정임을 받아들이는 나이키의 조직문화가 있다

자신의 어깨를 내어주는 거인과 그 어깨를 딛고 올라가는 용기 있는 소인이 기업의 혁신을 만들어 간다. 거인을 키워 나가고 소인에게 용기를 불어넣는 일. 이것이 기업이 놓치지 말아야 할 역할이다.

자료 : LG경제연구원 2013년 5월 29일

Chapter 08 실행과정

제 1 절 조직화

1. 조직화의 기초

인간은 태고적부터 조직을 형성하면서 생활하였고, 그 흔적을 남겨 놓았다는 사실은 부정할 수 없다. 마야 문명, 이집트의 피라미드, 구약성서의 조직관리, 고대 로마군대의 조직구조 등 역사물의 형성과정을 상상해 보면 조직의 필요성은 분명해 진다. 사냥을 하기 위해 여러 가정이나 혹은 두 씨족이 함께 분업 노동을 했다는 사실은 움집터에서 발견된 짐승의 뼈에서 유추할 수 있다.

왜 인간은 이렇게 분업노동, 즉 조직활동을 했을까? 그 설명은 조직활동을 통한 효과에 의해서만 가능하다. 한마디로 말하면, '효율을 위한 분업'이다.

산업혁명 이전까지는 교회나 군대조직 등 일부의 조직에서만 효율적인 조직활동이 존재하였으나, 산업혁명의 산물로 나타난 공장시스템이 확립되면서 기업조직이 등장하게 되었다. 오늘날 우리 사회는 이른바 조직사회가 되었으며, 결국 조직은 우리의 생활을 지배하고 있다. 이러한 조직으로서의 어휘는 아주 흔하게 사용되고 있는데, 이에 따라 뜻이 여러 가지로 나타날 수가 있다.

따라서 경영학 고유의 개념이 아니라 사회과학의 영역에서도 중요한 연구 분야로 다루어지고 있고, TV나 컴퓨터는 물적인 조직으로, 또 학교 · 가정 · 기업 등은 사회적인 유기체로서의 조직으로 생각할 수 있는 넓은 범위를 갖는다.

1) 조직과 조직화

기업을 경영하기 위해 필요한 여러 가지 기능활동 즉 마케팅, 인사, 생산, 재무 등의 활동이 효과적이고 합리적으로 수행하도록 각 활동의 고유한 영역이 우선 분류되고, 또 이러한 활동을 기본근거로 하여 각 구성원의 책임과 권한에 따른 직무를 부여하게 된다. 즉, 계획수립과정에서 이미 설정된 목표를 달성하기 위해서는 모든 구성원들이 분담해야 할 구체적인 내용과 이들이 상호협동하여 목적 지향적이 되도록 체계적인 과정이 필요하게 된다.

위의 내용을 요약하면, 기업을 경영하는데 먼저 필요한 활동을 분류하고 다음에 그 활동을 수행할 수 있는 구성원의 직무가 부여된 집합체의 존재가 필수적인 것이다. 따라서 조직(organization)이란 공동의 목표를 달성하기 위해서 필요한 여러 가지 활동을 분담하여 서로 협조하에 수행하는 사람들의 집합체를 말한다. 즉, 조직은 2명 이상의 개인들로 구성되며, 공동의 목표를 가지고 있고, 그 목표를 달성하기 위해 지속적인 상호작용하는 3가지 특징을 내포한다.

또한 조직화(organizing)란 조직이 수행해야 할 여러 가지 업무와 활동을 분류하고, 각 구성원들에 의해 수행될 직무 및 권한관계의 구조를 설계함으로써 그 결과를 효과적으로 조정하여 통합해 나가는 실천과정의 일부분이라 할 수 있다. 따라서 조직화에는 다음과 같은 기능을 포함한다. 첫째, 일반적으로 계획된 목표를 달성하는데 필요한 구체적인 활동을 확정하고, 둘째 그 활동을 개개인이 수행할 수 있도록 일정한 패턴이나 구조로 집단화시킨 다음, 셋째 그들 활동을 특정한 직위나 사람들에게 배분함과 동시에 그러한 활동의 조정수단으로서 책임 · 권한관계를 확정하게 된다.

요컨대, 조직화는 경영목적을 효율적으로 달성하기 위하여 각 구성원의 직무를 규정하고, 그 직무 수행에 필요한 권한과 책임을 할당하며, 각 구성원의 활동을 조정하는 과정이라 할 수 있다.

2. 조직구조의 변수

1) 기본변수

조직구조의 기본변수는 역할, 지위, 권한이 갖고 있는 특성이나 정도를 나타내며, 그 중에서 복잡성, 공식화, 집권화의 세 가지를 대표적인 구성요소로 들 수 있다.

첫째, 복잡성(complexity)은 조직 내에서 업무나 계층의 분화 정도(degree of differentiation)를 의미하며, 분화의 정도가 높을수록 조직의 복잡성이 높아진다. 수평적 분화(과업의 세분화)는 직무의 성질에 따라 횡적으로 분화하는 현상을 의미하며 전문화와 동의어로 활용된다. 수직적 분화는 직무의 책임도와 난이도에 따른 계층화의 정도를 의미한다. 지역적 분산은 조직을 구성하는 인원이나 시설 등이 지역적으로 분산되는 것을 의미한다.

둘째, 공식화(formalization)는 조직을 구성하는 여러 단위나 개인의 지위, 역할 및 권한이 명시적으로 성문화되고 업무수행에 관한 규칙과 절차가 공식적으로 정해지며 표준화 내지 정형화되는 현상을 의미한다. 조직의 규모가 클수록, 단순하고 반복적인 직무일수록, 안정적인 환경일수록, 집권화된 조직일수록 공식화가 높아진다.

셋째, 집권화(centralization)는 조직 내의 권력배분 양태에 관한 것으로 의사결정 권한이 조직 상층부의 특정 사람이나 집단에 집중되어 있는 현상을 말한다. 즉, 집권성은 권력중추로부터 권력이 위임되는 수준을 말하는 것이며 권한위임의 정도로 측정된다. 이에 반대되는 분권화(decentralization)에서는 의사결정의 권한이 조직의 중간계층이나 하위계층에 상당 부분 위양되어 있는 경우이다.

2) 상황적 요인

이와 같은 세 가지 요소들의 정도는 그 자체로서 어떤 기준이 있는 것이라 아니라 그 조직이 처해 있는 상황적 요인에 따라 영향을 받는 것이다. 상황적 요인으로는 조직환경, 기술수준, 경영전략 등이 있다.

첫째, 조직환경이다. 조직의 환경이란 조직의 경계선 밖에 있어서 조직의 직접적인 통제력이 미치지 않는 모든 요소를 의미한다. 환경은 안정적인 환경인가, 불확실한 환경인가에 따라 조직구조에 많은 영향을 미친다. 환경의 불확실성의 구성요소는 복잡성(단순성과 대비되는 개념으로 외부요소의 상이성, 다양성, 이질성의 정도를 의미한다)과 역동성(동태성, 격동성 안정성과 대비되는 개념으로 외부요소의 변화의 정도를 의미한다)이 있으며 복잡성과 역동성이 크면 불확실한 환경이 되고, 복잡성과 역동성이 작으면 안정적인 환경이라 할 수 있다. 환경이 단순하고 안정적이며 불확실성이 적은 경우는 기계적 구조(mechanistic structure)가 적합하며, 환경이 유기적이고 복잡하며 불확실성한 경우는 유기적 구조(organic structure)가 적합하다.

둘째, 기술수준이다. 기술이란 조직 내에서 투입물을 산출물로 변화시키는 과정 또는 방법이라 할 수 있다. 기술은 일상적인 기술인가 비일상적인 기술인가와 관련하여 조직구조에 많은 영향을 미친다. 일상적인 기술일수록 공식성은 높고 복잡성은 낮아지며 집권성은 높아진다. 일상적인 기술일수록 조직구조는 기계적인 특성이 나타나고, 비일상적인 기술일수록 조직구조는 유기적인 특성이 나타난다.

셋째, 경영전략이다. 경영자가 전략을 수립하고 나면 그 전략을 실행할 올바른 수단을 선택해야 한다. 경영전략이 달라지면 조직구조의 설계도 변경될 수 있다. 경영전략은 환경의 특성이나 기술의 특성 및 일상적인 업무내용에 영향을 미치게 되며, 그에 적합한 조직구조의 설계가 이루어져 한다. 경영전략은 조직의 사명과 목표를 효율적으로 달성하기 위해 자원을 어떻게 이용할 것인가의 문제에 관한 의사결정이기 때문에 조직이 선택하는 전략의 유형은 조직구조의 설계에 큰 영향을 미친다.

3. 조직화의 과정

1) 조직화 과정

모든 조직은 목표달성을 위해 구성원들 간에 업무의 상호관계가 중요시되므로 경영조직 또한 조직구성원의 합리적인 편성이 기본적인 문제가 된다. 바로 이러한 문제를 해결하는 기능이 바로 조직화인 것이다. 즉 업무와 인간을 어떻게 연결시킬 것인가, 또는 업무의 상호관계를 어떻게 합리적으로 조정시킬 것인가가 경영조직의 중요한 성패요인이 되는 것이다. 이러한 조직화의 과정을 세분화하면 다음과 같다.

(1) 직무의 구체화

조직의 목표를 효과적으로 달성하기 위해서는 먼저 수행되어져야 할 전체 업무를 명확히 파악해야 한다. 즉, 조직이 사회에서 존속하는 목적을 달성하기 위하여 필요한 제반활동을 찾아내고 정의를 내려야 한다.

직무의 구체화란 조직의 목표를 성취하기 위하여 수행되어야 하는 모든 직무를 구체적으로 밝히는 과정이다. 즉, 계획과정에서 수립된 목표를 달성하는데 필요하거나 관련된 일, 또는 활동과 과업(task)들을 전체의 조직차원에서 도출한다.

(2) 분업화

분업화란 전체의 직무를 각 구성원이 효과적으로 수행할 수 있도록 이를 단위활동으로 나누는 작업(division of work)을 말한다. 조직 전체의 일을 조직의 구성원들에게 능력이나 전문적 기술에 맞게 적절히 배분하는 것이다. 각 구성원이 담당할 직무를 어떻게 구성할 것인가에 대하여 구상하는 것을 직무설계(job design)라 한다.

(3) 부문화

부문화란 비슷한 업무를 집단화(grouping)하여 같은 부서에 배치하는 것으로 분업의 이점을 얻기 위한 것이다. 조직은 부문화를 통하여 합리적이고 효율적인 직무수행이 가능하다. 이 과정을 부서편성(departmentation)이라 하고 과(課), 부(部), 또는 팀이 형성되고 조직표(organization chart)가 만들어진다.

(4) 조정화

조정화에서는 권한을 어떻게 배분하고, 활동을 어떻게 조정 · 통합할 것인가를 결정한다. 개인이나 개별부서가 그들의 활동을 수행함에 있어 조직전체의 목표를 무시하는 경우가 있을 수 있으며, 부서 간 또는 개인 간 목표의 불일치로 갈등을 일으킬 수도 있다. 이러한 문제점을 해소하기 위하여 조정장치가 필요한 것이다.

(5) 통제

조직의 효율을 감시하고 유지하거나 증진시키기 위해 피드백 과정인 수정 단계가 있어야 한다. 조직구조의 설계는 지속적인 과정이기 때문에 정기적인 평가와 통제가 필요하다. 즉, 조직이 내 · 외적 환경변화를 극복하며 지속적으로 발전하기 위해서는 조직변화(organizational change)가 시도되어야 한다. 조직이 계속적으로 유지 · 발전되기 위해서는 직무의 구체화와 분업화, 부문화 및 조정화의 네 가지 과정에 대한 지속적인 점검이 필요하다.

2) 조직화의 일반원칙

경영조직이 효율적으로 운용되도록 하는 조직화의 원칙은 기업의 규모, 생산의 내용, 인적구성에 따라 차이가 있으나 보편적으로 적용되는 일반원칙은 다음과 같다.

(1) 기능화의 원칙

한 사람이 여러 가지의 이질적인 기능을 종합적으로 담당하는 것보다 각자가 한 가지 또는 가급적 소단위 기능을 전문화시킴으로써, 조직능률을 높이는 것을 '기능화의 원칙' 또는 '전문화의 원칙'이라 한다.

(2) 책임과 권한의 원칙

'직무권한의 원칙'이라고도 하며, 넓은 의미에서는 직무수행을 위한 권한과 책임 그리고 의무가 서로 밀접하게 균형을 이루어 삼위일체적 관계에 있어야 한다는 원칙으로서 직무의 '3면등가(三面等價)의 원칙'이라고도 한다.

(3) 권한위양의 원칙

'위양의 원칙'이라고도 하는데, 조직 내의 상위자에게만 권한이 집중되어 있는 경우 하위자는 상황변화에 따라가면서 작업을 신속히 처리하지 못하게 되고, 상위자는 일상의 세부적인 일까지도 의사결정을 하여야 하므로 의사결정시간이 길어지고 업무능률이 오르지 않는 조직이 된다. 그러므로 상위자는 가급적 하위자에게 권한을 위양해야 할 필요가 있다. 권한위양이 적정화된다면 상위자는 매일 반복하여 발생하는 일상업무로부터 해방되고 보다 더 중요한 예외적인 업무를 할 수 있게 된다.

또 권한을 위양받은 하위자는 창의성 내지 잠재적 능력을 발휘하여 의욕을 갖고 일을 하게 되어 업무결과에 대한 책임을 보다 무겁게 인식한다. 이를 '권한위양의 원칙' 또는 '예외의 원칙'이라고 한다.

(4) 명령통일의 원칙

'명령일원성의 원칙'이라고도 하는데, 어떠한 행위에 대해 한 사람의 하위자는 두 사람 이상의 상사로부터 명령을 받아서는 안 된다는 원칙이다. 만일 두 사람의 상사가 한 사람 또는 한 부문에 대해 명령권을 행사한다면, 때로는 서로 다른 내용의 명령이 혼동을 가져와 규율은 위태롭게 되고 질서는 문란해지며 조직의 안정을 잃게 되기 때문이다.

(5) 관리한계의 원칙

'감독의 범위', '관리상의 책임한계' 혹은 '감독범위 적정화' 등으로 통칭되며, 한 사람의 상사가 지휘나 감독을 할 수 있는 하위자 수에는 한계가 있다는 것을 나타낸 원칙이다. 많은 부하를 가지면 불충분한 감독이 되고 또 반대로 적은 부하를 갖게 되면 지나친 감독으로 부하의 창의와 자주성을 발휘하는 데 방해가 된다. 적정한 부하의 수는 감독자의 능력과 부하의 능력 또는 작업의 성질에 따라 다르다.

(6) 계층단축화의 원칙

위의 관리한계의 원칙에 의하면 기업규모가 커지고 종업원 수가 늘어남에 따라 부장, 과장, 계장 등과 같은 조직계층이 길어지게 된다. 조직계층이 길어지면 커뮤니케이션(communication)이 어렵고 명령전달도 늦어지게 되며, 인건비도 증가하므로 조직계층을 적정하게 단축해야 한다는 원칙이다.

(7) 조정의 원칙

조직의 공통목적을 달성하기 위하여 각 부문이나 각 구성원의 갈등이나 충돌을 해소하고, 조직 각 부문 간의 제 활동의 내적 균형을 꾀하며 조직 스탭(Staff)을 조절하려는 원칙을 '조정의 원칙'이라 한다.

제 2 절 조직구조의 형태

하나의 기업이 계속 성장하고 존속하기 위해서는 조직이 변화하는 환경과 규모 및 복잡성에 부합하도록 계속해서 그 구조도 변화되어야 한다. 따라서 우리는 어떤 조직구조의 종류가 있으며, 그 특징은 무엇인가를 미리 파악해야 할 필요가 있다.

1. 전통적 조직

1) 단순조직구조

기업의 초창기에는 생산과 판매에 모든 노력이 기울어져 효율적인 경영활동을 위해 공식적으로 조직 구조가 마련되어 있지 않은 경우가 보통이다. 조직이 분화될 수 없고 창업자인 사장과 소수의 종업원으로 구성된 가장 단순한 구조의 조직인데, 이를 '사업을 일으킨다'라는 의미에서 기업가(起業家)형 조직이라 할 수 있다. 즉, 이제 막 창업한 아주 작고 단순한 조직이다.

그림 8-1 | 단순구조의 조직

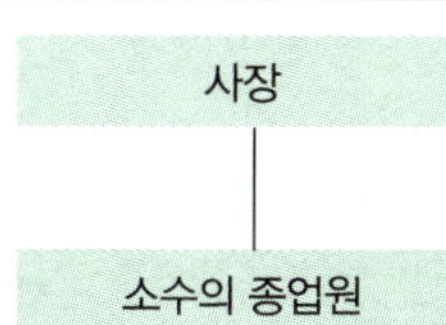

이러한 조직은 모든 기업활동의 통제를 용이하게 하는 동시에 신속한 의사결정과 시장환경의 변화에 대응할 수 있는 융통성 등이 장점이 있다. 반면, 기업주에 지나치게 의존하면 업무상의 비효율로 매출액이 지속적으로 신장할 경우 기업규모 확대에 부적합한 단점을 지니고 있다. 그러므로 이 형태는 아주 적은 소규모의 초창기 창업형태라고 할 수 있다. 따라서 이 형태의 조직은 현실적으로 주위에서 많이 찾아

볼 수 있고, 규모의 성장에 따라 발전적으로 다음 단계인 기능별 조직으로 변화하는 것이 일반적이다.

2) 기능별조직

기능별조직(functional organization)은 비슷한 기능을 수행하는 혹은 업무과정(work process)이 비슷하거나 업무수행에 있어서 유사한 지식이나 기술이 요구되는 활동을 토대로 조직을 부문화시킨 조직 형태이다. 기능별조직은 단순하여 신속한 의사결정이 가능하고 비용을 절감할 수 있다는 점에서 기업성장에 유리하다. 또한 각 부문담당자가 그 부문전문가로서 능력의 발휘가 가능하며 기업규모가 작을 때에는 최고경영자의 조정을 통하여 각 부문 간 원활한 의사소통이 이루어질 수 있다.

반면에 기능별조직은 각 부서가 독립된 원가계산 및 이익계산 단위가 아니므로 조직이 효율적으로 운영되고 있는지 여부를 객관적 지표를 통하여 파악하기 어려우며, 회사이익과 배치되는 개인의 이기주의 행동이 있을 수 있으며, 부서 간 수평적 조정이 어렵기 때문에 환경의 변화에 대응하는 능력의 부족으로 인한 혁신의 어려움 등이 있다. 그러므로 기능별조직이 제 구실을 하기 위해서는 최고경영층의 리더십과 조정 및 통합 노력이 당연히 전제되어야 한다.

그림 8-2 | 기능별조직

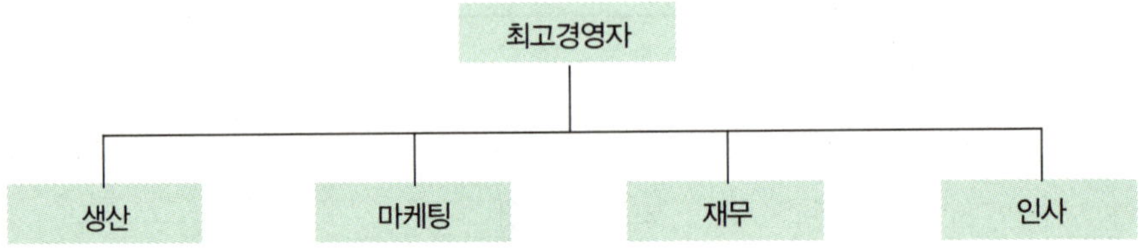

3) 사업부제조직

새로운 제품 생산이나 기존 제품의 시장 확보에 있어서 중앙집권적인 기능별조직으로는 기업의 규모가 커지면 한계에 도달하게 된다. 즉 경영 및 제품의 다각화에 효과적이며, 광대한 지역을 관리하고 새로운 유통경로와 고객을 확보하는 데 유효한 새로운 조직형태가 필요하게 된다.

사업부제조직(divisional organization)은 어떤 제품이나 서비스에 대한 모든 경영활동을 사업부라고 불리는 독립적인 단위로 집단화하는 것을 말하며, 일반적으로 조직의 제품이나 고객 및 지역에 따라서 경영활동을 묶는 방식으로 구성된다.

그림 8-3 | 사업부제조직

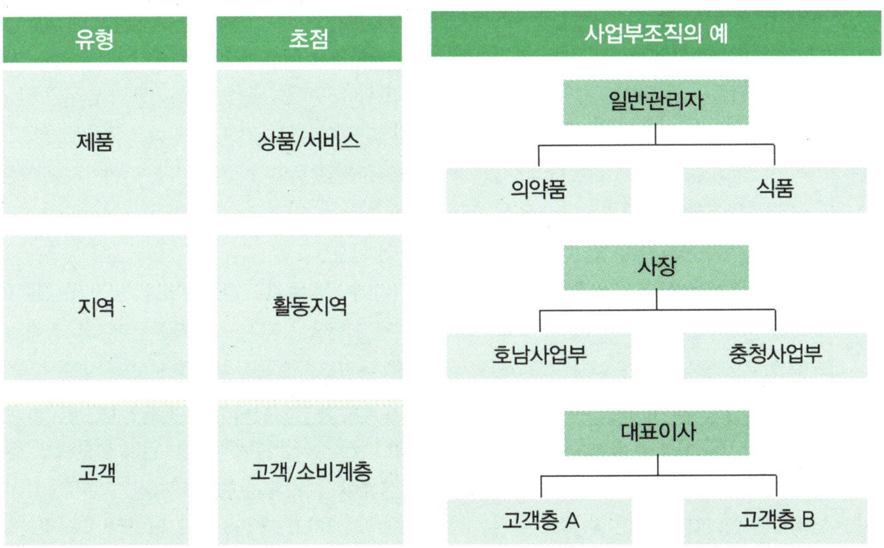

사업부제조직은 최고경영자의 업무량을 경감시키려 하거나, 제품 · 지역의 확대를 통해 생산과 판매능력을 증가시키려 하거나, 예측하기 어렵고 혁신적인 문제해결을 해야 할 성장 기업에서 도입할 가치가 있는 것이다.

반면에 분권적인 조직 형태로 인해 최고경영자가 하부조직을 통제하고 조정하는데 어려움이 따르며, 이로 인해 사업부 간의 경쟁이나 정책의 불일치가 종종 발생하여 자원과 노력의 낭비가 나타나며 경영다각화에 의한 규모의 경제효과를 얻을 수 없으며, 거대한 스탭조직 등으로 인한 관리비의 증대가 야기된다.

조직구조

회사도 어떤 일을 하기 위해서는 우선 그 일에 맞는 직원들과 그 일에 필요한 활동을 어떤 형식으로 한데 묶어야 합니다. 이는 회사가 추구하는 전체적인 목적을 달성할 수 있도록 회사 내부를 기능적으로 통합시키는 것이죠. 이를 부문화라고 하며 부문화된 덩어리가 바로 회사의 부서가 됩니다. 회사에는 다양한 기능의 부문이 있습니다. 회계업무를 하는 회계부서, 마케팅을 담당하는 마케팅부서. 경영학에서는 이렇게 기능별로 묶어 구성된 조직을 기능별조직이라고 부릅니다.

기능별조직은 직원들에게 그 업무만을 담당하게 해 전문성과 효율성을 높일 수 있게 합니다. 예를 들어 TV를 만들어 판매하는 회사가 있다고 가정해 봅시다. 마케팅부서는 TV 마케팅 업무만 담당하는 직원들로 구성되어 있습니다. 직원들은 TV 마케팅 업무만 담당하기 때문에 다른 직원들보다 그 분야의 전문지식이 많고 해당 업무처리에 있어서도 효율성을 발휘할 수 있습니다. 마찬가지로 다른 부서도 각자의 업무만을 집중함으로써 업무 수행능력을 높일 수 있고 그 기능 범주 내에서 지속적인 훈련과 지식 습득이 가능하게 됩니다. TV사업만 하던 이 회사는 TV사업에 어느 정도 성공을 거두자 새로운 사업에 관심을 갖습니다. 최종 검토 후 반도체사업에 진출하기로 하고 반도체 생산 공장을 새로 구축하여 반도체를 생산하기 시작합니다. 이제 마케팅 직원들은 기존의 TV제품뿐만 아니라 반도체 마케팅 업무도 담당해야 합니다. 직원들은 서로 다른 두 가지 제품을 취급하다 보니 일의 우선순위를 정하기 어려워지고 내부에 의사소통과 업무 조정이 조금씩 복잡해지기 시작합니다.

만약 이 회사가 이번에는 휴대폰사업에도 뛰어든다면 마케팅 직원들에게 어떤 일이 생길까요? 담당해야 하는 제품이 추가적으로 늘어나면서 업무를 조정해야 하는 일과 해결해야 하는 문제들이 더 많이 발생하게 됩니다. 해결이 잘 안 되는 문제가 늘다 보니 상사가 개입할 일도 많아집니다. 결과적으로 의사소통이 느려지고 제품의 시장변화에 대한 대응이 늦어지게 됩니다. 이처럼 기능별조직은 업무처리의 효율성을 높이는 장점이 있지만 기업의 규모가 커지고 취급하는 제품 수가 많아지면 단점이 더 크게 부각됩니다. 그래서 기업은 이제 동일한 제품이나 사업을 중심으로 조직을 분화시킵니다. 위 회사의 경우 휴대폰사업부, 반도체사업부, TV사업부로 조직구조를 재정비하는 것이죠. 반도체 제품, 휴대폰 제품, TV제품 등 각각 유사한 제품만 취급하는 사업체로 구분시켰다 해서 이런 조직구조를 사업부제조직이라고 합니다.

이렇게 제품별로 조직을 구성하면 그 제품만 집중할 수 있어서 제품의 종류가 늘어나도 업무의 효율을 살릴 수 있게 됩니다. 해당 제품만을 담당하는 마케팅부서, 생산부서 등 기능별조직이 제품별로 다시 생겨나는 것이죠. 삼정전자의 경우가 이에 해당합니다. 삼성전자는 조직구조가 크게 반도체, 휴대폰, LCD, 가전 사업부로 구분되어 있는 사업부제 조직입니다. 각 사업부 내에도 마케팅, 제조, 회계 등의 기능이 따로 존재해 제품별 업무 효율성을 높이고 있습니다. 보통 대부분 기업들의 조직구조는 기능별 조직입니다. 이는 단일 기능에 집중해 규모의 경제를 높여 효율을 극대화시키는 장점 때문입니다. 하지만 규모가 큰 기업의 경우 기능별 구조가 오히려 업무에 비효율을 가져오기 때문에 삼성전자나 LG전자와 같은 대기업들은 사업부제 조직구조를 띠고 있습니다. 이 두 조직구조는 기업들이 취하는 조직형태의 가장 기본이 되는 조직이랍니다. 결국 조직구조는 업무의 효율성을 높이는 데 그 의의가 있다고 할 수 있습니다.

자료 : 매일경제신문 2012년 4월 12일

2. 현대적 조직형태

1) 매트릭스조직

1960년대 이후 1970년대에 들어오면서 점차 기업을 둘러싼 환경의 변화가 심해지게 되자, 기존의 기능별조직, 제품별사업부제 등의 조직은 신속한 상황 변화에 대처할 수 있는 유연성을 갖고 있지 못한 단점을 드러냈다. 이러한 단점을 보완하고 소비자 중심의 시장상황과 급변하는 환경변화에 적응하기 위해서 제품별조직과 기능별조직을 결합한 것이 매트릭스조직(matrix organization)이었다.

그림 8-4 | 매트릭스조직

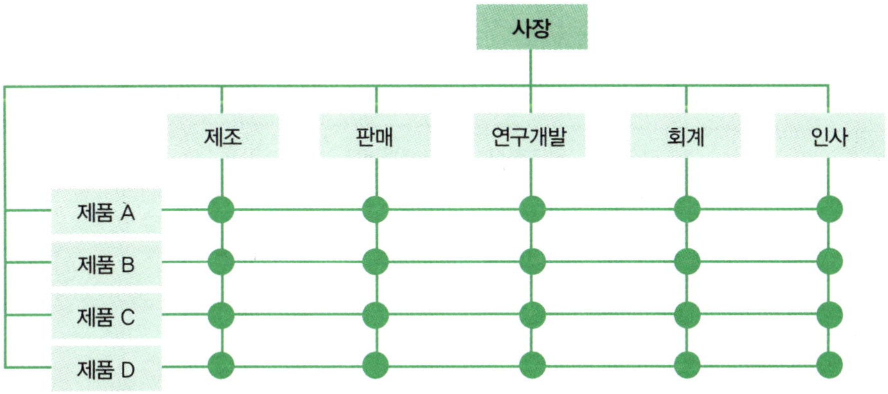

매트릭스조직의 가장 두드러진 특징은, 프로그램 위주의 조직라인과 기능 위주의 조직라인이 겹쳐져서 매트릭스를 형성하기 때문에, 기능 중심의 경영자와 프로그램 위주의 경영자는 조직에 소속한 개인 또는 소수의 그룹에 대한 명령 및 통제 권한을 공유하게 된다는 점이다. 따라서 조직의 구성원을 프로그램 위주의 업무와 함께 기능 위주의 업무를 동시에 담당하게 되는데, 여러 기능을 망라하여 종합적으로 구성된 팀이 조직되어 경영활동이 수행된다. 그러므로 이 조직은 앞에서 설명한 명령일원화의 원칙(principle of unity of command)에 정면으로 위배된다고 할 수 있다.

2) 팀조직

팀조직(team organization)이란 상호보완적인 기능을 가진 소수의 사람들이 공동의 목표를 달성하기 위해 공동의 접근방법을 가지고 신축성 있게 상호작용하며, 결과에 대해 공동의 책임을 지는 조직단위이다. 전통적인 피라미드조직과 비교하여 팀제의 가장 큰 특징은 계층의 감소로 인한 조직구조의 편평화(flat)라 할 수 있다. 또한 자율권, 권한위임으로 인한 탄력적 유연성과 개인의 전문화된 능력이 중요하게 작용하는 조직구조이지만 조직에서 빼 놓을 수 없는 공동이라는 개념 또한 강조되는 조직이라 할 수 있다.

그림 8-5 | 팀조직

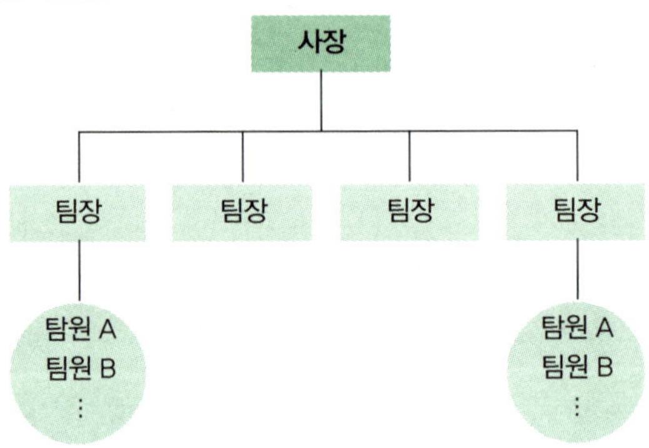

첫째, 팀조직은 상호보완적 기능과 능력을 가진 전문가 집단이다. 팀의 업무수행이 상승효과를 내기 위해서는 문제해결에 필요한 다양한 전문적 기술, 기능을 가진 사람들로 구성되어야 하며 이는 팀이 높은 성과를 창출할 수 있는 능력을 스스로 보유하게 하는 역할을 한다.

둘째, 공동의 목적과 업무수행 목표를 가지고 있다. 팀제에서는 상위조직의 전략과 공동목적을 공유하고 팀 구성원들 간의 협의를 통해서 목표가 설정되어야 한다.

셋째, 공통의 접근방법을 통한 상호 긴밀한 유대관계이다. 팀은 공통의 접근방법을 통해 업무수행이나 문제해결을 해야 하며 업무의 배분과 작업방법, 일정계획, 문제해결방법 등과 같은 제반 업무수행 방식에 대한 합의를 먼저 이루고 이는 팀 구성원들 간에 잠재적인 불만을 방지할 수 있는 방안이 될 수 있다.

넷째, 공동책임 · 공동보상이다. 팀은 구성원들 간의 긴밀한 상호작용과 협조를 통한 업무수행을 근간으로 하고 있으므로 이러한 팀의 취지가 업무수행 결과에 대한 평가에 반영되어야하며 이는 업무수행결과에 대한 팀원의 책임감을 공유하게 하는 이유가 된다.

다섯째, 팀의 자율성 보장 및 팀 내 완결적 업무수행이다. 팀장과 팀원에 의하여 탄력적이고 자율적으로 운영되는 조직이라는 것이다. 팀원의 자율성에 따른 책임감 있는 주인의식과 팀 몰입도를 높이고 나아가 창의적인 문제해결을 통해 환경대응책과 행정수요에 대한 반응성을 높일 수 있다.

3) 네트워크조직

최근에는 디지털 경영환경의 출현과 인터넷망의 급속한 확산으로 인하여 망형태의 조직구조가 나타나고 있다. 급변하는 경쟁환경으로 그동안 비대해진 조직구조로는 더 이상 경쟁환경을 극복하기 쉽지 않게 됨에 따라 조직을 슬림화시켜 유연하게 경영환경에 대처하기 위해 아웃소싱한다든지 전략적 제휴를 하는 데 필요한 조직형태가 바로 네트워크조직이다. 이러한 네트워크조직은 조직의 경계가 약하기 때문에 환경변화에 유연하게 적응할 수 있는 무경계 조직구조라고 볼 수 있으며, 개방형 시스템의 성격을 갖는다.

그림 8-6 | 네크워크조직

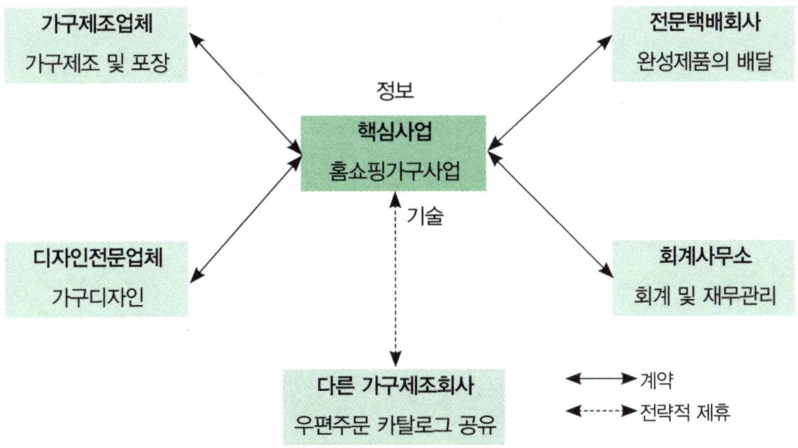

4) 하이퍼텍스트조직

하이퍼텍스트형 조직은 '필요한 기술과 시장의 동향에 대해 다양한 전문지식을 가진 사람들을 신속히 조직하여, 공동으로 작업을 추진할 수 있게 되는 조직'이라고 규정할 수 있다. 즉, 고도의 기술과 지식을 가진 사람이 본래의 소속부서에 있으면서 자유자재로 모여 융합하고, 그 결과 하이퍼텍스트(hypertext) 조직은 조직지식의 창출과 활용이 어떻게 조화를 이루어야 하는가에 대한 많은 시사점을 제공해주고 있다.

하이퍼텍스트형 조직은 지식의 창조 · 활용 · 축적이라는 3가지 방식을 각각 프로젝트팀층, 비즈니스 시스템층, 지식기반층이 나누어 분담하는 방식이다. 이는 필요한 때에 지식이나 정보를 창조, 활용, 축적할 수 있는 대표적인 지식정보형 조직으로 기존의 계층조직에 프로젝트팀을 가미한 조직모델이다.

그림 8-7 | 하이퍼텍스트조직

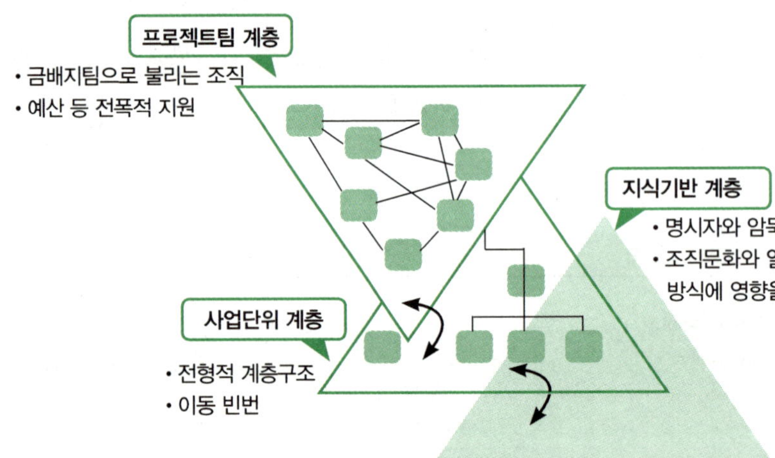

제 3 절 조직변화

기업이 생존하고 지속적으로 성장하기 위해서는 변화하는 환경에 적절히 반응하거나 대응할 수 있도록 변화를 시도해야 한다. 왜냐하면, 조직은 환경과 상호작용을 하는 개방시스템이고, 조직의 환경적응력에 따라 조직유효성뿐만 아니라, 존속 자체에도 중대한 영향을 미치기 때문이다.

복잡하고 불확실한 환경에서 적응하기 위해서는 자체의 목표에 따라 변화해야 하며 이러한 미래의 환경을 예측하고 적응할 수 있는 조직의 변화 및 개발이 이루어져야 한다.

1. 조직변화의 개념

우리가 원하든, 원치 않든 간에 인간에게 변화가 일어나듯이 시스템으로서의 조직에도 변화가 일어난다. 그 누구라도 변화를 피할 수 없듯이 조직도 변화를 피할 수 없다. 그래서 '변화는 불가피한 것(change is inevitable)'이기도 하지만 조직의 성공은 변화를 관리하는 능력에 달려 있다고 할 수 있으므로 기업은 이에 능동적으로 대처해 나가지 않으면 안 된다. 따라서 변화는 모든 조직에 계속해서 발생하는 영원한 과제이므로 경쟁자보다 변화를 더 잘 관리할 능력을 지닌 조직이 더 오랫동안 생존할 수 있게 된다. 이때 관리능력의 초점이 되는 것은 환경에의 적응이다. 살아 움직이는 유기체로서의 조직은 환경 속의 변화에 적응하지 못하면 생존을 계속할 수 없음이 분명하다.

많은 기업들이 변화하는 환경에의 적응에 실패하기 때문에 사라지고 만다. 조직은 거시적 환경으로부터 발생하는 외생적 요인과 조직 자체의 내부로부터 발생하는 내생적 요인에 의해 변화를 하지 않을 수 없게 된다. 그런데 많은 경우에 국제경쟁력이나 고객, 경쟁업체 등의 외적 요인이 더 크고 결정적인 영향을 주기 때문에 일반적으로 외적 요인이 내적 요인보다 중시된다.

그림 8-8 | 변화의 압력요인과 전개

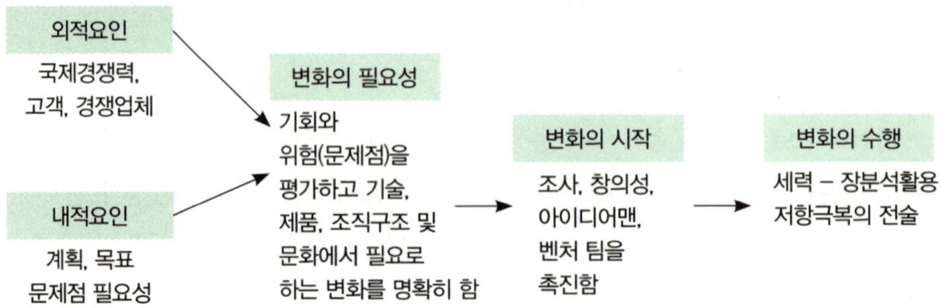

자료 : 이한검, 1994. p. 657 수정인용

2. 조직의 발전단계

여기에서 조직의 성격과 내용이 왜 변화해야 하는가를 다른 측면에서 살펴보자.

우리가 태어나서 유년기, 소년기를 거쳐 성숙해지고 어른이 되어 늙고 죽어가는 생의 사이클을 그려가듯, 제품도 도입기, 성장기, 성숙기, 쇠퇴기의 제품수명주기(product life cycle : PLC)를 형성하며, 나아가서 조직도 창조되고 성장하여 퇴화하는 조직수명주기(organization life cycle)를 이룬다. 그런데 여기서 중요한 것은 인간이 자손을 통하여 그 맥을 유지하고, 제품이 후속되는 신제품을 통하여 그 맥을 유지하듯 조직 또한 새로운 형태로의 변화를 통해 계속 그 맥이 유지되어야 한다는 점이다.

기업의 성장이 제1기 또는 제2기와 같이 실선(–)으로 표시된 점진적 성장기(evolution stage)와, 제1기와 제2기 사이 또는 제2기와 제3기 사이에 지그재그 선으로 표시된 혁명적 변혁기(revolution stage)의 반복으로서 이루어진다는 것이다. 여기에서 각 성장기는 기업의 성장과정을 성공적으로 수행하여 나가는 과정에서 사용되는 대표적 기능(창의력, 업무 지시, 권한 위임, 조정, 협동) 등으로서 설명되고 있다.

반면에 각 변혁기는 성장의 결과 나타나는 경영 문제 중에서도 다음 성장기로 접어들기 위해서 해결해야 될 특정한 문제점(리더십 부족, 하부조직의 자율성 결여, 하부조직에 대한 통제 곤란 등)으로 특징 지워지고 있다.

물론 기업이 변혁기를 성공적으로 극복하지 못한 다면 점선(····)으로 표시된 몰락의 과정을 걷게 될 것이다.

그림 8-9 | 기업의 성장과 조직의 변화 모형

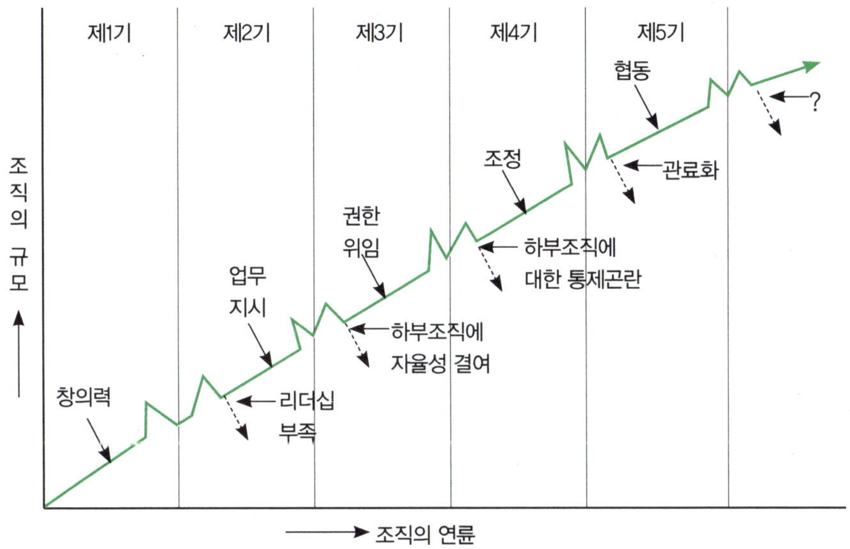

자료 : 조동성, 전략경영, 서울경제경영, 1998, p.433.

여기에서 주의해야 할 사실은 각각의 단계가 전 단계의 결과이며 동시에 다음 단계의 원인이라는 것이다. 예를 들어 제3성장기의 특징은 권한위임에 의한 성장이다. 이것은 제2변혁기의 특징인 하부조직 자율성의 위기를 극복하기 위한 방안이다. 그러나 제3성장기에서 채택한 권한위임이 한계를 지나치게 되면 상부에서 하부 조직의 활동에 대한 통제를 하기 어려워지고, 이에 따라 하부조직에 대한 통제 곤란이라는 제3변혁기의 특징적 현상의 원인이 되는 것이다.

3. 변화에 대한 저항

조직변화는 환경의 발전적 요인에 의한 변화이거나 또는 상황의 악화로 인한 변화이든 간에, 이를 추진하는 과정에서 조직구성원으로부터 많은 저항을 받을 수 있다.

따라서 조직에서 요구하는 변화가 계획한 대로 효율적으로 이루어지지 못하는 경우가 많이 있는데, 일반적으로 변화라는 것은 조직구성원의 안정된 직무와 지위 및 환경을 위협하는 요소로 지각됨으로써 흔히 그들의 저항을 유발하게 된다.

첫째, 불안이다. 어떠한 사람이든 일단 특정한 환경상황에서 오랫동안 안주하게 되면 편안함을 느끼는 것은 당연하다. 따라서 그에게 갑작스런 변화의 흐름이 닥치게 되면 안정감을 잃고, 불확실성의 증가에 대해 효과적으로 대처하기 어렵게 된다.

둘째, 사회적 손실이다. 조직변화에 따른 저항은 사회적 손실의 가능성에서도 찾아볼 수 있다. 특히 강한 권한을 소유하였거나 비공식집단의 경우에는 변화에 따른 집단구성원의 이동으로 인하여 집단응집력이 약화될 수 있으며, 집단구성원이 조직사회 내에서 차지하고 있는 위치를 붕괴시키게 되고, 하위에 있던 사람이 갑작스럽게 상당한 권력을 지니게 되는 등 여러 요인으로 인하여 그때까지 유지되어 오던 사회적 질서를 와해시키는 결과를 야기하게 된다.

셋째, 경제적 손실이다. 경제적 손실에 대한 불안은 기술적 환경에 따른 조직의 변화과정에서 쉽게 찾아볼 수 있다. 조직에서는 기술적 환경의 변화에 따른 순수한 적응의 방향에서 조직구조의 개편과 인사이동을 실시함에도 그러한 변화는 조직구성원에게 잠재적 고용불안감을 느끼도록 할 수 있다.

넷째, 통제에 대한 불안이다. 환경변화에 따른 조직변화는 우선적으로 조직구성원의 역량을 그러한 적응과정에 몰입하도록 요구함으로써 개인의 독립성과 영향력을 감소시키게 된다. 따라서 이러한 상황은 조직구성원으로 하여금 자신이 조직이 요구하는 대로 따라갈 수밖에 없는 통제상황이 되는데 따르는 불만을 지니게 하고 그에 대한 저항은 비순응적 태도로 나타난다.

조직문화

조직문화는 조직원들이 공유하는 사고방식이나 행동양식이다. 다시 말해 직원들이 일하는 습관이고, 그들의 행동을 지시하는 분위기다. '습관이 운명을 만든다'는 말은 사람뿐만 아니라 기업에도 적용된다. 바람직한 조직문화는 기업이 성과를 내는 데 기여할 수 있어야 한다는 것이 핵심이다. 그렇기 때문에 새로운 조직문화 구축을 고민할 때 무엇보다 중요한 것은 회사의 전략과 밀접하게 연관돼 있냐는 것이다.

'펀(fun)한 조직문화'로 유명한 사우스웨스트항공의 사례는 이런 점에서 참고할 만하다. 사우스웨스트항공은 저가 항공사로는 유일하게 세계 10위 안에 들어 있는 회사다. 아무리 '싼 맛'에 타는 것이 저가 항공이라지만 고객만족을 등한시하다보면 '사람을 짐짝 취급한다'는 불만을 듣기 쉽다. 그렇다고 고객만족을 높여보겠다고 기내식을 제공하고, 좌석마다 읽을거리라도 놔주었다가는 비용이 치솟을 것은 불을 보듯 뻔한 일이다. 낮은 원가를 유지하기 위해 사우스웨스트항공권에는 좌석번호가 찍혀 있지 않다. 그러다 보니 비행기에 오른 손님들은 좋은 자리를 차지하기 위해 서로 눈치를 살피게 된다. 하지만 일단 좌석에 앉고 나면 상황이 달라진다. 뭐가 그리 신나는지 익살맞은 표정을 한 승무원들이 다가오더니 옆 좌석에 앉은 사람하고 자기 소개를 하란다. 생일인 승객에게는 고깔 모자를 쓰고 와서 노래를 불러주기도 한다. 흥이 나면 자기들끼리 만담을 하다가 승객을 불러내서 노래를 시키기도 한다. 비행시간 내내 승무원들과 함께 어울리다 보면 처음 비행기에 올랐을 때 가졌던 어색하고 서먹한 느낌은 어느덧 사라지고, '벌써 내려야 하나' 하는 아쉬운 마음이 든다. 추가비용 없이 고객의 만족도를 높이는 데 성공한 것이다.

사우스웨스트는 승객을 즐겁게 해주려면 먼저 직원들이 신나게 일할 수 있어야 한다고 생각했다. 그래서 펀(fun)한 조직문화를 구축하기 위해 의도적으로 많은 노력을 기울였다. 직원들 사이의 인간관계를 각별히 챙겨주는 등의 노력도 있었지만, 무엇보다 놀 줄 아는 사람들이 모여 있어야 분위기도 좋아지는 법. 채용 단계에서부터 끼가 있고 잘 놀게 보이는 사람들을 우선적으로 선발했다. 그리고 그들이 자기 끼를 펼치며 신나게 일할 수 있도록 갖은 배려를 아끼지 않았다. 행여 엄숙하고 경직된 분위기로 흐를까봐 허브 켈러허 회장이 직접 망가지는 모습을 보이는 것도 마다하지 않았다. 이렇게 고객에게 '재미'라는 가치를 제공한다는 전략하에 한 방향으로 일관되고 꾸준한 노력을 해 온 결과, 성과로 이어지는 '펀한 조직문화'를 만들어 낸 것이다.

자료 : 한국경제신문 2012년 11월 29일

제 4 절 동기부여(모티베이션)

1. 동기부여의 의의

인간활동의 동기(motives)는 의식적 또는 무의식적으로 느끼는 어떤 욕구(needs)에서 출발한다. 가장 낮은 차원의 욕구라 할 수 있는 생리적 욕구에서 가장 고차원적 욕구인 자아실현 욕구까지 인간의 욕구는 개인에 따라서 다양하게 나타난다. 이러한 욕구를 바탕으로 정상적인 인간은 목표지향적인 행동을 하게 된다.

목표를 향한 인간의 행위에 힘(force)과 변화(change)를 부여하여 올바른 방향 제시를 함으로써 행동을 유발하게 하는 것이 동기부여(motivation)이다. 즉 동기유발 또는 동기화라고도 일컫는 동기부여는 경영자가 부하들에게 그들이 갖고 있는 욕구(needs)나 충동(drives)에 어떤 힘을 가하여 조직의 목표를 효율적으로 달성할 수 있는 행동을 유발시키는 과정이라고 할 수 있다.

그림 8-10 | 동기부여 과정

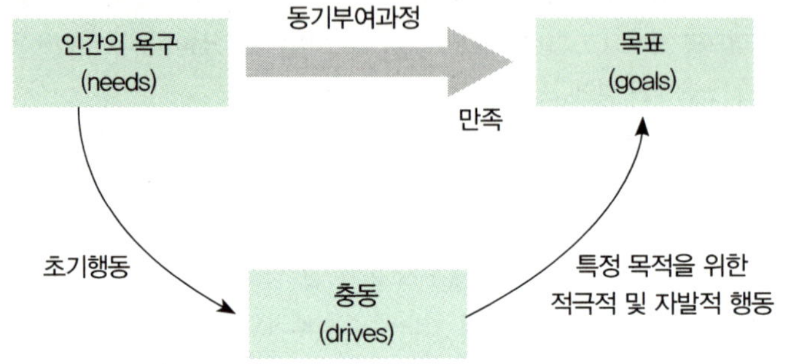

2. 동기부여 이론의 구분

인간의 행동동기를 설명하는 동기부여이론들을 종합해 보면 크게 두 가지의 범주로 분류할 수 있다. 이러한 이론을 체계적으로 분류한 사람은 캠벨(J. P. Campbell)로서 내용이론(content theories)과 과정이론(process theories)으로 구분하였다.

내용이론은 인간에게 동기를 부여하는 것을 욕구로 파악하고, 구체적으로 욕구를 규명하려는 것이다. 즉, 어떤 요인들이 동기를 부여하는 데에 크게 작용하고 있는가를 주목하여 이러한 욕구충족행동의 관점에서 동기부여를 설명하고자 하는 것이다. 이러한 욕구중심 내용이론에는 매슬로우(A. Maslow)의 욕구단계설(need hierarchy theory), 알더퍼(C. Alderfer)의 ERG이론, 그리고 허쯔버그(F. Herzberg)의 2요인이론(two-factors theory) 그리고 맥클리랜드(D. McClelland)의 성취동기이론(achievement motivation theory) 등이 있다.

과정이론은 인간의 동기부여가 어떠한 과정을 거쳐 이루어지는가에 초점을 맞추어 동기부여 제 변수 간의 상호관계 및 연관성에 초점을 맞추는 것이다. 이 이론에는 기대이론(expectancy theory)과 공정성이론(equity theory) 등이 있다.

1) 동기부여의 내용이론

그림 8-11 | 내용이론 관련성

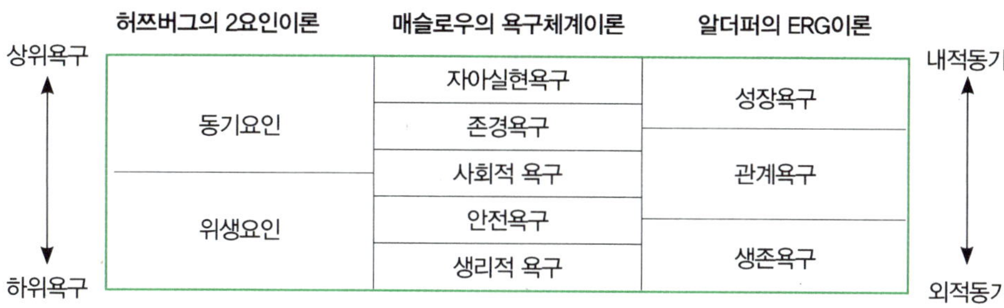

(1) 욕구단계설(need hierarchy theory)

매슬로우(A. H. Maslow)는 동기의 원천으로서의 욕구를 다섯 가지 단계로 나누어 설명하였다. 인간이란 무엇인가를 갈망하는 존재로, 그러한 욕구를 충족하고자 하는 내적인 바램을 갖고 있는데, 하위욕구에는 생리적 욕구, 안전욕구, 그리고 소속에 대한 관심들이 포함되며, 상위욕구에는 존경과 자아실현에 대한 관심들이 포함된다. 상위욕구와 하위욕구가 시사하는 동기부여의 의미는 매우 다르다. 그리고 각 단계의 욕구가 충족되면 비로소 다음 단계의 욕구가 개인이 충족하고자 하는 대상이 된다.

개인은 제일 먼저 생리적 욕구를 충족시키려 하므로 그것이 미충족된 상태로 있는 한 다른 어떠한 욕구로도 개인의 동기는 자극될 수 없다. 하지만 일단 생리적 욕구가 충족된 후에는 그것은 더 이상 동기를 유발하지 못하게 되고, 그 다음 단계인 안전에 대한 욕구에 관심이 쏠리게 되어 오직 그들 욕구에 의해서만 동기가 유발하게 된다. 이와 같은 상위계층으로의 진행은 마침내 자아실현에 대한 욕구가 충족될 때까지 계속된다.

이와 같은 매슬로우 욕구이론은 직관적인 논리성과 함께 이해가 용이하다는 장점 때문에 폭넓은 인정을 받고 있다. 그러나 이에 대한 비판도 있는데, 첫째는 실제 연구결과 매슬로우가 주장하는 욕구단계가 존재하지 않는다. 둘째는, 욕구가 반드시 단계별로 이루어지는 것은 아니다. 셋째는, 개인의 욕구는 상황에 따라 계속 변화한다는 것이다.

그림 8-12 | 매슬로우의 욕구 5단계

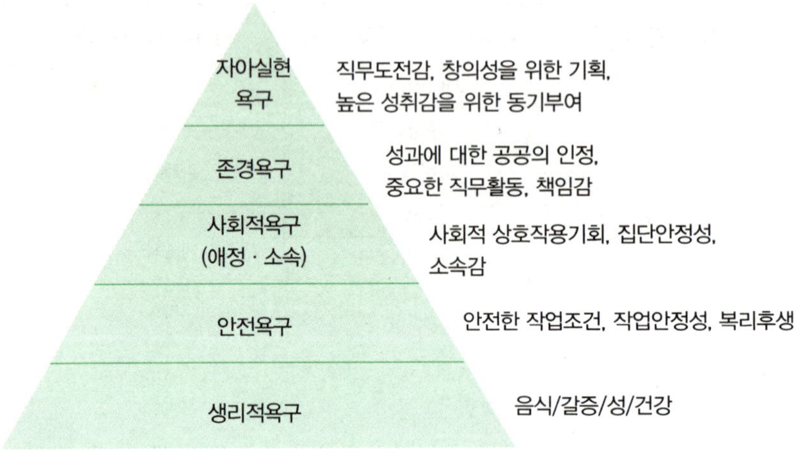

(2) ERG 이론(ERG theory)

알더퍼(C. P. Alderfer)는 매슬로우의 욕구이론을 수정 · 보완하였다. 즉, 욕구이론에서 제시한 욕구의 계층성을 인정하면서 존재(existence; E) · 관계(relatedness; R) · 성장(growth; G)의 세 가지로 축소하여 다음과 같이 설명하고 있다.

존재욕구는 배고픔 · 목마름 · 주거 등과 같은 모든 형태의 생리적 · 물리적 욕구들이다. 조직에서는 임금이나 쾌적한 물리적 작업조건에 대한 욕구가 이 범주에 속한다. 이 범주는 매슬로우이론의 생리적 욕구나 물리적 측면의 안전욕구 등에 비교할 수 있다.

관계욕구는 작업장에서 타인과의 대인관계와 관련된 모든 것을 포괄한다. 이 욕구범주는 매슬로우의 안전욕구, 귀속 및 애정욕구와 같은 사회적 욕구와 유사하다.

성장욕구는 창조적 · 개인적 성장을 위한 개인의 노력과 관련된 모든 욕구들이다. 성장욕구의 충족은 한 개인이 자기 능력을 극대로 이용할 수 있을 뿐만 아니라 새로운 능력개발을 필요로 하는 일에 종사함으로써 얻을 수 있다. 매슬로우의 자아실현욕구나 일부 존경욕구가 이 범주와 비교될 수 있다.

(3) 2요인 이론(two factor theory)

허쯔버그(F. Herzberg)는 두 가지 욕구가 있는데, 인간의 동물적 소질에서 비롯되는 것으로서 불쾌한 것을 회피하려는 욕구(아담적 욕구)와 계속적인 정신적 성장을 통해서 자신의 잠재능력을 현실화하고자 하는 욕구(아브라함적 욕구)이다.

위생요인은 직무만족을 예방하는 기본적 기능을 담당하는 환경에 관계된 것으로 정책 및 관리감독, 작업조건, 대인관계, 보수, 지위, 안정 등이고, 동기요인은 사람을 보다 우수한 업무수행을 하도록 동기 유발하는 유효한 욕구로, 직무 그 자체에 관계된 것으로 성취, 성취에 대한 인정, 도전적이고 보람 있는 일, 책임의 증대, 성장 및 발전가능성 등이다.

인간은 직무에서 동기요인이 충족되면 비록 위생요인이 미흡한 수준에 있더라도 직무에 대한 만족을 느끼며, 개인적인 성장과 능력의 향상을 가져온다. 반면에 위생요인이 충족되어 직무에 대한 불만족이 제거되더라도 과업수행을 위한 동기를 유발시키고 개인의 성장 및 발전을 촉진시키는 요인이 못 된다.

즉, 위생요인을 아무리 개선하더라도 조직구성원의 욕구는 충족되지 못하므로 장기적으로 동기유발을 통하여 생산성을 높이기 위해서는 동기요인의 충족에 관심을 가져야 한다.

그림 8-13 | 직무만족에 대한 두 가지 견해

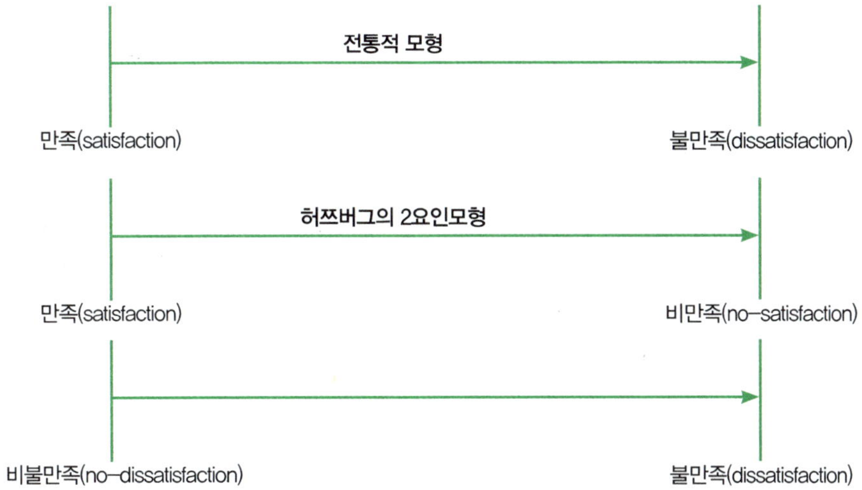

주인의식 갖춘 직원 원하면…

많은 중소기업인들이 바쁜 일상에 젖어 '기본이 중요하다'는 생각을 잊고 사는 것 같다. 그런 의미에서 미국의 유명 철학자 에이브러햄 매슬로우가 창안한 '욕구 5단계설'의 의미를 되새겨봤으면 한다.

'욕구 5단계설'은 사람이 살면서 △ 생리적 욕구 △ 안전욕구 △ 애정 · 소속의 욕구 △ 존경욕구 △ 자아실현욕구 등 차례대로 욕구를 충족해나가려 한다는 습성을 증명한 이론이다.

기업도 마찬가지다. 앞서 얘기한 기본은 각 부서에서 실무를 담당하는 현장 직원을 의미한다. 현장 직원들이 욕구 5단계설처럼 차근차근 욕구를 충족해가는 과정 속에서 회사 발전을 주도할 수 있어야 한다. 이런 회사라면 경영자나 직원 모두 즐겁게 일하고 싶은 좋은 회사임에 분명할 것이다.

욕구 5단계설의 다섯 가지 욕구는 크게 결핍욕구와 성장욕구로 나눌 수 있다. 결핍욕구는 충족되면 더 이상 동기로 작용하지 않지만 성장욕구는 충족이 될수록 더 증가하는 것으로 자아실현욕구가 이에 해당한다. 따라서 이상적인 회사를 만들기 위해 경영자는 생리적 욕구 충족이 가능한 급여 및 복리후생을 보장하고, 안전욕구 충족이 가능한 장기적 고용안정성과 작업환경을 제공해야 한다. 또 소속감 부여 및 적절한 성과 평가를 통해 소속과 존경의 욕구도 채워줘야 한다. 여기까지가 4단계다.

마지막 5단계인 자아실현의 욕구를 충족시켜주는 과정에서 딜레마가 발생한다. 회사 입장에서 직원의 자아실현을 위해 개인적인 취미활동까지 지원해야 하는가를 두고 많은 경영자들이 갈등한다. 대기업에서는 가능할 수 있지만 중소기업 입장에서 이런 지원은 쉽게 결단내릴 수 있는 사안이 아니다.

이런 딜레마를 해결하기 위해서는 욕구 5단계설을 응용하는 융통성이 필요하다. 이 이론을 초기에 해석했던 학자들은 하위욕구가 충족되지 못하면 상위욕구가 충족되지 않는다고 생각했지만 오늘날에는 각자 추구하는 욕구를 정확하게 판단해 그에 알맞은 것을 제공해야 한다는 해석이 더욱 설득력을 얻고 있다. 같은 이치로 욕구의 단계를 밑에서부터 차례로 충족시켜 주는 것보다 직원이 진심으로 원하는 욕구를 원하는 시기에 채워주는 것이 중요하다.

이렇게 하기 위해서는 경영자가 임직원의 욕구 하나하나를 알고 있어야 한다. 천호식품 김영식 회장은 1주일에 한두 번씩 방문하는 본사에 가면 마주치는 모든 직원들과 악수를 하고 올라간다고 한다. 세계적으로 존경받는 기업의 최고경영자 중 상당수가 주요 임직원의 가족사항까지 줄줄이 꿰고 있으며 그렇게 관리되는 직원의 수가 보통 1,000명을 넘는다고 한다.

현장이 스스로 개선과 혁신에 앞장서면서 종업원이 주인처럼 행동하는 멋진 회사가 되기 위해 먼저 갖추어야 할 것은 처음 시작할 때와 같은 높은 비전, 모두가 한 방향으로 나아가기 위한 소통, 직원 한 사람 한 사람에 대한 세심한 관찰 등 경영자의 노력이 아닐까 생각한다.

자료 : 매일경제신문 2012년 10월 24일

2) 과정이론

(1) 기대이론(expectancy theory)

기대이론은 1964년 브룸(V. H. Vroom)에 의하여 주창된 이론으로 동기유발이 일어나는 심리적 메커니즘을 규명하려는 과정이론의 하나이다. 기대이론은 욕구충족(만족감)과 직무수행에 관계에 있어서 직접적인 인과관계를 찾기 어렵다고 보고 욕구충족과 동기유발 사이에 인간만이 지니고 있는 어떤 주관적인 평가과정이 내재되어 있다고 보는 시각이다.

즉, 개인은 사고력, 추리력 등을 지니고 있어서 조직 속에서 어떻게 행동하는 것이 좋을 것인가에 대한 이해득실을 미리 예견하는 의식적 과정을 통해서 행동을 결정한다고 본다. 즉 어떤 방향으로 행동하려는 경향성의 강도는 그 행동이 일정한 결과로 이어진다는 기대의 강도와 그 행동의 결과에 대한 매력에 달려 있다. 따라서 기대이론에서 동기부여의 크기는 기대감(expectancy), 수단성(instrumentality), 보상의 가치(valence, 유의성)의 세 가지 개념을 먼저 고려하여 합리적 평가를 내린 후 행동한다는 것이다.

여기서 기대 또는 기대감이란 1차 결과를 달성할 수 있을 것이라고 믿는 정도이다. 어떤 행동 후에 나타나는 결과(outcome)는 두 단계가 있다. 즉 1차적 결과(first-level outcomes)는 조직의 성과와 직접 관련되는 것으로서, 예를 들면 높은 생산성이나 낮은 생산성의 성과와 직접 관련되는 것이다. 2차적 결과(second-level outcomes)는 1차적 결과에 따라 주어지는 여러 가지 결과인데 조직의 관심보다는 개인의 관심과 관련된다. 예를 들면 높은 월급, 성취감, 동료들의 인정, 승진 그리고 피로감 등이다.

그림 8-14 | 기대이론모형

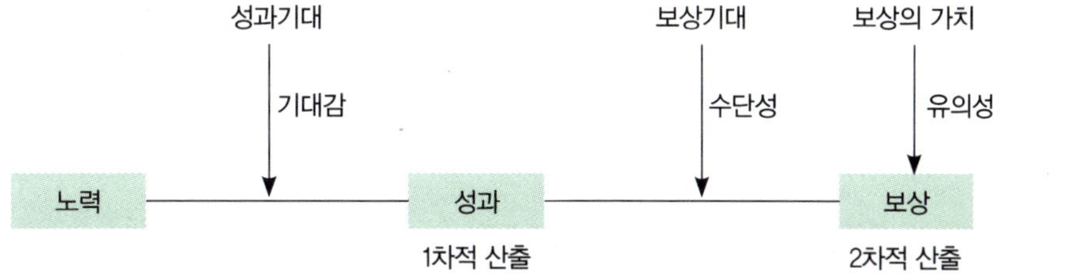

수단성은 1차적 결과가 어떤 2차적 결과를 가져다 줄 수 있는 가능성을 의미한다. 예를 들어 어떤 은행원이 열심히 일해서 업적(1차적 결과)을 높이면 올해 말에 승진(2차적 결과)될 가능성이다.

보상의 가치는 직무와 관련된 결과에 대해 개인이 부여하는 의미이다. 다시 말해서 개인이 느끼는 매력도라 할 수 있다. 따라서 보상(reward)이 높은 동기부여 효과를 갖기 위해서는 높은 기대, 수단성, 그리고 보상의 가치가 있어야 한다. 따라서 기대이론에 의하면 경영자가 종업원의 동기를 유발하기 위해서는 세 가지 요인, 즉 기대감, 수단성, 보상의 가치 모두를 극대화시킬 수 있어야 한다는 것이다.

(2) 공정성이론(equity theory)

조직구성원이 어떻게 동기유발되는지를 설명하는 두 번째 이론은 형평이론이라고도 불리는 아담스(Adams)의 공정성이론(Equity Theory)이다. 공정성이론은 어느 개인이든 자기가 직무수행을 위해서 투입한 것(Input)과 그로부터 얻어진 결과(Outcomes)의 비율을 다른 사람의 그것과 비교하여 공평성의 정도를 지각하게 된다. 만약 자신(중심인물, Focal Person)의 투입과 결과의 비율이 다른 사람(준거인물, Reference Person)의 그것과 비교해 동일하다고 느끼면 조직과 공정한 교환관계가 이루어졌다고 느낀다. 만약 이 비율이 다른 사람과 비교해 불공평(적거나 또는 많으면)하다고 느끼게 되면 이 불균형을 해소하기 위해 노력하게 되는데 이것이 바로 동기유발인 것이다.

예를 들면 여러분이 어떤 과목의 시험에서 다른 친구와 같은 노력을 하였지만 그 친구보다 낮은 점수를 받았다면 불공정하다고 생각할 것이고 당연히 공정하게 대우받고 싶어 할 것이며 그 방향으로 동기유발이 된다.

이 이론은 개인들이 투입과 결과간의 관계를 하나의 비율로 보고 그 비율을 놓고 다른 사람들의 비율과 서로 비교하게 되는데, 이 경우 투입과 결과의 평가는 봉급 등과 같은 객관적 자료뿐 아니라 인정을 받는 정도와 같은 개인의 지각(perception)에 기초하게 된다. 따라서 이들 비율은 대체로 주관적이고 비계량적이기 때문에 비율 간의 비교 자체가 부정확할 수도 있다.

그림 8-15 | 공정성이론의 원리

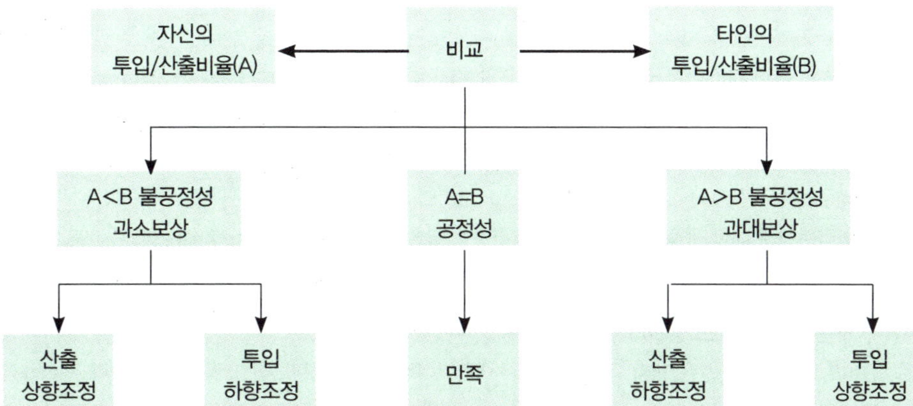

공정성이론은 경영자에게 다음과 같은 의미를 부여하고 있다. 보상이 종업원에게 동기를 부여하기 위해서는 그것이 공정하고 공평한 것으로 지각되어야 한다. 그리고 경영자는 종업원이 자신과 비교하는 다른 사람이 어떠한 사람인가를 이해하여야 한다. 사람들은 그들의 보수에 대해 어떤 사람은 유형(tangible)의 보수를, 다른 사람은 무형(intangible)의 보수를 지각 내지 경험하는 등 다양한 양상을 나타내기 때문에 경영자가 실제로 종업원의 동기를 관리하는 데는 다른 이론이 함께 고려되어야 한다.

동기부여 팁

대니얼 핑크는 세계적인 동기부여 전문가다. 그가 동기부여에 대해 쓴 책 '드라이브'(Drive)는 세계적인 베스트 셀러가 됐다. 그가 제시하는 동기 부여의 방법 몇 가지를 찾아본다.

■ **'왜 부서'(department of why)를 설립하라**

애덤 그랜트 펜실베이니아대학 경영대학원 교수팀은 한 미국 대학교의 콜센터 직원들을 A, B, C 등 3개 그룹으로 나누어 심리 실험을 진행했다. 직원들은 매일 밤 학교 동창들에게 전화를 걸어 장학금 재원을 모으는 게 업무였다.

A그룹에는 업무를 시작하기 전에 과거 콜센터에서 일했던 직원이 쓴 글을 읽어주었다. 콜센터에서 익힌 커뮤니케이션 스킬이 향후 경력관리에 큰 도움이 됐다는 내용이었다. B그룹에는 콜센터 전화로 모인 장학금으로 공부한 학생이 쓴 글을 읽어주었다. 장학금이 이 학생의 어려웠던 삶에 빛이 됐다는 얘기였다. C그룹에는 어떤 내용도 읽어주지 않은 채 곧바로 업무를 시작하게 했다.

실험 결과 A그룹과 C그룹은 성과 차이가 없었다. 모금액이 과거 실적보다 전혀 향상되지 않은 것이다. 업무가 직원의 경력에 큰 도움이 된다는 내용의 편지가 전혀 효과를 발휘하지 못한 것이다. 반면 B그룹은 과거보다 장학금 모집 액수가 무려 2배나 증가했다. A · C그룹보다도 훨씬 성과가 높았다.

이에 대해 대니얼 핑크는 "자신들의 업무가 가치 있는 목적에 봉사한다는 인식을 갖게 되면 사람들은 업무몰입도가 크게 높아지기 때문"이라고 설명했다. 핑크는 "직원들에게 동기부여를 위해 왜 일해야 하는지에 대한 목적을 설명하고 전파하는 역할을 하는 '왜 부서'(department of why)를 설립할 필요가 있다"고 강조했다.

■ **원하는 때 휴가를 쓰게 하라**

화이트칼라 샐러리맨은 제때 휴가를 쓰기가 어렵다. 특히 한국 직원들이 그렇다. 인사 전략 컨설팅 업체 타워스 왓슨에 따르면 한국 직장인 78%는 최근 3년 동안 휴가를 제대로 쓰지 못한 것으로 나타났다. 그러나 핑크는 "직원들이 원할 때 휴가를 쓰도록 하는 게 오히려 업무몰입도를 높인다"고 강조한다.

■ **하지 말아야 할 리스트를 만들라**

세계적인 경영 구루(guru)로 꼽히는 톰 피터스와 짐 콜린스의 권한방식이다. 톰 피터스는 "하지 말아야 할 일 리스트(to-don't list)를 만들면 당신의 집중을 흐트리는 모든 잡다한 일들을 제거할 수 있다"며 "그렇게 하면 정말 중요한 일에 집중할 수 있다"고 말했다. 짐 콜린스는 1년에 한 차례 '멈춰야 할 일 리스트'(stop-doing list)를 업데이트하는 것으로 유명하다.

대니얼 핑크는 "개인적으로 오후에는 커피 마시지 않기, 오전에 책을 쓸 때에는 이메일을 확인하지 않기 등의 리스트를 만들어 지키고 있다"며 "그렇게 하면 업무 생산성이 크게 높아진다"고 말했다.

자료 : 매일경제신문 2012년 12월 28일

제 5 절 리더십

1. 리더십의 의의

조직에 있어서 리더의 능력 여하가 성과를 좌우하는 중요한 요소라는 관점에서 훌륭한 리더십을 가진 경영자를 확보하고 양성하여 효과적인 리더의 기술(art)을 습득시킨다고 하는 것은 현대 기업에 있어서 그 중요도가 더욱 커지고 있다. 리더십의 중요성을 강조하면서 종종 경영 자체와 리더십을 동일시하는 사람도 있다.

리더십(leadership)이란 무엇이며 어떻게 해야 할 것인가에 대해서는 시대나 학자에 따라 많은 차이가 있다. 구체적으로 몇 명의 학자들이 내린 정의를 살펴보면 테리(G. Terry)는 "리더십이란 모든 사람들이 집단목표(group goal)를 위해 자진해서 노력하도록 사람들에게 영향을 주는 활동"이라고 하였고 또, 허시(P. Hersey)와 블랜차드(K. Blanchard)에 의하면 "리더십이란 일정한 상황에서 목표를 달성하기 위하여 개인이나 집단의 활동에 영향을 미치는 과정"이라고 정의하고 있다.

요컨대, 리더십이란 일정한 상황하에서 목표달성을 위하여 개인이나 집단의 행위에 영향력을 행사하는 과정이라 할 수 있다.

2. 리더십의 원천과 접근방법

1) 리더십의 원천

일반적으로 효과적인 리더십의 구성요소는 리더가 개인이나 집단의 행동에 영향을 미치고 그들을 일정한 방향으로 행동하게 하는 권력에서 발견된다. 따라서 기본적으로 리더가 지니고 있는 권력의 크기와 형태 및 권력행사의 방법은 리더십의 유효성에 큰 영향을 미치게 된다. 리더십의 원천을 자신의 공식적 직위에 부여된 권력(position power)에서 생성된다는 입장과 리더 개인이 가지고 있는 여러 가지 특성 때문에 발생하는 권력(personal power)으로 구분하고 있다.

표 8-1 | 권력의 5가지 유형

권력의 종류	영향력의 원천
강압적 권력(coercive power)	처벌이나 위협
합법적 권력(legitimate power)	조직 내 지위
보상적 권력(reward power)	돈, 승진 등의 보상
전문적 권력(expert power)	전문적인 기술이나 지식 혹은 정보
준거적 권력(reference power)	개인적 특성(카리스마, 인간미, 존경심 등)

(1) 공식적 직위에 부여된 권력

직위권력은 조직의 권한체계에서 차지하고 있는 개인적인 직위와 함께하는 공식적인 권리로서, 합법적 권력, 보상적 권력, 강압적 권력의 세 가지로 분류된다.

합법적 권력(legitimate power)은 자신이 책임지고 있는 구체적인 업무 영역에 대하여 개인이나 집단에게 지휘 · 명령을 할 수 있는 공식적인 권한이다. 보상적 권력(reward power)은 개인이나 집단이 원하는 여러 가지 보상을 결정할 수 있는 재량권의 소유에 따른 권력을 말한다. 강압적 권력(coercive power)은 개인이나 집단을 처벌할 수 있는 능력에 따른 권력을 의미한다.

(2) 개인적 특성에 따르는 권력

개인적 권력은 리더의 개인적인 특성으로 인해 가질 수 있는 능력으로 전문적 권력과 준거적 권력으로 구분할 수 있다. 전문적 권력(expert power)이란 부하가 갖고 있지 않은 전문적인 지식이나 기술 및 정보를 리더가 갖고 있다고 지각하거나 신뢰하는 경우에 발생하는 권력이다. 준거적 권력(referent power)은 개인이나 집단이 리더에게 개인적으로 존경심을 가지거나 호감을 느껴 그 사람과 자신을 동일시하거나 모방하려는 욕구 때문에 생겨나는 권력이다.

리더십에 관한 연구들을 살펴보면 합법적 권력과 보상적 권력은 지시 · 명령에 대한 복종은 가능하나 자발적 참여 의지는 미약한 것으로 나타났다. 또한 강압적 권력은 강제적 복종을 요구하기 때문에 마찰과 저항의 잠재적인 가능성을 내포하고 있다. 개인이나 집단의 자발적 직무수행을 유발하기 위해서는 전문적 지식과 개인적 존경심을 토대로 한 권력의 행사가 바람직하다고 볼 수 있다.

회사의 리더

회사의 리더는 누구일까요? '사장?' 'CEO(최고경영자)?' 그럼 '대표이사'는? 사람들은 흔히 회사에서 가장 높은 사람은 회장이고 이 사람이 곧 대표이사라고 생각하지만 이들은 같은 사람일 수도 있고 다른 사람일 수도 있습니다.

이사란 주주를 대신해 회사 경영을 맡은 사람으로 보통 해당 기업을 대표해서 법률 행위를 집행하는 직위에 있는 경영진을 의미합니다. 이사로 구성된 기관을 이사회라 부릅니다. 주식회사는 반드시 이사회가 존재합니다. 이사회는 주총의 권한을 제외한 회사 업무집행에 관한 모든 의사결정 권한이 있습니다. 물론 이에 상응하는 법적인 책임도 져야 합니다. 만약 경영난으로 회사가 부실해지거나 파산하면 은행 등 채권자들은 이사회에 손해배상을 청구할 수도 있습니다. 이사들 중 대표를 대표이사라 부르는데 대표이사는 보통 이사회에서 선발됩니다. 하지만 회사에 정해진 규정(정관)에 따라 주주총회에서 직접 선임될 수도 있습니다.

대표이사는 이사회의 의장으로서 내부적으로는 업무를 집행하고 외부적으로 회사를 대표할 권한이 있기 때문에 사실상 기업의 실질적인 리더라 할 수 있습니다. 그럼 대표이사가 사장과는 어떻게 다를까요? 이 둘의 차이는 법적인 책임, 권한과 실질적인 책임, 권한의 차이라고 할 수 있죠. 회사에서 보통 사장, 전무, 상무, 부장 등은 법적으로 정해진 명칭이 아닙니다. 회사 내에서 정한 직위에 대한 명칭이죠. 일반적으로 우리나라에서는 사장(혹은 회장)이란 직위가 실질적인 최고경영자라 인식되고 있습니다. 그렇지만 이런 직위와 법적인 이사직이 꼭 일치하지만은 않습니다. 따라서 한 회사의 사장이지만 그 회사의 이사직을 맡지 않는 예도 있죠. 이 경우는 사장이라고 해도 회사 경영에 법적인 책임을 지지 않습니다.

대주주가 경영권을 행사하는 오너기업은 대표이사와 회사 내 최고 직위가 동일 인물이 아닌 사례가 종종 있습니다. 우리나라 대표기업인 삼성전자가 이런 사례에 해당합니다. 삼성전자의 실질적인 최고경영자는 이건희 회장이지만 이 회장은 삼성전자의 이사직을 맡고 있지 않습니다. 따라서 삼성전자의 대표이사가 될 수 없는 것이죠. 반면 기업의 오너가 이사직을 맡는 예도 있습니다. 현대차그룹은 정몽구 현대차그룹 회장이 현대모비스 이사를, 정몽구 회장의 아들인 정의선 현대차 부회장은 현대차의 이사직을 각각 맡고 있습니다. 현대차는 자동차 개발기간이 길고 생산 라인과 신차 개발 등에 대규모 투자가 요구되는 자동차 산업 특성상 오너의 기업 내 이사직 유지가 필요하다는 입장이죠.

자료 : 매일경제신문 2013년 3월 19일

2) 리더십의 접근방법

리더십에 대한 연구가 본격화된 것은 1940년대부터라고 할 수 있으나 지금까지 매우 다양한 연구가 이루어져 왔다. 그러나 리더십에 대한 다양한 이론이나 연구가 기본적으로 추구하는 바는 리더십의 본질과 리더십의 행사결과에 포함될 수 있는 다양한 요인들을 설명하고자 하는 데 있었다. 이러한 면에서 보았을 때, 어떠한 이론들이 다른 이론에 비하여 보다 실제적이라든가, 쓸모없는 것이라든가 하는 결론을 쉽사리 유도하기는 어려운 것이 사실이다. 이는 리더십에 관한 지금까지 연구의 흐름이 시대적 상황과 밀접한 연관성을 지니고 있을 뿐만 아니라, 연구의 축적과 비판, 새로운 시도 등의 연속적인 과정에 의하여 보다 세련된 형태로 다듬어지거나 새로운 이론을 창출하는 결과를 가져왔다고 볼 수 있기 때문이다.

그림 8-16 | 리더십이론의 발전과정

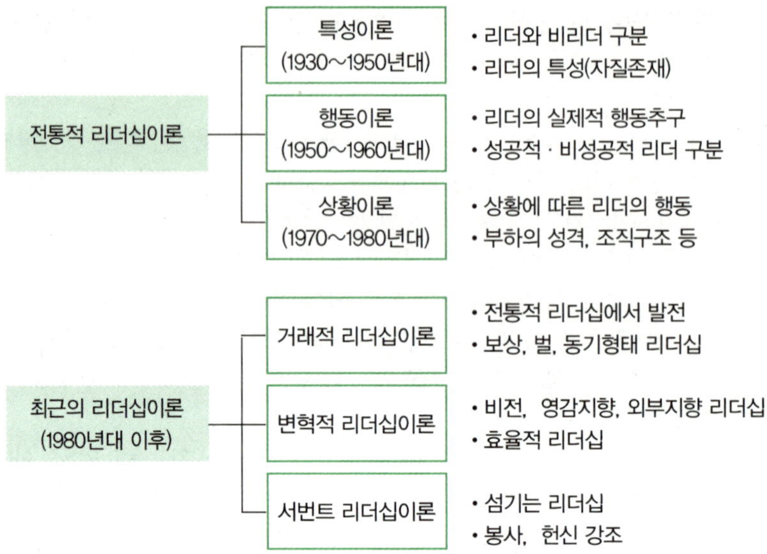

리더십에 관한 연구는 역사적 흐름과 그 배경에 따라 크게 특성이론(trait theory), 행동이론(behavioral theory) 그리고 상황적합이론(contingency theory)으로 나눌 수 있다.

특성(特性)이론적 접근방법은 리더의 개인적 자질을 강조하는 접근방법이다. 초창기 리더십의 개념은 뛰어난 리더들의 성공원인을 그들의 지칠 줄 모르는 정력과 예리한 직관, 초인적 통찰력, 거역하기 어렵게 만드는 설득기술과 같은 비상한 능력에 두었다.

특성론적 접근의 경우 만약 리더가 그의 추종자들과는 다른 천부적인 재능을 부여받는 것이라면 그와 같은 자질을 인식할 수 있다는 가정이 리더십에 대한 특성이론(trait theory)을 출발시키는 계기가 되었다. 특성이론에 따를 경우 이러한 특성을 지닌 사람은 상황에 관계없이 훌륭한 리더가 될 수 있으며, 이러한 특성을 지니지 않은 사람은 결코 리더가 될 수 없다는 전제가 깔려 있다. 따라서 1940년대까지 리더 및 리더십에 대한 대부분의 연구의 초점은 리더의 개인적 특성을 찾아내고자 하는 데 두어졌는데, 크게 두 가지의 문제, 즉 리더와 비리더를 구분할 수 있는 특성의 내용, 그리고 그와 같은 차이의 정도를 밝히는 데 초점을 두었다.

행동(行動)론적 접근방법은 리더의 특성이나 권력의 근원이 아닌 리더의 행동을 강조하였다. 이 접근방법의 연구자들은 행동을 특이성(specificity) 수준에 따라 다르게 기술하고, 리더십 행동에 관해 여러 가지 상이한 유형들을 제안하고 있다. 어떤 행동이론적 접근방법의 연구자들은 관리자 및 집행자들의 전형적 행동형태와 활동을 기술하려 하기도 했다. 행동론적 접근에서는 타인들에 대해 효과적으로 영향을 미치는 소위 리더십스타일(leadership styles)이라고 하는 행위유형을 찾아내고자 하는 방향으로 연구의 초점을 두었다. 대표적인 연구들로는 리커트(R.Likert) 등을 중심으로 한 미시간대학의 연구팀에 의해 이루어진 리더십스타일 연구(직무중심-종업원중심), 스톡딜(R. Stogdill) 및 프레시만(E. A. Fleishman) 등을 중심으로 이루어진 오하이오주립대학의 리더십스타일연구(구조주도-배려), 블레이크(R. R. Blake)와 모튼(J. S. Mouton) 등에 의한 관리격자(Managerial Grid), 일본의 三隅二不二에 의한 PM(성과지향-유지지향)이론 등이 있다.

그림 8-17 | 리더십 그리드(관리격자)모형

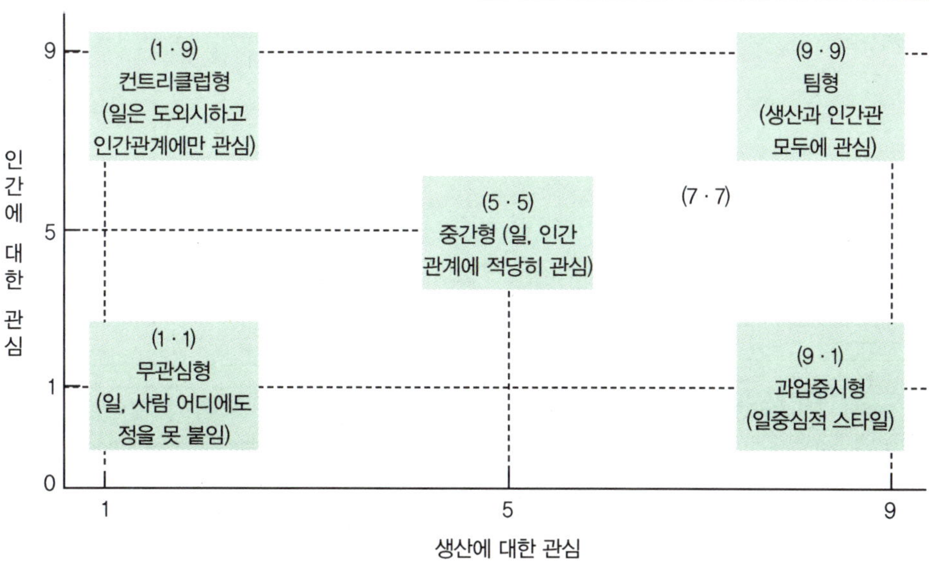

상황(狀況)적합론적 접근방법에서는 집단에 의해 수행되어지는 과업의 성질, 거기에 작용하는 리더의 권한과 재량(discretion), 감독자와 동료와 부하들에 부과되는 역할기대, 외적 환경의 성질과 같은 상황적 요인 등의 중요성을 강조한다. 이 접근방법은 상황의 여러 가지 측면들이 어떤 종류의 리더특성, 기술 및 행동들이 적합한

것인가를 결정한다고 보는 것이다. 상황론적 리더십이론은 특성이론과 리더십스타일에 있어서의 일관되지 못한 연구결과를 설명하고자 하는 시도하에서 출발하여 이론적 기반을 형성하였다. 특성이론에 있어서도 상황적 요소가 고려되어야 한다는 것을 인식하였듯이, 리더십스타일의 유효성 또한 상황에 따라 다르다는 것을 상황론적 접근에서는 가정하였다. 즉, 상황이 변화되면 상이한 리더십스타일이 유효성을 지니게 되는 것이다. 따라서 상황이론에 있어서 가장 핵심적인 부분은 상황이란 무엇인가라는 점과 리더십스타일이 유효성을 지니는 상황적 조건을 구체적으로 밝히고자 하는 데 있었다. 피들러의 리더십 상황모델, 허쉬와 블랜차드의 상황적 리더십 모형 등이 상황이론의 대표적인 연구라 할 수 있다.

그림 8-18 | 상황적합론적 리더십 유형

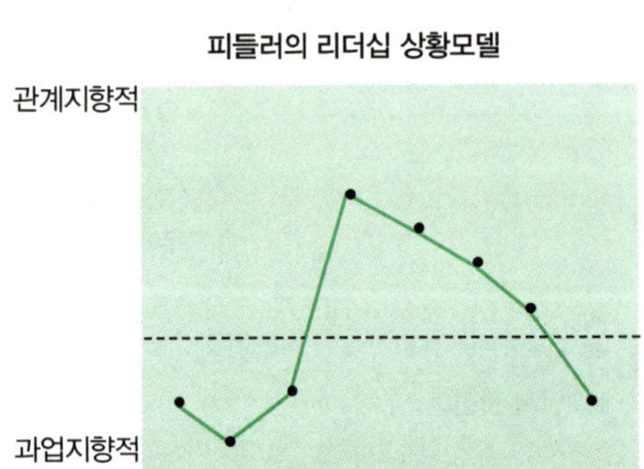

상황	I	II	III	IV	V	VI	VII	VIII
리더-부하관계	좋음	좋음	좋음	좋음	나쁨	나쁨	나쁨	나쁨
과업구조	구조적	구조적	비구조적	비구조적	구조적	구조적	비구조적	비구조적
리더의 지휘·권력	강	약	강	약	강	약	강	약

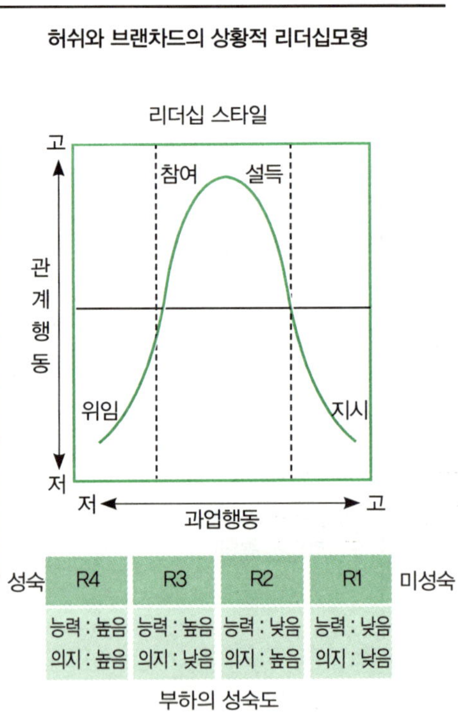

훌륭한 리더는 타고나는 것일까

월드컵 이후 기업, 정부, 학교 할 것 없이 우리나라 전역에서는 히딩크 배우기 열풍이 불었고 사람들은 리더의 중요성에 대해 다시 한 번 고개를 끄덕이게 됐습니다. 바야흐로 좋은 리더가 좋은 조직을 만드는 시대입니다. 성과 좋은 조직을 보면 어김없이 탁월한 리더가 존재합니다. 경영학에서 리더십을 주목하는 이유죠. 그럼 리더십은 어떻게 생기는 것일까요?

보통 한 조직을 이끌어가는 사람을 리더라고 하고, 리더로서 조직을 이끌어가는 능력을 리더십이라고 합니다. 리더십에 대한 경영학의 초기 연구들은 리더와 리더가 아닌 사람을 비교해 리더들의 공통적인 특징을 찾으려 했습니다. 예를 들어 삼국지에 나오는 관우처럼 9척의 큰 키에 2m의 청룡언월도를 휘두를 수 있으며 천리마를 다룰 줄 아는 사람만이 리더라는 것이죠. 즉 리더는 타고난다는 발상이었습니다.

하지만 리더의 개인적 특성에 대한 일치된 견해가 없고 리더가 반드시 타고나는 것은 아니라는 의견이 나오면서 리더십 연구는 리더에게 필요한 행동으로 관점이 옮겨지게 됩니다. 이번에는 리더에게서 나타나는 반복적인 행동 유형을 찾아내 모든 상황에서 가장 효과적인 행동에 초점이 맞춰졌죠. 이를 행동이론이라고 하는데 리더십은 타고난 자질보다는 행동과 활동에 의해 규정된다는 시각입니다. 리더십 스타일을 따라하기만 하면 누구나 리더가 될 수 있다는 것이죠.

이후 이와 유사하지만 리더십의 유형이 고정된 게 아니라 상황에 따라 적용된다는 주장도 나옵니다. '부하들이 없으면 리더십도 없다'며 리더십의 극대화를 위해 부하직원의 능력에 따른 다양한 리더십 유형이 발휘돼야 한다고 주장했던 학자들이 있었습니다. 이들은 상황이론의 대가 폴 허시(P. Hersey)와 켄 블렌차드(K. Blenchard) 교수입니다. 특히 블렌차드 교수는 세계적인 베스트셀러 『칭찬은 고래도 춤추게 한다』의 저자로도 더 유명하죠.

리더가 '미성숙한' 신입직원과 '베테랑' 직원을 같은 리더십 스타일로 대하면 어떻게 될까요? 아마 둘 중 한쪽은 혼란을 겪거나 불만이 쌓이게 될 것입니다. 이러한 문제가 발생하지 않도록 부하직원의 상황에 따라 리더십 스타일을 달리 해야 하는 것이 상황이론의 맥락입니다.

두 학자는 '업무 능력'과 '업무에 대한 의욕'이 각각 어느 정도인가를 '부하직원의 성숙도'라 정의하고 이를 기준으로 리더가 처한 상황을 부하직원이 ① 능력도 의욕도 둘 다 낮은 ② 능력은 낮지만 의욕은 높은 ③ 능력은 높지만 의욕이 낮은 ④ 능력도 의욕도 둘 다 높은 4가지 상황으로 구분했습니다.

이어 리더십 스타일도 '지시적 행동'과 '협동적 행동'의 기준에 따라 지시적 · 설득적 · 참여적 · 위임적 리더십으로 분류한 뒤 연구 결과를 토대로 ①의 상황에는 지시적 리더십이 ②는 설득적 리더십이 ③은 리더의 도움을 받으며 부하직원이 결정하는 참여적 리더십이 ④는 부하직원 자율성을 보장하는 위임적 리더십이 적당하다고 결론지었습니다.

이는 리더십에 있어서 신축성 있는 이해가 필요하다는 점을 보여줍니다. 결국 모든 상황에 들어맞는 리더십은 존재하지 않고 상황에 적합한 리더십 유형을 발휘할 때 리더십의 효과를 높일 수 있다는 것입니다.

경기가 어려워지면 과거 유명 CEO들의 리더십이 자주 회자됩니다. 특히 '5만분의 1' 백사장 지도로 조선소 건설 자금을 빌린 현대그룹 창업주 정주영 회장의 리더십은 단골 에피소드가 됐습니다. 지금도 급변하는 경영환경에서 다양한 리더십들이 소개되고 있습니다.

리더의 영웅적인 능력이 강조되는 카리스마(charisma) 리더십, 부하를 아끼고 섬기는 서번트(wervant) 리더십, 리더와 부하 간 각기 필요로 하는 것을 거래를 통해 효과적인 리더십을 도출한다는 거래적(transactional) 리더십 등 그 종류도 많습니다.

자, 이제 리더십을 어떻게 만들고 발휘해야 할지 감이 오나요? 언제 어디서나 통하는 마법 같은 리더십은 존재하지 않습니다. 다만 상황에 맞게 조직구성원을 '존중하는 마음'으로 자신과 조직, 그리고 조직구성원들에게 맞는 방법을 찾고 이를 상황에 적용시키려는 자세가 더 중요합니다. 이것이 바로 훌륭한 리더가 되는 출발점이겠죠.

자료 : 매일경제신문 2012년 3월 28일

3) 현대적 리더십이론

1980년대 이후 리더십은 조직의 긍정적인 미래를 창조하기 위하여 미래를 예측하고 구성원들에게 비전을 심어주며, 전략적으로 사고하고, 변화를 이끌어내는 데 초점을 두고 있다. 특히 이러한 현대적 리더십을 다룰 때 가장 중요한 개념은 비전(vision)의 개념이다.

비전은 리더에 의해 만들어진 미래에 대한 이상적인 목표로서 리더는 그와 같은 비전을 제시할 수 있는 리더십(visionary leadership)을 발휘할 수 있어야 한다는 것이다. 비전을 제시하는 리더십은 조직구성원들을 동기부여시킬 수 있도록 미래에 대한 긍정적인 이미지를 창조하고, 미래의 계획과 목표설정에 대한 방향을 제공한다. 비전제시와 관련된 리더십에는 카리스마적 리더십과 변혁적 리더십이 있다.

(1) 카리스마적 리더십(charismatic leadership)

카리스마적 리더십은 조직의 비전과 공유가치에 대해 조직구성원들의 강한 감정적 몰입을 개발함으로써 조직구성원들을 동기부여시키고 이끌어나가는 리더십을 의미한다. 카리스마라는 용어 자체는 '신으로부터의 선물'이라는 뜻을 지닌 희랍어로서 그들은 카리스마를 지닌 사람을 기적을 행하거나 예언하는 능력과 같은 하늘이 부여한 재능을 지닌 사람들로 보았다.

웨버(Weber)는 이와 같은 개념을 이용하여 리더는 특별한 재능을 가지고 태어난다는 추종자들의 지각에 기초하는 리더의 영향력의 형태를 기술하는 데 사용하였다.

하우스(House)는 카리스마 리더십을 조직상황에 최초로 적용하였다. 아울러 하우스(House)는 카리스마적 리더행동으로 호소력있는 비전의 설정, 과업의 이념적인 측면의 강조, 부하들의 성과에 대한 높은 기대감 전달, 부하들이 높은 성과를 달성할 수 있으리라는 확신의 표현, 리더 자신의 강한 자신감의 표출, 역할 모범적인 행동 등을 제시하였다.

(2) 변혁적 리더십(transformational leadership)

변혁적 리더십이론은 지금까지 연구와는 다른 입장에서 리더십이론을 전개함으로써 많은 관심의 대상이 되고 있다. 즉, 지금까지 앞서 살펴본 대부분의 이론들이 리더와 부하 간의 대인적 상호작용(interpersonal transaction)에 초점을 맞춘 데 비하여, 변혁적 리더십이론에서는 부하가 자신의 관심을 넘어 조직의 목표를 추구하도록 부하들을 변혁시키는 리더로서의 역할을 강조하는 것이 특징이다.

변혁적 리더십 이론은 번스(Burns)에 의해서 처음 제시되어, 바스(Bass)가 조직 상황에 맞춰 구체화함으로써 널리 알려졌다. 이 이론에서는 지금까지 다른 리더십 이론들이 리더와 하급자 간의 교환관계에 기초한 거래적 리더십(transactional leadership)에 치중해 있다고 비판하면서 그 대안으로 변혁적 리더십을 제기하였다. 변혁적 리더십은 카리스마, 영감을 제공하는 모티베이션, 지적 자극, 개별적 배려 등 4가지의 요소가 핵심을 이루고 있다. 카리스마(charisma)는 리더가 부하에게 자부심, 신념, 존경을 주입시키고, 무엇이 정말로 중요한지를 볼 수 있는 재능을 갖고 있으며, 효과적으로 표현된 사명을 전달하는 요인을 의미한다.

영감을 제공하는 모티베이션(inspirational motivation)은 변혁적 리더는 부하들에게 자신들의 과업에 대한 의미와 도전감을 제공함으로써 부하들을 동기부여시키고 영감을 불어 넣어줄 수 있어야 한다는 것을 의미한다. 지적 자극(intellectual stimulation)은 새로운 방법으로 생각하도록 일깨우고, 문제해결과 행동하기 전 충분히 생각할 것을 강조하는 요인이다. 개인적 배려(individualized consideration)는 리더가 학습 경험을 촉진시키기 위해 프로젝트를 맡기고, 코칭과 가르침을 제공하며, 추종자를 한 개인으로써 존중함을 의미한다.

따라서 변혁적 리더십을 발휘하는 리더가 부하들의 조직에 대한 몰입을 유도하고 보통 이상의 노력과 성과를 거둘 수 있기 위해서는 부하들의 욕구체계를 개인적 욕구와 이해를 초월하는 수준으로 확대시킴과 아울러 고차원적인 욕구로 그 수준을 높여주어야 하며, 부하들에게 자신감을 심어줌으로써 부하가 지각하는 주관적인 성공확률을 제고시킬 수 있어야 한다. 또한 개인적인 이해보다는 조직의 이해를 추구하여야 하며 조직문화, 분위기혁신을 주도할 수 있어야 한다.

서번트 리더십은 왜 어려운가

서번트 리더십은 그린리프(Robert K. Greenleaf)가 저술한 『Servant Leadership』에서 처음으로 제시되었는데, 그는 서번트 리더십은 '타인을 위한 봉사에 초점을 두며, 종업원, 고객, 및 커뮤니티를 우선으로 여기고 그들의 욕구를 만족시키기 위해 헌신하는 리더십'이라고 하였다. 경영학계의 귀재인 드러커(Drucker)도 『Managing for the Future』에서 지식시대에는 기업내에서 상사와 부하의 구분도 없어지며, 지시와 감독이 더 이상 통하지 않을 것이라고 하였다. 따라서 리더가 항상 부하들보다 우월한 위치에서 부하들을 이끌어야 한다는 기존의 리더십 패러다임에서 리더가 부하들을 위해서 헌신하며 부하들의 리더십 능력을 길러주기 위해 노력해야 하는 서번트 리더십으로 패러다임이 전환될 것을 암시하였다.

봉사적 리더십 혹은 섬김의 리더십으로도 불리는 서번트 리더십은 표현이 갖는 상징성으로 말미암아 종교적 영역 특히 기독교의 사목을 담당하는 지도자들에게 적합한 리더십으로 인식되기도 하였다. 하지만 서번트 리더십은 경영학계는 물론 일반사회에서도 회자되고 있고 효과가 있는 것으로 인식되고 있다.

특성론이란 지도자가 될 수 있는 사람은 다른 사람에게서 찾아볼 수 없는 독특한 생래적 속성이 있다는 입장이다. 특성론에는 지도자의 신체적 특성에서 자질을 찾는 이론과 지도자의 성격 속성을 내세우는 이론의 2가지 유형이 있다.

행동유형론은 지도자의 행태분석을 통해서 성공적인 지도자들이 보이고 있는 리더십행태를 밝히고자 하는 입장으로 눈에 보이지 않는 능력 등 자질보다는 지도자들이 실제 어떤 행동을 하는가에 초점을 맞추고 있다.

상황이론은 리더의 개인적 속성이 아니라 상황이 지도자를 만든다는 입장으로, 어떤 사람이 지도자가 되는 이유는 그가 지닌 생래적 속성 때문이 아니라 그가 처한 상황에 따라 적합한 행태를 보이기 때문이라는 것이다.

서번트 리더십은 공공조직에 적용하기가 더 쉽다. 공공조직의 경우 특히 지방자치단체의 경우 단체장들이 주민들의 직접선거를 통해서 4년마다 선출되기 때문에 재선을 하기 위해서는 주민들의 의견에 귀를 기울이고 민심을 존중할 수밖에 없기 때문이다. 하지만 오너가 있는 기업의 경우 자기가 회사를 차렸고 내 맘대로 운영하겠다는 욕구가 강하기 때문에 서번트 리더십을 택할 가능성은 희박해 보인다.

하지만 민간기업의 경우에도 기업의 특성에 따라 다른 회사와 경쟁적 서비스를 제공하느냐 아니면 독점적 서비스를 제공하느냐에 따라 다를 것이다. 전자의 경우에는 서번트 리더십을 택할 가능성이 높지만 후자의 경우에는 그렇지 않을 것이다. 왜냐하면 후자는 소비자에 대해 우월적 지위를 갖기 때문에 부하들의 의견에도 덜 반응할 것이기 때문이다.

민간기업이 서번트 리더십을 택하지 않는 이유는 리더가 갖는 속성과 관련이 있다. 권위주의 문화가 강한 한국의 풍토에서 자수성가한 기업가의 경우 독특한 성향을 갖고 있거나 아니면 독특한 성향으로 사회화됐을 가능성이 높다. 굳이 부하의 의견을 듣거나 비판적 입장에 귀를 기울이지 않는다. 간섭당하는 것 같아서 듣기 싫고 귀찮기 때문이다. 듣지 않아도 잘되고 있는데 무슨 상관이냐는 식이다. 따라서 이런 경우 주변에는 대개 예스맨만 모인다. 상황이 그렇게 조성되는 것이다. 하지만 조직의 생명력은 짧아질 것이다. 역사상황에 따라 효용성을 발휘하는 리더십의 유형도 달라지고 있다. 시대변화의 흐름을 읽는 지도자의 혜안이 필요한 시기이다.

자료 : 동양일보 2012년 11월 14일

제 6 절 커뮤니케이션

1. 커뮤니케이션의 의의와 중요성

의사소통이나 의사전달 등으로 일컬어지는 커뮤니케이션(communication)은 기본적으로 개인 간에 정보를 교환하는 과정(process)이며, 조직에 있어서는 상위자와 하위자 간, 동료 간, 작업부서 간 조직내부와 외부 등에 있어서의 의사전달 및 정보전달을 말한다.

버나드(C. I. Barnard)는 조직을 형성하는 3대 요소를 협동의욕, 공통목적 및 커뮤니케이션이라 보고 경영자의 중요한 기능은 커뮤니케이션 시스템을 개발 · 유지시키는 것이라는 원칙을 제시한 바 있다. 따라서 경영자의 최대의 임무는 수평 · 수직적 인간관계에서 조직계층별 구성원의 여러 활동 사이에 상호 모순이나 중복 없이, 기업목표의 달성을 위하여 조화 있는 협동적 행동을 확보하는 데 있다.

민쯔버그(H. Mintzberg)는 최고경영자가 다양한 커뮤니케이션활동에 얼마만큼의 시간을 할애하는가를 조사한 결과, 시간의 22%만을 사무실에서 직무를 수행하는 데 보내고, 그 외의 대부분의 시간은 다른 사람과의 직접적인 커뮤니케이션을 하면서 보내고 있음을 밝힌 바 있다.

이와 같이 커뮤니케이션이란 경영자 시간의 대부분을 차지하고 있을 뿐 아니라 경영자는 바로 커뮤니케이션과정을 통해서 기본적 직능인 계획 · 조직 · 지휘 · 통제활동을 수행할 수 있는 것이다.

2. 커뮤니케이션의 목적

커뮤니케이션의 목적은 기업 내 · 외적인 목적으로 나누어 설명될 수 있다. 기업 내부에서의 커뮤니케이션 목적은, 첫째 기업의 목표를 설정하고 설정된 목표를 전 구성원에게 하달하여 궁극적으로 목표를 달성하기 위함이다. 둘째, 목표달성을 위한 계획수립으로 통합할 수 있는 기회를 부여한다. 셋째, 조직의 구성원을 선발하여 더욱 발전적으로 개발시켜 개인 또는 집단의 성과를 평가하기 위함이다.

한편, 외적인 목적은, 첫째 고객의 욕구와 공급자의 이용가능성 및 주주의 주장을 상호이해 시켜야 한다. 둘째, 정부의 법규 및 지역사회의 관심을 알아야 한다. 셋째, 커뮤니케이션 과정을 파악하여 그 과정에서 파생되는 긍정적 · 부정적 내용을 의사결정에 반영한다.

3. 커뮤니케이션의 과정

커뮤니케이션이 어떠한 경로(channel)를 통해 이루어지는가를 커뮤니케이션의 과정이라고 한다. 가장 간단한 과정은 발신자 – 메시지 – 수신자의 모형이다. 커뮤니케이션은 이러한 세 가지 요소 가운데 어느 한 요소라도 없으면 커뮤니케이션이 불가능하다. 또한 커뮤니케이션의 과정을 단순화해 보면 전송단계(transmission phase)와 피드백 단계(feedback phase)의 두 가지 범주로 이루어져 있다. 전송단계는 두 사람 이상의 개인이나 집단 간에 정보가 공유되는 과정이고 피드백 단계는 그들이 공동의 이해에 도달하는 과정으로 볼 수 있다.

그림 8-19 | 커뮤니케이션 과정

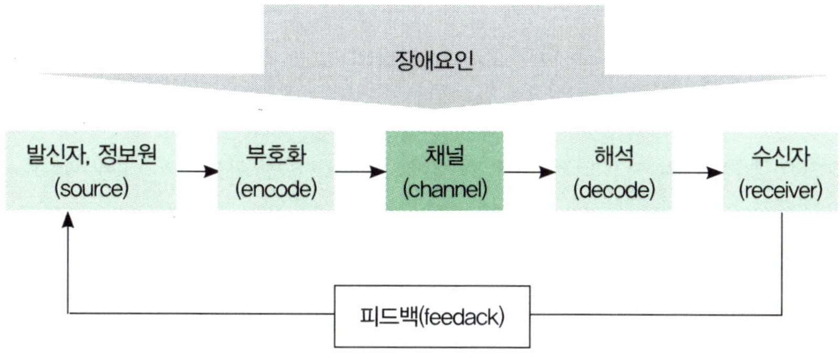

발신자와 수신자 간의 커뮤니케이션과정을 그 구성 요소별로 내용을 간단히 살펴보면, 첫째 발신자는 메시지의 창시자로서 정보를 공유하기를 원하는 개인 또는 집단을 말한다. 의사소통의 과정은 발신자가 수신자에게 전달하고자 하는 사실, 견해, 정보 등의 메시지가 존재할 때 시작된다.

둘째, 부호화는 발신자의 메시지를 수신자가 이해할 수 있는 상징 또는 언어로 바꾸는 것을 말한다. 발신자가 어떠한 언어나 제스처로 부호화하는가 하는 것은 발신자의 기호와 기술, 수신자의 수신능력, 메시지의 내용 및 송·수신자의 친숙성 등에 의하여 영향을 받을 수 있다.

셋째, 채널은 부호화된 메시지가 수신자에게 송부되는 통로를 말한다. 직접대면, 전화, 집단토의, 메모, 서류, 도표, 컴퓨터통신 등의 방법들이 있다. 이와 같은 다양한 매체들은 전달하고자 하는 내용과의 적합성에 따라 커뮤니케이션의 효과가 달라질 수 있다.

넷째, 수신자는 송신된 메시지를 수신하는 사람을 말한다. 수신자가 메시지를 받지 않으면 커뮤니케이션은 발생하지 않는다. 수신자는 메시지 관련 지식, 발신자와의 관계, 성격 등 수신자의 특성에 따라 메시지의 해석 방향이 달라질 수 있다.

다섯째, 부호해석은 메시지를 해석하고 의미를 부여하는 작업을 말한다. 수신자는 부호화된 메시지를 받게 되면 받은 메시지를 해석된 메시지 형태로 바꾸는 부호해석 작업을 하게 된다. 수신자는 자신의 경험과 현재의 상황 등을 고려하여 전달된 메시지가 갖고 있는 의미를 해석하며, 해석된 메시지가 발신자의 처음 생각과 가까울수록 효과적인 커뮤니케이션을 하게 된다.

여섯째, 피드백은 수신자의 이해가 송신자의 의도대로 이루어졌는지를 확인하는 과정이다. 이러한 과정은 발신자가 수신자가 되고 수신자가 발신자가 되는 과정이다. 피드백이 없을 경우 발신자는 자신들의 의미가 수신자에게 정확히 이해되었는지를 알 수가 없다.

마지막으로 잡음은 커뮤니케이션 과정에서 메시지가 의도하는 바를 왜곡시킬 수 있는 요인을 말한다. 여기에는 알아보기 힘든 인쇄상태, 전화기의 잡음, 수신자의 부주의, 언어장애, 부정적인 태도, 그릇된 지각 등이 포함된다. 잡음은 커뮤니케이션을 구성하는 통합 부분은 아니지만 커뮤니케이션 과정의 어느 곳에서나 일어날 수 있으며 커뮤니케이션의 정상적 흐름을 방해할 수 있다.

4. 커뮤니케이션의 유형

커뮤니케이션은 분류방식에 따라 여러 가지 유형으로 나눌 수 있다. 커뮤니케이션 방향을 중심으로 일방적 커뮤니케이션과 쌍방적 커뮤니케이션으로 나눌 수 있으며, 커뮤니케이션 방법을 중심으로 언어적 커뮤니케이션과 비언어적 커뮤니케이션으로, 조직 내 · 외부에 따른 내부 커뮤니케이션과 외부 커뮤니케이션으로 구분할 수 있다. 조직 내부 커뮤니케이션의 유형은 크게 공식적 커뮤니케이션(formal communication)과 비공식적 커뮤니케이션(informal communication)으로 구분할 수 있다.

1) 공식적 커뮤니케이션

첫째, 하향식 커뮤니케이션(downward communication)이다. 하향식 커뮤니케이션은 조직 내부에서의 전통적인 커뮤니케이션으로 상사에서 부하로 명령, 작업지시, 정책과 절차 등 관리가 강조되는 커뮤니케이션으로 명령계통을 따라오면서 정보가 가끔 왜곡되거나 소실되기에 피드백시스템은 필수적인 요소이다. 상의하달(上意下達) 의사소통으로 위계 또는 명령 계통에 따른 지시적 의사소통이 중심을 이루고 있다.

특정 직무를 지시하고 조직, 절차 및 실행에 대한 정보를 주며, 부하의 업무 성과에 대해 언급하며 조직목표를 주입시키는 데 목적을 둔다. 이러한 목적을 위해 조직운영지침서, 편람, 게시, 포스트, 기관지, 작업지시서, 연설 등의 매체를 동원한다.

둘째, 상향식 커뮤니케이션(upward communication)이다. 상향식 커뮤니케이션은 하의상달(下意上達) 의사소통으로 하급자 주도로 의사소통이 이루어진다. 이 유형은 내부결제 등과 같은 공식적인 방식과, 직원여론조사, 개별면접, 인사상담, 제안제도, 결의함제도 등과 같은 인간관계 전달방식을 통해 이루어지며, 쌍방적 의사소통을 가능하게 하고 하향적 의사소통의 문제점을 시정할 수 있다는 점에서 중요하다. 그러나 상사의 질책을 피하고 상사를 즐겁게 하기 위해 좋지 않은 소식이나 반대 의견 등을 걸러내 전달하지 않으려는 선택적 여과현상이 생기기 쉽다는 문제점을 지니고 있다.

셋째, 수평적 커뮤니케이션(horizontal communication)이다. 수평적 커뮤니케이션은 상호작용적, 횡적, 측면적 의사소통 등으로 불리는 것으로 위계수준이 같은 부서 간에 이루어지는 커뮤니케이션이다. 조직 내 동일 계층에 있는 단위 내에서 또는 단위 사이의 활동을 조정하고 협력을 촉진시키는 데 도움을 주며, 임무조정, 문제해결, 정보공유, 갈등해소 등에도 유용하다. 수평적 커뮤니케이션은 협조 전문을 통한 사전협조제도, 통보나 회람을 통한 사후통지제도, 관계자들이 한곳에 모여 의사교환을 하는 회의 또는 위원회제도 등이 있다. 넷째, 대각적 커뮤니케이션(diagonal

그림 8-20 | 공식적 커뮤니케이션 유형

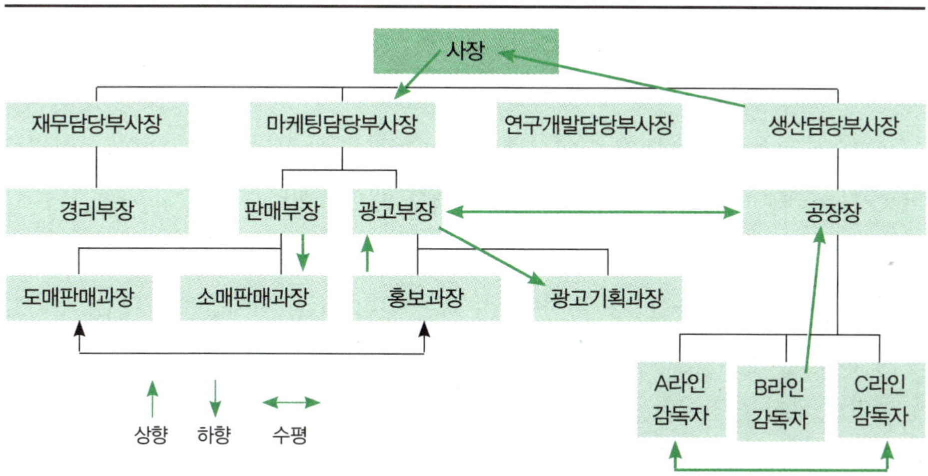

communication)이다. 대각적 커뮤니케이션은 조직구조상 집단을 달리 하는 사람들 사이에 의사소통을 말한다. 이는 계선 조직의 한 부문과 참모조직 사이에서 일어나는 의사소통으로 이를 통해 계선조직의 문제에 대한 참모의 의견을 들을 수 있다.

2) 비공식적 커뮤니케이션

비공식적 커뮤니케이션은 자연스럽게 생겨난 비공식 조직을 통해 의사소통이 이루어지며, 공식적 커뮤니케이션의 경로를 보완하기 위하여 생겨난 경우가 많으며, 그 비중에 있어서도 정보흐름과 의사교환의 많은 부분이 비공식적 채널을 통해 이루어진다. 비공식적 커뮤니케이션은 소문의 형태로 포도넝쿨처럼 이루어지기 때문에 흔히 그레이프바인(grapevine)으로 호칭되기도 한다.

그레이프바인은 비공식적 의사소통으로 친화관계, 학연, 지연 등 조직 내부의 인간적 접촉에 의해 자생적으로 형성되는 의사소통 체제이다. 정보의 전달이 빠르고 융통성이 있으며 광범위하게 확산되는 경향이 있으며, 하급자의 태도나 성과, 아이디어 등 가치 있는 정보를 제공해 준다. 반면에, 무책임한 정보가 흐를 경우 너무 전달속도가 빨라 관리자의 통제가 어려우며, 정보의 전달과정에서 메시지의 왜곡 및 부정확한 정보를 퍼뜨림으로써 명예를 훼손하고 조직의 와해를 초래할 수 있다.

5. 커뮤니케이션의 효율화

1) 커뮤니케이션의 장애요인

커뮤니케이션을 원활히 하기 위해서는 먼저 커뮤니케이션의 장애요인을 찾아내어 제거하여야 하며, 이를 극복하는 방안을 모색할 필요가 있다.

커뮤니케이션에 지장을 초래하거나 혼란을 야기시키는 요인으로는 개인적 지각의 편차와 언어구사 및 표현방법의 차이, 소음, 편견의 개입, 이해관계의 대립, 신뢰감 부재 등을 들 수 있다.

여기서 말하는 지각의 편차(또는 오류)는 다시 스테레오 타입(stereo-type) · 후광효과(halo effect) · 선택적 지각(selective perceptions)으로 구분되는데, 스테레오 타입에 의한 편입견은 정보의 수신자가 평소 가지고 있는 고정관념 때문에 범하는 오류를 말한다.

한편 후광효과는 어떤 사물이나 인간의 특성에 의해 일단 인상이 형성되면 그들(사물 또는 인간)의 다른 특성도 동일한 인상으로 인식된다는 것이다. 즉, 어떤 사람이 정직해 보이면 그의 행동 모두가 정직한 것으로 인식하게 되는 경우이다. 선택적 지각이란 부분적인 정보만 선택적으로 인식하고 이들에 의해 전체를 판단하려는 데에서 나타나는 오류 또는 커뮤니케이션의 편견을 의미한다.

2) 장애요인의 극복방안

상향식 커뮤니케이션을 개선하기 위하여 개발된 다음과 같은 몇 가지 방안이 있다. 첫째, 고충처리절차(grievance procedure)이다. 고충처리절차를 통해서 상급자의 자의적인 행동으로부터 보호를 받고 종업원의 불평불만을 해소할 수 있다.

둘째, 문호개방정책(opcn door policy)이다. 문호개빙징책은 상급자의 문오를 개방하여 하급자가 직접 상급자를 방문하여 문제를 해결할 수 있다.

셋째, 상담(counselling)이다. 자발적이고 비공식적인 상담을 통해서 상향적 커뮤니케이션을 개선할 수 있다.

넷째, 참여기법(participative techniques)이다. 참여, 즉 노사위원회, 제안제도 등의 활용을 통해서 문제를 해결한다.

하향적 커뮤니케이션을 개선하기 위해서는 수신자와 다양한 매체에 보다 많은 주의를 기울여야 한다. 따라서 발신자는 수신자의 다음과 같은 점을 고려해서 개선방향을 생각할 수 있다. 사람들은 커뮤니케이션 저항이 제일 적은 것을 따른다. 사람들은 자신이 가지고 있는 신념 · 가치에 일치하는 메시지에 마음을 열어 놓는다. 사람들은 환경의 변화에 민감해서 새로운 메시지에 더 개방적이다. 전체상황이 커뮤니케이션에 영향을 미친다.

그러므로 장애요인을 평소에 간파하고 제도를 개선함으로써, 경영자는 하급자로부터 계속적이고 반복적인 피드백이 문제 발생 해결차원이 아니라 사전적인 커뮤니케이션 메커니즘 형성을 위해 꾸준히 노력해야 한다.

커뮤니케이션의 걸림돌, 자기중심성

커뮤니케이션은 많은 리더들이 어려워하는 숙제 중 하나이다. 리더들은 흔히 좋은 커뮤니케이션을 하기 위해서는 상냥하게 말하고 눈맞춤을 하며 경청을 해야 한다고 생각한다. 그것도 좋은 커뮤니케이션의 요건이긴 하나, 사실 그런 스킬보다 더 중요한 것이 있다. 바로 '자기중심성'에서 벗어나서 커뮤니케이션을 하는 것이다.

자기 생각의 틀 속에 갇혀 있는 상태를 '자기중심성'이라고 한다. 자기중심성이 강한 사람은 타인도 나와 생각이 같다고 여기거나, 또는 타인이 나와 다르다는 것을 인식하지 못하고 오로지 자기 입장에서만 사고하게 되어 다른 사람과의 소통에 갈등을 겪게 된다.

자기중심성을 벗어나는 첫 단계는 사람들마다 생각의 틀이 다르다는 것을 알아야 한다는 것이다. 내 말에 분명한 일리가 있다고 여기는 만큼, 상대방도 그 자신의 말에 일리가 있다고 여기고 있음을 아는 것이 중요하다.

두 번째는 철옹성 같이 단단한 자신의 틀을 깨고 수많은 다른 생각을 마주할 수 있어야 한다. 즉, 자기가 아는 것이 진리라고 생각했던 자기만의 세상에서 벗어나 다른 생각들이 있음을 인정할 수 있어야 한다. 이를 위해 필요한 것은 우선 '내가 항상 옳은 것이 아니구나'라고 생각할 수 있는 겸손함이다. 틀을 깨고 나왔다면 주위를 떠도는 수많은 나와 다른 생각들을 이해하기 위해 노력해야 한다. 다른 사람의 틀에 맞추는 능동적 교감을 이루기 위해서는 상대방 입장이 되어보고 상대방의 눈높이에 맞춰주는 '역지사지(易地思之)'의 자세가 필요하다.

마지막으로 자기중심성에서 벗어나 타인에 대한 진정성 또는 진실함을 갖추는 것이 무엇보다 중요하다. 상대방을 진심으로 위하고 아끼는 진실함이 있다면 자연스레 자기중심성에서 벗어날 수 있다. '어떻게 하면 저 사람이 더 잘할 수 있도록 도와줄 수 있을까?'를 고민하는 데서 이미 시각이 나에서 타인으로 전환되기 때문이다.

대화의 심리학의 저자 더글러스 스톤(Douglas Stone)은 커뮤니케이션에서 경청의 중요성을 강조하고 있는데, 경청의 핵심 역시 상대방에 대한 진실성이라고 주장하고 있다. 진실성 없이 '질문을 하라, 상대방의 말을 바꾸어서 다시 말해주라, 시선을 맞추어라' 등의 여러 가지 스킬들을 시도해보면 커뮤니케이션이 너무 가식적이고 기계적이 되어 오히려 역효과만 일어난다는 것이다.

커뮤니케이션을 잘하고 싶다면 그 스킬을 어설프게 흉내 내고 노력하기에 앞서, 구성원들의 관심이 무엇이며, 무엇을 원하는지 진심으로 이해해야 한다. 진실성이 통한다면 말하는 스킬이 다소 부족해도 얼마든지 훌륭한 커뮤니케이션이 가능하다. 오로지 내 욕심인지, 아니면 상대방을 진심으로 위하는 것인지 부터 다시 한 번 생각하는 자세에서 비로소 커뮤니케이션의 변화가 시작된다.

자료 : LG경제연구원 2012년 6월 5일

Chapter 09

통 제

제 1 절 통제의 의의

1. 통제의 의의와 전제조건

지금까지 계획(plan), 실행(do), 통제(see)의 경영관리과정 중 계획수립과 실행과정에 대해서 살펴보았고, 본 장에서 설명할 통제(controlling)는 경영관리의 순환적 기능 가운데서 최종 기능이자, 곧 피드백(feedback)에 의한 수정적 출발기능이기도 한다.

뉴만(W. H. Newman)은 "경영관리란 계획, 조직, 자원결합, 지휘, 통제의 계속적인 순환과정으로서 이 중에서 통제란 계획에 실적을 일치시키는 과정이다"라고 말하고 있다. 다시 말해서 통제는 계획수립, 조직화 등과 더불어 경영관리의 기본기능이며 집행활동을 미리 설정된 계획에 일치시키도록 지도하며 감독하는 것을 의미한다.

이러한 뜻에서 관리과정 중에 실제의 활동성과와 목표 사이에 편차가 있을 경우 이를 조정하여 기업의 목표달성을 가능하도록 해주는 활동을 말한다. 즉, 통제는 조직의 목표가 계획대로 달성되었는가의 여부를 명확히 하기 위하여 조직구성원의 직무수행 과정과 결과를 각각 일정기준에 따라 측정하고 평가하여, 만일 그 결과나 원인에 잘못이 있거나 더 나은 방안이 있으면 이를 조정하거나 수정하는 관리과정이다.

이러한 수정활동에는 리더십을 약간 변경하는 것과 같은 단순한 경우도 있으나 경우에 따라서는 새로운 계획의 설정이나 조직구조의 변경과 같이 대폭적인 변화가 뒤따르는 경우도 있다.

앞의 의의에서 설명한 바와 같이 효과적인 통제를 실현하기 위해서는 다음과 같은 두 가지 전제조건이 충족되어야 한다.

첫째, 통제를 행하기 위해서는 계획이 있어야 한다. 통제는 계획을 실천으로 옮기는 과정이므로 채용된 통제시스템이나 기법은 당연히 계획에 바탕을 두고 있다. 계획은 곧 통제의 표준이기 때문에 실행적 계획은 오히려 통제과정의 일환으로써 표준의 설정에 포함하여 다루게 된다.

예컨대, 단기실행계획인 예산은 통제방식인 예산통제의 관점에서는 행동의 표준이 되기 때문에 예산편성은 예산통제시스템의 한 영역으로 간주되는 것이 일반적이다. 원가관리(cost control), 품질관리(quality control)라고 불리는 통제방식도 표준원가, 표준품질의 설정활동부터 통제가 시작되는 것이다.

둘째, 합리적인 조직화가 있어야한다. 통제는 제 활동을 측정하고, 계획달성에 필요한 행동을 취하게 하는 데 있다. 따라서 통제시스템의 역할분담관계가 명확히 규정되어 있어야 한다. 그리고 명확하게 구조화되어 있을수록 통제는 효과적으로 실시될 수 있다.

이러한 통제활동은 흔히 어떤 것을 금지하는 부정적인 의미를 포함하고 있다고 생각하기가 쉽다. 그러나 통제의 본질적인 목적은 기업이 종업원들과 더불어 계획에 따른 성과를 검토함으로써 경영효과를 향상시키려는 데 있다.

따라서 현재까지 여러분들이 통제라는 일반적 개념에 대해 무엇을 못하게 하는 부정적(negative)인 의미가 함축된 것으로만 인식하고 있었다면, 본 장에서 설명되는 내용에서 통제란 시간적, 인적, 물적자원의 손실(loss)의 요인을 사후만이 아니라 사전에도 해소함으로써 바라는 목표를 성공적으로 성취시키려는 긍정적(positive)인 구동력(driving force)으로서의 기능으로 인식해야 한다.

2. 경영통제활동의 중요성

경영자의 통제기능은 조직의 목표를 달성하기 위한 경영활동의 필수적인 요소이다. 경영관리기능으로써 통제의 중요성과 필요성은 여러 가지 요인에 의하여 더욱 증가하리라 예상되며 그 요인을 정리하면 다음과 같다.

첫째, 경영환경의 변화이다. 급변하는 현대사회에서는 어떤 경영 여건하에서도 환경변화는 기업이 대처해야 할 불가피한 과제이다. 통제기능을 통해서 기업에 영향을 미치는 환경변화를 미리 탐지함으로써 경영자는 환경변화에 의해서 발생하는 위협이나 기회에 보다 능동적으로 적응하고, 또한 창의적으로 도전할 수가 있다. 따라서 보다 동태적으로 환경변화에 대응하기 위해 통제활동이 필요하다.

둘째, 기업규모의 증대이다. 오늘날 기업의 규모가 점차로 거대화되고 다양해짐에 따라 기업의 구조도 더욱더 복잡화되었다. 이러한 복잡한 구조 내에서 발생하는 다양한 행동을 조정하여 통합하기 위해서는 적절한 통제가 필요하다. 따라서 기업규모의 증대에 따른 분권화의 필요성에 직면하게 되는데, 이러한 분권화에 의해서 통제기능은 보다 단순화 및 효율화시킬 수 있다.

셋째, 실수에 대한 예방보전이다. 만약 종업원들이 결코 실수나 과오를 범하지 않는다면 경영자는 단순히 업적표준을 설정한 후 중요하고 갑작스러운 환경변화에 따른 긴급한 사항에만 주목하면 된다. 그러나 실수는 항상 존재하기 마련이다. 그러므로 통제기능을 통하여 경영자는 실수나 과오가 아주 더 악화되기 이전에 이를 탐지하여 수정하여야 한다.

넷째, 권한위임의 증대이다. 효과적인 통제시스템을 통하여 경영자는 어떤 업무에 대한 권한을 위임할 수 있다. 통제시스템이 없다면 경영자는 위임된 업무의 진척정도를 점검할 수 없다. 그리고 업무에 대해서 권한이 위임되었다 하더라도 최종적인 책임을 지는 것은 경영자이다. 그러므로 기업규모의 증대에 의해서 권한위임이 증대함에 따라 효과적인 통제시스템을 통해서 종업원들을 감독하는 것이 보다 중요하게 된다.

3. 통제의 유형

조직을 시스템의 관점에서 본다면 경영통제는 투입물을 재화와 서비스로 전환하는 각 단계별 성과를 측정하기 위하여 개발된다고 할 수 있다. 일반적으로 조직의 자원변환 과정은 투입활동, 변환활동, 산출활동으로 나누어 생각할 수 있다. 이와 같은 투입에서 산출에 이르는 일련의 자원변환의 과정에서 어느 시기에 이루어지는 통제활동인가에 따라 각 단계별로 사전통제, 동시통제, 피드백통제로 구분할 수 있다.

그림 9-1 | 통제의 유형

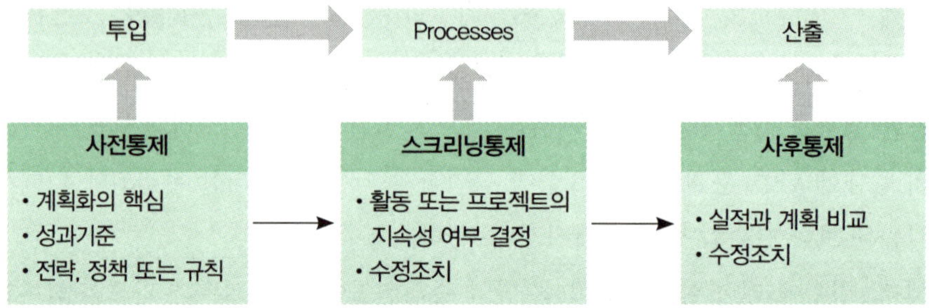

첫째, 사전통제(feedforward control)란 실제 활동이 이루어지기 전이나 문제가 발생하기 전에 실시되는 통제활동을 말한다. 이는 적절한 방향이 설정되어 있는지, 목표달성을 위해 적절한 자원이 활용가능한지를 계획단계에서 검토하여 기준을 설정하는 것이다.

사전통제는 현재의 상황을 파악하여 미래를 예측하여야 하기 때문에 환경의 불확실성이 크거나 현재의 상황이 바뀌는 경우에는 적용하기가 힘들다. 사전통제는 계획화 과정의 핵심이다.

둘째, 동시통제(concurrent control)는 적격심사통제(screening control)라고도 하는데, 어떤 활동이나 프로젝트를 계속 수행하기 위해서는 승인을 받아야 하거나 특정 조건을 만족해야 하는 경우가 있다. 이때의 통제활동은 어떤 활동이나 프로젝트를 계속 진행시키거나 수정행동을 취하거나 중단시킨다. 항공기 설계에서와 같이 안전이 결정적인 요소이거나 건설 프로그램에서와 같이 거대한 지출이 따르는 경우에 스크리닝통제(screening control)는 보다 안전하고 확실한 계획달성을 보장한다.

셋째, 사후통제(feedback control)는 어떤 활동의 결과를 측정하고 계획과 결과의 편차 원인을 규명하여 수정조치를 취하는 통제활동이다. 사후통제는 계획이 합리적이었는지 여부를 확인하여 실적과 계획 사이에 차이가 있다면 원인을 분석하여 다음 계획을 수립할 때 기초자료로 이용하게 된다.

표 9-1 | 통제의 비교

통제의 구분	의의 및 특징	보기
사전통제	• 업무의 실행이 시작되기 전에 계획단계에서 이루어지는 통제활동 • 목표달성을 위하여 사전준비를 확인하는 통제로 가장 바람직한 통제방법	각종 통제시스템의 구축, 물적 · 인적자원의 확인, 교육훈련 등
동시통제	• 업무가 수행되는 도중에 이루어지는 통제활동 • 사전에 구속된 시스템에 의해 이루어지는 경우에 더욱 효과적임/실시간의 정보획득이 가능하기 때문	현장입회감독, 각종 정보시스템 등을 이용한 실시간 정보에 의한 확인
사후통제	• 업무가 종료된 후에 이루어지는 통제활동 • 결과물의 변경이 불가능/피드백만 가능	일반적으로 많이 활용되는 통제방법

제 2 절 경영통제시스템의 과정

효과적인 통제를 하기 위해서는 이 기능을 수행하는 시스템의 요소들이 효율적으로 관리되어야 하고 수행과정의 설계 또한 합리적이어야 한다. 통제의 전제조건에 나타난 계획수립과 조직화의 완성에 따라 기본적으로 표준의 설정(establishment of standards), 표준에 대한 성과의 측정(measuring performance against these standards), 편차의 수정(correcting deviations from standards and plans)이라는 과정으로 이루어진다고 할 수 있다.

그림 9-2 | 경영통제의 과정

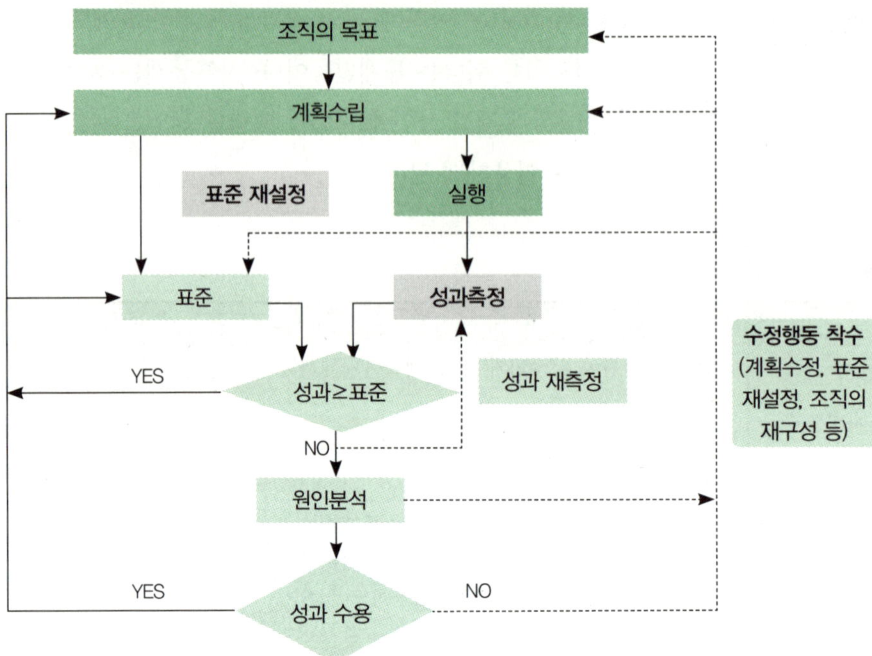

1. 표준의 설정

계획은 그 내용이 매우 자세하고 복잡하므로 모든 내용을 경영자가 늘 관찰하고 있을 수 없다. 이러한 난점을 해소하기 위해서 계획을 대신하여 특정의 표준이 설정되게 된다.

표준이란 통제활동의 목표 내지 기준이 되는 것으로서 실제의 결과를 측정하기 위한 기초가 되는 것이다. 다시 말하면 표준이란 목표에 따라 수립되는 것으로서 계획에 따르는 통제의 기준이라 할 수 있다.

첫째, 시간표준(time standards)은 어떤 특정한 제품 또는 서비스를 창출함에 소요되어야 하는 시간의 길이(length)를 규정한다. 둘째, 생산성 표준(productivity standards)은 일정기간 동안에 제품 또는 서비스를 창출하는 양(quantity)을 규정한다. 셋째, 원가표준(cost standards)은 제품 또는 서비스의 생산에 관련된 원가(cost)를 규정한다. 넷째, 품질표준(quality standards)은 제품 또는 서비스의 완성수준(level of perfection)을 규정한다. 다섯째, 행동표준(behavioral standards)은 조직 내 종업원에게 바라는 행동유형을 규정한다.

그러나 이러한 표준은 가능한 한 계량적으로 표현됨으로써 그 표준과 실제의 차이를 쉽게 확인할 수 있다. 또한 수적으로 표현할 수 없는 질적인 것, 예를 들면 사기나 충성심 제고 등도 통제에 유용한 표준이 제시될 수 있도록 해야 한다.

2. 성과의 측정

통제과정의 두 번째 단계는 실적, 즉 성과의 정확한 측정 및 평가를 위해서는 이에 필요한 자료와 정보를 수집하여야 한다. 이러한 자료와 정보는 일반적으로 보고(報告), 또는 감사 등에 의하여 입수된다. 이러한 측정과 평가를 통하여 계획이나 목표의 달성도를 파악하게 된다. 즉 실제평가와 기대되는 표준 간의 편차 내지 차질이 밝혀지게 되는 것이다.

대규모의 기업에서는 이 단계가 매우 복잡하게 되는데 이를 극복하기 위해서는 예외의 원칙을 활용하거나 스탭 조직의 이용이 폭넓게 이루어지도록 하여야 한다.

3. 편차의 수정

통제과정의 마지막 단계는 설정된 표준(what should be)과 두 번째 단계에서 실제로 얻은 업적(what is)을 비교하여 수정하는 단계이다. 이 단계의 통제과정에서 경영자가 실제로 취하게 되는 행동은 성과가 표준과 일치하므로 현재의 상태를 유지하도록 노력하며, 성과가 표준과 거리가 멀수록 이루어진 바(what)와 이루어진 방법(how)을 조정(adjustment)해야 하며, 성과가 표준과 크게 차이나면 표준 또는 계획을 바꾸어야 한다.

제 3 절 효과적인 통제시스템

1. 통제에 대한 저항과 극복

통제가 아무리 유용하고 효과적일지라도 조직구성원들은 여러 가지 이유로 통제에 저항하게 되는데 구성원들이 통제에 저항하는 요인은 크게 ① 과잉통제, ② 통제초점의 부적합성. ③ 부적절한 보상, ④ 책임의 발생 등이다.

첫째, 과잉통제는 조직이 흔히 범하는 과오 중의 하나로 종업원들에 대한 지나친 간섭이나 통제는 저항을 일으킨다. 예를 들면, 경영자가 종업원들의 출퇴근시간, 휴식시간에서부터 심지어 옷차림과 헤어스타일에 이르기까지 사소한 것까지를 모두 통제하려 한다면, 종업원들의 강력한 저항에 부딪치게 될 뿐만 아니라 본질적인 업무의 성과에까지 나쁜 영향을 미칠 것이다.

둘째, 통제초점의 부적합성 문제로서 통제시스템이 너무 엄격하고 지나치게 계수적인 사항에만 치우치는 등 그 초점이 부적절한 경우에도 종업원들은 저항을 한다. 예를 들면, 성과의 질은 무시하고 양에만 치우친다든가 장기적 이익은 무시하고 지나치게 단기적 이익에만 치중하면 종업원의 행동은 부정적이 될 것이다.

셋째, 부적절한 보상문제도 종업원의 저항을 초래한다. 예를 들면, 똑같은 예산을 배정받아 한 부서는 절약하여 잔액을 남긴 반면 다른 부서는 낭비를 하여 결손을 가져 왔는데도 불구하고 차기의 예산 배정 시 오히려 결손을 가져온 부서에 예산을 더 많이 배정해 준다면 예산을 절감한 부서의 구성원들은 이에 대한 저항으로 차기의 예산을 낭비할 것이다.

넷째. 통제시스템이 보다 효과적일수록 개인이나 부서의 책임소재가 명확해지기 때문에 비능률적인 개인이나 부서는 그러한 통제시스템의 도입자체를 반대할 것이다.

통제에 대한 종업원들의 저항을 극복하는 방법은 ① 효과적인 통제시스템 도입, ② 종업원의 참여. ③ 목표관리(MBO), ④ 견제와 균형 등 네 가지를 들 수 있다.

첫째. 처음부터 효과적인 통제시스템을 도입하여 통제에 대한 저항을 극복하는 방법이다. 만약 통제시스템이 그 조직의 계획시스템과 적절히 통합되어 있고, 신축성과 객관성이 있으며, 시기적절하고 정확성을 지니고 있다면 통제의 저항요인은 제거될 수 있을 것이다.

둘째, 통제시스템의 계획과 집행과정에 종업원들을 직접 참여시키면 저항을 최소화할 수 있다. 왜냐하면 인간은 사회적 존재로 참여의 욕구가 존재하기 때문에 자신이 참여하여 결정한 의사결정을 존중한다.

셋째, 목표관리(MBO) 기법을 도입함으로써 통제에 대한 종업원들의 저항을 극복할 수 있다. 목표관리란 목표나 기준의 설정 및 성과의 평가과정에 종업원들을 참여시키는 관리기법으로 종업원들은 자신이 정한 목표나 기준을 얼마나 달성했느냐를 스스로 통제하기 때문에 관리자에 대한 저항이 감소된다.

넷째, 견제와 균형의 체제를 유지하면 통제의 모호성에서 오는 저항을 극복할 수 있다. 만약 생산부장이 원가기준을 지키지 못한 이유를 원자재가격의 상승으로 돌리고 책임을 회피하는 경우 재고관리시스템이 적절히 유지되고 있다면 그의 주장에 대한 옳고 그름의 명확한 근거를 제시하여 통제의 회피를 방지할 수 있을 것이다.

이와 같은 다각적인 기준 및 정보시스템은 곧 통제를 위한 견제와 균형을 위한 수단을 제공해 주며, 이는 종업원들의 통제에 대한 저항의 원인을 제거해준다.

2. 효과적 통제시스템 요인

효과적인 통제시스템은 공통적으로 어떤 특징들을 가지고 있다. 그러한 특징적인 요소들의 상대적인 중요성은 개별적인 상황에 따라 차이가 있다. 그러나 대부분의 통제시스템은 어떤 공통된 요인들에 의해 강화될 수 있다.

첫째, 정확성이다. 업무성과에 관한 정보는 정확해야 한다. 통제시스템으로부터의 부정확한 자료는 조직으로 하여금 문제를 시정하는 데 실패하게 하거나 존재하지도 않는 문제를 발생케 하는 원인이 된다.

둘째, 적시성이다. 만약에 개선을 위하여 행동이 적시(must be timely)에 취해지려면 정보는 신속히 수집되고 전달되어 평가되어져야 한다.

셋째, 객관성과 이해성이다. 통제시스템에 있어서의 정보는 이를 사용하는 개인에 의하여 쉽게 이해될 수 있고 객관성을 가져야 한다. 이해하기 어려운 통제시스템은 조직구성원들 사이에 불필요한 실수와 혼돈 혹은 갈등을 일으키게 된다.

넷째, 전략적 통제에 초점을 두어야 한다. 통제시스템은 표준으로부터 편차가 가장 일어나기 쉽거나 그 편차로 인하여 가장 큰 손해의 결과를 가져오는 그러한 영역, 또한 시정행동이 가장 효과적으로 실용될 수 있는 그러한 점에 초점이 두어져야 한다.

다섯째, 경제적 현실성이다. 통제시스템의 실행비용은 통제시스템으로부터 발생하는 이익보다 적거나 적어도 동등해야 한다. 통제시스템에 있어서 낭비적이거나 불필요한 소비를 극소화하는 최선의 방법은 감독받는 활동이 요구되는 목표에 도달을 확신시키는데 필요한 최소량만 소비하는 것이다.

여섯째, 유연성이다. 대부분의 모든 조직에서 통제는 조직이 불리한 변화를 극복하기 위하여 신속하게 반응하고 새로운 기회를 이용할 수 있도록 유연성을 가져야 한다.

일곱째, 조직구성원의 수용이다. 통제시스템은 조직구성원들로 하여금 자율 · 책임 · 성장의 느낌 즉, 자기통제, 상호신뢰, 활발한 의사소통 그리고 적극적인 참여를 촉진함으로써 높은 업무성과 달성을 할 수 있도록 유도해 나가야 한다.

질서는 전통을 보전하고…

"사소한 무질서가 중범죄를 유발한다." 이는 1982년 미국의 범죄학자 제임스 윌슨과 조지 켈링이 주장한 깨진 유리창이론의 핵심 교훈이다. 이 이론은 깨진 유리창 하나를 방치하면 그 지점을 중심으로 범죄가 확산된다는 점을 강조한다.

실제 미국 뉴욕주 경찰은 이 이론을 활용해 낙서나 쓰레기 무단투기 등 경범죄 단속을 강화했고 범죄율이 줄어드는 성과를 냈다. 이런 이론 때문인지 많은 사람들은 일반적으로 질서정연한 것을 바람직하다고 여긴다. 정리를 잘하는 것도 하나의 능력으로 평가를 받기도 한다. 일부에서는 정리정돈을 잘해야 성공하기 쉽고 삶의 질도 향상된다고 주장한다.

하지만 극단적인 질서는 이롭지 않을 때도 있다. 극단적인 질서가 변화와 혁신을 가로막기 때문이다. 창의적인 생각을 많이 하는 세계적인 석학들의 연구실이 늘 깔끔하게 정리돼 있는 것은 아니다. 깔끔하게 정리된 환경이 늘 이롭기만 할까. 무질서하고 어지러운 환경에는 유익한 점이 전혀 없을까.

미국 미네소타대학의 공동연구팀은 3차례의 실험을 통해 질서정연하거나 무질서한 환경이 각각 창의성과 기부, 건강음식 선호 등에 끼치는 영향을 살펴봤다. 정리된 방에 들어간 사람들은 더 도덕적으로 행동했고(더 많은 돈을 기부함), 건강을 더 챙겼고 새로움보다는 고전적인 것을 선호했다. 하지만 창의적 아이디어는 적게 냈다. 반면 정리되지 않은 회의실에 들어간 사람들은 기부에 대해서는 인색했고 건강한 음식을 덜 선호했지만 창의적 아이디어는 더 많이 냈으며 새로운 것을 더 좋아했다. 정리되지 않은 환경에 있으면 새로운 것을 보다 잘 수용하면서 좀 더 창의적인 성향을 보인 셈이다.

결국 질서가 무질서보다 무조건 좋은 것이라고 단정하기보다는 각기 다른 역할이 있고 사회에 기여하는 바가 다르다고 볼 수 있다. 질서는 전통을 보전하고 도덕적 행위를 촉진하는 기능을 한다면 무질서는 전통에서 벗어난 창의적인 사고를 유도하는 역할을 담당할 수 있다. 창의성이 필요할 때는 정돈된 환경이 도움이 되지 않는다. 무질서한 환경은 사람들에게 전통과 관행에 얽매이지 않도록 도와준다. 창의성이 경쟁력의 중요한 요소로 떠오르는 상황에서 업무환경을 너무 깔끔하게 정리하는 것은 오히려 독이 될 수 있다. 변화와 혁신이 필요할 때는 주변 환경을 다소 무질서하게 만드는 것이 도움이 될 수 있다.

자료 : 동아일보 2013년 6월 20일

제 4 절 통제의 수단

하나의 시스템으로서의 기업을 효과적으로 통제하기에는 조직활동이 너무 많고 다양하기 때문에, 경영자는 상황에 따라 달라지는 문제를 적절하게 처리하기 위해 다양한 통제기법을 활용하게 된다. 조직목표의 달성을 위하여 인적통제, 물적 통제, 재무통제 그리고 정보자원을 활용하여 통제를 수행하는 것이다.

물적자원(physical resources)의 통제는 구매(적정품질, 가격, 인도시기), 재고관리(적정재고수준의 유지), 설비통제(적당한 종류의 기계설비), 품질통제(생산품의 적정품질의 유지) 등을 포함한다. 인적자원(human resources)의 통제는 조직구성원의 적정한 선발, 훈련, 평가 그리고 보상을 포함한다.

정보자원(information resources)의 통제는 모든 조직활동을 지원하기 위하여 적시에, 그리고 정확한 정보의 이용가능성을 보장하는 것이다. 이것은 효과적인 통제를 위해서 필요한 조직의 정보자원의 한 부분이다.

재무자원(financial resources)의 통제는 기업에서 이용가능한 자본의 효과적인 사용을 가능하게 한다. 재무자원과 정보자원은 다른 모든 자원과 관련된 것이기 때문에 자원의 영역과 내적으로 결합된 형태로 나타난다.

1. 재무통제시스템

재무통제기법은 자금의 조달과 운용에 관련된 문제를 취급하며 이익이 발생하였는지 혹은 부채가 적정한지를 통제하고자 한다. 주로 최고경영층에 의해 사후적으로 통제가 이루어지며, 재무제표(financial statement)와 비율분석(ratio analysis) 및 손익분기점분석(break-even point analysis)이 중심이 되고 있는 시스템이다.

1) 재무제표

재무제표(財務諸表, financial statements)는 한 조직 내에서 혹은 조직과 조직 사이에서 발생하는 재화와 서비스의 흐름을 요약하여 기록한 것으로서 조직의 경영성과와 현재의 재산상태를 나타내 준다. 기업에서 공통적으로 사용하고 있는 기본적 재무제표에는 대차대조표(재무상태표), 손익계산서, 현금흐름표 등이 있다.

대차대조표(balance sheet)는 일정시점에 있어서의 기업의 재무상태를 나타내는 보고서이다. 대차대조표(재무상태표)의 구성항목은 크게 자본의 조달상황(부채와 자본)을 보여주는 대변항목(오른쪽)과 자본의 운용상황, 즉 자산의 투자상황(유동자산과 비유동자산)을 보여주는 차변항목(왼쪽)으로 나눌 수 있다.

손익계산서(income statement)는 일정기간 동안의 경영성과를 나타내는 보고서이다. 즉, 손익계산서는 경영활동의 결과로 나타나는 수익(revenue)과 비용(cost)을 대응시키고, 이들의 차이를 이익의 형태로 보고하는 회계자료이다. 당해 회계기간의 경영성과를 나타낼 뿐만 아니라 기업의 미래현금흐름과 수익창출능력 등의 예측에 유용한 정보를 제공한다.

그림 9-3 | 재무제표의 상호관련성

손익계산서(포괄손익계산서)
(1월 1일~12월 31일)
한국기업(H기업) (단위 : 억원)

영업활동	매출액	120
	− 매출원가	98.2
	매출총이익	21.8
	− 판매비와 관리비	14.5
	영업이익	7.3
재무활동 등	+ 영업외수익	5.0
	− 영업외비용	4.6
	법인세비용차감전 순이익(세전순이익)	7.7
	− 법인세비용	1.4
	당기순이익	6.3

대차대조표(재무상태표)
(1월 1일~12월 31일)
한국기업(H기업) (단위 : 억원)

자산	부채 및 자본
유동자산 42.3	유동부채 34.8
	비유동부채 15.4
비유동자산 57.7	자본 49.8
총자산 100	총자본 100

끝으로 현금흐름표(cash flow statement)는 일정기간 동안에 현금이 어떻게 조달되고 사용되었는지를 나타내는 것으로서 기업의 현금흐름을 분석하는 데 기초가 되는 보고서이다. 경영활동에 사용되는 현금 등의 자금이 어디서 유입되었고 이것이 어디로 유출되었는가, 즉 자금의 원천과 운용을 일목요연하게 설명하는 표이다.

2) 비율분석

재무제표상에 나타난 여러 가지 항목들 간의 비율을 계산하여 이것과 비교기준이 되는 표준비율을 상호 비교함으로써 기업의 재무상태와 경영실적을 파악할 수 있는 방법을 비율분석(ratio analysis) 또는 재무비율분석(financial ratio analysis)이라 한다.

표 9-2 | 비율분석

구분	유형별	정보	공식	정보	공식
대차대조표(재무상태) 분석	유동성 분석	유동비율	$\frac{\text{유동자산}}{\text{유동부채}} \times 100$	당좌비율	$\frac{\text{유동자산} - \text{재고자산}}{\text{유동부채}} \times 100$
		현금비율	$\frac{\text{현금 및 현금성자산}}{\text{유동부채}} \times 100$	순운전자본 비율	$\frac{\text{유동자산} - \text{유동부채}}{\text{총자산}} \times 100$
	레버리지 분석	부채비율	$\frac{\text{부채}}{\text{자기자본}} \times 100$	자기자본 비율	$\frac{\text{자기자본}}{\text{총자산}} \times 100$
		차입금 의존도	$\frac{\text{장·단기차입금} + \text{사채}}{\text{총자본}} \times 100$	차입금 평균이자율	$\frac{\text{이자비용}}{\text{장·단기차입금} + \text{사채}} \times 100$
		이자보상 비율	$\frac{\text{영업이익}}{\text{이자비용}}$	고정재무비 보상비율	$\frac{\text{영업이익}}{\text{이자비용} + \text{고정재무비}}$
		EBITDA/이자비용 비율	$\frac{\text{세전순이익} + \text{이자비용} + \text{감가상각비와 무형자산상각비}}{\text{이자비용}}$		
	자본 배분의 안정성 분석	비유동비율	$\frac{\text{비유동자산}}{\text{총자산}} \times 100$	비유동장기 적합률	$\frac{\text{비유동자산}}{\text{자기자본} + \text{비유동부채}} \times 100$
	자산 구성 분석	유동자산 구성비율	$\frac{\text{유동자산}}{\text{총자산}} \times 100$	유형자산 구성비율	$\frac{\text{유형자산}}{\text{총자산}} \times 100$
		투자자산 구성비율	$\frac{\text{투자자산}}{\text{총자산}} \times 100$	–	–
	수익성 분석	매출액 총이익률	$\frac{\text{매출총이익}}{\text{매출액}} \times 100$	매출액 영업이익률	$\frac{\text{영업이익}}{\text{매출액}} \times 100$
		매출액 세전순이익률	$\frac{\text{세전순이익}}{\text{매출액}} \times 100$	매출액 순이익률	$\frac{\text{순이익}}{\text{매출액}} \times 100$
		총자본 영업이익률	$\frac{\text{영업이익}}{\text{총자본}} \times 100$	기업 세전순이익률	$\frac{\text{세전순이익} + \text{이자비용}}{\text{총자본}} \times 100$
		자기자본 순이익률	$\frac{\text{순이익}}{\text{자기자본}} \times 100$	총자본 순이익률	$\frac{\text{순이익}}{\text{총자본}} \times 100$

손익계산서(포괄손익계산서) 분석	활동성 분석	총자산 회전율	$\frac{\text{매출액}}{\text{총자산}}$	자가지본 회전율	$\frac{\text{매출액}}{\text{자기자본}}$
		비유동자산 회정율	$\frac{\text{매출액}}{\text{비유동자산}}$	재고자산 회전율	$\frac{\text{매출액}}{\text{재고자산}}$
		매출채권 회전율	$\frac{\text{매출액}}{\text{매출채권}}$	매입채무 회전율	$\frac{\text{매출액}}{\text{매입채무}}$
	생산성 분석	부가가치율	$\frac{\text{부가가치}}{\text{매출액}} \times 100$	노동생산성	$\frac{\text{부가가치}}{\text{평균 종업원수}}$
		자본생산성	$\frac{\text{부가가치}}{\text{총자본}} \times 100$	노동소득 분배율	$\frac{\text{인건비}}{\text{요소비용 부가가치}} \times 100$
	성장성 분석	매출액 증가율	$\frac{\text{당기매출액} - \text{전기매출액}}{\text{전기매출액}} \times 100$	총자산 증가율	$\frac{\text{당기말총자산} - \text{전기말총자산}}{\text{전기말 총자산}} \times 100$
		자기자본 증가율	$\frac{\text{당기말자기자본} - \text{전기말자기자본}}{\text{전기말자기자본}} \times 100$	순이익 증가율	$\frac{\text{당기순이익} - \text{전기순이익}}{\text{전기순이익}} \times 100$
		지속가능 성장률	유보일 × ROE	주당이익 증가율	$\frac{\text{당기 EPS} - \text{전기 EPS}}{\text{전기 EPS}} \times 100$

첫째, 유동성분석은 위험이 큰 유동부채를 위험이 작은 유동자산으로 커버할 수 있는지에 대한 분석으로 단기채무 지불능력을 측정하기 위한 것이다. 단기채무를 갚지 못하면 기업은 채무불이행 상태에 빠진다. 따라서 기업은 불황을 대비해서 필수적으로 적정수준의 유동성을 유지해야 한다. 기업의 유동성을 파악하기 위한 비율로 유동비율, 당좌비율, 현금비율 등이 있다.

둘째, 레버리지분석은 위험이 비교적 큰 부채와 위험이 작은 자본의 구성 상태에 대한 분석과 자본 배분의 안전성에 대한 분석으로 경기대응 능력인 안정성을 측정하기 위한 것이다. 기업이 재무구조를 건실하게 유지한다는 것은 부채를 적정하게 사용한다는 의미이다. 재무구조의 안전성을 파악하기 위한 비율로 부채비율, 자기자본비율, 이자보상비율 등이 있다.

셋째, 수익성분석은 일정기간 동안의 기업의 경영성과를 측정하는 분석이다. 기업의 수익성은 기업을 발전시키는 데 있어서 중요한 원동력이다. 기업의 수익성은 투자된 자본 또는 자산, 매출수준에 상응하여 창출한 이익의 정도를 나타내므로 자산이용의 효율성, 이익창출능력 등에 대한 평가는 물론 영업성과를 요인별로 분석 ·

검토하기 위한 지표로 이용된다.

매출수익성은 매출에 대한 마진을 의미하며, 매출액영업이익률, 매출액순이익률 등이 있으며, 자본수익성은 투자한 자본에 대한 투자수익률을 의미하며, 총자산영업이익률, 총자산순이익률, 자기자본순이익률 등이 있다.

넷째, 활동성분석은 기업이 자원을 얼마나 효율적으로 이용하는지와 소요 운영자금의 규모를 분석한다. 기업이 보유하고 있는 자원을 얼마나 효율적으로 활용하고 있는지 알려주는 활동성비율에는 총자산회전율 등이 있다. 소요 운영자금은 기업의 운영, 즉 영업과 관련해서 소요되는 자금으로 재고자산회전율 등이 있다.

다섯째, 생산성분석은 기업이 자원을 투자하여 얼마나 많은 가치를 창출하지를 분석하는 것으로 기업활동의 성과 및 효율을 측정하고 개별 생산요소의 기여도 및 성과배분의 합리성 여부를 규명하기 위한 분석이다. 그러므로 생산성에 관한 지표는 경영합리화의 척도라고 할 수 있으며 생산성 향상으로 얻은 성과에 대한 분배기준이 된다. 부가가치율, 노동생산성 등이 있다.

여섯째, 성장성분석은 기업의 자산, 자본 등 경영규모와 기업활동의 성과가 당해연도 중 전년에 비하여 얼마나 증가하였는가를 나타내는 지표로서 기업의 경쟁력이나 미래의 수익창출능력을 간접적으로 나타낸다. 매출액증가율, 총자산증가율 등이 있다.

3) 손익분기점분석

손익분기점분석(break-even point analysis)은 수입과 지출을 동일하게 하는(즉, 이익도 손해도 없는) 매출량 또는 매출액을 결정하는 것이다. 손익분기점(BEP)을 구하려면 우선 비용구조의 파악이 선행되어야 하며, 이를 위해 모든 비용을 고정비와 변동비로 분해하여야 한다. 여기서 고정비는 조업도에 관계없이 항상 일정한 비용(감가상각비, 임대료, 경영진의 보수 등)이며, 변동비는 조업도에 따라 비례적으로 변하는 비용(원재료비 · 노무비 · 판매수수료 등)이다.

손익분기점(BEP)은 매출액과 영업비용이 일치하여 영업이익(영업손실)이 발생하지 않은 매출수준이다. 매출액이 손익분기점을 초과할 경우에는 영업이익이 발생하고 손익분기점에 미달한 경우에는 영업손실이 발생한다.

그림 9-4 | 손익분기점분석

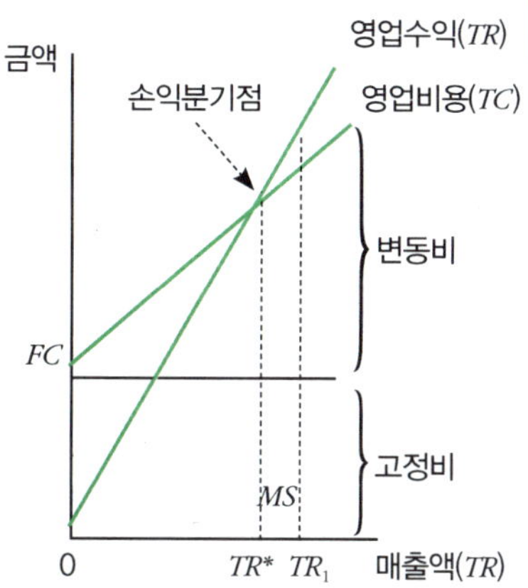

구분	정보	공식
손익분기점분석	Q^* (BEP 매출량)	$\frac{FC}{P-V}$ (FC : 고정비, P : 판매단가, V : 단위당 변동비)
	TR^* (BEP 매출량)	$\frac{FC}{1-\frac{V}{P}} = \frac{FC}{1-\frac{VC}{TR}}$ (FC : 고정비, P : 매출액)
	손익분기점률	$\frac{\text{BEP매출액}}{\text{실현한 매출액}} \times 100$
	Q^*_{TP} (목표이익 BEP 매출량)	$\frac{FC+TP}{P-V}$ (TP : 목표이익)
	TR^*_{TP} (목표이익 BEP 매출액)	$\frac{FC+TP}{1-\frac{V}{P}} = \frac{FC+TP}{1-\frac{VC}{TR}}$

2. 예산통제시스템

재무적 통제기법은 최고경영층에서 주로 사용하는 데 비하여 예산통제기법은 중간경영층이 많이 사용하는 시스템이다. 예산(budget)은 일정한 기간에 계획된 활동을 수행하기 위하여 배분된 자원들에 대한 특정 계획을 계량적 · 재무적으로 나타내는 것이다.

예산통제(budget control)란 실행해야 할 특정 계획이 있는 부서에 기업의 자원을 합리적으로 배분하고, 투입된 자원이 계획을 수행하는 데 있어서 얼마나 능률적으로 활용되었는가를 평가할 수 있는 통제기법이다. 즉 예산은 조직 전체의 계획을 수립할 때 편성되고, 할당된 업무를 수행하는 사람들을 통제하는 데 사용된다. 따라서 예산은 관리적 성과의 여부를 판단하기 위한 표준이 된다.

예산통제를 이용한 경영활동의 통제는 예산의 편성, 예산의 집행 및 예산의 차이분석이라는 세 가지 단계를 통해 이루어진다.

예산의 편성은 분명한 성과 목표의 설정이 반영되어야 하며 효율적인 자원배분계획이 수립되어야 한다.

예산의 집행은 경영자가 예산집행 상황을 객관적으로 기록하고 검토하며 설정된 예산대로 집행이 이루어지는지를 통제하여야 한다.

예산의 차이 분석은 예산의 집행결과와 편성된 예산을 비교하여 그 차이를 분석하고 시정조치를 취하는 단계이다. 예산의 차이분석은 예산에 대한 실제 성과의 달성 정도를 측정하고 차기예산의 편성 및 미래의 계획수립에 대한 기초 자료를 제공한다.

3. 내부통제시스템

보편적으로 내부통제란 조직 내의 각종 계획수립 · 조정과 실행과정에서 발생할 수 있는 위험을 최소화하기 위한 목적으로 채택하는 제도적인 절차나 장치를 말한다. 따라서 내부통제제도는 조직의 경제적 활동뿐만 아니라 조직의 모든 활동이 조직의 목표에 부합하는 방향으로 수행되도록 유도하기 위하여 마련하는 공식화된 제도와 절차라고 할 수 있다.

내부통제의 중요성은 복잡하고 다양한 업무들을 수행하고 있으며 조직과 그 구성원들이 업무수행 과정에서 많은 권한을 행사하기 때문에 견제와 균형의 견지에서 통제가 필요하며, 업무 수행과정에서 발생할 수 있는 부정과 오류 등의 위험방지와 조직의 목표를 효율적으로 수행하도록 유도할 수 있는 장치와 세부적인 방법을 강구하는 데 있으며, 조직 자체가 스스로 자체의 문제점을 제일 잘 알고 있기 때문에 이를 시정할 수 있는 방안도 제일 잘 안다고 볼 수 있다. 따라서 가장 효과적인 방법은 조직 자체에 의한 자율적 내부적 통제이다.

내부통제의 5가지 구성요소는 통제환경(control environment), 리스크평가(risk assessment), 통제활동(control activities), 정보와 커뮤니케이션(information and communication), 모니터링(monitoring) 등의 요소(component)를 제시하고, 이 요소들을 각각 분석해 내부통제의 유효성을 평가하고 개선하는 데 활용토록 하고 있다.

그림 9-5 | 내부통제시스템의 5대 요소

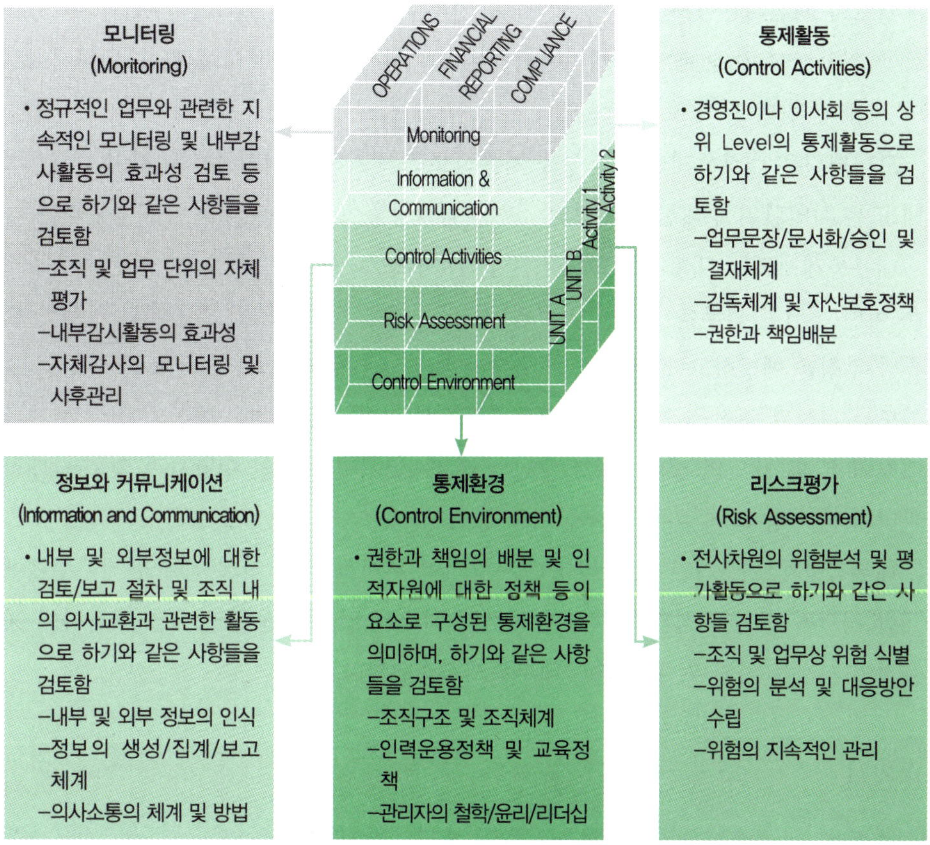

통제환경은 기업구성원 개개인의 성실성, 윤리적 가치관, 능력, 경영자의 철학이나 경영스타일, 임직원들의 권한과 책임, 보고라인 등 조직구조, 그리고 인적자원의 관리방향과 경영층의 관심도 등을 모두 포함하는 것으로, 흔히 기업문화 또는 기업풍토를 형성하는 것을 의미한다.

리스크의 평가, 분석은 리스크의 크기와 영향도를 식별하고, 리스크가 발생할 가능성을 파악해 이에 맞는 적합한 리스크 대응방법, 통제, 관리방안을 검토하는 수순을 거치게 된다.

통제활동은 조직구성원이 이사회와 경영진의 경영방침이나 지침에 따라 업무를 수행할 수 있도록 마련된 정책 및 절차가 준수되도록 하기 위한 제반 활동을 의미하며, 업무의 분장, 문서화, 결제체계, 감독체계, 자산의 보호체계 등이 포함된다.

정보와 커뮤니케이션은 조직구성원이 업무수행에 필요한 정보를 수집할 수 있도록 지원하는 절차와 체계를 의미하며, 정보의 생성, 집계, 보고체계, 커뮤니케이션의 체계 및 방법 등이 포함된다.

모니터링은 내부통제의 효과성을 지속적으로 평가하는 과정을 의미하며, 기업 전체 또는 사업단위에 대한 자체 평가, 자체 감사활동 및 사후관리 등이 포함된다.

내부통제제도는 내부견제조직과 내부감사제도로 구분할 수 있다. 내부견제조직은 어떤 특정한 업무를 2명 이상의 담당자에게 분담시킴으로써 업무에서 발생한 오류나 부정을 예방하고 일단 그러한 오류나 부정이 발생하여도 자동적으로 발견될 수 있도록 편성된 조직을 의미하며, 내부견제조직의 대표적인 예는 예산의 집행과 자금배정의 분리, 세입의 징수결정과 수납의 분리, 고지서 발부와 수납기관 및 수납대장 관리의 분리 등 회계 분야의 견제 기능 등이 있다.

내부감사제도는 기관 내에 비교적 독립적인 부서를 두어 회계 업무와 직무수행에 대한 정기적 또는 부정기적 감사를 통하여 처리된 업무의 운영 상태를 파악하여 자율적인 시정을 하기 위해 마련한 내부통제시스템이다.

1) 감사

감사(auditing)는 경영의사결정에 중요한 기준을 제공하기 위하여 기업의 재무제표의 신뢰성과 공정성을 평가하는 활동의 측면이 보다 더 강조되고 있다. 일반적으로 감사는 외부감사(external auditing)와 내부감사(internal auditing)로 구분된다.

외부감사는 전문인, 즉 공인회계사(Certified Public Accountants : CPA)에 의해 기업의 회계자료 및 재무제표가 독립적으로 평가 · 검증되는 과정이라고 할 수 있다. 다시 말해 외부감사는 기업의 자산과 부채를 평가 · 검증하고 회계보고서의 완전성과 정확성을 검토하는 제 활동을 의미한다.

감사인의 목적은 기업의 재무보고서를 작성하는 것이 아니고, 기업의 재무제표를 작성하고 자산과 부채를 평가하는 데 일반적으로 인정된 회계원칙(Generally Accepted Accounting Principles : GAAP)을 따르고 있는지 또 그것들을 정확하게 적용하고 있는지를 검증하는 것이다.

외부감사는 재무제표의 작성과 실제 경영활동이 정직하게 이루어지도록 하는데 중요한 역할을 한다. 이것은 기업 내의 횡령에 대한 주요한 통제시스템(check system)이 된다. 그러므로 외부감사는 잠재적 투자자와 같은 외부인들이 공개적으로 이용하는 재무제표의 신뢰성을 확인해주는 중요한 역할을 담당한다.

또한 외부감사는 기업의 모든 활동이 완료된 후에 수행되므로 진행통제수단으로서의 역할을 수행하지는 못한다. 그러나 외부감사는 이것이 반드시 실행되어서 횡령과 같은 불법적인 행위가 발각되면 처벌받게 된다는 것을 기업의 구성원들이 인식함으로써 불법적인 행위를 사전에 상당히 억제시키는 역할을 할 수 있다.

2) 내부감사

내부감사(또는 운영감사)는 기업의 자체 구성원에 의해서 수행되는 감사를 의미한다. 대개의 내부감사는 회계 및 재무자료의 감사에 국한되고 있다. 이런 경우 내부감사의 목적 및 역할은 앞의 외부감사와 유사한 것이다. 그러나 내부감사가 보다 유용하기 위해서는 회계감사뿐만 아니라 기업의 전반적인 경영상태를 평가하는 것으로 확대되어야 할 것이다. 내부감사에 의해서 회계 및 재무자료가 정확한지를 확인하는 것 이외에도 경영방침, 절차, 권한의 사용, 경영진의 자질, 경영활동의 효과성 및 기타의 경영상황을 평가할 수 있게 된다.

4. 경영부문별 통제

통제대상이 되는 활동은 재무, 생산, 인사 그리고 마케팅에 등으로 크게 나눌 수 있다. 어떠한 기업조직에서나 이와 같은 네 가지 부문활동은 필수적으로 일어나고 있으므로 그 하나하나가 경영학의 독특한 연구 분야가 되고 있다. 자세한 내용은 이들 각 분야에 관한 전공서적을 참고하기 바라며, 이 중 재무에 관한 내용은 바로 앞에서 검토하였으므로 나머지 세 분야에 대해서 간략하게 설명한다.

1) 생산관리

효율적으로 재화(goods)나 서비스(services)를 생산하지 못한 기업은 존속 · 성장할 수 없다. 따라서 생산활동에 관하여 다양한 기법들이 개발되었고 실제로 기업들이 이를 활용하고 있다.

모든 작업이 계획대로 진행되고 있는지, 필요한 원자재가 적절한 가격에 적기에 공급되고 있는지, 제품이나 서비스에 불량품은 없는지, 생산설비는 잘 관리되고 있는지 등에 대해 면밀하게 관찰을 하고 필요한 조치를 취해야 한다.

품질관리(quality control : QC), 생산성, 공정관리 등의 통제방법들 중에 대표적으로 QC서클(circle), JIT(just in time)시스템 등이 있으며, 간트차트(Gantt chart)와 PERT(program evaluation and review technique)와 CPM(critical path method)이 있다.

PERT와 CPM은 각기 상이한 상황에서 자신의 장점을 잘 발휘할 수 있다. 즉, PERT는 과업의 기간과 완료되는 시점이 개략적으로만 예상되는 비반복적인 과정(nonrepetitive processes)의 처리에 적용할 수 있는가 하면, CPM은 과업의 기간이 고정되어 있고 완료시점을 알고 있는 반복적인 과정에 더욱 잘 어울린다. 복잡한 대형 프로젝트의 통제를 위해 발전된 이들 네트워크는 하나의 프로젝트를 완성하기 위해 필요한 모든 활동을 보여 주고 계획하는 사람으로 하여금 프로젝트가 시작되는 시점과 완료되는 시점의 기간을 계산할 수 있게 해 주는 데 목적이 있다.

2) 인적자원관리

기업은 결국 사람을 통해 구성되어져 경영활동이 이루어진다. 기업의 모든 구성원들이 조직의 목표를 달성하기 위해선 경영자가 바라는 대로 행동할 수 있도록 통제하는 일은 대단히 중요하다.

경영자들은 매일 부하들의 근무태도를 감독하고 정기적으로 그들의 근무성적을 평가하고 포상이나 불이익을 주기도 한다. 인사고과제도는 그 중에서 가장 중요한 통제수단의 하나이다.

3) 마케팅관리

기업은 자신이 제공하는 제품이나 서비스를 고객이 기꺼이 받아들일 때 존속해 나갈 수 있다. 고객으로부터 환영을 받고 있는지는 기업체의 경우 판매액의 추이로, 또 학교나 교회, 절과 같은 비영리기업은 학생들 혹은 신도들의 수로써 파악할 수가 있다. 또 광고, 세일즈맨, 기타 판매촉진 관련활동, 중간 상인을 포함하는 유통경로에 관한 관리 등 모두가 통제를 요하는 분야이다.

제 5 절 경영정보시스템

기업이 합리적인 경영을 위한 또 하나의 새로운 통제기법으로 경영정보관리가 있다. 경영자는 항상 양질의 경영정보를 필요로 한다. 왜냐하면 계획, 조직, 지휘, 통제 등 경영의 제반기능을 수행하려면 상황에 대한 올바른 판단이 앞서야 되는데 이것이 신속하고 정확한 정보가 원활하게 제공될 때 가능하기 때문이다. 경영자의 기능 중에서도 특히 계획기능과 통제기능은 정보에 의존하는 정도가 더욱 크다.

경영자가 논리적인 의사결정을 하기 위해서는 이와 같이 적절하고 적시적인 정보를 통한 환경변화에 대한 추적과 정확한 판단이 요망된다. 조직은 종래에는 구성원의 기억 또는 기록에만 의존했는데, 이것만으로는 '정보홍수'의 시대에는 불충분하고 바람직하지 못하게 됨으로써 자연스럽게 경영정보의 체계적인 시스템화의 필요성이 등장하게 된다.

1. MIS의 의의

경영정보시스템(management information system : MIS)이란 글자 그대로 경영자에게 필요한 정보를 정기적으로 제공해 주는 시스템을 말한다. MIS는 조직체의 외부환경과 조직체의 내부환경에서 발생하는 정보자료를 처리하고 조직의 구성원 특히 각 계층의 관리자들의 의사결정에 필요한 정보를 적절히 제공해 주는 체계를 뜻한다고 할 수 있다. 따라서 MIS란 관리적 의사결정에 유용한 메시지를 송달 · 접수 · 기록하는 유기적인 방법으로 정의할 수 있다.

최근에는 컴퓨터가 일반화되면서 MIS란 컴퓨터를 이용하여 정보를 제공하는 시스템이라는 뜻으로 받아들여지고 있다. 따라서 MIS란 컴퓨터의 힘을 빌어 경영과 의사결정에 필요한 정보를 제공할 수 있게끔 하는 정보처리 시스템이다.

2. 정보요건

경영정보시스템에서도 역시 정보를 만드는데 비용, 시간, 인력 등이 요구된다. 자료를 모으고, 정리 · 보관하고, 분석된 정보는 질적으로 효용가치가 높기도 하지만 때론 별 가치가 없을 수가 있다. 이러한 정보의 가치를 결정짓는 요인들은 다음과 같이 요약할 수 있다.

첫째, 정확성이다. 정보의 정확성과 신빙성은 정보의 사용자에게 필수적인 요건이며, 정보가 정확할수록 가치가 높아진다. 예컨대 세목별 정보, 즉 지역별, 품목별, 분기별로 분석된 정보는 경영자에게 의사결정을 하는데 큰 역할을 한다.

둘째, 관련성이다. 정보를 받는 사람의 업무와 관련이 있어야 하며, 정보는 사용자의 정보욕구를 충족시켜야 한다. 사용하려는 정보가 사용자의 목적에 맞지 않으면 정보로써 가치와 의미가 없으며, 결국은 경영자를 돕는 길이 아니다.

셋째, 신속성이다. 상황이 끝난 다음의 정보는 효용의 가치 면에서 별 필요가 없이 무의미할 수 있다. 효과적인 정보가 되려면 빨리 공급되어야 한다.

넷째, 충분성이다. 정확한 상황 판단을 위해서는 많은 양의 정보가 필요하다. 물론 필요한 내용이 담겨 있어야 한다.

다섯째, 적시성이다. 정보는 사용자가 필요로 할 때에 적시에 공급하여야 가치가 높다. 일처리에서 통신망의 지연 없이 적시에 공급되어야 한다.

그림 9-6 | 조직계층별 통제 활동 및 정보의 특성

조직의 위계	주요업무 및 통제활동		정보의 특성			
	활동	예	원천	범위	정확성	집중도
최고 경영층	전략계획 (strategic planning)	중장기계획 수립/통제 : 사업단위 조정, M&A 등	외부	광범위	낮다	통합적
중간 경영층	전술통제 (tactical control)	전략계획에 따른 실행계획수립.통제 : 연간예산, 사업단위별 평가 등				
현장 경영층	운영통제 (operational control)	부서단위의 기본활동/통제 : 부서단위별 평가 등				
일선 종업원	실행 (operation)	일상적 업무처리 등	내부	협소	높다	세분

3. MIS의 발전과정

MIS의 발전이란 때로는 컴퓨터 기술의 발전을 의미하기도 한다. 컴퓨터 하드웨어는 점점 작아지고 빨라지며 값도 저렴해지고 있다. 정보는 경영자를 지원할 수 있는 자료를 변환시킨 것이다. 현대기업에서는 방대한 양의 정보가 공유되고 저장될 필요성이 많다. 컴퓨터는 다량의 정보를 신속 · 정확하게 처리할 수 있는 능력으로 MIS의 기초가 되고 있다.

1954년 최초로 컴퓨터가 기업체에 등장한 이후 1965년까지는 주로 직원들의 급여계산, 경리장부, 청구서 작성 등의 단순업무에 이용되었으며, 일괄처리되는 것이 특징이었다.

1980년경까지 경영정보 취급부서가 생겨서 경영자의 취향에 맞는 여러 가지 정보를 제공해 줄 수 있게 된다. 예컨대 월별 매출현황, 품목별 · 지역별 혹은 판매원별의 실적까지 제공되었던 것이다.

1980년부터 1985년 사이에 퍼스널컴퓨터를 이용하여 의사결정을 하게 된다. 예컨대 판매계획과 예산편성 등을 자신의 컴퓨터를 이용하여 직접 작성한다.

1986년 이후는 상호네트워크의 단계로서 커뮤니케이션 프로그램을 이용하여 경영자들이 문서를 주고받거나 상대방의 컴퓨터 속에 있는 자료도 이용하게 된다. 이와 같이 컴퓨터를 서로 연결하는 것을 네트워킹(networking)이라고 한다. 이 단계에서 기업은 대금을 은행에서 자동적으로 지불하게 된다.

MIS의 다음 단계는 어떤 것일까? 컴퓨터는 더 가벼워지고 휴대용 컴퓨터 역시 더 늘어날 것이다. 목소리를 식별하는 컴퓨터도 벌써 시험단계에 와 있으며 또 문서 업무는 줄어들 것이고 많은 사람들이 직장에 나갈 필요가 없이 집안에서 회사 일을 볼 수 있게 될 것이다. 특히 최근에 관심을 끌고 있는 분야는 전문가시스템(expert system)이다. 이 시스템은 전문가들이 갖고 있는 모든 지식과 경험을 컴퓨터에 저장한 후 문제가 발생했을 때 마치 전문가가 문제를 분석하고 해결책을 구하는 것과 똑같은 방식으로 컴퓨터가 최선의 해답을 주도록 만들어진다. 그 결과 이제까지는 오랜 경험을 가진 전문가들만이 할 수 있던 문제를 컴퓨터의 도움으로 비전문가라도 풀 수 있게 된다.

최근에는 더 나아가서 인간의 사고 과정을 흉내 내는 컴퓨터프로그램시스템, 이른바 인공지능(人工知能, artificial intelligence)시스템이라고 하는데, 이는 말을 알아듣고 눈으로 보기도 하며 복잡한 일도 처리할 수 있다. 이런 것들을 이용한 공장자동화 및 사무실 자동화와 더불어 제품의 질을 향상시키고 원가를 절감할 수 있게 하는 것이다.

경영정보시스템은 조직의 계층에 따라 전략계획시스템(strategic system), 관리통제시스템(managerial system), 운영통제시스템(operational control system), 거래처리시스템(transactional processing system)으로 구분되고 있다.

거래처리시스템(transaction processing systems : TPS)은 거래가 이루어져 거래에 대한 모든 자료가 정리될 때까지의 모든 정보를 처리하는 시스템이다. 즉, 거래발생, 확인, 처리, 보관 등의 과정을 처리하며 경영정보시스템의 기본 시스템이다. 따라서 효과적이고 효율적인 거래시스템이 구축되면 상위의 경영 활동인 운영통제, 경영통제 및 전략계획을 지원하기 위한 정보시스템도 제대로 구축 · 운영할 수 있는 것이다.

운영통제시스템은 조직의 기본 활동인 거래처리 등의 업무를 효율적으로 수행하도록 통제하는 활동이다. 또한 업무의 대부분이 정형화되어 있고 의사결정 또한 구조적인 특성을 갖고 있다. 이러한 운영통제활동을 처리하는 운영통제시스템에서의 유형은 크게 보고서 처리와 조회처리(조회, 조회처리, 조회응답)로 나눌 수 있으며, 여기서 이용되는 데이터베이스는 주로 거래처리와 관련된 자료로 구성되어 있다.

관리통제시스템은 거래처 관련자료 이외에도 예산이라든가 각종 표준, 계획 등과 관련된 자료를 이용해서 실제로 수행된 결과와 비교를 통하여 문제점을 추출하고 분석하여 가능한 통제방법을 모색하는 데 도움을 줄 수 있어야 한다. 결국 관리통제시스템은 위에서 언급한 문제점을 처리(계획예산 모델, 계획실적 차이 보고, 문제점 분석 모델, 의사결정모델, 조회처리 등을 수행)하여 결과 보고서의 도출, 분석, 결정 등을 수행한다.

전략계획시스템은 조직에 있어 전략계획을 수립하는 것은 조직의 내·외부를 막론하고 광범위한 정보를 필요로 한다. 특히 전략계획과 관련된 활동은 극히 비정기적으로 발생되는 까닭에 이러한 활동을 지원하기 위한 정보시스템을 사전에 구축한다는 것은 매우 어려운 일이다. 그러나 불확실하고 급변하는 환경하에서 조직의 존폐는 정확한 예측을 통한 판단에서 결정된다. 따라서 다양한 정보를 분석하여 전략을 세우기 위한 전략계획시스템의 구축은 대단히 중요하다.

그림 9-7 | 조직 계층별 통제활동과 정보시스템

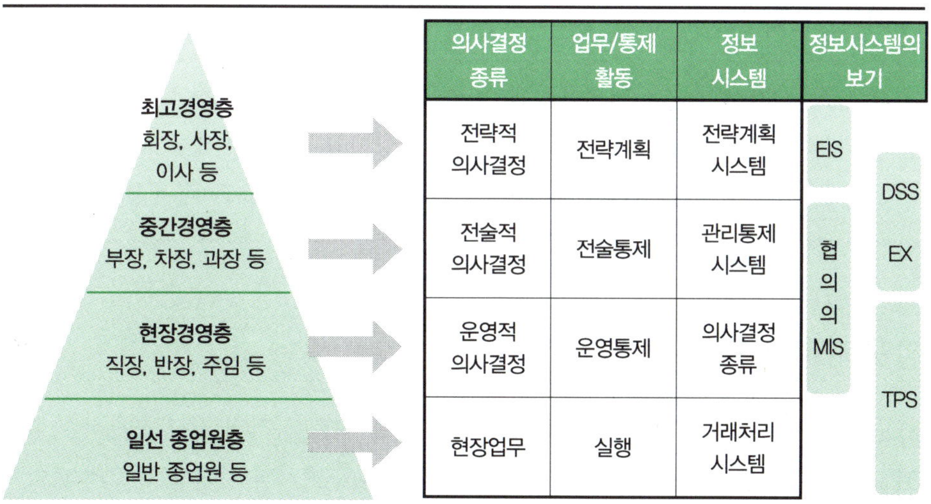

4. 기업에서의 경영정보시스템의 역할

경영정보시스템은 비록 활용의 빈도와 정교성의 정도에서는 차이가 있을 수 있으나, 조직의 형태나 규모에 관계없이 기업경영의 모든 부분에서 응용되고 있다. 경영정보시스템은 업무를 자동화 · 정형화 · 간편화함으로써 업무실행에 참여하고, 계획과 실행 및 통제과정을 피드백하며, 하위시스템을 통합하는 역할을 수행한다. 기업에서 경영정보시스템이 부문별로 이용되고 있는 상황을 살펴보면 다음과 같다.

1) 생산관리부문

생산분야에서 경영정보시스템의 활용은 판매전략과 계획을 지원할 수 있는 생산부문 업무를 전산화하는 것으로 제조일정계획 수립, 자재소요계획 수립, 작업장 통제, 기계 및 시설의 유지 · 보수, 품질관리 및 물류통제 등에 활용되고 있다.

대기업의 경우 최근에 생산자동화의 일환으로 컴퓨터통합제조기술(computer integrated manufacturing : CIM)시스템을 도입하는 사례가 증가하고 있으며, 생산공정의 개선, 대기행렬게임 등에도 경영정보시스템이 이용된다.

2) 마케팅관리부문

마케팅부문의 정보는 판매시장과 소비자에 관한 정보, 매출채권 관리와 신용관리 등에 관한 정보를 포함한다. 수요예측 및 마케팅계획 수립, 마케팅 프로그램관리, 영업실적분석, 고객주문처리와 대금청구, A/S, 판매원의 채용과 배치 및 평가 등의 업무에 경영정보시스템을 이용하고 있다.

3) 구매관리부문

판매 및 생산활동에 필요한 원료 설비 · 부품 등 여러 가지의 원자재 관리를 위하여 MIS를 활용하는 것으로, 구매계획 수립 구입처 구매가격 품목별 재고의 파악 · 구매과정 통제 및 출하 관계업무들을 컴퓨터를 이용하여 관리한다.

4) 인적자원관리부문

인력관리를 위해 기업의 각 부문별로 필요한 인력의 종류 · 수량 · 적성 · 학력 · 기술수준 등에 관한 정보를 수립 · 정리하여, 인사정보체계를 형성함으로써 인력수급계획을 세우고 이에 따라 인원의 채용 · 배치 · 교육 · 승진 등 인사관리를 진행한다. 또, 경영규모가 커지고 전문직종이 다양한 대기업의 경우 임금관리 · 노무관리 · 작업관리를 비롯하여, 근무평정 · 직무분석 · 조직개발 등 인사관리 전반에 걸쳐 경영정보시스템을 활용하고 있으며, 프로그램의 발전과 개발로 적용영역이 계속 확대되고 있다.

5) 회계 및 재무관리부문

회계 및 재무분야에 MIS를 이용함으로써 회계기록 · 재무제표 · 원가 및 예산에 관한 정보와 자료를 신속히 얻을 수 있고, 또한 재무제표상의 여러 가지 요소를 분석하여 전략결정에 적시에 이용한다. 그 결과가 실제의 성과와 예산을 수시로 비교하여 적기에 경영통제가 가능하게 된다. 특히 방대한 계수처리를 요하는 예산편성 및 결산에는 컴퓨터의 이용이 거의 절대적으로 되어가고 있다.

6) 전체기업 차원

경영정보시스템은 최고경영자의 의사결정지원, 설비 및 인력자원 등 자원관리 분야 등에 광범위하게 활용되고 있다. 최고경영자를 위한 의사결정지원시스템은 최고경영자 또는 관리자에 대해 현재 그 기업이 처해 있는 환경에 관한 과학적이고 체계적인 정보를 제공함으로써 환경변화에 대응할 수 있는 전략의 구상과 개발을 가능하게 하며, 기업의 경영계획 수립과 이의 달성을 관리할 수 있는 경영도구로 활용된다. 특히, 경영정보시스템은 경영전반에 관한 포괄적인 정보를 신속히 제공하며, 경영자로 하여금 부문별 활동을 조직 전체의 목표로 통합 가능케 함으로써 경영효율성의 제고에 크게 기여하고 있다.

중기조합, 맞춤형 정보시스템 구축해 시너지

중소기업이 업종별 모임인 협동조합을 중심으로 맞춤형 정보시스템을 만들어 업무효율을 높이는 사례가 늘고 있다.

한국섬유직물수출입조합은 2009년 개발한 조합원사 생산능력정보 기업검색시스템 등을 이용해 한 달 평균 150차례 제조사와 구매자를 연결해 왔다. 조합은 이를 통해 소속 기업의 매출이 연간 3천억 원 향상한 것으로 집계했다.

한국선박수리협동조합은 2005년과 2009년 두 번에 걸쳐 세관신고 시스템과 선박수리 수 · 발주 통합 서비스 등을 개발해 기존에 건당 120분 걸리던 세관 허가 · 확인 시간을 5분 이내로 줄이는 등 효율성을 높였다.

한국정수기공업협동조합도 올해 정수기 필터 교체주기관리시스템을 구축해 업체 간 경영 시너지 효과를 기대하고 있다. 정부는 이 같은 시너지효과를 높이려고 2001년부터 공동 네트워크화 지원사업을 해오고 있다.

9일 중소기업중앙회에 따르면 중소기업청이 진행하는 이 사업에 218억 6천만 원이 투입돼 79개 조합과 단체가 혜택을 받았다.

중기중앙회의 한 관계자는 "중소기업의 업무효율성과 생산성을 높이도록 중기청과 함께 정보화 지원을 지속적으로 확대해 나갈 예정"이라고 말했다.

자료 : 매일경제신문 2012년 10월 9일

경 영 스 케 치

Part 04 경영의 부문별 기능

경 영 스 케 치

Chapter 10

생산 · 운영관리와 마케팅관리

제 1 절 생산 · 운영관리

1. 생산 · 운영관리의 개념 및 목표

1) 생산 · 운영관의 개념

생산(production/operation)이란 원자재와 같은 투입물(input)에 대해 가공, 조립과 같은 변환과정(transformation)을 거쳐 산출물(outputs)을 만들어 냄으로써 형태효용(form utility)을 통해 가치를 창출하거나 부가하는 경제적 행위이다. 예를 들어 제분이나 제당을 이용하여 케이크나 과자를 만드는 행위가 곧 형태효용을 높여주는 생산활동이라고 할 수 있다.

생산활동은 투입, 변환과정, 산출, 피드백의 과정과 구성요소들이 있기 때문에 생산은 하나의 시스템으로 인식해야 한다. 즉, 생산활동은 생산시스템에 의해 이루어진다.

그림 10-1 | 생산활동의 이해

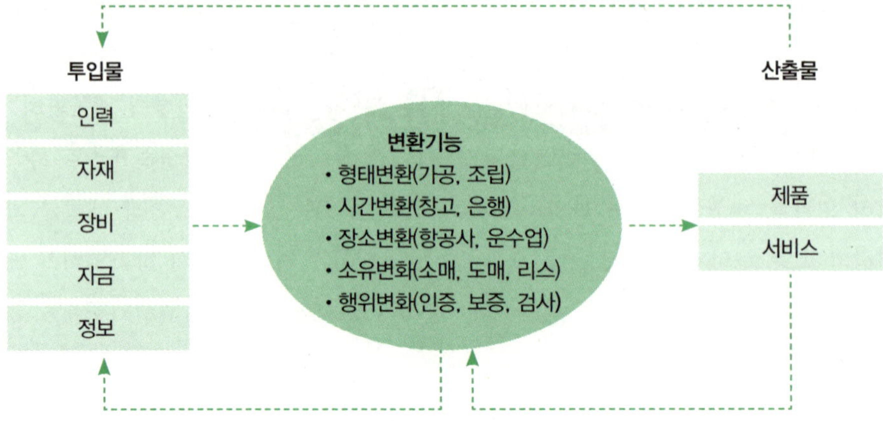

비록 생산이란 개념과 제조(manufacturing)라는 개념이 자주 혼용되어 사용되고는 있지만, 생산은 비제조과정도 포함하는 경우가 있으므로 보다 폭넓은 개념이라 할 수 있다. 예컨대, 생산은 어업, 광업 등과 같은 채굴작업과 또 눈에 보이는 서비스뿐만 아니라 무형의 서비스 창출까지도 생산에 포함되기 때문이다.

이러한 의미와 생산시스템의 운영을 강조해서 근래 생산관리 대신에 생산 · 운영관리(production and operations management : P/OM)로 쓰이고 있다. 따라서 생산 · 운영관리는 자재나 자원을 이용하여 완성된 제품과 서비스로 변환시키는 과정에서 인력이나 기계의 사용을 관리하는 활동이라고 정의할 수 있다.

2) 생산 · 운영관리의 목표

기업의 성격이나 특성에 따라서 그 중요도에서는 차이가 발생하겠지만, 보통 원가(cost), 품질(quality), 납기이행(delivery), 유연성(flexibility) 등이 생산 · 운영관리의 목표가 된다.

첫째, 원가는 제품이나 서비스를 생산 · 판매 · 유통시키는 데 있어서 드는 재료와 노동가치를 계산해 낸 미실현가격이다. 원가는 이러한 일련의 행동의 결과로 계산하여야 하는 것이지, 투입물의 결과로 계산하여서는 안 된다. 일반적으로 저원가전략은 낮은 가격으로 광범위한 소비자에게 상품을 제공하는 것을 의미한다.

둘째, 품질은 소비자 입장에서 보면 제품사용의 적합 정도를 의미하지만, 생산자 입장에서 보면 설계수준의 적합 정도를 나타낸다. 따라서 품질은 제품의 설계명세서에 필요한 길이, 넓이, 무게 등과 같은 모든 항목을 포함하며, 고객서비스와 마케팅 측면에서 신뢰성, 대응성 등과 같은 것도 품질 요소이다.

품질향상을 위해서는 새로운 아이디어의 개발과 기존 요소들의 결합을 실행하는 혁신이 비록 단기적으로 어려울지라도, 장기적이고 지속적으로 수행되어야 한다. 품질은 정적이 아닌 동적인 개념이다. 고객의 기대감과 경쟁자의 행동에 차별화를 주며, 품질 개선은 완전을 향하는 지속적인 노력 절차이기 때문이다.

셋째, 납기는 주문을 받은 후에 제품이나 서비스를 고객에게 공급할 때까지 소요되는 기간이다. 고객이 요구하는 시점에 상품을 인도하는 것은 고객과의 중요한 약속이다. 일반적으로 기업은 고객의 요구납기를 충족시키기 위하여 원활한 공급을 실행하려고 하지만, 이것이 잘 이루어지지 않는 것에 대비해서 안전재고를 확보한다. 그러나 재고는 자산이 아닌 부채로 간주되어야 하며 자원낭비라는 원인 때문에 최소화되어야 한다. 따라서 납기준수를 위해서는 재고로 대응하기보다는 프로세스의 속도를 빠르게 하는 것이 바람직하다.

넷째, 유연성은 일반적으로 신제품 도입, 생산량 변경, 제품 혼합에 있어서 얼마만큼 적기에 대응할 수 있는가를 나타내는 개념이다. 기업에서는 제품에 대한 고객 욕구의 변화를 극복하는 것이 필수적이다. 이것을 위해서는 기존의 표준제품 영역 내에서 적절한 대응력이 요구된다.

이를 위한 효율적 생산활동의 수행을 위해서는 두 가지 문제가 있는데, 하나는 생산시스템의 설계와 관련된 문제이며, 다른 하나는 생산시스템의 운영 및 통제와 관

그림 10-2 | 생산 · 운영관리의 목표

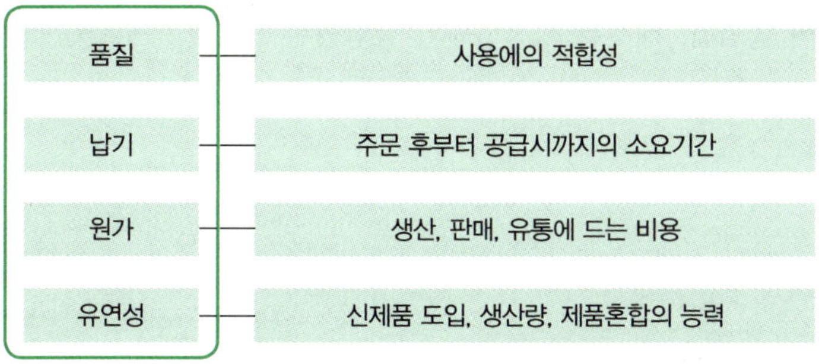

련된 문제이다.

산업생산이 지속적으로 확장됨에 따라, 생산활동을 합리적으로 관리하기 위하여 표준화 · 단순화 · 전문화 등을 일반원칙으로 하고 있다.

첫째, 표준화(standardization)란 수행해야 할 과업별로 과학적 연구를 통하여 획일적 표준방법(uniform method)을 설정하고 시행토록 하는 것을 뜻한다. 표준화를 통해 작업방법 이외에 기계부품 · 도구 · 제품 · 처리방법 · 품질 · 크기 등에 대하여도 통일된 표준에 맞추도록 할 수 있다. 표준화는 생산과정의 단계별 전문화를 가능하게 하고 원자재의 대량구입을 통하여 원가를 절감시킨다. 또한 표준화가 이룩되면 제품의 대량생산과 품질향상이 가능하고 부분품의 호환성(changeability)이 증가하여 종업원 교육훈련이 용이하고 작업능률이 향상되는 등의 이점이 있다.

둘째, 단순화(simplification)란 제품이나 방법 또는 절차 등과 관련하여 불필요하거나 그다지 중요하지 않은 재료나 요소 또는 과정을 배제하여 간단하고 능률적인 제품이나 방법 또는 절차를 마련하기 위하여 그것을 간소화 또는 간략화하는 조직적인 활동을 말한다. 단순화의 목적은 대체로 표준화와 같으며, 표준화는 점차로 단순화를 통해 제조품목을 줄여 단일제품의 대량생산을 하게 하여 주므로 양자는 밀접한 관련을 가지고 있다. 단순화가 극도로 이루어져서 단일의 표준이 설정되면 이것을 단일화 또는 규격화라 한다.

셋째, 전문화(specialization)란 분업의 원칙에 입각하여 부서별 · 제품별 · 공정별 · 과업별 등으로 전문화(specialization)할 수 있으며, 작업장에서 종업원 각자는 한 가지의 과업, 공정의 일부, 한 가지의 기계 등만 담당함으로써 전문화할 수 있다. 또한 기업도 공장별로 제품생산을 전문화시킬 수 있으며, 제조업체에 따라 최적입지가 다르기 때문에 지리적 전문화도 어느 정도 이루어진다. 전문화는 대량생산을 가능하게 하고 제조능률을 향상시킴으로써 생산원가를 낮추고 품질을 크게 개선시키는 등 장점이 많지만, 대부분 생산인원의 작업범위가 지나치게 단순하여 일하고자 하는 자극과 동기가 결여될 수 있다.

2. 생산시스템과 생산계획

1) 생산시스템

생산 · 운영관리활동은 생산기술의 선택, 설비의 배치, 입지의 선정, 작업장의 설계 등과 같은 생산시스템의 설계와 생산계획, 재고관리, 품질관리와 같은 생산시스템의 운영에 대한 문제로 나눌 수 있다. 생산시스템은 기본적으로 개별생산시스템과 연속생산시스템의 두 가지 유형으로 분류될 수 있다.

개별생산시스템(주문생산시스템)은 중소 제조기업에서 많이 볼 수 있는 생산형태로 고객의 주문에 따라 공작기계, 특수산업설비, 항공기, 선박 등을 다용도 기계 설비를 이용하여 생산하는 다품종 소량생산에 적합한 생산체제이다. 대량생산에 의한 '규모의 경제' 효과를 기대할 수는 없으나, 수요 변화에 탄력성이 크며, 대량생산이 어려운 고가의 주문품 생산에 유리하다.

연속생산시스템(계속생산시스템)은 자동차, 석유화학, 비료, 시멘트 등과 같이 표준화된 제품을 대량생산하는 산업에서 흔히 볼 수 있는 전문화의 원칙에 따라 설계된 생산체제이다.

그림 10-3 | 생산시스템 유형

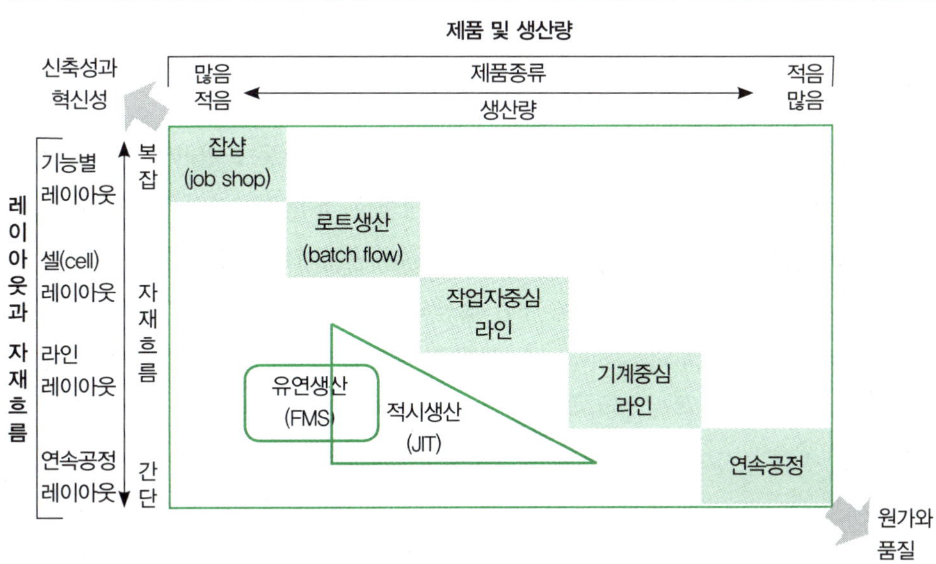

로트(Lot)생산시스템은 개별생산시스템과 연속생산시스템의 중간 형태로서 로트생산 또는 뱃치생산시스템이라고 한다. 로트/뱃치생산시스템은 공작기계제조업, 단조, 주조업, 의류, 제화, 가구, 도자기 등 많은 업종에서 볼 수 있다.

2) 생산계획의 수립

생산계획(production planning)은 생산활동에 필요한 자원을 효율적으로 배분하는 계획이다. 생산활동에 필요한 자원은 인적자원과 물적자원을 의미한다. 일반적으로 수요예측을 기초로 하여 어떤 제품을 언제 얼마만큼 생산할 것인가를 결정하는 과정이다.

수요예측은 외부환경과 생산자원 활용의 관계를 연결시켜 주면서 경영계획의 기초가 된다. 특히 판매에 대한 수요예측은 재고계획의 기초가 되어 생산계획을 세우는 데에 중요한 역할을 한다.

실제수요가 예측보다 적은 경우에는 과잉시설투자가 일어나게 되고 따라서 막중한 재고부담을 안게 된다. 다음으로, 실제수요가 예측보다 큰 경우에는 재고부족이 일어나 고객을 다른 회사에 빼앗기게 되어 판매기회 손실이 일어날 수 있다. 따라서 수요예측이 정확하게 이루어지지 않으면 경영계획을 그르치게 할 위험이 크기 때문에 그 중요성은 매우 크다.

총괄계획(aggregate production planning)은 통상 1년 단위로 수요예측에 근거하여 어떤 제품을 언제 얼마나 생산할 것인가를 결정한다. 즉, 제품생산에 관련된 생산수준, 고용, 재고 등의 통제가능한 변수를 조정하는 중기계획이다. 총괄계획에서는 전체수요에 대응하여 다른 기능부서와 사업전략과 활동에 관하여 조정을 하는데, 인력수급, 예산, 원자재와 부품구입, 판매 등에 관하여 의사결정을 내린다.

기준생산계획(master production schedule)은 총괄계획을 수립한 후에 이를 기준으로 보다 구체적으로 각 제품에 대한 생산시기와 수량을 나타내기 위해 수립하는 생산계획이며 수주로부터 출하까지의 일정을 다루고 있다. 기준생산계획은 생산의 시발점이므로 재고수준을 유지하고, 생산준비시간을 단축하여 원가를 절감하기 위해서는 세밀한 분석과 대응을 통해 효과적으로 수립한다.

자재소요계획(material requirement splanning)은 기준생산계획(MPS)을 기초

로 하여 완제품 생산에 필요한 자재 및 구성부품의 종류, 수량, 시기 등을 계획한다. MPS에서 확정된 완제품의 소요량은 생산기간별(주 단위)로 자재 및 부품의 소요량으로 바뀐다. MRP에서는 부품의 재고수준을 합리적으로 낮게 하면서 완제품을 적시에 생산하도록, 발주, 생산, 조립의 계획을 수립한다. 자재소요계획은 세 가지의 입력요소를 이용하여 보고서를 출력한다. 세 가지의 기본 입력요소는 기준생산계획, 자재명세서, 재고기록정보가 있다.

일정계획(scheduling)은 가용생산능력이나 자원을 시간에 따라 주문, 활동, 작업 또는 고객에 효과적 · 효율적으로 할당하는 단기의 생산능력 계획이다. 일정계획은 생산과정을 통한 작업흐름을 원활히 하고, 노동력과 기계 활용상의 충돌과 지연을 피하고, 필요한 자재의 도착과 완제품의 반출의 일정을 설정함으로써 비용을 최소화하는 데 있다.

그림 10-4 | 생산계획과정

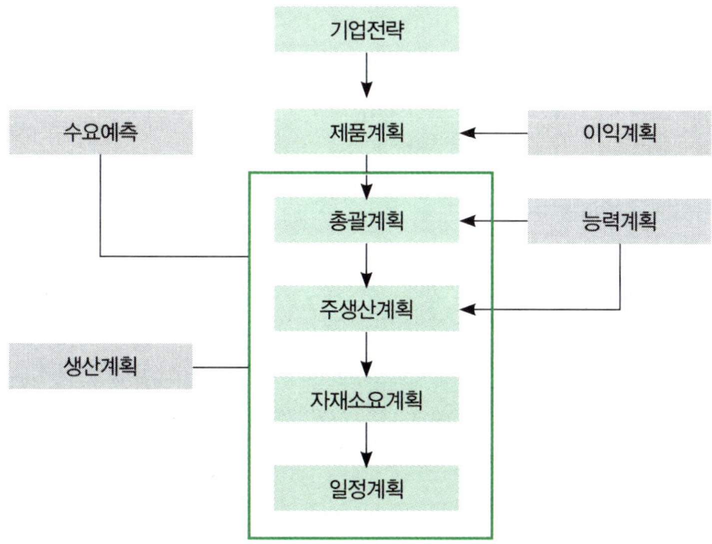

3) 공장입지와 설비배치의 결정

생산관리활동에 있어서 공장입지의 선정이나 설비배치의 결정과 같은 생산시스템의 설계 문제는 생산시스템의 효율적인 운영을 위한 선행요건으로 볼 수 있다.

공장입지의 결정은 생산에 필요한 설비와 건물이 들어설 장소를 결정하는 문제로 장기적 관점에서 전략적으로 고려해야 한다. 공장입지의 결정요인으로는 제품시장에의 접근, 원재료 공급원에의 접근, 풍부한 노동력, 수송수단, 풍토적 조건, 물과 전력의 이용가능성, 사회적 요인, 정치적 요인 등을 들 수 있다.

설비배치의 결정은 새로운 공장을 건설하거나 새로운 공정 또는 기계설비를 도입하는 경우에 생산의 효율을 높일 수 있는 설비의 배치가 중요한 문제로 등장한다. 설비배치의 결정은 기계, 설비, 건물을 물리적으로 조화시키는 것으로 작업의 흐름에 따라 크게 공정별 배치, 제품별 배치, 그룹별 배치의 유형으로 나눌 수 있다.

그림 10-5 |

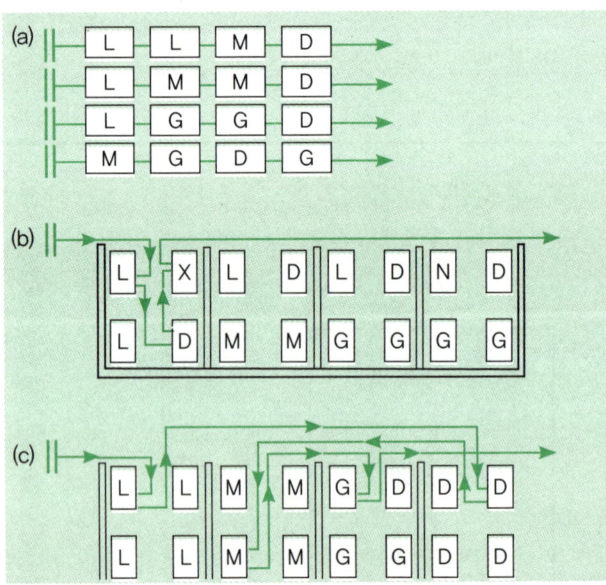

(a) 제품별 배치
- Product Layout
- 대량생산, 연속생산공정
- 특정 제품을 위한 전용설비

(b) Group 배치
- 제품별 배치 ∩ 공정별 배치
- Group Technology
- Set-up 시간의 단축 추구
- Part famity–Machine group
- Manufacturing Cell

(c) 공정별 배치
- Product Layout
- 기능별 배치
- 동일/유사공정 작업 집중화
- 다품종 소량생산공정

3. 생산활동의 운영과 통제

1) 재고관리

재고(inventory)는 일정시점이 되어야 가치를 갖는 유휴자원이라고 볼 수 있다. 따라서 재고란 사용되고 있지 않는 자원인 것이다. 즉, 원료나 생산과정에서 투입되어 있는 제공품(노동력, 기계공구, 대리, 현금 등) 또는 반제품, 소비자에게 전달될 완제품의 형태를 취한다. 기업에서는 재고의 충분한 계획으로 생산의 원활함과 적시에 판매효과를 누려 기업의 수익성이나 유동성을 발휘하고자 한다. 재고는 일정시점에서 경제적 유휴자원의 보유량으로서 공장이나 설비처럼 기업자산에 큰 비중을 차지하고 있다.

따라서 재고관리(inventory management)의 문제는 기업전반에 걸친 문제로서 이는 구매, 생산, 판매의 기업활동 과정에서 수요와 공급을 원활하고 합리적으로 유지함과 동시에, 재고자산의 보유에서 발생하는 비용을 최소화시킬 수 있도록 재고수준을 유지해 나가려는 관리활동으로 재고에 대한 투자가 가장 적절하게 이루어지도록 계획, 통제, 관리하는 것인데 일반적으로 재고관리의 목적은 다음과 같다.

① 기업에서는 재고의 적정수준으로 경제적 생산량 보장과 연속적 생산을 촉진시키는 데 있다.
② 재고투자의 절감으로 운전자금의 원활화를 기한다.
③ 재고로 인하여 발생하는 보관비, 발주비 등의 절감을 누린다.
④ 판매 및 조업수준의 안정화와 노동관계의 향상을 도모시킨다.
⑤ 고객의 다양한 수요에 대처하며 서비스 수준을 유지시킨다.

2) 품질경영과 ISO

(1) 품질경영의 개념

품질경영(quality management)이란 품질위주의 기업문화를 창조함으로써 모든 사원의 의식을 개혁하고 기업 전체의 경쟁력을 강화하고자 하는 경영혁신운동이라 할 수 있다. 즉, 최고경영자를 중심으로 최고품질과 고객만족 달성을 통해 기업뿐만 아니라 사회 전체를 위하여 기획, 설계, 생산, 판매, 서비스 등 경영활동 전반에 걸쳐 모든 구성원이 참여하는 전사적이고도 종합적 경영활동이라 할 수 있다. ISO에서는 품질경영을 "품질방침목표 및 책임을 결정하고 품질시스템 내에서 품질계획, 품질관리, 품질보증 및 품질개선 등과 같은 수단에 의해 품질 시스템 내에서 수행하는 전반적인 관리기능의 모든 활동"이라고 정의하고 있다.

그림 10-6 | 품질경영의 구성요소

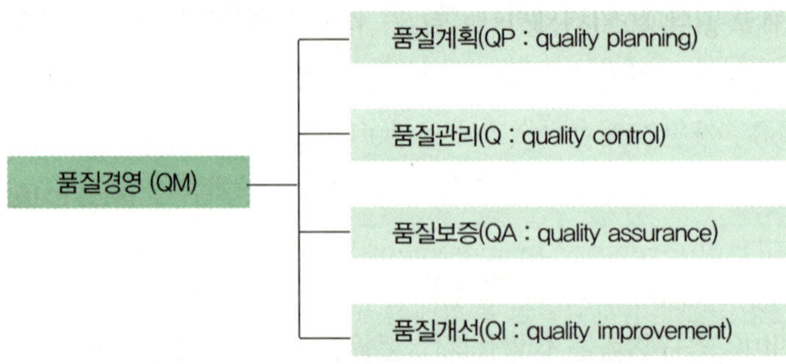

또 종합적 품질경영(TQM : total quality management)은 품질지향적이고 조직 전원의 참여를 기초로 하여 고객만족을 통한 장기적 성공을 목표로 하고 조직구성원, 기업 그리고 사회에 이익을 제공하는 경영혁신적 접근이라 할 수 있다.

(2) ISO

ISO(International Organization for Standardization)는 국제표준화기구의 약자이며 모든 나라가 채택할 수 있는 국제규격을 제정하기 위하여 설치된 국제적 기구로서, 제품에 관한 규격뿐만 아니라 커뮤니케이션을 원활하게 하기 위한 용어 및 양식규격, 조직을 효율적으로 통제하기 위한 관리규격 등을 제정하고 있다.

ISO규격은 ISO 9000과 ISO 14000시리즈가 있는데, ISO 9000은 품질보증체제, ISO 14000은 환경경영체제를 의미한다. 즉, ISO 9000은 품질을 통한 고객만족, ISO 14000은 환경보호를 목적으로 하고 있다. 품질보증체제가 제조업을 대상으로 하는 데 비하여, 환경경영체제는 서비스 등 전 업종을 대상으로 한다는 데 차이가 있다. 그러나 두 체제 모두 최종결과가 아닌 과정에 초점을 맞추고 있다는 공통점이 있다.

ISO 9000은 국가 간 무역을 촉진하기 위하여 국제표준화기구가 제정한 제품 및 서비스에 관한 품질시스템 규격으로 품질경영을 위하여 기업이 갖추어야 할 최소한의 조건이라고 할 수 있다. 이 시리즈는 9001부터 9004까지 네 종류가 있다.

ISO 14000은 국가마다 다르게 운영되어 온 환경관리 방법 및 체제를 통일하기 위해 제정한 규격을 의미한다. ISO 14000시리즈는 ISO 14001을 제외하고 모두 지침

형태로 되어 있다는 특징이 있으며, 생산 · 소비활동의 전 과정에 대한 환경인증제도일 뿐만 아니라, 기업경영전반에 대한 평가를 한다는 점에서 매우 의의가 크다고 할 수 있다.

표 10-1 | ISO 9000과 ISO 14000의 비교

<table>
<tr><th colspan="2">구분</th><th>ISO 9000</th><th>ISO 14000</th></tr>
<tr><td rowspan="2">관리</td><td>개선목표</td><td>무결점</td><td>무결점, 무배출, 무오염</td></tr>
<tr><td>원칙</td><td>경제성</td><td>경제성, 환경친화성</td></tr>
<tr><td rowspan="2">평가</td><td>감사</td><td>회계감사</td><td>회계감사, 환경시스템감사, 정책순응감사, 주기감사, 방출최소화감사</td></tr>
<tr><td>평가</td><td>고객</td><td>고객, 주주, 종업원, 민간단체</td></tr>
<tr><td rowspan="3">기능
부문</td><td>생산</td><td>고품질, 생산성증가
에너지비용 절감</td><td>고품질, 폐기물감소, 자원절약, 청정에너지
생태계에 관심</td></tr>
<tr><td>연구개발</td><td>제품에 관심</td><td>원료부터 최종폐기와 재활용까지 고려, 청정에너지 사용</td></tr>
<tr><td>마케팅</td><td>시장점유율 증가</td><td>사업전반에 걸쳐 시장점유율 지속적 증가</td></tr>
</table>

4. 생산관리의 최근동향

앞의 생산관리의 발전과정에서 논의되었던 기법들 중에서 최근에 개발되어 실제 기업에서 활발하게 응용되고 있는 내용, 소위 선진제조기법을 간단히 설명한다. 그동안 생산관리는 독자적으로 또는 다른 분야와 연계되어 크게 발전하여 왔으나 특히 컴퓨터의 역할에 힘입어 새로운 개념, 기법 및 방법이 개발되고 있다. 여기에서는 그 중 적시생산시스템(JIT), 유연생산시스템(FMS), 컴퓨터통합시스템(CIM), 공급사슬관리(SCM) 등을 소개한다.

1) 적시생산시스템

적시(JIT : just-in time)의 개념은 일본의 생산관리 및 생산성 향상의 핵심이었다. JIT시스템의 아이디어는 아주 단순하다. 즉, 완제품을 적시에 생산하여 고객에

인도하고 중간조립품을 적시에 완제품으로 조립하고 조립된 부품을 사용하여 적시에 중간조립품을 만들고 또한 구입한 자재를 사용하여 적시에 조립된 부품을 만든다. 이와 같이 일본의 제조업에서는 소량을 적시에 생산하여 재고를 최소화하여 궁극적으로는 무재고(zero inventory)에 도전한다.

JIT시스템은 안정된 생산계획, 협조적인 외주처, 다기능의 작업자 등이 갖추어져 있고 반복적인 생산일 경우에 좋은 결과를 가져온다. 반면, 매일매일의 생산율이 크게 변동하고 비반복적인 생산일 경우는 자재소요계획(MRP)시스템이 좋은 결과를 가져온다고 알려져 있다.

그림 10-7 | 적시생산시스템의 개념과 목적

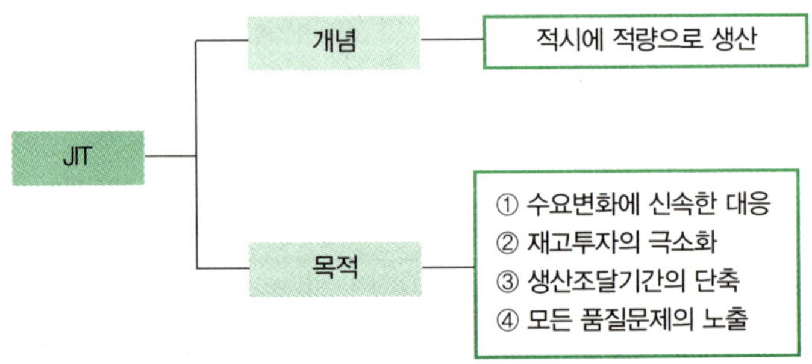

2) 유연생산시스템

유연생산시스템(FMS : flexible manufacturing system)은 컴퓨터로 통제되는 CNC, DNC, 자동화 자재관리, 로봇 등의 개별자동화체계와 기술이 하나의 생산시스템 내에서 통합된 공장자동화 생산형태이다. 즉, 중앙컴퓨터의 통제하에 기계그룹을 연결하고 자재흐름도 자동화시켜 유사 공정을 가지고 있는 다양한 부품을 생산하며 수요의 변화에 따른 공정의 변경과 장비들의 조합을 신속하게 할 수 있는 생산형태이다.

현재의 시장수요는 소비자 욕구의 다양화로 인해 생산형태가 다품종 소량생산으로의 변경이 불가피한데 이 생산형태에는 많은 비경제적인 요소가 내재되어 있어 FMS의 등장은 당연한 현상이라 할 수 있다. FMS는 라인방식의 대량생산형태와 NC 기계의 소량생산형태의 중간형태인 생산시스템이다.

라인방식의 생산형태는 소품종으로 대량생산하는 방식이어서 부품설계 등에 유동성이 적고, 설계 변경시에는 공정을 중단해야 하는 어려움이 있다. 또한 단속 NC기계에 의한 생산형태는 공정변경이 용이하도록 설계되어 여러 품종을 소량으로만 생산할 수 있다. 따라서 제품이나 부품의 설계변경은 새롭게 만들어진 프로그램을 NC기계에 입력시키면 되는 것이다.

3) 컴퓨터 통합시스템

선진국에서는 정보기술을 이용하여 생산활동에 이용하려는 시도가 지속적으로 진행되고 있고 정보기술을 생산활동에 적용하는 컴퓨터를 이용한 정보시스템과 제조업과의 통합의 형태로 전환되고 있다. 이러한 통합생산시스템이 컴퓨터통합제조시스템인 CIM(computer integrated manufacturing system)이다.

CIM이란 컴퓨터에 의한 생산정보의 통합, 즉 어떠한 제품의 생산을 위해 설계, 제조, 생산관리, 영업 등의 관련 업무를 수행하는 컴퓨터 및 주변기기를 정보통신수단(LAN, WAN, VAN)을 이용하여 통합함으로써 제품에 대한 품질, 가격 등 그 제품에 대한 데이터베이스를 각각의 관련분야에서 공유하는 종합적인 생산시스템을 말한다. CIM을 지지하는 양대 분류는 사무혁신과 사무자동화를 유지하는 정보자동화 분야와 무인화를 지향하는 공장자동화 분야이다. 정보자동화 분야는 CAD, GT, MRP, JIT에 대한 연구가 진행되고 있고 공장자동화 분야에는 CAM, 로봇, 자동창고에 관한 연구가 진행되고 있다.

CIM이란 제조 및 사회환경의 급속한 변화에서 기업이 생존하기 위해 국내의 경쟁사를 이기기 위한 전략계획을 수립하고 이를 달성키 위해 많은 개념과 다양한 방법을 활용하여 구축한 총체적인 통합 시스템이라 할 수 있다. 특히, 기업은 제품에서의 급격한 시장의 변화, 시장수요에 대한 신속한 반응, 고객만족경영, 시간중심경영 등 급속한 환경변화에 대처하기 위해 여러 가지 연구를 하고, 적절한 대응책을 강구하고 있다.

이를 위해 기업은 생산성을 높이고 제조환경변화에 유연하게 대응할 수 있도록 최근에 CIM 구축에 주력하고 있다. CIM의 가장 큰 특징은 기업 활동의 모든 기능을 시스템의 통합화로 정보를 공유할 수 있는 것이다.

4) 공급사슬관리

공급사슬관리(SCM : supply chain management)는 최종제품을 생산하기 위하여 원자재, 부품, 시스템 등의 공급업체들과 관계(relationship)를 중심으로 파악하는 경우이다. 이것은 공급사슬을 최종제품 혹은 서비스의 생산에 순차적으로 가치를 부가하는 일련의 협력적 거래관계로 정의한다.

또한 원자재부터 최종제품에 이르기까지의 물적 흐름(physical flow)을 중심으로 이해하는 경우이다. 이것은 원자재구매, 중간재 변환, 최종제품생산으로 소비자에게 전달하는 과정을 이루고 있는 설비 네트워크를 의미한다. 따라서 공급사슬관리는 공급업체와 고객을 기업의 프로세스에 연결하여 전략적으로 관리하는 것을 말한다.

5) 전사적 자원관리

전사적 자원관리(enterprise resource planning)는 기업의 모든 자원에 대해서 계획하고 활용하는 것을 의미한다. 이는 기업 내의 모든 인적 · 물적자원을 정보기술을 활용하여 통합 관리함으로써 궁극적으로 기업의 경쟁력을 강화시키기 위한 통합 정보시스템 전략을 말한다.

이익의 극대화, 고객만족 등 기업의 목적을 달성하기 위한 일련의 활동을 한정된 자원을 이용하여 효율적으로 수행할 수 있도록 전산시스템적으로 지원하는 것이 전사적 자원관리시스템이다.

전사적 자원관리는 기업 경영자원을 통합하여, 제대로 기능을 발휘할 수 있도록 지원하는 프로그램의 집합이다. 따라서 생산(관리)업무는 물론 설계, 재무, 회계, 영업, 인사 등 순수관리 부문과 경영지원 기능을 포함하고 있다. 한 걸음 더 나아가 고객, 협력업체 등 전체 공급사슬(supply chain)에 대한 최적의 의사결정을 내려주는 통합된 정보시스템을 목표로 한다.

스티브 팔라지가 말하는 '공급망관리'

21세기 글로벌 경제의 특징은 '속 · 수 · 무 · 책'이란 얘기가 있다. △속도가 무지 빠르고 △수시로 위기가 닥치며 △(경쟁업체가) 무섭게 치고 들어오며 △책에는 답이 없다는 뜻이다. 그래서일까. 최근 산업 전반에서 가장 화두가 된 개념이 '변동성(volatility)과 유연성(flexibility)'이다. 특히 제조 · 유통업계에서는 이 개념이 거의 신성시되다시피 하는 형국이다.

공급망관리(SCM) 전문가인 스티브 팔라지 PwC 시니어 파트너는 "최근 공급망관리에 영향을 줄 수 있는 모든 상황이 벌어지고 있다고 보면 된다"고 설명했다. 시장상황이 좋지 않으면 재고가 문제가 되고, 좋을 때는 부품 조달에 차질이 생긴다. 재고를 최소화하기 위해 필수적인 정확한 시장예측은 어렵다. 문제는 실제 상황이 예측과 달라질수록 손실이 발생하고 눈덩이처럼 불어난다는 것. 특히 휴대폰처럼 수명주기가 짧은 제품일수록 SCM이 더 중요해진다.

최지성 삼성전자 부회장이 "SCM이 삼성의 핵심경쟁력"이라고 말할 정도로 삼성전자는 SCM에 자신감을 보이고 있다. 삼성전자는 이미 제품 양산에 들어간 후에도 유럽 경기침체와 같은 변수가 발생하면 곧바로 유럽 물량을 남미로 보내는 등 빠른 결정을 내려 세계시장을 주도하고 있다.

매일경제 MBA팀은 최근 대한상공회의소가 개최한 '미래 SCM 콘퍼런스'에서 기조연설을 하기 위해 방한한 스티브 팔라지 PwC 시니어 파트너로부터 공급, 수요, R&D 측면 등 다각도에서 SCM의 유연성을 확보할 수 있는 방안에 대해 들어봤다.

■ **공급 측면, 선제적인 공급보증관리**

지난해 3월 일본에서 지진이 발생하자 국내에서 생산된 부품에만 의존하던 도요타의 공장은 멈춰설 수밖에 없었다. 반면 현대차는 올해 3월 미국 앨라배마 협력업체 공장에 화재가 발생했을 때 큰 영향을 받지 않았다.

지난해에는 자동차 엔진에 들어가는 실린더링을 생산하던 유성기업이 파업하자 대체 부품을 조달하지 못해 심각한 어려움을 겪었지만, 이번 앨라배마 화재 때는 달랐다. 즉각 한국으로부터 자동차에 들어갈 부품의 일부를 미국 공장으로 보내 문제를 해결했다. 그러면서도 한국 내 자동차 생산에 차질이 생기지 않도록 했다. 평소 현대차가 예기치 못한 상황이 벌어질 경우를 대비해 부품업체들과 생산계획을 조율해온 덕분이다.

도요타와 현대차의 위기대응 결과가 이처럼 달랐던 것은 두 회사가 선제적인 공급보증관리 측면에서 차이를 보였기 때문이다. 선제적인 공급보증관리는 부품공급을 보다 안정적으로 받기 위해 미리 추진계획, 수용력, IT 인프라를 수립하는 것을 의미한다. 이를 통해 생산업체는 부품업체가 보유한 공급능력을 파악할 수 있다. 공급보증관리는 특히 협력업체에 대한 의존도가 높을 경우 더욱 중요하다.

■ **수요 측면, 유통업체와 판매정보 공유**

생산업체가 유통업체의 요구에 적극적으로 부응해야 할 필요성이 점점 커지고 있다. 생산업체와 유통업체 사이에 형성됐던 힘의 균형이 점점 유통업체 쪽으로 기울고 있기 때문이다. 팔라지 시니어 파트너는 "삼성전자의 수요관리 방식을 벤치마킹할 필요가 있다"고 조언했다. 최근 삼성전자는 미국

소매시장을 장악하고 있는 월마트에 삼성전자 제품이 미국 시장에서 어떻게 판매되고 있는지에 대한 정보를 공유해달라고 요청했다. 정보를 공유하면 납기에 보다 잘 맞출 수 있을 것이라며 설득했다.

삼성전자는 그렇게 해서 받은 주문정보를 협력업체와 공유하고 있다. 유통업체의 판매 상황에 맞춰 생산계획을 세우고, 부품을 적시에 조달받기 위해서다. 이처럼 변동성에 대처하기 위해 생산업체와 유통업체가 협력하는 것을 협력공급기획예측(CPFR : Collaborative Planning, Forecasting and Replenishment)이라고 부른다.

■ **R&D 측면, 제품개발과 공급망 사이의 벽 제거**

최근 제품개발이 공급망관리에서도 매우 중요한 요소가 되고 있다. 팔라지 시니어 파트너는 "제품개발과 공급망관리 사이에서 훨씬 다양한 통합이 필요하며 디자인도 모듈화할 필요가 있다"고 강조했다. 개발에서 최종 소비자까지 가는 절차와 시간을 최소화할 필요가 있다는 것이다. 팔라지 시니어 파트너는 "일반적으로 제품은 컨셉트를 잡은 후 디자인 작업을 한 다음, 시제품 제작 과정을 거쳐 만들어지지만, 이대로 하면 시간이 많이 걸려 적시에 제품을 내놓을 수 없다"고 지적했다.

특히 에어컨과 같은 계절상품은 주 판매시기가 6~8월이지만 더위가 빨리 오면 5~7월에 판매될 수 있도록 재고가 준비돼야 한다. 이를 위해 연구개발(R&D)과 마케팅도 PLM(제품수명주기관리)의 일환으로 관리가 이루어져야 한다는 것이다.

이때 중요한 것이 플랫폼 공유와 모듈화다. 이는 제품개발에 공통적인 요소들을 미리 개발한 후 이를 조합해 다양한 최종 제품들을 만들어내는 방식을 말한다. 현대차와 삼성전자, LG 등 글로벌 기업들은 적시에 제품을 시장에 내놓기 위해 플랫폼 공유와 모듈화 전략을 활용하고 있다. 이들 기업은 R&D센터를 한국에 두되, 디자인센터를 세계 전역에 설립해 표준화와 현지화를 동시에 추구하고 있다. 팔라지 시니어 파트너는 "SCM과 R&D가 동시에 이루어져야 한다"고 강조했다.

■ **노동인력의 재능까지 공유해야**

일시적인 대응으로는 변동성 문제를 효과적으로 대응하기 어렵다. 공급망관리에 더 높은 우선순위를 부여해 체계적으로 관리할 필요가 있다. 팔라지 시니어 파트너는 "공급망 통합은 정보를 공유하는 데서 그치는 것이 아니라 노동인력 및 그들의 재능까지 공유해야 한다"고 강조했다. 이를 통해 수익 증진과 원가절감, 재고관리에 있어서 더 나은 성과를 거둘 수 있다는 것이다.

공급망관리는 계획, 구매, 제조, 배송을 포괄하는 전체적인 운영을 말한다. 이 모든 것들은 개별적으로 떨어진 것이 아니라 하나로 묶여 있기 때문에 이들을 어떻게 설계하고 관리하고 실행하느냐에 따라 유연성과 대응성이 달라진다.

자료 : 매일경제신문 2012년 5월 18일

제 2 절 마케팅관리

1. 마케팅관리의 개념

1) 마케팅과 마케팅관리

모든 수식어를 다 제하고 이야기하면 기업은 생산하고 판매하는 조직이다. 생산한 것을 소비자에게 판매하고 소비자로부터 대가를 받아서 기업은 생존해 나간다. 마케팅은 고객이 원하는 것을 정확히 파악하여 제품에 반영하고 생산된 제품의 가격을 책정하고 제품에 관하여 소비자들에 알리고 제품을 소비자에게 원활히 도달할 수 있도록 하는 기능을 수행한다. 이를 가치사슬의 관점에서 볼 때 가치사슬상의 본원적 활동과정을 조정하고 통합하는 기능을 수행한다고 할 수 있다.

마케팅(marketing)이란 개인 및 조직의 목표를 달성하는 교환을 창조하기 위하여 아이디어, 재화 및 서비스의 개념정립, 가격결정, 촉진 및 유통경로에 대한 계획수립 및 이를 수행하는 과정이다. 또한, 마케팅은 조직이나 개인이 자신의 목적을 달성시키는 교환을 창출하고 유지할 수 있도록 시장을 정의하고 관리하는 과정이다. 마케팅 개념은 일반적으로 생산지향, 판매지향, 소비자지향, 사회지향적 마케팅 개념으로 변천하고 있다.

생산개념(production concept)은 소비자들은 저렴한 제품을 선호한다는 가정에서 출발하고 있다. 기업의 관심은 원가를 절감하며 대량생산이 가능하도록 생산성을 높이는 문제와 대량생산한 제품을 소비자에게 효율적으로 가져다 주는 물류시스템의 구축에 집중되었다. 이러한 기업의 경영원칙을 생산지향이라고 흔히 이야기한다.

판매개념(selling concept)은 대량생산, 대량소비사회는 곧 한계에 부딪히게 되는데 대량생산에 의한 공급이 수요를 초과하기 시작하였고 기업은 대량으로 생산한 제품들의 처분에 골머리를 앓게 되었다. 기업은 막 대중화된 TV, 라디오와 같은 대중매체를 이용하여 대량으로 광고하고 판매원을 동원하여 판매에 전력을 기울이게 되었다. 이러한 마케팅활동을 판매지향이라고 부른다. 소비자가 원하는 상품을 만드는 것이 아니라, 기업이 만든 상품을 소비자에게 단순히 판매하는 것을 목표로 하고 있다.

마케팅개념(marketing concept)은 사업을 고객의 관점에서 보고 기업의 모든 활동을 거기에 맞추어 가야 한다는 것을 의미한다. 마케팅 아이디어는 제품이 디자인되기 전에 반영되어 모든 단계에 통합적으로 적용되어야 하며 모든 기업 내의 조직이 공동으로 노력을 기울여야 한다. 이익은 고객의 욕구와 필요를 충족시켜줌으로써 자연스럽게 얻어지는 것이라고 생각한다. 표적시장에 속한 고객들의 필요와 욕구를 찾아내어 경쟁자들보다 그것을 더 효과적이고 효율적으로 충족시키고자 하는 것을 기업목표로 하고 있다. 즉 고객을 단순히 상품의 판매대상으로 보는 것이 아니라, 고객이 가진 문제를 해결하여 만족을 얻을 수 있도록 하는 것을 목표로 하고 있다.

그림 10-8 | 판매개념과 마케팅개념의 차이

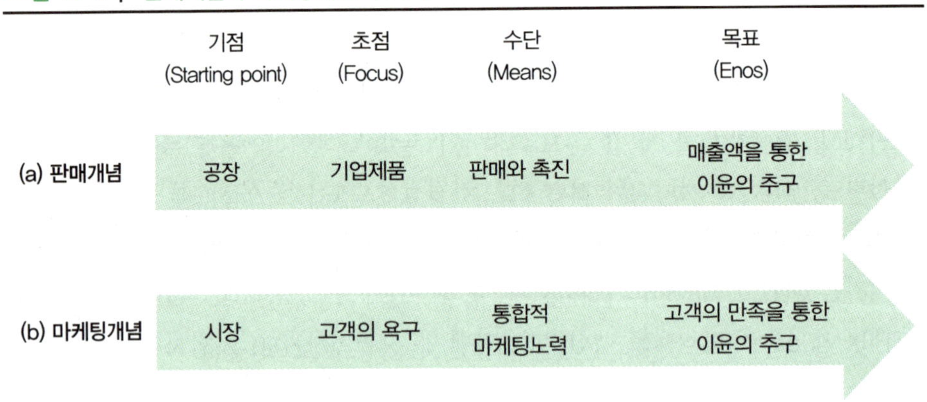

사회마케팅 개념(social marketing concept)은 마케팅지향에 입각한 마케팅활동은 소비자에게 만족을 주며 기업에 이윤을 실현시켜 주지만 사회 전체로 볼 때 해가 되는 경우가 생길 수 있다. 인간의 편의성을 만족하게 해주기 위한 다양한 제품들이 환경이나 사회적 윤리에 해가 되는 경우가 흔히 있다. 일회용 용품은 매우 편리하여 소비자를 만족하게 해주나 환경에 악영향을 미친다. 어떤 경우에는 담배나 술과 같이 소비자 자신에게도 나쁜 영향을 미치는 경우도 있다. 마케팅활동은 개인의 필요와 욕구를 만족하게 하되 사회적 환경과 복지를 해치지 않는 범위 내에서 행해져야 한다는 것이 사회적 마케팅의 개념이다. 기업의 이윤, 고객만족, 사회적 이해가 균형을 이룰 수 있는 마케팅활동이 되어야 한다는 것이다. 이러한 개념은 물질만능주

의로부터 인본주의 · 인간의 존엄성으로 전향하려는 마케팅의 인간지향적인 철학을 엿볼 수 있다.

그림 10-9 | 마케팅 개념의 변천과정

생산 개념	• "쉽게 구매할 수 있는 싼 가격 상품을 선호"한다는 태도 • 생산의 효율성과 유통망을 확보/개선
제품 개념	• "좋은 제품은 팔리게 되었있다"는 태도 • 우수한 품질의 제품개발에 주력
판매 개념	• 마케팅 = 광고, 영업 • 강력한 판매활동과 광고
마케팅 개념	• "만들 수 있는 것" vs "팔릴 수 있는 것" • 매출증대를 통한 이윤창출 vs 고객만족을 통한 이윤창출
사회적지향적 마케팅 개념	• 마케팅 개념의 확장 → 마케팅 개념 + 사회 전체 이익 고려 • 생산, 제품, 판매 개념 → 기업중심적 철학 • 마케팅, 사회지향적 마케팅 개념 → 고객중심적 철학 • 고객의 욕구를 찾아 충족시켜라 vs 고객을 무시하라 • 필요는 발명의 어머니 vs 발명은 필요의 어머니

마케팅관리(marketing management)란 기업의 목표를 달성하기 위하여 표적시장의 고객을 만족시키는 마케팅전략 및 마케팅계획을 분석에 근거하여 수립하고 그것을 실행 · 통제하는 일련의 활동을 말한다. 즉, 마케팅조사에 의하여 소비자의 욕구를 파악하고, 이를 제품에 반영하여 생산, 가격결정, 유통, 광고, 판매활동 등을 수행하는 것과 관련된 관리적 활동이라고 할 수 있다.

고객의 니즈를 디자인하라

1940년 5월, 뉴욕. 미국의 화학기업 듀폰이 나일론 스타킹을 처음으로 선보이던 날, 수많은 여자들이 제품을 사기 위해 상점이 문을 열기 전부터 길게 줄을 서 있었다. 원하는 제품을 구입하기 위한 고객들의 기다림은 오늘날까지 이어지고 있다. 애플 신제품 출시 때마다 텐트를 치고 밤을 새며 기다리는 사람들의 모습은 이제 너무나 익숙하다.

뛰어난 기능의 제품을 경쟁사보다 더 저렴한 가격에 출시한다고 해서 반드시 고객의 구매로 이어지는 것은 아니다. 기능/가격적인 니즈에만 초점을 맞춘 전략으로는 다른 기업과의 차별화가 어렵다. 기능적인 니즈는 기술 보편화 현상 때문에 경쟁사의 모방이 쉽게 이루어진다.

고객의 마음속에는 기능/가격적인 니즈 이외에도 여러 가지 니즈가 있다. 문화와 예술에 대한 관심, 사회 · 환경적 이슈에 대한 관심, 자기 표현 욕구가 커지고 있고 심미/상징적인 니즈에 대한 고객의 효용가치도 높아지고 있다.

고객의 마음속에 있는 다양한 니즈를 상충되지 않게 조합하여 제품으로 디자인해 낼 때 전혀 다른 혁신으로 나타난다. 패스트 패션은 빠른 상품 회전으로 재고 부담을 줄임으로써 최신 유행의 다양한 디자인과 저렴한 가격이라는 상충되는 듯 보이는 고객니즈를 조화시켰다. 사우스웨스트항공은 직원들의 창의력으로 추가적인 비용 없이 고객이 기대하지 못한 즐거움이라는 가치를 제공한다. 기능/가격적인 니즈는 단순한 설명으로 고객을 설득하기에 충분하지만 심미/상징적인 니즈는 체험이나 스토리를 통해 고객이 느끼게 하는 것이 더 효과적이다. 그래서 이케아와 같은 기업은 고객에게 알리는 방법 또한 그들만의 창의적인 방법으로 디자인했다.

다양한 영역의 융화를 강조하는 메디치효과(Medici Effect)로 르네상스가 도래했듯이, 다양한 고객니즈를 제품이라는 접점에 담아낸다면 혁신적인 아이디어가 창출될 수 있다. 다양한 고객의 니즈를 우리들만의 방법으로 조화시켜낸다면 신제품의 출시를 고객들이 설레임으로 기다리는 스토리가 우리 기업들의 얘기가 될 수 있을 것이다.

자료 : LG경제연구원 2012년 12월 12일

2) 마케팅관리의 과정

마케팅관리(marketing management)라는 것은 현재 마케팅 개념의 실현을 목표로 하여 마케팅활동을 통합적으로 관리하기 위한 프로그램의 분석과 계획의 책정 및 통제의 과정이다. 시장기회의 분석, 목적의 선택, 전략의 개발, 실행계획의 수립 실시와 통제의 실행이라는 활동의 과정으로서 나타낼 수가 있다.

그림 10-10 | 마케팅 관리과정

분석	계획의 책정			통제	
1. 시장기회	2. 기업 목적	3. 마케팅 전략	4. 마케팅 정책	5. 마케팅 실시	6. 마케팅 통제

첫째, 시장기회의 분석이다. 기업은 자사의 성장과 존속을 도모하기 위하여 마케팅 이념을 기반으로 하여 시장환경의 변화에 항상 주목하고, 자사의 자원과 능력을 고려하여 적응하고, 시장기회를 분석하여 발전의 기회를 놓치지 않도록 해야만 한다. 시장기회를 정확히 받아들이기 위해서는 시장정보의 조직적 수집과 분석 및 경영자의 창의와 비판이 필요하다.

둘째, 시장목표의 설정이다. 시장기회의 분석과 동시에 기업은 목적을 설정해야만 한다. 기업목적은 실제로 다양하게 표현되지만, 결국은 이익, 성장, 생존의 목적으로 집약할 수 있다. 이들은 기본적으로는 계량적으로 표현되고, 부문 간의 의사결정을 조정하며, 계획의 책정과 적절한 활동 및 통제의 기초를 제공하는 것이다. 기업의 하위목적으로서 설정된 마케팅목적은 기업목적을 시장에서 마케팅 활동에 의해 달성하려는 것인데, 타부문과의 관련분석과 조정이 이루어지는 것이 필요하다.

셋째, 마케팅전략의 개발이다. 기업목적과 마케팅목적이 설정되면, 다음은 장기적인 마케팅전략의 개발이 이루어진다. 마케팅전략은 먼저 기업이 목표로 해야만 하는 시상표적(market target)을 선정하고, 다음에 그 표적시장에 맞는 마케팅믹스(market mix)를 구성하는 두 개의 요소로 이루어진다.

넷째, 마케팅의 실행계획의 수립이다. 마케팅전략에 의하여 기업의 장기적 · 종합적인 노선이 결정되면, 다음은 그 전략을 실시하기 위한 전술계획을 프로그램화하는 것이다. 즉, 목표판매고, 업무할당 등의 형태로 특정한 목적으로 달성하기 위한 구체적인 마케팅 계획을 문서로 입안한다.

다섯째, 마케팅의 실시와 통제이다. 마케팅관리의 다음 단계는 마케팅 업무의 실시이다. 마케팅 계획도 마케팅 업무와 그 수행을 위한 일정 기간의 청사진이다. 청사진에 의거하여 마케팅 업무를 수행하기 위한 실시노력이 이루어진다. 그와 동시에 계획이 순조롭게 진행되고 있는가의 여부를 점검하고 수행된 업무를 평가하여 만일 문제가 발생하면 그것을 명확히 하고, 필요에 대응하여 여러 업무를 조정하는 마케팅 통제(marketing control)의 기능이 요청된다.

2. 소비자의 행동분석

마케팅활동의 목적인 소비자들을 만족시키기 위해서는 그들을 이해하는 것이 필수적이다. 마케팅활동에 대한 소비자들의 반응을 이해하지 못한다면 어떠한 마케팅활동을 할 것인지를 기획할 수 없다. 언제 어디서 어떤 제품을 구매하는지에 대한 소비자의 행동을 관찰하는 것도 중요하지만 왜 그런 구매행동을 하는지를 이해하는 것이 더 중요하다. 비슷한 광고를 했는데도 우리 제품을 사지 않고 경쟁사의 제품을 구매하는 소비자도 많으며, 인지도가 별로 높지 않은 경쟁사의 제품을 꾸준히 구매하는 소비자도 있다. 결과적인 소비자의 행위뿐만 아니라 소비자들의 깊은 심리적인 과정을 이해해야만 효과적인 마케팅전략을 수립할 수 있다.

1) 소비자 행동모형

소비자의 행동을 이해하기 위해서는 두 가지 과정을 이해해야 한다. 하나는 제품을 구매하기 위한 의사결정과정이며 다른 하나는 자극에 노출되고 지각하고 해석하여 의사결정에 도움을 주는 과정(즉, 정보처리과정)이다. 이 두 가지 과정에는 여러 가지 요인들이 영향을 미친다. 기업의 마케팅활동, 개인의 특성, 사회 · 문화적 요인, 심리적 요인 등이 영향을 미쳐서 모든 사람은 상이한 행동을 보인다.

2) 소비자의 구매과정

일반적으로 소비자들이 구매를 할 때에는 문제인식, 정보탐색, 대안평가, 구매, 구매 후 행동의 5단계를 거친다. 마케팅관리자는 이 구매과정의 각 단계에서의 소비자의 본질을 이해하고, 소비자의 구매동기를 파악하여 효율적인 마케팅활동을 수행해야 한다.

첫째, 문제인식은 구매가 일어나기 위해서는 무엇인가 부족하다는 것을 느끼게 되고 그것을 메우겠다는 욕구가 일어나야 한다. 무엇인가 부족하다는 것은 자신의 현재 상태가 자신이 생각하는 이상적인 상태가 아닌 경우에 느끼게 된다.

소비자가 스스로 문제를 인식하게 되는 경우를 내적 요인에 의한 문제인식이라고 한다. 반면, 광고를 보거나 친구의 말을 듣고 문제를 인식하는 경우도 있다. 이는 외

그림 10-11 | 소비자 행동모형

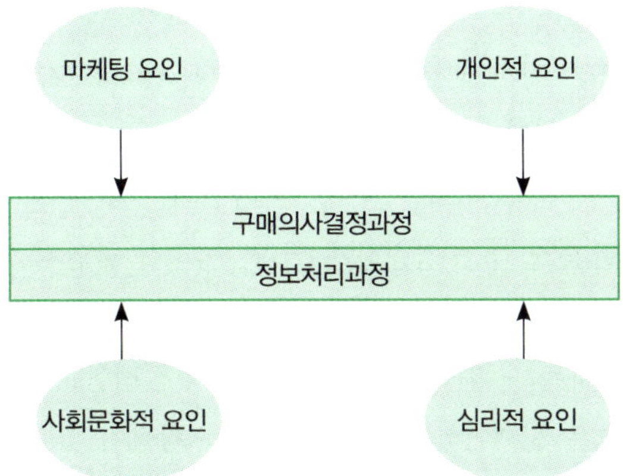

적 요인에 의해 문제가 인식되는 경우이다. 따라서 기업은 소비자에게 더 높은 이상적인 상태를 제시해서 문제를 인식시킴으로써 구매동기를 유발시킬 수 있다.

둘째, 정보의 탐색은 소비자가 문제를 인식하면 문제를 해결하기 위해 정보를 탐색하게 된다. 수집하는 정보의 양과 종류는 제품에 따라 차이가 있다. 정보의 탐색에는 많은 시간과 노력이 소요되므로 소비자는 대체로 소수의 대안들에 대해서만 정보를 탐색하게 된다.

내적 탐색이란 기억 속에 저장되어 있는 정보에서 의사결정에 도움이 되는 것을 끄집어 내는 과정을 말한다. 내적 탐색의 결과가 만족스러우면 다음 단계로 나아가고, 그렇지 않으면 외적 탐색을 하게 된다. 외적 탐색이란 기억 이외의 원천으로부터 정보를 탐색하는 활동을 말한다.

셋째, 대안평가는 정보수집 결과에 의하여 소비자는 몇 개의 상표를 놓고 평가한다. 상표의 평가는 소비자가 생각하는 평가기준에 의해 이루어진다. 속성의 중요도와 각 속성에 대한 평가를 종합하여 각 상표에 대한 태도(attitude)가 형성된다. 가장 호의적인 태도를 가지는 상표를 구매할 가능성이 높다.

넷째, 구매결정은 상표평가의 결과는 대체로 상표의 구매로 이어지지만 예상치 못했던 상황적 요인이 발생하여 다른 상표를 구매하는 경우도 있다. 예를 들어, 그 상표가 상점에 없다든지 또는 다른 상표가 대폭 할인판매하는 경우이다. 그 상표를 판매하는 점원이 불친절하여 다른 상표를 사버리는 경우도 있다. 이러한 상황적 요인이 발생하지 않도록 잘 관리하는 것이 매우 중요하다.

다른 사람의 영향으로 인해 선호하는 상표를 구입하지 않고 다른 상표를 구매하는 경우도 있다. 승용차, 의복 등 타인의 눈에 쉽게 들어 나는 제품의 경우는 다른 사람들이 어떻게 볼 것인가가 강하게 영향을 미치게 된다. 따라서 이러한 사회적 영향에 대해서도 대책을 세워야 한다.

다섯째, 구매 후 행동은 소비자는 구매 후 자신의 선택이 잘된 것인지에 대한 의구심에서 오는 강한 불안감을 경험하게 된다. 이러한 불안감을 구매 후 부조화(post-purchase dissonance)라고 한다. 구매 후 부조화를 없애기 위해 소비자는 자신의 선택을 정당화하는 노력을 하게 된다. 자신이 선택한 상표에 유리한 정보만 수집하거나 주위의 좋은 선택이었다는 것을 알리는 경향이 있다. 이러한 부조화를 경험하는 과정에서 자신이 선택한 상표가 문제점이 있거나 나쁜 정보를 접하는 경우에는 강한 불만족으로 이어질 수 있기 때문에, 기업은 부조화가 오래 지속되지 않도록 조치를 취해야 한다.

그림 10-12 | 소비자의 구매과정

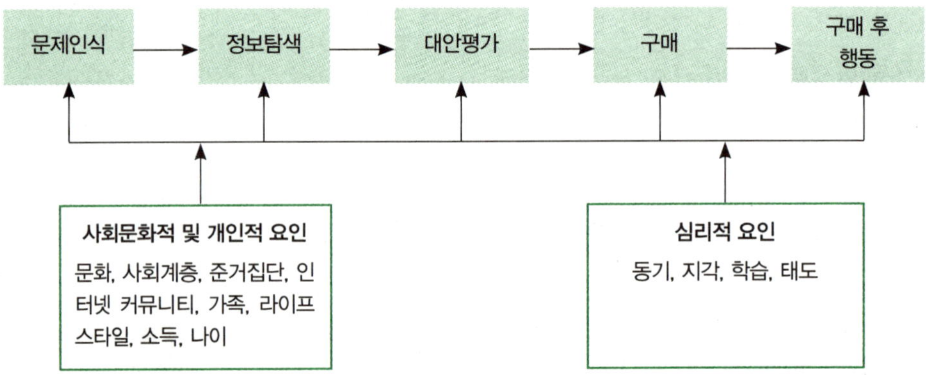

3. 마케팅전략

마케팅전략은 끊임없이 변화하여 예측하기 힘든 경쟁적인 환경조건하에서 고객을 확대하고 기업의 성장발전을 꾀하는 통합적이고 장기적인 경영정책이다. 마케팅 전략의 특성을 살펴보면 다음과 같다.

첫째, 경영목표를 달성하기 위한 수단이다. 즉, 경영목표에는 일반적으로 이익목표 이외에 성장목표 · 안정성목표 등이 있는데, 마케팅전략은 이러한 제 목표를 효율적으로 달성하기 위한 수단적 의미를 갖는다.

둘째, 환경변화에 적응성을 갖는다. 즉, 고객의 욕구나 구매관습 · 유통기구 · 경쟁상황 · 경제환경 · 사회환경 · 정치풍토 등의 마케팅 환경은 끊임없이 변화한다. 마케팅전략은 이와 같은 제 환경변화에 적응하기 위한 조치로서 필요하다.

셋째, 마케팅 정책에 유기성을 부여하는 역할을 한다. 즉, 이와 같은 동태적인 환경변화 속에서 마케팅전략은 새로운 시장기회를 발견 · 포착하고 그것을 최대한으로 활용할 수 있는 동태적 마케팅 정책을 수립 · 대처하는 기동성 내지 유기성을 부여하는 것이다.

그림 10-13 | 상위전략과 마케팅전략의 관계

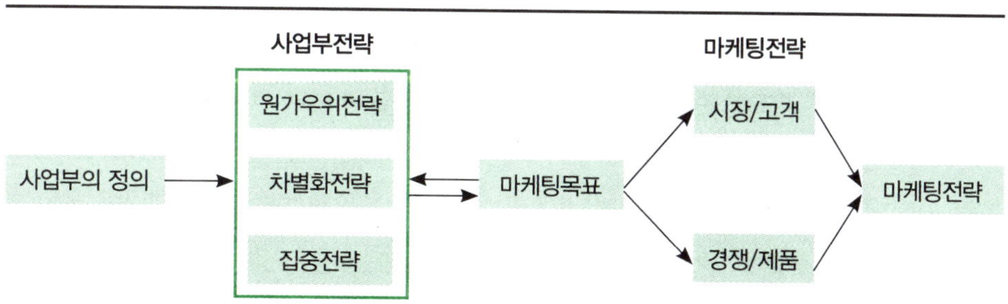

마케팅전략의 수립은 기업의 미션(사명)과 목표를 수립하고 전사적 또는 사업부 수준의 전략을 수립한 후, 그 전략적 목표하에 일관성 있는 마케팅목표를 세우는 것으로 시작된다. 마케팅목표는 명확한 목표시장의 선택, 경쟁사의 철저한 분석과 함께 이루어지며 이것들은 구체적인 마케팅믹스(가격, 제품, 유통, 촉진)에 관한 계획을 결정하게 된다.

시장분석 결과를 토대로 어떤 시장을 선택할 것인가를 결정하게 된다. 즉, 시장의 매력도, 고객의 특성을 파악하면서 목표시장을 정하게 된다. 고객들은 어떠한 편익을 얻기 위해 제품을 구매하는지를 분석하고 제품의 특징이 무엇인지, 경쟁사와 구분되는 차이점이 무엇인지를 분석한 후, 해당제품이 시장상황에 적합한지를 검토하여야 한다.

시장분석에서 고객 및 시장의 특성, 시장에서의 경쟁상황 등을 분석하고 제품의 특성을 고려하여 적합한 시장을 선택하고 그 시장에서 경쟁적 우위를 확보할 수 있는 포지셔닝을 결정한다. 포지셔닝을 정확히 하고 나면 포지셔닝을 성공적으로 실행할 수 있도록 마케팅전략을 수립한다. 지금까지 설명한 마케팅전략의 수립절차를 잘 표현하는 용어가 STP이다. 이는 시장세분화(segmentation), 목표시장의 설정(targeting), 포지셔닝(positioning)의 순서를 따라 마케팅전략이 수립된다는 것을 나타내고 있다.

그림 10-14 | 마케팅전략 수립과정

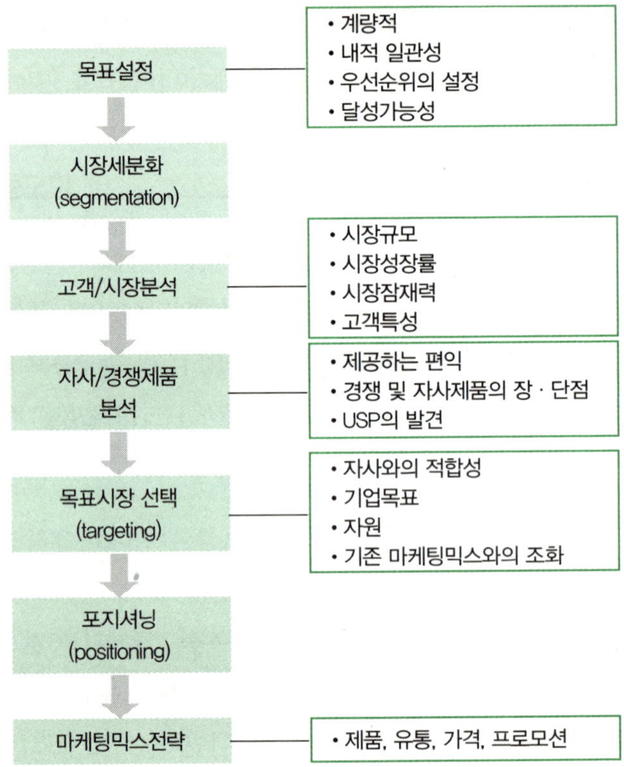

1) 시장세분화

마케팅전략 수립의 첫 단계는 누구를 우리의 고객으로 할 것인가를 정하는 것이다. 이는 결국 시장의 선택을 의미하는데, 시장의 선택을 위해서는 우선 시장을 분류해야 한다. 시장을 분류한 다음 각 시장의 크기, 시장잠재력, 고객의 이해 등을 철저히 분석해야 한다. 이렇게 시장을 분류하고 선택해가는 과정을 시장세분화(market segmentation)라고 부르고, 특정 기준에 의하여 동질적인 소비자들로 구성된 나누어진 시장을 세분시장(market segment)이라고 한다. 세분시장은 비교적 동질적인 소비자들로 구성되어 있기 때문에 마케팅믹스에 유사하게 반응한다.

그림 10-15 | 시장세분화 기준변수와 세분시장의 분석

시장세분화 기준변수

세분화	기준변수
지역별 세분화	지역, 인구밀도, 도시크기, 기후
인구통계적 세분화	나라, 성별, 소득, 가족수명주기, 교육수준, 종교
심리도식적 세분화	개성, 라이프스타일
행동적 세분화	추구하는 편익, 사용량, 상표충성도

세분시장의 분석

분석요소	평가항목
시장의 외형평가	• 시장잠재력 • 시장의 규모 • 시장성장률
고객의 특성평가	소비자의 필요와 욕구

시장세분화가 의미가 있으려면 세분시장마다 소비자들의 행동이 차이가 있어야 한다. 이러한 시장세분화는 특정 변수를 기준으로 이루어진다. 예를 들어 수도권, 호남권, 영남권, 충청권 등으로 분류하는 방법인데, 지역에 따라 소비자들의 욕구가 상이할 때만 의미가 있다. 소비자가 어떤 제품을 구매할 때는 그 제품으로부터 어떤 편익(benefit)을 얻기 위해서이다. 소비자들에 따라 얻고자 하는 편익이 상이하다면 추구하는 편익이 세분화의 기준이 될 수 있다.

세분시장별로 자사의 경쟁우위가 확보될 수 있는 가능성을 평가하여 전망이 좋은 세분시장을 선택해야 한다. 또한 자사의 제품과 경쟁제품의 차이를 분석하여 포지셔닝전략을 구축해 나간다.

2) 목표시장 선정

세분시장분석, 경쟁제품분석을 통해 세분시장을 충분히 이해한 후 적절한 세분시장을 목표시장으로 선택해야 한다. 특정 세분시장의 고객의 요구에 대응할 자신이 있고 경쟁제품과의 비교를 통해 자신의 제품이 충분한 경쟁력이 있다고 판단되는 경

우에도 그 세분시장의 공략이 기업의 다른 요소와 적합성이 있는지를 검토해 보아야 한다.

첫째, 기업의 목표와의 적합성을 생각해 보아야 한다. 아무리 매력적인 시장이라 할지라도 기업의 목표와 어긋난다면 선택할 수 없는 경우가 많다.

둘째, 기업의 자원동원가능성을 고려해야 한다. 시장이 매력적이고 기업목표와 일치하고 제품이 우수하다고 하더라도 기업이 동원할 수 있는 자원이나 능력이 부족하다면 그 시장을 효과적으로 공략할 수 없다면 그 세분시장을 선택할 수 없을 것이다.

셋째, 기업의 목표와 적합하고 자원을 가지고 있다 하더라도 기존의 마케팅믹스와의 조화를 생각해야 한다. 기존 제품과 품질면에서 차이가 커서는 곤란하며, 자사의 다른 제품과 비교하여 가격대가 차이가 나야 선택할 수 있다.

세분시장의 매력도 평가를 마친 후에는 어느 세분시장에 진출할 것인가를 결정해

그림 10-16 | 세분시장전략

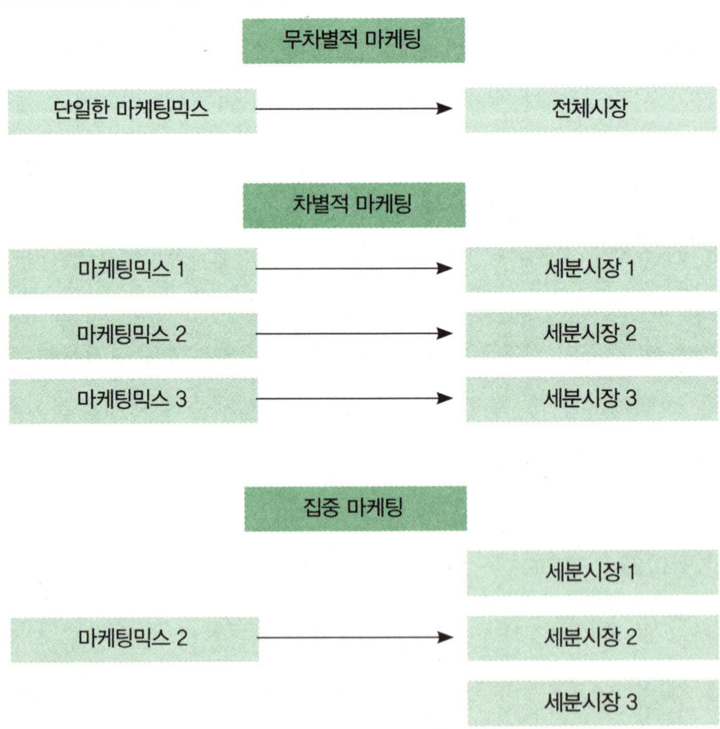

야 한다. 세분시장의 차이를 무시하고 단일제품으로 전체 시장을 공략하는 전략을 사용할 수 있고(무차별적 마케팅전략), 각 세분시장에 상이한 제품과 프로그램으로 접근하는 전략을 사용할 수 있으며(차별적 마케팅전략), 한 개 혹은 몇 개의 세분시장을 선택하여 집중적으로 공략하는 전략을 사용할 수도 있다(집중 마케팅전략). 전략의 선택은 기업의 규모, 제품의 특성, 가용자원, 경쟁사의 전략 등에 따라 달라진다.

3) 포지셔닝

목표시장이 선정되면 그 시장 내에서 경쟁우위를 확보하는 방법을 강구해야 한다. 목표시장에서 고객의 욕구를 파악하여 경쟁제품에 비하여 차별적 특징을 가지도록 제품개념을 정하고 소비자의 지각 속에 적절히 위치시키려는 노력을 해야 하는데 이러한 노력을 포지셔닝(positioning)이라고 부른다. 포지셔닝은 세분화된 시장에서 제품차별화를 통해 경쟁우위를 확보하는 방법이라고 할 수 있다.

재포지셔닝(repositioning)이란 포지션이 잘못되었다고 판단된 경우, 제품을 변경하거나 또는 제품의 변경 없이 광고나 다른 마케팅변수의 변경에 의해 포지셔닝 위치를 변화시키는 것이다.

포지셔닝의 분석방법으로는 인지도가 널리 사용된다. 인지도란 주요 속성을 기준으로 소비자들이 제품들에 대하여 인지하는 상대적인 포지션(위치)을 도표화한 것이다. 경영자는 이러한 인지도를 보고 어느 지점이 가장 자사제품에 적합한지를 결정해야 한다.

예컨대, 인지도상에서 비어 있는 부분(아직 경쟁사가 들어오지 않은 부분)에 포지셔닝할 수 있다. 그러기 위해서는 위치에 적합한 제품을 기술적 · 경제적으로 만들수 있고, 또한 그러한 제품을 찾는 소비자의 수가 많다는 확신이 있어야 한다.

다른 방안은 현재의 경쟁제품에 가깝게 포지션을 정하는 것이다. 이 방안을 선택하려면, 경쟁제품보다 우수한 제품을 만들 수 있고, 그 시장의 크기가 두 회사를 감당할 수 있을 만큼 커야 하며, 경쟁사보다 자원이 많거나 또는 회사가 가지고 있는 강점을 활용할 수 있는 위치이기 때문에 기존 경쟁제품에서 고객을 뺏어 올 수 있다는 확신이 있어야 한다.

일단 포지셔닝전략이 정해지면 그것에 맞는 상세한 마케팅믹스가 개발되어야 한다. 만일 기업이 목표시장 내에서 자사제품의 포지션을 고품질/고가격으로 정립하면, 고급스러운 제품을 개발하는 것은 물론 고급품만을 취급하는 소매상을 찾아야 하고 부유층의 구미에 맞는 광고를 개발해야 한다.

4. 마케팅믹스전략

마케팅믹스란 표적시장에서 마케팅 목표를 달성하기 위해 제품, 가격, 유통, 촉진을 종합적으로 결정하는 전략을 말한다. 제품전략은 제품뿐만 아니라 브랜드, 포장 등을 통하여 가치를 창조하는 활동을 의미하며, 가격전략은 제품의 특성이나 시장 상황에 따라 고가전략 또는 저가전략을 구사하는 것을 의미한다. 유통전략은 합리적이고 효율적인 유통경로와 수송방법, 재고수준 등을 결정하는 것을 의미하며, 촉진전략은 광고, 인적판매, 판매촉진, 홍보 등을 통하여 고객과의 효과적인 의사소통을 하는 것을 의미한다.

1) 제품

제품이라고 하면 눈에 보이는 물리적인 부분만을 생각하기 쉬우나 눈에 보이지 않는 부분까지 확장하여 생각할 필요가 있다. 핵심제품(core product)은 소비자가 특정 제품으로부터 얻기 원하는 기본적인 편익이며, 유형제품(tangible product)은 물리적 속성의 집합이며, 확장제품(extended product)은 유형제품에 부가되어 제품의 가치를 발휘하게 하는 부가적인 요소이다.

그림 10-17 | 다차원적 제품개념

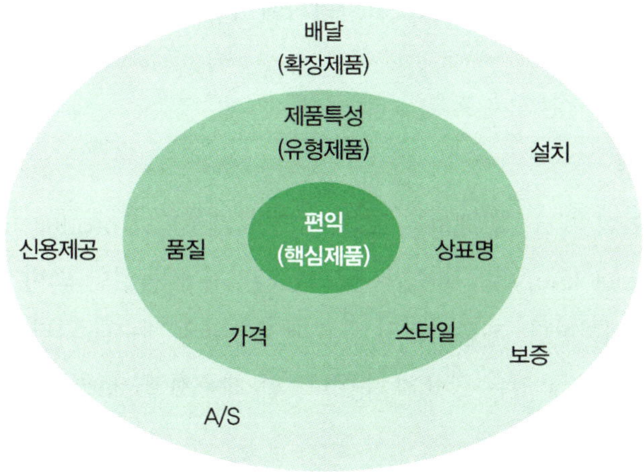

(1) 제품수명주기(Product Life Cycle)전략

특정 제품이 시장에 처음 출시되어 도입 · 성장 · 성숙 · 쇠퇴의 과정을 거쳐 시장에서 철수되는 과정을 제품수명주기(Product Life Cycle)라고 한다. 제품수명주기는 일반적으로 제품이 시장에 처음 출시되는 도입기, 매출액이 급격히 증가하는 성장기, 제품이 어느 정도 소비자들에게 확산되어 성장률이 둔화되는 성숙기 그리고 매

그림 10-18 | 제품수명주기 단계별 특징 및 마케팅 전략

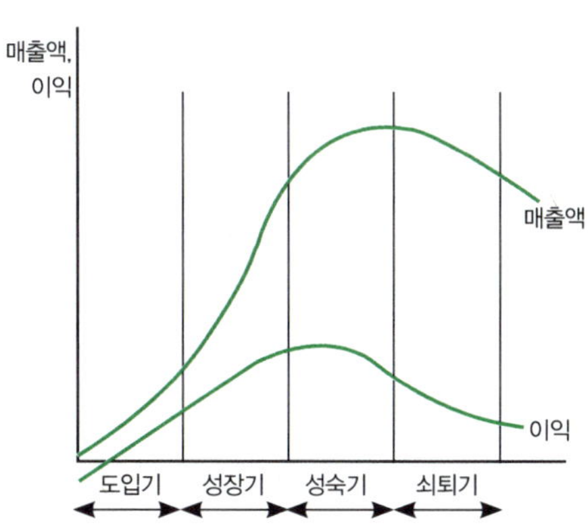

전략	도입기	성장기	성숙기	쇠퇴기
마케팅 목표	인지도 제고 및 판매증가	시장점유율 확대	기존 점유율 유지	수확 또는 철수
제품	기본정책	품질개선, 서비스 향상	상표, 모델의 다양화	기여도 낮은 품목 철수
가격	고가격 혹은 저가격	경쟁고려 저가격	경쟁고려 방어적 가격	저가격
유통	선택적 유통	집약적 유통	유통망 방어	우량 중간상 유지
광고	초기 구매자 대상 제품인 지도 구축	일반소비자 대상의 인지도 · 관심도 구축	상표 간 차이 및 제품편익 강조	최소한의 광고
판매 촉진	사용을 유도하기 위한 판매촉진	판매촉진 감소	경쟁제품으로부터 고객을 빼앗기 위한 판매촉진	최저수준 유지

출이 감소하는 쇠퇴기의 4단계로 구분할 수 있다. 제품수명주기전략은 각각의 제품이 갖는 수명주기를 전략의 일환으로 판단하여 수명주기에 맞춘 판매전략을 수행하는 전략이다.

(2) 제품믹스전략

어느 한 기업이 생산 · 판매하는 모든 제품을 제품믹스(product mix)라고 한다. 제품계열(product line)이란 비슷한 용도를 가지거나 동일한 소비자에게 판매되는 제품의 집합을 의미한다. 제품믹스의 폭은 제품계열의 개수를 나타낸다. 제품계열의 길이는 제품계열 안에 있는 상표의 수이다. 한 제품계열 내에 있는 품목의 수를 제품계열의 깊이라고 한다.

마케팅관리자는 이렇게 자사의 제품믹스를 넓이, 길이, 그리고 깊이의 세 가지 차원에서 파악함으로써 향후 제품라인의 수를 증가시키거나 제품라인의 길이를 더 늘리거나 혹은 각 제품별로 더 세분화된 형태의 제품을 생산함으로써 각 제품믹스 차원별로 제품관리를 할 수 있다.

2) 가격

가격은 자사제품이 가진 효용에 대해 소비자가 부여한 가치로서 마케팅믹스 중 가장 민감한 요소이며 경쟁우위의 원천이 된다. 가격이 너무 높게 책정되면 소비자는 구매를 포기하게 된다. 구매를 포기하는 가격의 상한선을 유보가격(reservation price)이라고 한다. 가격은 유보가격보다는 낮아야 하지만 이익이 보장되지 않을 정도로 원가보다 낮아서는 안될 것이다. 기업은 양극단인 유보가격과 원가 사이에서 여러 가지 요인들을 고려하며 가격을 결정하게 된다. 고려하는 요인들은 마케팅전략, 전략목표, 소비자반응, 제품의 원가구조, 경쟁제품의 가격, 정부규제 등이다.

기업의 가격목표는 기업전략과 일관성을 유지하면서 설정해야 되는데, 시장확대목표나 가격에 의한 경쟁력 확보목표 등이 있다. 이러한 목표를 고려하면서 가격전략이 결정되는데 이 경우 경쟁기업의 전략 등과 같은 경쟁상황을 고려해서 상대적으로 높은 가격, 비슷한 가격, 낮은 가격으로 구분되어 생각하는 것이 바람직하다.

가격전략이 결정되고 나면 가격선정을 위한 기준을 찾게 되는데 원가, 경쟁자가

그림 10-19 | 가격결정에 영향을 미치는 요소

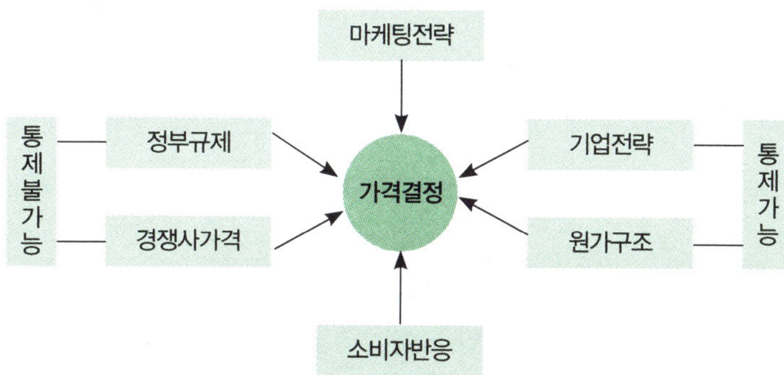

격, 소비자의 기대가격 등이 선택될 수 있으며 결정시에는 소비자의 심리와 거리를 고려하게 된다.

원가중심 가격결정은 사전에 정한 목표이익을 총비용에 가산하여 가격을 결정하는 방법으로 계산이 매우 간단하나 소비자의 실제수요를 반영하지 못한다. 소비자기준 가격결정은 제품에 대한 소비자의 평가나 반응을 근거로 가격을 결정한 방법이

그림 10-20 | 가격전략

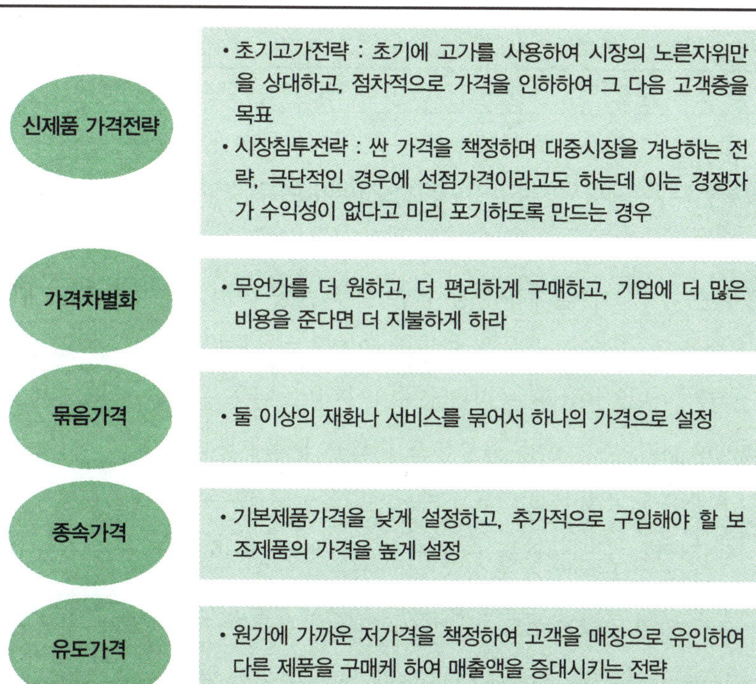

다. 경쟁기준 가격결정은 경쟁기업과 경쟁제품의 가격을 가격결정의 가장 중요한 기준으로 보고, 경쟁제품의 가격과 비교하여 유사하거나 차별적인 가격을 설정하는 것이다.

3) 유통

유통이란 제품이나 서비스를 생산자로부터 소비자에게 이전하는 과정으로 생산기능과 소비기능을 연결하는 것으로 유통경로를 선택하고 관리하는 다양한 활동이다. 유통경로는 기업에서 만든 제품과 서비스가 소비자 및 최종소비자에게 이전되는 과정에 참여하는 개인 및 조직을 말한다. 유통경로에는 도매상, 소매상과 같은 조직이나 개인이 관여하여 제품을 소비자들에게 효율적으로 전달될 수 있도록 해 준다.

유통경로는 중간상인 없이 제조업자에서 소비자에게 상품이 직접 전달되는 직접마케팅경로와 중간상이 개입되는 간접마케팅경로로 나누어진다. 간접마케팅경로는 여러 가지 유형이 존재한다. 기업이 어떤 유형의 유통경로를 사용할 것인지는 제품의 특성, 시장의 특성, 기업의 특성, 경로구성원의 특성 등에 따라 달라진다.

그림 10-21 | 유통경로의 유형

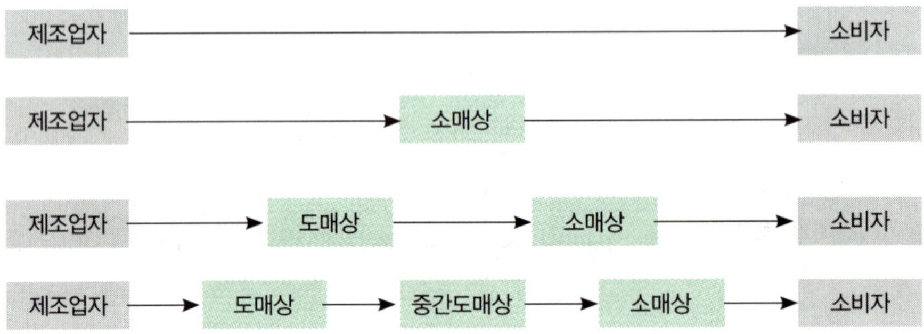

유통경로 결정은 자사의 제품이나 서비스를 목표시장에 효율적으로 도달시킬 수 있는 방법을 결정하는 것이다. 기업이 선택한 유통경로는 제품, 가격, 촉진 등의 다른 마케팅 의사결정에 영향을 주고 있다. 현대와 같은 고도 경제사회에서는 제품생산업자의 수도 많고 유통경로도 복잡하기 때문에 유통이 계획적으로 수행되지 않으면 수요가 있는 곳에 제품을 공급할 수 없게 되는 경우도 발생할 수 있다.

4) 촉진

고객의 욕구를 충족시켜 줄 수 있는 제품을 만들고 가격을 책정하고 유통망을 확보했다고 하더라도 고객에게 알리고, 구매하도록 설득하고, 구매를 유도하는 인센티브를 제공하지 않는다면 판매는 충분히 일어나기 어려울 것이다. 마케팅활동 중 이러한 역할을 수행하는 것을 촉진(promotion)이라고 한다.

즉, 촉진은 소비자의 수요를 환기시키고 판매가 잘 되도록 하기 위하여 소비자에게 여러 가지 방법으로 제품에 대한 호의적인 태도를 가지도록 하고 소비자의 구매 의욕을 자극하는 활동을 말한다.

촉진은 광고, 홍보, 인적판매, 판매촉진의 네가지 요소가 있다. 첫째, 광고는 광고주가 비용을 대고 사람이 아닌 매체를 통하여 자신의 제품을 널리 알리는 커뮤니케이션 수단이다. 둘째, 홍보(publicity)는 사람이 아닌 매체를 통하여 제품이나 기업 자체를 뉴스나 논설의 형식으로 다루게 함으로써 널리 알리는 방식이다. 홍보에 대한 비용을 지불하지 않는다는 점이 광고와 근본적으로 다른 점이다. 셋째, 인적판매(personal selling)는 사람(판매원)이 고객과 만나 제품을 사도록 권유하는 마케팅활동이다. 넷째, 판매촉진(sales promotion)은 단기간에 제품에 대한 수요를 촉발시키기 위해 실시되는 광고, 홍보, 인적판매 이외의 모든 프로모션 활동을 의미한다.

그림 10-22 | 촉진수단의 종류와 특징

마케팅믹스와 촉진믹스의 관계

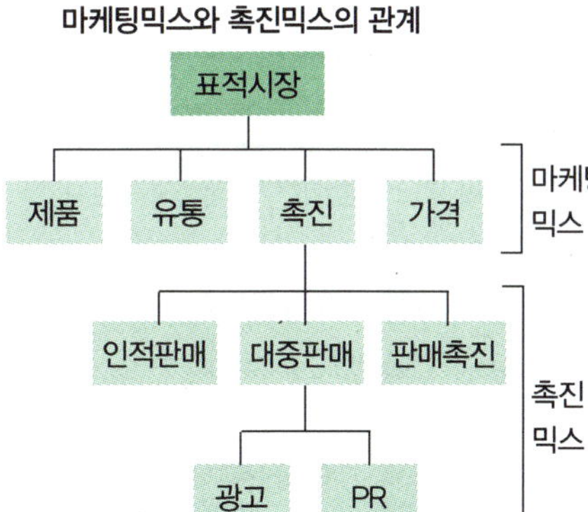

프로모션 수단의 특징

	범위	비용	장점	단점
광고	대중	고가	신속 메시지통제가능 다수 대중에 전달	효과측정 어렵다 정보의 양이 제한
인적 판매	개별 고객	고가	정보의 양과 질 즉각적 피드백	높은 비용 느린 프로모션속도
판매 촉진	대중	보통	즉각 효과 측정 용이 시행 용이	모방이 쉽다 단기적 효과
PR	대중	무료	신뢰도가 높다	통제가 어렵다 간접적 효과

기업의 기본적인 촉진전략은 풀(pull)전략과 푸쉬(push)전략으로 나누어진다. 풀(pull)전략은 제조업자 쪽으로 당긴다는 의미로 소비자를 상대로 적극적인 프로모션

활동을 하여 소비자들이 제품을 찾게 만들고 중간상인들은 소비자가 원하기 때문에 제품을 취급할 수밖에 없이 만드는 전략이다. 풀전략을 사용할 경우 광고와 홍보를 주로 사용하게 되며 쿠폰, 견품, 경품 등과 같은 소비자를 대상으로 하는 판매프로모션을 많이 사용하게 된다.

그림 10-23 | 풀전략과 푸시전략

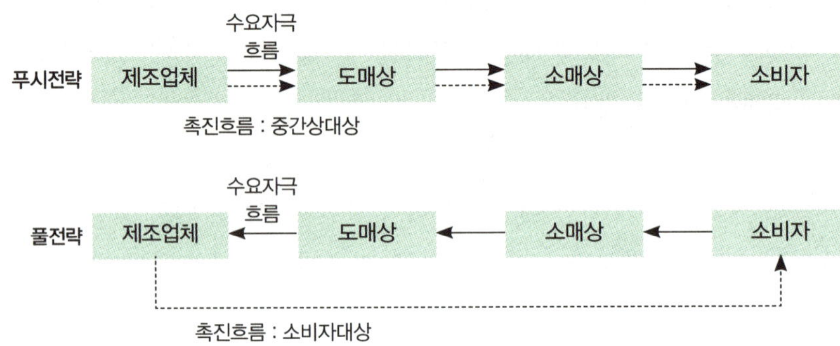

푸시(push)전략은 제조업자가 소비자를 향해 제품을 밀어낸다는 의미로 제조업자는 도매상에게 도매상은 소매상, 소매상은 소비자에게 제품을 판매하게 만드는 전략이다. 푸시전략은 인적판매를 통하거나 가격할인, 수량할인 등과 같은 중간상인을 대상으로 하는 판매촉진을 주로 사용하여 실행하게 된다.

95%의 무의식을 설득하라

인간이 언제나 의식적으로 판단하고 행동한다는 가정이 조금씩 무너지고 있다. 일찍이 하버드대학의 제럴드 잘트먼 교수는 "인간의 욕구는 단지 5%만 겉으로 드러나고 95%는 무의식의 지배를 받는다"고 했다. 그는 인간의 사고, 감정, 학습의 95%는 의식하지 못하는 상태에서 이루어진다는 '95%의 법칙'을 주창함으로써 뉴로 마케팅의 이론적 기반을 제공했다. 기업에서도 무의식적으로 반응하는 소비자의 두뇌활동을 분석해 마케팅에 접목하는 뉴로 마케팅(neuro marketing)에 주목하고 있다. 뇌 속에서 정보를 전달하는 뉴런이나 소비자들이 자각하지 못하는 무의식적 반응을 분석해 마케팅에 활용하는 기법이다. 뉴로 마케팅은 제품개발 단계에서 제품의 명칭, 디자인, 성능을 정할 때는 물론 브랜드 로고나 이미지 같은 브랜드전략을 수립할 때도 폭넓게 활용되고 있다.

마케터들은 그동안 주로 설문지를 이용해 소비자 심리를 파악해 왔다. 서베이나 실험을 할 때 설문지를 제시하고 태도나 반응을 알아보는 명시적(explicit) 측정법을 주로 이용해 왔는데 이제 그것만으로는 럭비공처럼 어디로 튈지 모르는 소비자의 속마음을 속속들이 알기 어렵게 되었다. 누가 설문지를 뿌리느냐에 따라, 응답자의 기분 상태에 따라 여러 가지 오차가 개입할 여지가 많기 때문에 설문지 응답 결과를 전적으로 신뢰하기 어렵다는 것이다.

그래서 설문조사를 보완하는 방안으로 나온 것이 암시적(implicit) 측정법이다. 깊이 생각하지 말고 즉각적인 느낌만을 나타내게 하거나, 눈동자의 움직임이나 뇌파를 측정해 어떤 자극에 대한 소비자의 반응을 알아보는 기법이다. 예컨대, 닐슨의 뉴로포커스(NeuroFocus)는 소비자의 뇌파 활동을 1초에 2,000번의 빈도로 측정하는 정교한 조사기법이다. 두뇌와 중추신경계의 즉각적인 반응을 기록하는 시선추적(Eye Tracking)장치, 기능성 자기공명영상(fMRI)장치, 뇌파검사(EEG : Electro Encephalography) 같은 뇌과학 기술이 암시적 측정에 자주 활용된다.

기아자동차의 K7은 암시적 측정 결과에 따라 이름을 지은 대표적인 사례다. 기아자동차는 K7을 출시하기에 앞서, 국내외 200여 명을 대상으로 설문조사를 실시한 다음 기존의 명시적 측정법과는 별도로 소비자의 시선추적과 fMRI를 활용하는 암시적 측정 결과를 바탕으로 신차 이름을 정했다. 암시적 방법으로 측정한 결과, 소비자들은 K7이라는 이름이 더 세련되고 혁신적이며 고급스럽다고 무의식적으로 반응했고, 그 결과를 바탕으로 알파벳과 숫자를 조합한 '알파뉴메릭' 방식의 차명을 결정했다.

뉴로 마케팅의 전도사로 알려진 젬마 캘버트 박사는 "뉴로 마케팅은 사람들에게 무엇을 원하는지 묻지 않는다. 말하고 싶지 않은 것을 말해 달라며 불편함을 주지도 않는다. 그룹 데이터를 모을 뿐 개별 소비자와 관련된 데이터를 원하는 것이 아니기 때문에 프라이버시와 관련된 개인적인 욕구가 노출될 우려도 없다"며 장점만을 강조했다. 그러나 뉴로 마케팅은 분명 많은 장점이 있지만, 모든 일에 양면성이 있듯이 뉴로 마케팅 역시 완벽하지는 않다. 사람의 뇌는 어떤 자극에 대해 즉각적으로 반응하지만 활성화되는 지점이 사람마다 조금씩 다르게 나타나기 때문에 그 결과를 해석하고 적용할 때는 보다 신중한 적용 기준을 마련해야 한다. 또한 fMRI라는 장비 한 대를 사려면 약 10억 원이라는 돈이 들어가고, 장비가 있는 곳에 가서 한 번 실험을 하는 데 100만 원 정도를 지불해야 한다는 점도 부담이 아닐 수 없다.

암시적 측정법은 기존의 설문조사를 완전히 대체하지는 못한다. 즉 암시적 측정법은 기존의 명시적 측정법의 대체재가 아닌 보완재로 봐야 한다. 어떤 마케터들은 새것이 나오면 이전 것을 깡그리 무시하고 새로운 것을 그럴싸하게 적용해 '뭔가 있어 보이게' 포장하려는 성향이 있는데, 선무당이 사람 잡는 격이다. 무의식이나 즉각적인 반응을 반드시 알아봐야 할 경우에는 암시적 측정법을, 그렇지 않을 때는 명시적 측정법을 쓰면 된다. 설령 경제전문지 「포천」에서 뉴로 마케팅을 '미래를 이끌 10대 신기술'로 꼽았다 하더라도, 어디까지나 그 장점과 한계를 알고 적용해야 한다.

잘트먼 교수의 '95%의 법칙'은 분명 마케터들에게 유용한 시사점을 제공해준다. 그렇지만 보이지 않는 95%의 마음을 읽는 데 있어서 암시적으로 측정한다는 장비에 현혹되어 그 결과만을 신봉하는 마케팅 근시안이 되면 곤란하다. 암시적 측정 결과와 명시적 측정 결과를 비교 · 분석하고 깊이 있게 해석해, 의사결정을 올바르게 하는 것이 더 중요하지 않을까?

자료 : 매일경제신문 2013년 5월 31일

Chapter 11

인적자원 · 재무관리

제 1 절 인적자원관리

1. 인적자원관리의 의의와 중요성

1) 인적자원관리의 의의

인적자원은 자금, 물적 요인 등과 함께 경영활동의 중요한 요소이나, 특히 무한한 창조력을 지니고 있기 때문에 그 중에서 가장 중요시되고 있다. 또한 다른 요소와는 달리 생명력을 지니고 있는, 즉 살아서 스스로 움직이는 감정, 인격, 성질, 생각, 관습 및 문화 등을 독자적으로 지니는 생체인 것이다.

인적자원관리란 인적자원에 대한 이해도를 높이고 조직성과에 기여할 수 있는 인적자원의 관리와 방법, 그리고 이에 필요한 경영조직 요건을 연구하는 분야이다. 인적자원관리의 정의와 표현은 매우 다양하기 때문에 인적자원관리는 대체로 기업에서 노사관계(labor relation)나 산업관계(industrial management)와 동일시하는 경향이 있고, 개념상의 혼돈을 가져오기도 하였다.

인적자원관리는 기업의 목적을 달성하기 위해 필요한 인적자원(human resources)을 확보하고 이들의 현재적(顯在的) 또는 잠재적 능력을 최대한으로 개발하고 직무만족을 부여함으로써 이를 효율적으로 이용하기 위한 계획적이고 조직적인 관리활동의 체계를 말한다. 즉 현대적 의미에서 인적자원관리란 조직의 구성원들이 자발적으로 조직의 목적달성에 적극적으로 기여하도록 하게 함으로써 조직의 발전과 함께 개인의 안정과 발전도 아울러 성취하도록 조직에서 사람을 다루는 철학과 그것을 실현하는 제도 및 기술의 체계라고 말할 수 있다.

이러한 인적자원관리에 대한 학자들의 다양한 정의를 살펴보면, 스페이트(T. G. Spates)는 "인사관리란 종업원의 잠재적 능력을 최대로 발휘시키고 스스로 최적효과를 확보하도록 그들을 대우하고 조직하는 방법에 관한 규범체계"라고 정의하고 있으며, 마이어스와 피고스(Charles A. Myers & Paul Pigors)는 "인사관리란 종업원이 그의 노동으로부터 최대만족감을 얻고 기업에 대해서 최대공헌을 하도록 그의 잠재력을 육성 · 발전시키는 방법"이라고 정의하고 있다. 또한 요더(Dale Yoder)는 "인사관리란 남녀 종업원들로 하여금 그들의 직장에 대하여 최대공헌을 할 수 있도록 하고, 동시에 최대 만족감을 얻을 수 있도록 조력 지도하는 기능 내지 활동"이라고 정의하고 있다.

이와 같은 다양한 정의를 요약해 보면, 인적자원관리란 종업원의 잠재력을 최대한 활용하여 최대의 조직목적의 성과를 확보하고 동시에 종업원들에게 최대의 만족감을 부여하는 관리활동이라고 할 수 있다.

2) 인적자원관리의 중요성

기업을 경영하는데 인적자원관리는 기업활동의 성과를 좌우하는 매우 중요한 활동이다. 기업이 자금, 기계, 원료 등의 생산요소를 결합하여 가치를 창출하는 것은 인간의 정신적 · 육체적 기능에 의해 생산요소가 결합되기 때문이며, 이들 성과는 개인의 능력이나 노력이 아니라 기업에 참가한 많은 상이한 활동을 하는 사람들의 협동에 의하여 수행되는 것이다.

인적자원관리가 기업의 경영관리에 필요성을 가지고 등장하게 된 전제조건을 살펴보면 다음과 같다.

첫째, 조직규모의 확대이다. 조직규모가 대형화됨에 따라 자연히 업무활동의 기능이 세분화되었기 때문에 인적자원관리의 필요성이 점증되었다.

둘째, 종업원의 확보와 활용이다. 우수 노동자의 확보와 종업원을 기업의 목적달성에 유용하게 활용하기 위해서는 인적자원관리가 필요하다.

셋째, 전문직능으로의 발전이다. 인적자원의 역할 분화는 총괄적으로 관리하기 위한 전문적 지식과 기능을 가진 조직단위로 창조하게 하여 전체 조직을 효율적으로 관리하게 한다.

넷째, 노동조합의 발전이다. 노동조합의 결성으로 노동조건의 개선, 향상과 인사 결정권에도 개입, 참여하게 되었으며 이에 대응하기 위해 경영자 측에서는 인사스탭의 충실, 인적자원관리의 제도화, 규격화로 그 체계를 정비하게 되었다.

따라서 현대 인적자원관리의 과제는 조직 효율성의 향상, 조직 내 이해관계의 공정한 조정, 노동에서 인간적 측면의 충실, 능력위주의 관리, 인적자원관리 시스템의 정비로 구분할 수 있다.

신언서판의 지혜

동서고금을 막론하고 어느 조직이나 단체, 넓게는 국가를 잘 운영하기 위한 요건 중 하나가 바로 '사람'이다. '인사(人事)가 만사(萬事)'라는 말도 있듯이 인재를 발굴해 적소에 배치하는 것이 조직의 안위와 발전의 주춧돌이 된다. 기업에서도 조직의 인력 구성이 미래가치를 결정할 정도로 인재 등용의 중요성이 커지고 있다.

예로부터 우수한 인재를 변별하기 위한 많은 노력이 있어 왔다. 대표적인 것이 신언서판(身言書判)이다. 중국 당서(唐書)의 선거지(選擧志)에 따르면 당나라에서는 관리를 등용할 때 신언서판 네 가지를 두루 갖춘 사람을 으뜸으로 선발했다고 한다. 풍채와 용모, 언행, 글솜씨, 판단력을 두루 갖춰야만 백성의 모범이 되고 백성을 올바른 길로 이끌 수 있다는 의미다. 신언서판은 우리나라에도 전해져 조선시대에 인재 등용의 원칙이자 선비들이 갖춰야 할 덕목으로 뿌리내렸다. 다만 우리나라에서는 신(身)은 용모보단 '올바른 몸가짐'으로, 언(言)은 화려한 언변보다는 '경솔하지 않고 진중한 언행'으로 강조되었다.

요즘 기업이나 단체들도 직원을 채용할 때 자기소개서와 논술, 면접 등을 통해 지원자를 여러 측면에서 평가하고 있다. 하지만 안타까운 점은 채용 방식이 너무 경직되고 획일화되어 있다는 것이다. 채용하는 쪽에서 출신 학교와 성적, 자격증 등 이른바 '스펙'을 중시했고, 그러다보니 취업을 준비하는 학생들도 본인의 적성이나 의지와 상관없는 '스펙 쌓기'에 치중할 수밖에 없었다. 다행히 최근 일부 기업들이 기존의 채용 방식의 문제점을 인식하고 개인의 의지와 역량, 인문학적 소양 등을 중시하는 방식으로 개선하고 있다.

미래의 세계는 '글로벌 원-월드(Global one-world)' 현상이 더욱 심화되고 사회구조도 복잡다기화될 것이다. 여러 분야에서 다양한 형태의 인재를 필요로 하게 되며, 이는 인적자원이 풍부하고 개개인 역량이 뛰어난 한국에 좋은 기회가 될 것으로 보인다. 이미 우리나라는 문화예술과 스포츠 등 분야에서 세계적인 인재들이 속속 배출되고 있으며, 유엔 사무총장과 세계은행 총재 등 국제적 리더십도 강화되고 있다.

이제는 우리 사회 전반적으로 인재 발굴 · 육성 시스템에 문제가 없는지 점검해봐야 할 때다. 국가와 사회는 다양한 분야에서 창조적인 인재가 나올 수 있는 토양이 되어 주고 개인은 그에 걸맞은 진정한 신언서판을 갖춰가는 것, 그것이 우리가 추구해야 할 방향이 아닐까 한다. 선인(先人)들의 오랜 지혜인 신언서판의 의미를 오늘 새삼 되새기게 된다.

자료 : 한국경제신문 2013년 10월 27일

3) 인적자원관리의 내용

현대 기업에 있어서 경영전략, 경영조직, 경영관리가 매우 중요한 기업활동이지만 결국 이러한 기업활동을 상호 유기적으로 원활하게 작동하게끔 하는 주체는 사람이다. 기업은 새로운 신입사원을 뽑아 조직에서 필요로 하는 인재를 만들고자 하는 여러 가지 효과적인 제도들을 체계적으로 갖추어 운용하고 있다. 이러한 활동들은 확보관리, 평가관리, 개발관리, 보상관리, 유지관리 등으로 나눌 수 있다.

그림 11-1 | 인적자원관리의 내용

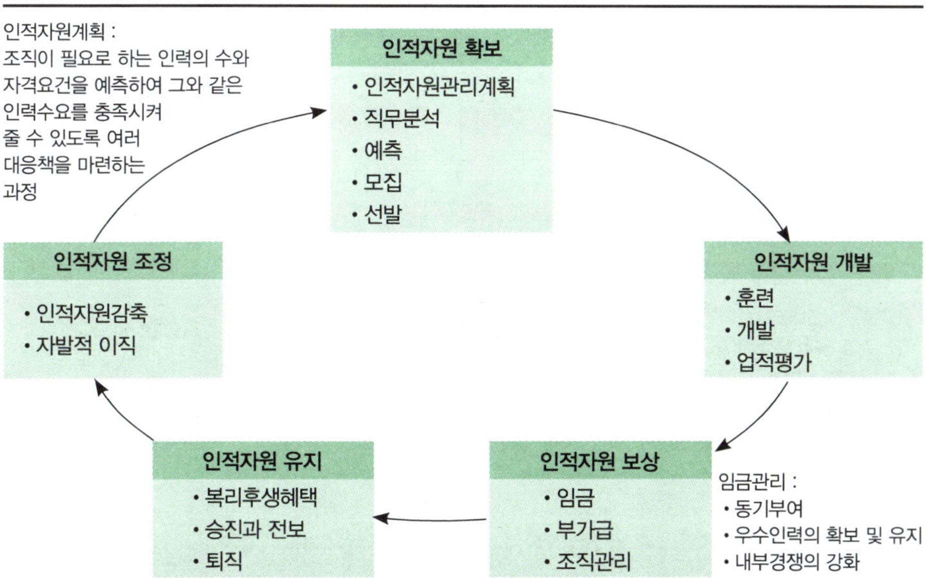

2. 인적자원의 확보관리

인적자원의 관리활동은 직무분석을 통하여 누구를 얼마만큼 채용해야 할 것인지에 관한 인적자원계획을 수립하는 것으로부터 시작한다. 그 다음으로 필요한 능력을 갖춘 인적자원을 모집하게 되고 소정의 시험절차를 거쳐 선발한 후 적재적소에 배치하게 된다.

1) 인적자원계획

기업 내외의 환경변화와 사업계획을 고려하여 필요한 인력을 적절히 확보하기 위한 인적자원 전반에 걸친 계획을 수립한다. 즉, 필요한 인적자원의 수요 예측, 분석, 모집, 선발, 교육 · 훈련 및 이동과 같은 여러 활동 계획을 수립한다.

그림 11-2 | 인적자원계획 과정

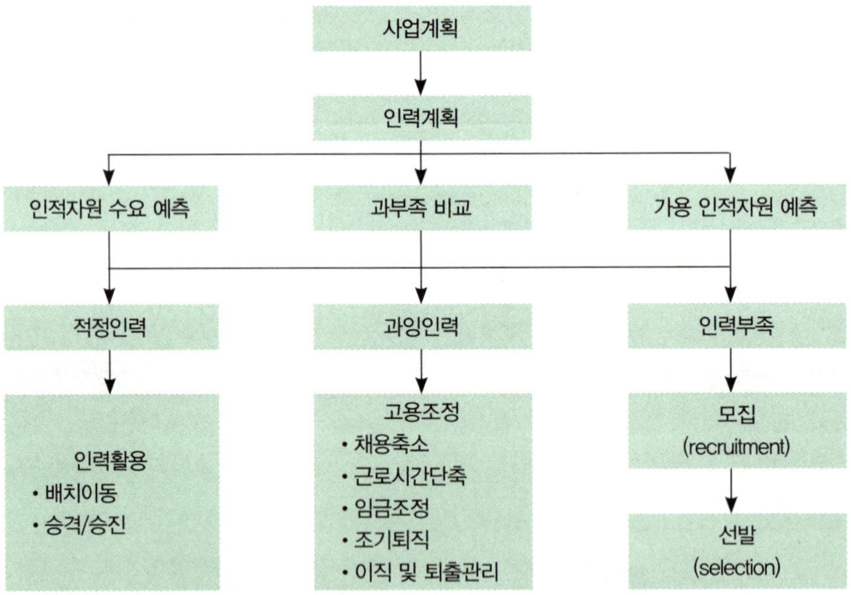

2) 직무관리

직무관리란 직무분석(job analysis)을 통하여 직무기술서(job description)와 직무명세서(job specialization)를 작성하고, 이를 토대로 한 직무평가(job evaluation)를 통해 직무가치에 관한 정보를 산출하며, 직무담당자로 하여금 일할 맛을 느끼며 일을 수행할 수 있도록 직무를 설계하는 일련의 관리활동을 말한다.

직무분석이란 직무를 구성하고 있는 일의 전체 및 그 직무를 완수하기 위해서 담당자에게 요구되는 경험, 기능, 지능, 능력, 책임과 그 직무가 타 직무와 구별되는 요인을 각각 명확하게 밝히어 기술하는 절차이다.

직무평가는 직무기술서와 직무명세서를 토대로 하여 각 직무의 중요성, 곤란도, 위험도 등을 평가하여 상대적 가치를 결정하는 과정이다.

직무설계는 직무분석과 직무평가를 토대로 하여 기업의 목표를 달성하기 위하여 필요한 직무의 유형화, 직무의 내용 및 작업의 방법을 정의하는 과정이다.

그림 11-3 | 직무분석의 활용

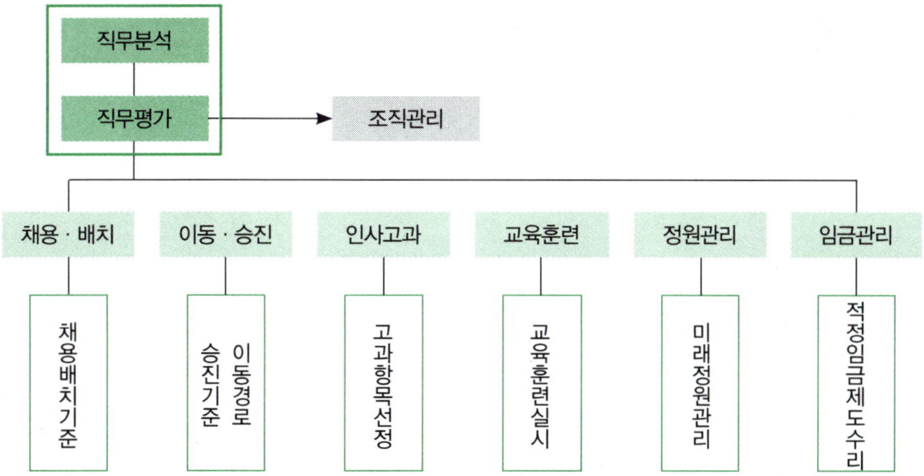

3) 인적자원의 채용관리

채용관리란 인력을 모집 · 선발 · 배치하는 일련의 절차를 말한다. 조직전략과 인력계획을 통해 인력의 수와 기술의 형태가 결정되면, 인력모집방법을 선택하고, 인력충원을 위하여 타당성 있는 도구를 개발하여 인재를 선발하며, 충원된 인력을 적재적소에 배치하는 활동들을 말한다.

모집에는 내부모집(기업 내부 승진, 발탁, 전보) 및 외부모집(광고에 의한 공개 모집, 직업훈련기관 및 직업소개소 이용, 학교의 추천)이 있다. 선발도구에는 선발시험(지능, 적성, 성취도, 흥미, 인격검사 등) 및 면접(지적 능력, 태도, 인품, 성격 등)이 있다. 배치는 선발된 인원을 적성, 희망, 능력에 따라서 적절한 직무에 할당하는 것이다.

3. 인적자원의 개발관리

개발관리란 기업이 경쟁력을 제고하기 위해서 조직구성원의 사고방식, 지식, 기능, 그리고 태도를 변화시켜서 조직에 유용한 사람으로 만드는 전략적 활동을 의미한다. 오늘날 기업환경이 급변함에 따라 이에 대한 기업의 유연하고 능동적인 대처가 기업의 생존과 성장에 직접적인 영향을 미치고 있다. 이에 기업에서도 인적자원관리에 있어 능력주의 인사관리가 요구되고 있으며 또한 전문적인 지식이나 능력을 갖춘 인력의 개발이 더욱 중요시되고 있다.

1) 교육훈련관리

교육훈련이란 기업 내에서 종업원의 자질을 개발하고 직무에 대한 적응성을 높임으로써 보다 나은 자격을 갖출 수 있도록 조직적 · 체계적으로 유도하는 활동이라 할 수 있다. 교육훈련은 인재육성을 통한 기술을 축적하고, 자아개발의 욕구를 충족시켜 근로의욕과 동기유발을 촉진한다. 또한 교육훈련은 원활한 의사소통의 역할을 하므로 이를 통한 구성원의 화합과 조직협력을 이끌어 낼 수 있다.

교육훈련의 방법은 직장 내 교육훈련과 직장 외 교육훈련 방법으로 구분할 수 있다. 직장 내 교육훈련(OJT : on the job training)은 구체적인 직무를 수행하는 과정에서 직속상사가 부하에게 직접적으로 개별지도를 하고 교육훈련을 시키는 라인담당자 중심의 교육훈련방식이다.

직장 외 교육훈련(Off-JT : off the job training)는 교육훈련을 담당하는 전문스탭의 책임하에 집단적으로 실시하는 방식으로, 이 훈련은 기업 내의 특정한 교육훈련시설을 통하여 실시되는 경우와 기업 외의 전문적인 훈련기관에 위탁하여 수행하는 경우가 있다.

표 11-1 | 교육훈련체계

<table>
<tr><td rowspan="2">CDP</td><td>OJT
(사업장 내 교육으로 일상업무를 통한 지도)</td><td>OFF-JT
(사업장을 떠나 연수원이나 강의장에 모여 이루어지는 집합교육)</td></tr>
<tr><td colspan="2">SD
(개인이 스스로 목표를 정해 자주적으로 이루어지는 자기계발교육)</td></tr>
</table>

2) 경력개발관리

경력개발이란 개인의 경력목표를 설정하고 이를 달성하기 위한 경력계획을 수립하여 조직의 욕구와 개인의 욕구가 합치될 수 있도록 제도적으로 각 개인의 경력을 개발하고 이를 지원하는 활동을 말한다.

경력개발은 승진관리를 통해 한편으로는 인재확보 및 배분의 효과를, 다른 한편으로는 종업원의 성취동기유발의 효과를 보는 데 목적이 있다.

경력개발의 모형은 개인차원의 경력개발, 조직차원의 경력개발 그리고 개인적 차원과 조직차원의 경력개발을 통합한 모형으로 구분할 수 있다. 개인차원의 경력개발이란 개인이 사내외의 전문가의 조력을 받아서 성장과 경력개발 계획을 세우는 것을 말한다. 집단차원의 경력개발모형이란 조직이 경력개발계획을 수립하고 최적의 자격자에게 직위를 맡기고, 개인에게 조직적인 훈련과 개발기회를 제공함으로써 개인의 직무와 경력경로를 연결시키는 활동을 말한다. 경력개발의 통합모형에는 조직과 개인 사이의 견해 차이를 통합시키는 방법을 모색하는 경력협상모형(career negotiation model)과 경력개발제도를 인력계획의 한 분야로 인식하고 종업원 개개인의 경력개발을 지원하는 것 등이 있다.

경력개발제도가 효과적으로 정착하기 위해서는 경력계획(career planning), 경력경로(career path), 경력관리(career management)와 경영전략 및 목표와의 일관성 있는 체계가 요구된다.

경력계획이란 개인이 원하는 구체적인 목표를 달성하기 위하여 자기 자신의 기회, 자신의 역량에 대한 장 · 단점 분석, 제약조건, 선택의 폭과 결과에 대하여 인식하고, 개인이 원하는 구체적인 경력에 관계된 목표를 정립하고, 이를 달성하기 위하여 교육, 훈련, 시간, 방향성 등을 체계적으로 계획하는 일련의 과정을 말한다.

경력경로란 한 개인이 입사하여 조직 내에서 성공적인 직무수행자로서 성장발전하기까지 승진 및 승급과 관련된 경력단계를 체계화한 것을 말한다.

그림 11-4 | 경력개발제도의 기본체계

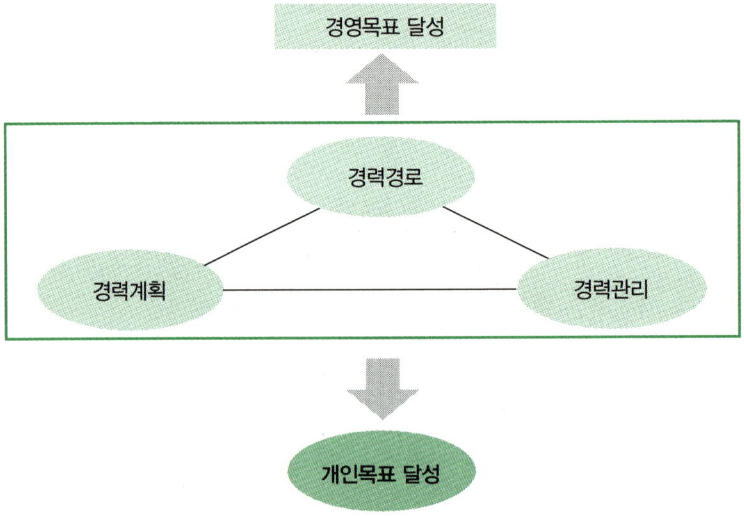

4. 인적자원의 보상관리

확보되고 개발된 인적자원이 조직에 공헌한 만큼 금전적 · 비금전적 대가를 제공하는 활동을 말한다. 보상관리는 조직 전체의 보상수준을 어떤 기준에 의하여 책정할 것인가, 보상의 기본원칙을 연공에 의존할 것인가 그렇지 않으면 성과에 의존할 것인가, 기본급 임금체계 중에서 가장 적합한 유형을 어떻게 선정할 것이며 복합기준을 어떻게 설정할 것인가, 개인 또는 집단의 성과에 대하여 어떤 방식으로 인센티브를 지급할 것인가, 연봉제를 도입한다면 어떤 제도를 채택할 것인가, 수당이나 복리후생, 그리고 퇴직금을 어떻게 관리할 것인가 하는 문제 등이 포함된다.

1) 임금관리

임금 및 봉급(wage and salary)은 노동의 대가로 하여 얻은 소득인데, 우리나라의 근로기준법 제18조에 의하면 '임금이란 사용자가 근로의 대상으로 근로자에게 임금, 봉급 기타 여하한 명칭으로든지 지급하는 일체의 금품을 말한다'라고 되어 있다.

임금은 사용자측에서는 원가구성항목으로서, 종업원측에서는 소득의 원천으로 보기 때문에 원가목표와 소득목표 사이에 갈등과 경합관계가 발생한다. 이와 같이 근로자와 기업이 서로 상반된 이해관계를 보이기 때문에 종업원의 요구를 충족시키면서 기업의 이익을 보장할 수 있는 합리적인 임금관리가 필요하다.

임금관리는 일반적으로 임금수준, 임금체계, 임금형태의 세 부분으로 구성되어 있다. 따라서 임금수준이 적정한 수준에서 결정되고 임금체계가 공정하게 이루어지며, 임금형태가 합리적으로 지급될 때 임금관리가 효율적으로 운영될 수 있다. 저임금시대에는 임금수준이 중요시되었으나 지금과 같이 고임금시대에는 임금체계와 임금형태가 더욱 중요한 기능을 하게 된다.

그림 11-5 | 임금관리의 체계

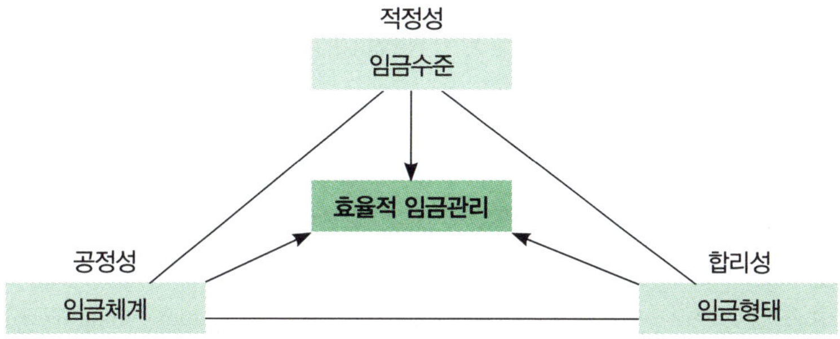

(1) 임금수준의 결정요인

임금수준(wage level)은 말 그대로 근로자에게 지급되는 평균임금을 '어떤 수준'으로 결정할 것인가 하는 문제이다. 즉 임금이 동종업계 다른 회사에 비해 너무 높거나 낮지 않도록 임금의 수준을 적정하게 유지하는 방법이라고 할 수 있다. 이러한 임금수준에 영향을 미치는 요인으로는 크게 근로자의 생계비, 기업의 지불능력, 사회 일반의 임금수준이 있다. 따라서 임금수준은 근로자의 생계비를 보장해 줄 수 있고, 또한 기업의 지불능력 범위 내에서 사회적 균형을 고려하여 결정되어야 한다.

첫째, 기업의 지급능력에 의한 임금수준 파악이다. 기업에서 지급할 수 있는 가능성(최고지불능력은 아님)을 말하는데 지불능력을 판정하는 대표적인 지표로는 생산성(productivity)과 수익성(profitability) 두 가지를 들 수 있다.

둘째, 생계비 보장에 의한 임금수준결정이다. 임금은 노동자의 표준생계비를 유지할 수 있는 수준에서 결정되어야 한다. 그것이 이루어지지 않을 때는 작업능률이 향상되지 않고 노동력의 재생산기능이 상실된다. 최저임금은 생존을 위해서 결정이 되어서는 안 되고 건강을 보장하고 어느 정도 문화적 생활을 누릴 수 있는 생활임금(living wage)을 기준으로 해야 한다.

셋째, 사회적 균형에 의한 임금수준의 결정이다. 임금은 노동자의 지위와 관계있으며 아울러 임금이 합리적으로 결정되어도 관련기업 및 업종이 다른 타기업과 그 수준을 비교하여 합당한 수준에서 결정되어야 한다. 그리고 사회일반의 수준과도 비교 · 분석하여 외부 임금의 조사를 정확히 하고 노동의 질이나 정당한 대가에 대한 평가가 이루어진 후 균형적인 임금수준이 결정되도록 해야 한다.

(2) 임금체계

임금체계란 개별기업 내에서 종업원의 개별임금을 산출하기 위한 기본급 및 기타 제수당(諸手當)의 결정기준과 그 구성을 말한다. 임금의 지불형태와 구성내용은 인적자원 관리와 밀접한 관계가 있으며, 근로자의 일하는 태도나 기업에 대한 공헌도와도 밀접히 결부되어 있다. 임금체계는 임금관리의 핵심이 되는 부분으로 연공급, 직무급, 직능급으로 나눌 수 있다.

첫째, 연공급은 우리 기업에서 가장 많이 채택하고 있는 유형이라고 할 수 있다. 이는 학력 · 근속연수 등 연공에 기초해서 임금을 결정하는 방식이다. 즉 연령과 근속연수가 많아짐에 따라 급여가 증가하는 임금체계라고 할 수 있다.

둘째, 직무급이란 담당직무의 상대적 가치에 따라 개별임금을 결정하는 방식이다. 이러한 기준에 의하면 연령, 근속연수 등 연공에 상관없이 부가가치가 높고 힘든 일은 그만큼 임금을 더 많이 받게 된다. 직무급 체계는 합리적 사고를 기반으로 한 영미와 유럽을 중심으로 발전되어 온 것으로, 특히 미국에는 보편화되어 있는 임금체계이다.

표 11-2 | 임금체계

기본급	연령, 근속, 경력(학력급, 연공 서열급) 직무급, 직능급, 직종급	
능률급 (업적급)	개인능률급 단체능률급	
수당	근무수당	특수작업수당(예 : 위험수당, 경비수당, 소방수당 등) 기능수당 초과근무수당(예 : 잔업수당, 휴일근무수당 등)
	생활수당	가족수당, 지역수당, 통근수당, 주택수당, 월동수당, 기타 생활수당
	기타수당	조정수당, 근태수당

셋째, 직능급은 근로자가 직무를 수행하는 데 요구되는 능력을 기준으로 임금을 결정하는 방식이다. 이와 같은 직능급은 연공주의 장점을 살리면서 직무주의의 합리성을 도입한 것으로 직무급과 연공급을 절충한 임금체계라는 점에서 그 의의를 찾을 수 있다.

표 11-3 | 연공급, 직무급, 직능급 비교

종류	연공급	직무급	직능급
특징 (장 · 단점)	• 조직의 안정화와 생활안정, 위계질서의 확립, 실시가 용이하다는 장점이 있으나, 전문인력의 확보곤란, 인건비 부담의 가중, 소극적이고 종속적인 근무태도의 야기, 능력있는 젊은 층의 사기저하라는 부정적 측면이 있음.	• 직무에 상응하는 급여지급, 개인별 임금차 불만의 해소, 동일노동 동일임금 원칙에 충실하다는 장점이 있음. • 직무내용의 명확, 직무의 안정, 고임금 수준, 적정한 직무평가방법 등이 직무급 실시의 전제조건이나 대부분이 이러한 조건을 충족시키기 어렵고, 직무와 능력의 결합이 잘되지 않는다는 점이 중요한 단점이다. • 특히 장기근속자에게 불리한 임금이다. • 이동(순환배치)과 다능화 요구를 충족시킬 수 없다.	• 직능구분의 명확화, 능력개발 · 능력평가를 어떻게 할 것인가 하는 점이 선결요건이고 계획적인 교육훈련, 적정배치가 뒤따라야 함. • 직위승진을 보상받는 계층과 직능급상의 승격(급여보상)보상을 받는 계층으로 구분되어 보상의 기회가 확대되는 효과가 있다. • 학력이나 화이트컬러, 블루컬러 구분 없이 근속에 따라 동일한 직능자격등급을 부여받을 수 있는 기회가 확대됨으로써 노사 공동체 형성에 기여할 수 있다.

(3) 임금형태

임금형태(wage payment method)는 근로자에게 지급되는 평균임금을 '어떤 형태'로 결정할 것인가 하는 문제이다. 임금의 체계가 임금의 결정기준을 의미하는 것이라고 하면, 임금형태는 임금의 계산과 지불방법을 말하는 것이라고 할 수 있다. 이러한 임금형태에는 근로자의 작업량이나 작업성과에 관계없이 근로시간을 기준으로 임금을 산정 · 지불하는 시간급(고정급), 근로자가 수행한 작업량과 성과에 따라 임금을 산정 · 지불하는 성과급, 일정기간 즉 보통 1년 단위로 임금을 결정하여 산정 · 지불하는 연봉제 등이 있다.

그림 11-6 | 임금형태

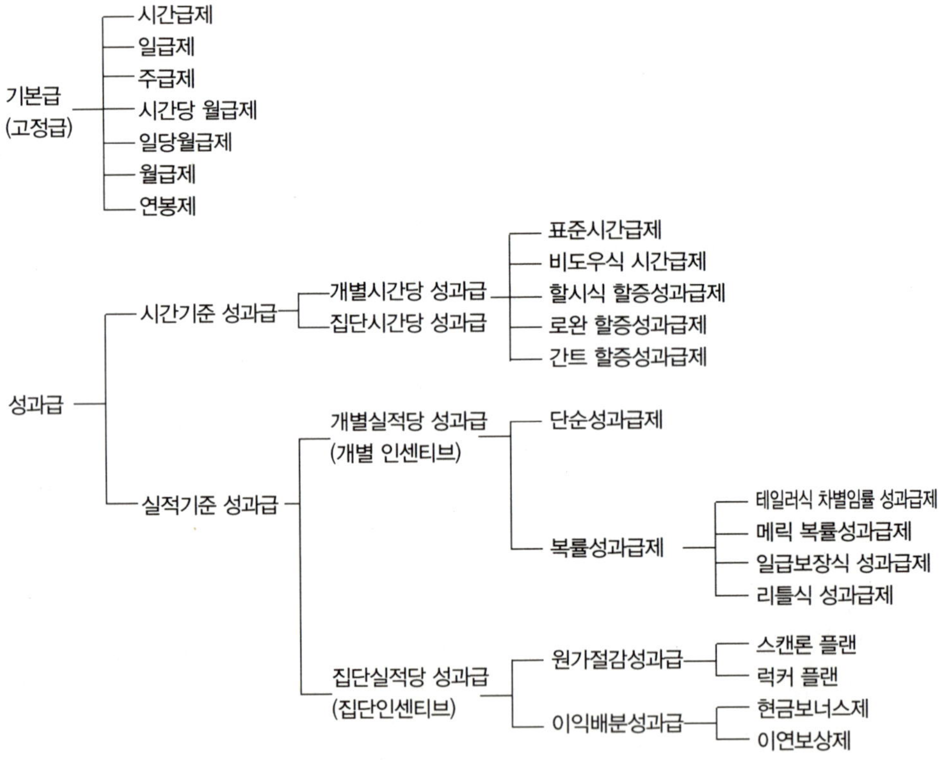

2) 복리후생관리

기업의 복리후생시스템(benefit system)이란 '근로자가 조직생활에 있어 안정, 조화, 생활의 질적 충실, 인격의 발전 등과 같은 행복의 이상적 상태를 추구해 나갈 수 있도록 편의시설 및 급부를 제도화한 것'을 의미한다. 즉 복리후생이란 인적자원의 보상관리의 일환으로서 기업이 근로자의 노동력 유지뿐만 아니라, 근로자와 그 가족을 대상으로 임금 등의 주된 근로조건의 보완책으로 물적 · 정신적 서비스를 제공하는 것이라 할 수 있다.

그동안 우리 기업에서는 직접적인 보상인 임금을 중심으로 보상관리가 이루어져 간접적 보상으로서 복지후생에 대해서는 큰 관심을 기울이지 않았다. 그러나 오늘날에 와서는 근로자와 그 가족의 생활의 안정, 건강의 증진, 문화의 향상을 통한 복리후생제도의 중요성이 부각되고 있다.

더욱이 주5일 근무제의 실시로 여행 등 여가문화가 보편화되면 직접적인 보상만으로는 근로자의 욕구를 충족시켜 줄 수 없게 되었다. 따라서 앞으로 우리 기업은 보상을 보완하고 확대하는 측면에서 복리후생을 시스템화하고 발전시키는 방향으로 나아가야 한다.

일반적으로 복리후생시스템은 법정복리후생과 법정외복리후생으로 구분할 수 있다. 법정복리후생은 관계법 규정에 의하여 의무적으로 기업이 실시하는 것으로 고용보험, 국민건강보험, 국민연금, 산재보험 등 사회 4대보험이 이에 속한다. 반면에 법정외복리후생은 기업의 의사(意思)와 사정(事情)에 의해 임의적으로 실시하는 것으로 주택, 생활 및 보건시설, 문화 · 체육 · 오락시설, 생활원조 및 공제 등이 이에 속한다.

5. 인적자원의 유지관리

유지관리란 조직에서 사람들이 직무를 수행하는 과정에서 나타나는 어려운 문제, 즉 인간관계에 대한 고민과 노동의 대가에 대한 불만 또는 직장을 그만두게 됨에 따라 나타나는 불안 등을 극복하여 최대한의 능력을 발휘하도록 인적자원을 유지하는 과정이다. 여기에는 인간관계관리(인사상담 · 사기조사 · 고충처리 및 리더십, 커뮤니케이션, 제안제도 등)와 노사관계관리, 그리고 이직방지가 중요한 과제이다.

이직이란 고용관계의 단절, 즉 사직, 해고, 은퇴 등 여러 가지 이유로 구성원이 자신이 속한 기업을 떠나는 경우를 말한다. 이러한 이직의 유형에는 이직결정의 주체가 개인에 있는가 아니면 조직에 있는가에 따라 자발적 이직과 비자발적 이직으로 구분된다.

자발적 이직은 근로자의 자발적 의사에 의해 현재의 직장을 이탈하는 경우이다. 즉 보다 나은 조건을 찾아 다른 직장으로 옮기는 '전직'과 결혼, 임신, 출산, 질병 등의 이유로 회사를 그만두는 '사직'이 이에 해당된다.

반면에 비자발적 이직은 자발적 의사가 아닌 타의에 의해 현재의 직장을 떠나는 경우이다. 이는 다시 구조조정 또는 징계 등의 이유로 인한 '해고'와 정년, 사망 등의 이유로 인한 '퇴직'으로 구분될 수 있다.

근로자의 다양한 욕구를 보다 적절한 유지관리활동을 통하여 충족시켜 주어야만 조직구성원으로서 계속적으로 직무를 수행하고 조직에 공헌할 수 있게 된다. 따라서 유지관리 차원에서 효과적인 이직관리는 조직구성원에 대한 동기부여, 이해와 기대의 조정을 통해서 조직의 통합을 이룩하고 나아가 가치창출의 원동력이 된다.

1) 노사관계

노사관계관리(labor relations management)를 두 가지 측면에서 살펴볼 수 있는데, 한 가지는 개개의 노동자 및 노동자집단을 대상으로 하여 기업 내지 경영이 실시하는 인사정책과 인사관리를 뜻하는 대노동자 관계(labor relations)를 의미하고, 둘째는 노동조합과 노동조합원 및 그들과 대립하는 관계에 있는 사용자로서의 경영자 사이와의 관계, 즉 대노동자조합 관계인 것이다.

근로자가 실제로 사용자(경영자)측과 교섭력을 갖는 것은 근로자가 조직적 단결에 의해 이익을 확보하고 기업에서는 지위를 향상시키기 위해 조직된 노동조합에 의해서 이루어진다. 따라서 노동3권(단결권, 단체교섭권, 단체행동권)이 보장된 근로자와 또 경영자는 일방적으로 여러 가지 근로조건을 결정할 수 없고, 서로의 협의와 합의하에 결정한다는 합리적 시스템이 필요하며 이러한 의미에서 상호관계관리가 기업경영에서 중요한 위치를 차지하고 있다.

2) 노동조합

노동조합이란 근로조건의 유지 · 개선을 위하여 자주적으로 조직된 임금노동자의 상설적인 단체라고 할 수 있다. 이에 의하면 노동조합이 자주성을 잃고 기업에 의존하게 될 때에는 노동조합으로서의 의미가 없어진다고 할 수 있으며 근로조건의 유지와 개선을 목적으로 해야 한다. 또한 노동조합은 노동자들의 특정 목적을 위한 일시적인 조직이 아니고 노동자의 지위향상을 위한 항구적인 상설조직이어야 함을 말한다. 그러나 이외에 상호부조적 목적, 공제사업적, 정치적, 문화적, 교육적 등 부수적인 목적을 수행하고 있다.

노동조합의 형태는 조직의 대상과 범위에 따라 일반적으로 직업별 조합(craft union), 산업별 조합(industrial union), 기업별 조합, 일반 조합(general union) 등으로 분류할 수 있다. 이상의 분류 외에도 조직가입, 탈퇴와 기업의 고용, 해고와의 관계에서 클로즈드숍(closed shop), 유니온숍(union shop)제, 오픈숍(open shop)제 등이 있다.

노사관계관리는 크게 두 가지 유형으로 생각할 수 있다. 하나는 시장경쟁의 원리를 기반으로 한 영 · 미식 단체교섭(collective bargaining)이고, 다른 하나는 공동체원리를 기반으로 하는 독일식의 공동의사결정(codetermination)이다.

첫째, 영 · 미식 단체교섭 유형은 노동조합을 경영층에 대한 대립기구로 보고 노사가 대등한 입장에서 교섭하는 것이다. 즉, 노동조합과 사용자가 노동자의 임금이나 노동시간, 그 밖의 근로조건에 관한 협약체결을 위해 대표자를 통해 집단적 타협을 모색하고 또 체결된 협약을 관리하는 절차이다. 이 과정은 협약의 체결과 협약의 관리로서 구분되는데, 전자는 노동자와 사용자간의 임금, 노동시간 및 작업조건에 관하여 계약을 체결하기 위한 협상의 과정이다. 그리고 후자는 고정처리 및 조정을 함으로써 체결된 협약을 관리하는 것이다.

둘째, 독일식 공동의사결정은 노동조합을 경영층에 대한 대립기구로 보지 않고 노동자가 공동으로 참여하여 의사결정의 권리와 책임도 지는 것이다. 여기서 공동의사결정이란 노동조합이 조합원 전체의 노동력을 될 수 있는 대로 좋은 조건으로 하기 위해 기업의 전략적 · 관리적 · 업무적 의사결정에 참여하는 것을 말한다. 요컨대 독일의 노동조합은 그들의 활동영역이 기업의 경영층 내에 있다고 생각하는 것이다.

공동의사결정 구조는 기업의 전략적 의사결정 기능을 담당하는 감사와 종업원의 고용, 복지향상, 경영생산성 향상 등의 관리적 · 업무적 의사결정에 대해 노동자 대표가 경영층에 제안하고 협의하며 공동으로 결정하는 노사협력기구와 경영자와 노동자 간에 상호신뢰 및 협력관계를 형성하기 위한 경제위원회의 기구가 있다. 이러한 기구가 현재는 경영협의회나 경영참가제도로 발전하여 운영되는 기업이 증가하고 있다.

인적자원

줄리언 사이먼의 '인적자원론'은 인간만이 궁극적 자원이라는 것이 골자다. 천연자원이 빈약한 우리나라는 사이먼 인적자원론을 입증시킨 대표적 국가다. 최근 들어 글로벌 인재 경쟁에서 우리나라가 선진국들에 기조적으로 밀린다는 지적이 나오는 것은 다소 우려스러운 대목이다. 사우디아라비아 이란, 쿠웨이트 등 중동 국가들은 원유가 말그대로 '펑펑 쏟아지는' 산유국이다. 하지만 천연자원의 혜택을 흠뻑 누리는 이들 국가를 선진국이라고 부르는 사람은 없다. 천연자원의 부가가치를 높일 수 있는 기술과 인재가 부족한 탓이다. 반면 한국, 일본, 싱가포르, 독일 등은 천연자원의 부족을 인적자원으로 극복한 대표적 국가들이다. 인적자원이 풍부한 국가들의 공통점은 인재를 키우는 체계적인 교육시스템, 창의력을 발휘할 수 있는 사회적 분위기, 실용 중시 등이다.

- **스마트시대엔 '융합적 인재'**

공자가 살았던 시절에는 소위 '공자왈 맹자왈'을 잘 읊는 사람이 인재였다. 국가는 인이나 예, 충이나 효를 깊이 있게 설파하는 사람을 찾아 요직에 앉혔다. 과학적 지식이나 기술적 노하우는 좀 격이 낮은 인재들의 몫이었다. 르네상스 시대에는 예술적 감각이 뛰어난 사람이, 산업혁명 시기에는 발명적 재능이 뛰어난 사람이 인재로 평가받았다. 21세기 정보기술(IT) 시대의 인재상은 창의와 글로벌, 리더십으로 요약된다. 인터넷의 발달로 일반적 지식은 언제든 '검색'이 가능하게 됐다. 인터넷이 거대한 지식창고가 되면서 지식 자체보다는 그것을 활용하는 창의적 아이디어가 중요해진 것이다. 스티브 잡스는 창의적 아이디어로 세상을 바꿔놓은 대표적 시대의 인재다. 국경이 허물어지는 시대에 글로벌 마인드도 빼놓을 수 없는 인재의 자질이다. 언어적 자질과 다양한 문화 이해 능력도 중요하다. 지식과 기술, 인문학적 소양과 창의력 등이 어우러진 스팀형(STEAM) 인재, 다빈치형 인재는 21세기 스마트 시대가 요구하는 인재의 전형이다. 리더십은 시대를 초월한 인재의 자질이다. 리더십은 국가나 조직, 기업의 인적자원 시너지효과를 극대화시키는 능력이다.

자료 : 한국경제신문 2012년 10월 26일

제 2 절 재무관리

1. 재무관리의 기본개념

1) 재무관리의 의의

재무관리(financial management)는 기업경영의 하위체계로 기업의 효율적인 경영을 위한 수평적 관리기능의 한 분야이다. 재무관리란 경영활동에 필요한 자금의 조달(financing)과 운용(investment)에 관련된 재무기능을 효율적으로 수행하기 위한 계획과 실행 및 통제를 포함한 일련의 과정이라 할 수 있다.

여기에서 재무란 현재의 경제적 자원과 미래의 경제적 자원 사이의 교환이라고 정의할 수 있다. 개인이 현재의 소득을 소비할 것인지 아니면 은행에 예금하거나 어떤 금융자산에 투자할 것인지에 대한 의사결정과 기업에서 어떤 신제품을 개발할 것인지, 신제품을 개발한다면 자금은 어떻게 마련할 것인지에 대한 의사결정을 재무활동이라고 할 수 있다. 기업의 재무활동은 크게 보면 기업활동에 필요한 자본을 조달하는 일과 조달된 자본을 기업목적에 유용하고 합리적 · 경제적으로 운용하는 일을 말한다.

2) 재무관리의 기능

기업에서 이루어지는 다양한 재무결정들 중에서도 가장 핵심적인 것은 자본조달과 자본운용(투자)결정이다.

자본조달결정은 자산취득에 필요한 자금을 어떻게 조달한 것인가에 대한 의사결정이다. 자본조달결정은 기업의 재무유동성을 유지하고 적절한 자본구조를 유지하며 자본수익성의 최대화를 도모하기 위하여 필요한 자금을 획득하는 일련의 계획체계이다. 즉, 장기자본과 단기자본, 자기자본과 타인자본, 운전자본과 시설자본 등의 결정이 의사결정에 포함되어야 하며 또한 자본비용을 최소화하는 최적자본구조의 완성을 목표로 한다.

자본운용결정은 기업자산의 취득에 관한 의사결정이다. 투자결정은 조달된 자금이 기업의 목적에 따라 합리적 또는 경제적으로 운영되는지를 통제하는 기능이다. 즉, 개개인의 투자안에 대하여 경제적 분석을 하고 투자의 우선순위를 결정하는 동시에 투하자본의 결정과 자산 구성에 대한 의사결정을 행하는 것이다.

또한, 기업의 투자결정은 재무상태표(대차대조표)의 차변 항목이다. 재무상태표의 차변은 기업의 투자결정을 통한 자산의 최적배합이며, 유동자산과 비유동자산(고정자산)의 구성이다.

기업의 자본조달결정은 재무상태표의 대변 항목이다. 재무상태표의 대변은 기업의 자본조달결정을 통한 자본의 최적배합이며, 타인자본(유동부채, 비유동부채)과 자기자본(자본)의 구성이다.

그림 11-7 | 재무관리의 기능과 재무상태표의 관계

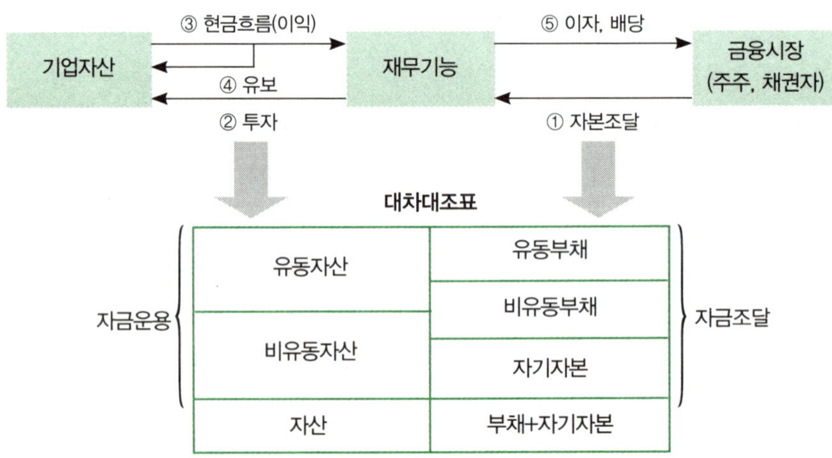

3) 재무관리의 목표

재무관리는 기업경영에 필요한 자금의 조달 및 운용에 관한 제반의사결정을 계획하고 통제하여 궁극적으로 기업의 목표를 달성하려는 일련의 경영활동이다. 즉, 재무활동은 기업의 활동을 자금의 측면에서 다루는 것으로 재무관리의 목표는 기업의 목표와 일치하여야 한다.

우리는 기업을 영리를 추구하는 경제주체라고 한다. 즉 기업은 영리를 목적으로 하고 있으므로 이익을 극대화하려고 한다. 다만, 이익극대화의 실현에는 몇 가지 문제점이 존재한다.

첫째, 화폐의 시간적 가치를 무시하고 있다. 현재시점의 이익의 극대화인지, 미래시점의 이익의 극대화인지 알 수가 없다.

둘째, 이익실현의 불확실성이 무시된다. 이익극대화는 재무적 의사결정의 다양한 위험을 고려하지 못하고 있다.

셋째, 이익개념의 모호성이다. 화폐적 이익을 극대화하는지, 아니면 수익률을 극대화할 것인지의 기준이 모호하다.

이익의 극대화를 기업의 목표로 사용할 경우 발생되는 위의 문제점을 보완하는 보다 합리적인 목표가 주주부의 극대화라 할 수 있다. 자본주의 시장경제의 대표적인 기업 형태인 주식회사의 소유자는 주식을 보유하고 있는 주주이다. 또한, 주식회사의 주주는 유한책임을 지고 있으며, 잔여적 청구권을 가지고 있다. 이는, 다양한 이해관계자에게 기업이 부를 제공하고 남은 것이 있으면 그것이 주주의 몫이 된다. 따라서, 주주의 몫을 극대화한다는 것은 기업가치를 극대화하게 되는 것이다.

즉, 기업의 부는 궁극적으로 기업의 주주에게 귀속되며, 주주지분의 가치는 상장기업의 경우 주식시장을 통하여 매일매일 주가에 반영되어 평가되므로 주주 부의 극대화는 주가의 극대화, 기업가치의 극대화와 같은 의미로 사용될 수 있다. 또한, 기업가치란 기업자산 전체의 가치로서 부채가치와 자기자본가치의 합과 같다.

2. 재무관리의 주요 개념

재무는 현재의 경제적 자원과 미래의 경제적 자원 사이의 교환이라고 정의하고 있다. 기업의 재무의사결정은 현재시점에 이루어지나, 성과는 미래의 시점에 발생하게 된다. 즉, 현재의 경제적 자원과 미래의 경제적 자원 사이의 교환이 이루어지고 있다. 또한, 미래는 불확실성을 내포하고 있으므로, 재무적 의사결정은 반드시 시차와 위험을 고려해야 한다.

재무관리에서 시차를 고려하는 것을 화폐의 시간가치라는 개념으로 설명하고 있으며, 미래의 불확실성, 위험을 고려하는 것을 위험과 수익의 교환관계 개념으로 설명하고 있다.

1) 화폐의 시간가치

화폐의 시간적 가치란 기업의 재무적 투자는 현시점에서 이루어지며, 이로부터 얻어지는 투자에 대한 대가는 미래의 시점에 실현된다는 점에서 볼 때 화폐의 시간적 개념이 중요하다. 동일한 금액이라 하더라도 미래의 현금보다 현재의 현금을 선호하기 때문이다.

예를 들어, 현재 1,000만 원을 은행에 예금하고 1년 후에 원금과 이자를 합쳐 1,040만 원을 확실히 받기로 하였다고 하자. 1,000만 원은 원금이며, 40만 원은 이자이다. 다르게 말하면, 현재 1,000만 원을 투자하여 40만 원의 수익을 얻은 것이다. 이자수익 4%를 무위험수익률 또는 무위험이자율이라고 한다.

다르게 말하면, 현재 1,000만 원의 가치는 1년 동안의 화폐의 시간가치를 고려하면 미래에는 1,040만 원이 된다. 반대로, 미래의 1,040만 원은 현재가치로 환산하면 1,000만 원의 가치가 된다. 즉, 현재의 1,000만 원과 미래의 1,000만 원은 같지 않다는 것이다.

동일한 금액이더라도 먼 미래에 얻어지는 금액일수록 낮은 가치로 평가되며 이런 현상을 화폐의 시간가치(time value of money)라고 부른다.

2) 위험 · 수익의 교환관계

사람들은 투자비용이 같다면 미래수익이 위험한 투자보다는 확실한 투자를 선호한다. 대부분의 투자자들은 가능하면 더 적은 위험을 부담하고자 하는 위험회피적(risk averse) 투자자이므로 안전한 1원이 위험한 1원보다 더 높은 가치를 가진다. 위험회피 성향을 갖는 사람들은 미래가 불확실한 투자안에 투자할 때 이 투자안으로부터 기대되는 수익률이 위험이 없는 사업의 수익률(무위험이자율)보다 높아야만 투자를 한다.

위험이 있는 투자안의 기대수익률은 무위험수익률(화폐의 시간가치)에 투자안의 위험 부담에 대한 대가인 위험프리미엄(risk premium)을 더 요구하게 된다. 여기서 위험프리미엄은 위험의 크기와 사람들의 위험회피 정도에 따라 결정된다. 투자안의 위험이 클수록, 또 사람들의 위험회피성향이 높을수록 위험프리미엄은 큰 값을 갖는다. 이처럼 투자의 위험이 커질수록 투자에서 기대하는 수익률이 더 커지는 것을 위험 · 수익의 교환관계(risk-return tradeoff)이다.

재무관리의 목표는 주주 부의 극대화이다. 위험 · 수익의 교환관계에서 수익이 커진다는 것은 위험이 증가한다는 것이다. 기업의 재무적 의사결정을 할 때에는 부의 크기뿐만 아니라 부담해야 하는 위험도 고려해야 한다.

기업의 재무적 의사결정은 크게 투자결정과 자본조달결정이므로 투자결정위험과 자본조달위험이 존재하게 된다. 즉, 투자결정의 결과로서 발생하는 위험을 경영위험(business risk)이라고 하며 자본조달의 결과로서 발생하는 위험을 재무위험(financial risk)이라고 한다.

영업위험은 영업이익의 불확실성을 의미하는 것으로 어떤 사업에 투자하였는가 하는 투자의사결정에 따르는 위험이며, 투자의사 결정의 결과가 회사의 자산구성에 영향을 미치기 때문에 자산의 위험 정도에 기인한 위험이다.

재무위험은 자금조달의 결과로 나타난 자본구조의 문제로 타인자본을 사용하면 부채의 원금과 이자를 상환하여야 하기 때문에 주주에게 돌아가는 미래이익의 불확실성이 증가하는 위험이다. 타인자본의 의존도가 클수록 자기자본 소유주에게 돌아갈 수익률의 변동폭이 증가되며, 경우에 따라서는 원금과 이자의 상환불능상태에 직면함으로써 주주 몫 자체가 없어질 수도 있는 위험을 의미하기도 한다.

3. 금융시장의 이해

기업의 자본조달결정은 금융시장에서 어떤 금융자산을 통하여 자금을 조달할 것인지에 의사결정이라고 할 수 있다. 또한, 기업의 투자결정에서도 실물시장뿐만 아니라 금융시장에서 이루어지고 있다. 따라서 금융시장을 이해할 필요가 있다.

1) 직접금융시장과 간접금융시장

금융시장(financial market)이란 자금공급자와 자금수요자 간에 금융거래가 조직적으로 이루어지는 장소를 말한다. 금융거래가 이루어지기 위해서는 이를 매개하는 수단이 필요한데, 이러한 금융수단(financial instruments)을 금융자산 또는 금융상품이라고 한다.

금융거래는 자금이 이동하는 형태에 따라 직접금융거래와 간접금융거래로 나눈다. 직접금융거래는 자금수요자가 자기명의로 발행한 증권을 자금공급자에게 교부하고 자금을 직접 조달하는 거래이며, 간접금융거래는 은행 등과 같은 금융중개기관(financial intermediaries)을 통하여 자금공급자에게서 자금수요자로 자금이 이전되는 거래이다. 직접금융거래수단으로는 주식, 채권 등이 대표적이며 간접금융거래수단에는 예금, 대출 등이 있다.

그림 11-8 | 직접금융시장과 간접금융시장

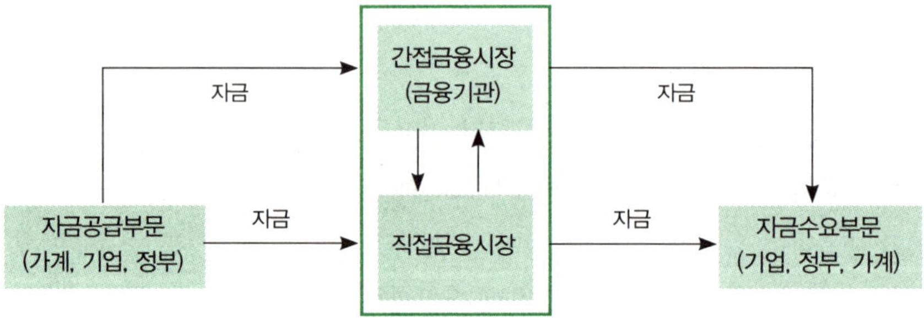

2) 자금시장과 자본시장

금융상품의 만기(통상 1년)를 기준으로 자금시장(money market)과 자본시장(capital market)으로 구분하는 것이 일반적이다.

자금시장(money market)은 금융기관, 기업 등 경제주체들이 단기적인 자금 과부족을 조절하기 위해 통상 만기 1년 이내의 단기금융상품을 거래하는 시장을 말한다. 우리나라의 자금시장은 콜시장, 환매조건부매매시장, 한국은행 환매조건부매매시장, 양도성예금증서시장, 기업어음시장, 통화안정증권시장 등으로 구성되어 있다

자본시장은 장기금융시장이라고도 하며 주로 금융기관, 기업, 정부 등이 장기자금을 조달하는 시장으로 국채, 회사채, 주식 등 장기 직접금융증권이 거래되는 증권시장(securities market)을 의미한다.

채권이란 일반적으로 정부, 공공기관, 민간기업 등이 비교적 장기로 불특정 다수로부터 거액의 자금을 조달하기 위하여 정해진 이자와 원금의 지급을 약속하면서 발행하는 증권을 말하며, 매 기간 투자자에게 일정한 이자가 지급된다는 점에서 고정소득증권(fixed income securities)으로 불린다.

주식시장은 주식회사의 지분권을 표시하는 유가증권인 주식이 거래되는 시장이다. 주식은 상환의무가 없고 경영실적에 따라 배당만 하면 되기 때문에 발행기업 입장에서는 매우 안정적인 자금조달수단이 되며 자기자본으로서 기업의 재무구조를 개선시키는 효과가 있다. 또한 투자자 입장에서는 유용한 자금운용수단이 된다.

파생금융상품시장은 금융상품의 가격변동위험과 신용위험 등 위험관리를 위해 고안된 파생금융상품이 거래되는 시장이다. 파생금융상품은 각종 금융거래에 따르는 위험을 낮은 비용으로 헤지(hedge)하는 데 활용되고 추가적인 수익을 얻을 수 있는 기회도 제공하나 레버리지효과(leverage effect)가 매우 커서 그 이면에는 대규모의 손실 가능성도 내재해 있다.

기로에 선 한국금융 새 수익원 찾기

저성장 · 저금리시대는 글로벌 경기가 본격적으로 회복되지 않는 한 상당기간 지속될 가능성이 높다. 이러한 상황에서 금융회사의 역할 변화가 필요하다. 자산관리 서비스의 효율적인 개선과 중위험 · 중수익을 추구할 수 있는 상품 개발, 금융소비자와의 신뢰형성 및 부채관리에 힘써야 한다는 목소리다.

저성장 · 저금리시대에는 금융회사의 역할이 단순한 자산축적이 아닌 현금흐름을 창출할 수 있는 자산관리 기능으로 전환이 필요하다. 미래에 대한 불확실이 커지면서 투자 성과를 정기적으로 배분하는 수요가 커질 것으로 예상되기 때문이다. 특히 금융소비자들은 저금리에 안전자산만으로 기대수익률을 충족하기 어렵다는 인식을 갖고 있다. 때문에 중간수준의 위험과 수익을 추구할 수 있는 상품개발이 중요하다.

정희수 하나금융경영연구소 팀장은 "금융회사는 금융소비자의 금융자산을 보호하고 가계건전성을 확보할 수 있는 기반을 마련할 수 있도록 해야 한다"며 "해외 유가증권 등 투자대상의 다변화와 위험 분산의 극대화 등을 위한 다양한 투자상품 개발에 역점을 둬야 한다"고 말했다.

그는 이어 "금융회사는 자체적인 수익성 제고 노력도 중요하지만 지나치게 수익성만을 추구하지 말고 금융소비자의 신뢰 형성에 초점을 두면서 부채관리에도 관심을 가져야 한다"고 덧붙였다.

금융위기 이후 금융산업과 실물경제의 연계가 약화됐다. 저성장 · 저금리시대를 극복하기 위해 금융과 실물의 연계 강화를 위한 자본시장 선진화도 필요하다.

자본시장에서는 모험자본 공급이 활성화될 수 있도록 환경을 구축해야 한다. 투자기회를 포착하고 평가해 투자할 수 있는 전문성과 자본력을 가진 투자은행의 역할이 중요하다. 또 다양한 위험자본 공급자의 필요를 충족하기 위해 프로젝트의 투자와 회수, 가치평가를 할 수 있는 회수시장 육성이 과제다.

송홍선 자본시장연구원 실장은 "자본시장의 금융중개는 저성장 · 저금리체제의 극복을 위해 반드시 필요하다"며 "저축률을 높이고 투자기회를 확대하기 위한 자산운용산업의 금리 플러스 알파에 대한 창출 능력도 필요하다"고 말했다.

정책금융의 정체성 확립도 국내 금융이 풀어야 할 숙제다. 산업은행과 수출입은행, 정책금융공사 등 국책 금융기관의 업무중복과 비효율성을 개선하기 위해 역할 재정립이 필요하다. 정부가 주도적으로 나서 중간 역할을 해야 할 부분이다. 정책금융기관 간 합병이나 민영화 문제도 마찬가지다.

구본성 금융연구원 실장은 "그동안 정부가 정책금융기관들에 자율성을 많이 주면서 과열경쟁이 일어났다"며 "정책금융의 리더와 팔로워가 역할분담을 하지 못한채 경쟁을 하다보니 정체성에도 문제가 발생했다"고 말했다. 그는 이어 "정책금융은 리더와 팔로워를 누가 할 것인가를 분명하게 정하면 되고 정부가 적극적으로 개입해야 문제점들을 해결할 수 있다"고 말했다.

금융회사에 대한 사회적 압박이 거세지고 있다. 사회공헌 등 공공성 강화와 사회적 책임 확대에 대한 요구다. 금융회사 입장에서는 부담이 커졌다. 하지만 이러한 요구를 단순히 사회적 압력으로 받아들이기보다는 적극적으로 수용해야 한다는 목소리도 나온다. 재무적인 성과와 사회적 가치를 증진시키는 모든 활동을 통합적으로 평가하는 제도 도입이 필요하다는 주장이다.

전상욱 우리금융경영연구소 실장은 "금융회사 성과에 대한 평가기준 자체를 변화시키는 일도 사회적 압박의 부담을 극복할 수 있는 새로운 활로 찾기가 될 수 있다"며 "기존의 재무지표 중심의 경제적 가치에 대한 평가에 더해 사회적 가치 창출 효과를 결합한 지표를 개발해야 한다"고 말했다.

자료 : 아시아경제신문 2013년 6월 19일

Chapter 12 경영의 현재와 미래

제 1 절 디지털환경과 변화

1. 디지털시대의 도래

디지털(Digital)혁명이라고 일컬어지는 디지털시대의 도래는 이제 디지털이 기술영역을 넘어서 산업전반만이 아니라 사회의 변혁이 이루어지고 있음을 의미한다.

과거에 디지털은 기술적 의미로만 사용되어 왔으나, 1990년대 중반 이후 산업 전반을 변혁시키는 원동력으로 부각하게 되었는데, 이는 컴퓨터 상용화를 계기로 디지털 기술이 출현하였고, 1980년대까지 정보기기 및 통신기기의 디지털화가 급진전됨으로써 그 가능성을 보여 주게 된다. 1980년대 초에는 CD가 등장함으로써 디지털 기술이 일상생활 속으로 침투하기 시작하였고, 1990년대 들어 동영상의 디지털화로 정보 · 미디어의 전 영역이 디지털조류의 영향권하에 놓이게 되었다.

특히 인터넷 보급은 본격적인 디지털시대를 앞당기는 촉매제 역할을 하게 된다. 디지털은 기술 발전과 인프라 구축의 차원을 넘어서 향후 지식정보 사회의 핵심기반으로 자리매김할 전망이며, 인터넷은 디지털기술을 활용한 정보통신 네트워크인 동시에 사회와 기업의 틀을 규정하는 새로운 인프라로서 그 비중은 예상하기 매우 어려운 부문이 되었다. 즉 디지털 네트워크는 개인들로 하여금 시차 없이 의사소통을 가능케 해 줌으로써, 사람들의 일하는 방법, 노는 방법, 움직이는 방법과 생각하는 관점을 변화시키게 되며, 디지털화의 진전에 따라 정보의 유통과 거래가 활발해지고 지식이 가치창출과 경쟁력의 핵심의 원천으로 부상될 것으로 예측이 가능하다. 따라서 디지털 패러다임을 기업경영에 접목시켜야 할 시점인 것이다.

디지털시대에는 상식을 넘어서는 변혁이 일어나기 때문에, 기업이 새로운 조류에 적응하는 것만으로는 부족하며 기회를 선점하고 트렌드를 창출하는 자세가 요구되는 시점이다. 이에 따라 새로운 흐름이 끊임없이 나타나고 작은 변화가 단기간에 빅뱅으로 증폭되므로, 기업의 기존 강점이 오히려 쇠망의 요인으로 작용되는 점을 경계하여야 한다.

과거의 아날로그(Analog)시대에는 강자와 약자의 공존도 가능하고 재도전의 기회가 주어졌지만 이제는 선발기업이 표준을 장악하고, 대형합병 등 산업재편으로 인하여 한번 뒤쳐지면 영원히 경쟁에서 도태됨을 인식해야 한다.

2. 디지털환경의 변화 내용

산업사회의 기반은 19C에 이루어진 철도망의 구축과 20C의 도로망 확충으로 자본과 노동의 효율적 배분이 가능해지고 상대적으로 자본의 가치가 급증하면서 형성되었다. 그러나 정보가 인터넷을 통해 효율적으로 배분되기 시작하면서, 이와는 비교할 수 없을 만큼 막대한 부가가치가 창출되고 있다. 디지털경제의 기반으로써 정보, 컴퓨터, 통신이 인터넷을 중심으로 핵심을 이루고 있다.

인터넷을 기반으로 e-비즈니스 등 새로운 상거래 출현 및 경제사회 구조변화를 초래하면서 형성된 디지털경제는 유통구조의 혁명과 생산성 향상을 견인하고 있다.

디지털혁명은 농업혁명과 산업혁명에 이어 인류사에 있어서 3번째의 큰 변혁을 의미한다. 디지털혁명은 생산요소 · 수단의 혁신이라기보다는 유통 · 소비과정의 변혁이라고 할 수 있다. 디지털혁명의 주체는 창조적인 지식인과 기업이며 계층구조 또한 수평적 구조를 가진다. 디지털혁명 기술, 산업, 경제, 사회, 나아가 국가 간 관계에까지 총체적이며 획기적 변화를 유발시키고 경제 · 사회현상의 변화는 새로운 패러다임에 대한 논란을 초래한다. 따라서 디지털경제는 신경제의 필요조건이면서 디지털혁명으로 인한 경제 · 사회적 변화를 가져온다([표 12-1] 참조).

표 12-1 | 디지털환경에서 변화의 내용

구분	변화의 내용
신경제	• 경제성장률 상승, 물가안정 • 지식기반경제로의 전환 가속 • 디지털 격차로 인한 계층 간 차이 확대
IT산업 발전	• IT산업 팽창, 산업의 IT집약화, 제조업, 서비스업의 융합 • 전자상거래 확산과 유통 · 통신 · 금융의 융합
디지털기업	• 네트워크형 기업주류, 비즈니스모델 선점을 둘러싼 경쟁 • 매각 등을 통한 조기자금회수와 공격적 다각화 • 전자상거래를 이용한 외주 확대 • 사무, 공장, 디자인의 자동화, 정보공유 확대
디지털정부	• 국가권력의 약화 • 필두조직의 전자화와 전자민주주의 확산
디지털공동체	• 시민연대의 영향력 강화 • 취미, 오락 등 가상체험과 온라인 쇼핑이 확대 • 사회 · 문화적 공동체가 가상공간에서 확대

자료 : 삼성경제연구소, 2000. 1.

디지털환경 및 기술은 경영활동을 하는 기업에게 무한한 사업기회를 제공함과 동시에 예측불허의 위험을 안겨 줄 수도 있다. 그러나 분명한 것은 디지털환경이 기업활동을 구성하고 있는 고객, 공급업체, 종업원, 외부 파트너와의 관계를 새롭게 변화시키고 있다는 사실이다.

제 2 절 디지털 체험 경제

제품의 품질과 성능이 향상되고 평준화되면서 상품을 소비하는 과정에서의 즐거움이나 성취감, 즉 체험이 핵심 차별화 요소로 등장하고 있다. 그동안 소비자들이 TV, 게임, 인터넷 등 2차원 화면을 통한 가상체험에 더 많은 시간을 소비하면서 상품의 품질만 좋으면 만족하던 소비자가 체험과정도 중시하기 시작하였다. 예를 들어, '운동화'라는 제품보다는 '운동'이라는 체험과정 중의 즐거움이나 성취감을 제공하는 것이 경쟁우위로 부상하고 있다. 따라서 모든 산업의 재화 및 서비스가 단순히 소비되는 차원을 넘어 인상 깊은 체험을 연출하는 방향으로 새롭게 진화하고 있다. 인상적인 이벤트 체험은 물론, 지속적인 동기부여를 통해 소비자 자신을 바람직한 자아로 성장 · 발달시키는 체험이 큰 가치를 제공하고 있는 것이다.

표 12-2 | 경제적 가치의 진화

재화종류	자원	상품	서비스	체험
산업단계	1차산업	2차산업	3차산업	포스트 3차산업
경제적 가치	채굴	제조	맞춤전달	연출 · 멘토링
공급방법	대량저장	생산 · 재고	요구시 전달	이벤트 · 멤버십

자료 : Pine II, B. J. & Gilmore, J. H.(2011), *The Experience Economy*. 삼성경제연구소(2013) 재인용

이와 같이 인터넷으로 대표되는 디지털환경은 기존의 전통적 비즈니스 패러다임을 완전히 바꾸어 놓았다. 디지털화는 인터넷을 비롯한 디지털도구를 활용해 광범위한 정보를 무제한적으로 창출하고, 그러한 정보에 언제, 어디서든 실시간(real time)으로 접근할 수 있으며, 시간과 지역을 초월해 대형으로 정보를 공유할 수 있는 새로운 가상공간을 출현시켰다.

비즈니스 측면으로는 단말기 하나로 모든 정보를 탐색하고, 어디서든 원하는 사람과 실시간으로 업무를 처리하는 것이 가능하게 되었다. 더불어 스마트폰의 일상화로 고정된 스크린의 제약을 벗어나 현실의 3차원 공간을 통해 어디서나 오감(五感)으로 상호작용하는 전방위 디지털 체험이 확산되고 있다.

디지털환경 및 기술은 경영활동을 하는 기업에게 무한한 사업기회를 제공함과 동시에 예측불허의 위험을 안겨 줄 수도 있다. 그러나 분명한 것은 디지털환경이 기업활동을 구성하고 있는 고객, 공급업체, 종업원, 외부 파트너와의 관계를 새롭게 변화시키고 있다는 사실이다.

제 3 절 e-비즈니스 경영

e-비즈니스의 목적은 거래의 시작부터 끝날 때까지 서류가 사용되지 않는 기업환경을 인터넷 정보기술과 네트워크에 의해 달성하는 것이다. 초기에는 '전자적 수단을 이용하여 이루어지는 상거래'라는 포괄적인 개념인 전자상거래(EC : electronic commerce)는 인터넷과는 별도의 영역인 구조화된 상거래인 EDI, CALS 등의 형식이었으나, 인터넷의 폭발적인 보급과 확산으로 상업화가 시작되면서 인터넷상의 전자상거래에 대한 논의가 시작되었고, 이는 디지털환경 및 경영, 경제, 지식경영 등과 함께 e-비즈니스를 탄생시켰다.

최근의 전자상거래는 e-비즈니스영역에 포함되는 양상을 보임에 따라 광의의 전자상거래인 e-비즈니스의 규모가 점점 커지고 있다. 전자상거래에 대한 정의는 관점에 따라 다르게 할 수 있으나 종합하면 다음과 같다.

전자상거래는 정보통신네트워크를 통해 기업과 소비자 간 또는 기업 간의 상거래활동을 수행하는 것으로 상거래에 필요한 모든 프로세스를 전자적으로 행하는 것을 말한다. 일반적으로 상거래활동은 돈의 흐름이 수반되는 일상적인 상거래뿐만 아니라 대고객 마케팅, 광고, 조달, 서비스 등까지를 포함하는 광의의 개념을 말하며 전자상거래는 인터넷, 전용선, 컴퓨터통신망, 케이블통신망 등 다양한 통신 네트워크를 이용하는 상거래를 말한다.

전자상거래의 특징은 가격에서의 경쟁력 확보를 가능하게 하며 적극적인 마케팅을 구사하여 기존의 상거래가 갖고 있는 물리적 · 시간적 · 공간적 한계를 극복할 수 있다는 것이다. 또한 네트워크를 통한 온라인 대금결제로 상거래나 수주 · 발주 행위가 편리하다는 점을 들 수 있다.

e-비즈니스라는 용어는 1997년 IBM에서 최초로 사용하기 시작했다. IBM은 e-비즈니스를 인터넷 기술을 포함한 새로운 비즈니스 형태의 명칭으로, 차세대 컴퓨팅 패러다임을 네트워크 집중적인 컴퓨팅이라고 명명하고 다시 e-비즈니스라고 고쳐 부르면서 처음 소개되었다. 이후 e-비즈니스를 "인터넷 기술을 기반으로 간편하고 광역적으로 핵심적인 비즈니스 업무수행 과정과 시스템을 결합함으로써 다양한 비

즈니스 가치를 추구할 수 있는 안전하고 유연하며 통합된 비즈니스 방식"으로 정의하고 있다.

표 12-3 | e-비즈니스의 정의

연구자	정의
Xu et al. (2004)	인터넷을 통해 수행되는 비즈니스 활동
Jelassi & Enders (2005)	조직의 비즈니스를 내부적 또는 외부적으로 수행하기 위해 전자적 수단을 사용하는 것
Krell & Gale (2005)	비즈니스와 산업 가치사슬을 통해 인터넷 정보기술을 활용하는 것
Yang et al. (2005)	상품, 서비스 지식 등의 가치를 디지털로 교환할 수 있는 능력을 가진 기업

자료 : 이명진(2008), 학위논문에서 인용하여 재수정, p.13.

최근에 정의된 e-비즈니스의 개념들은 [표 12-3]과 같다. 이를 종합하여 보면 e-비즈니스의 개념은 다음과 같이 3가지 측면으로 정리할 수 있다.

① 전통적 비즈니스 방식을 향상 · 발전시키고 때로는 대체하기 위해서 인터넷 또는 새로운 정보통신기술을 적용하는 것

② IT기술, 업무 프로세스, 경영관행들을 포괄하는 것으로 정보의 전략적 사용을 통해 조직의 경쟁력을 향상시키고자 하는 것

③ 전자상거래가 기업활동 자체에도 영향을 미침으로써, 기업 간, 기업과 소비자 간 기업 내부의 모든 활동들이 컴퓨터 기반 채널상에서 실행되는 것이다.

e-비즈니스는 좁은 의미로 인터넷을 이용한 전자상거래 비즈니스로, 또 넓은 의미에서 인터넷을 활용한 모든 경제활동을 의미한다. 즉 광고, 수 · 발주, 생산, 판매, 기술개발, 문서결재 등 기업의 모든 것을 말할 수 있다.

그림 12-1 | e-비즈니스의 발전단계

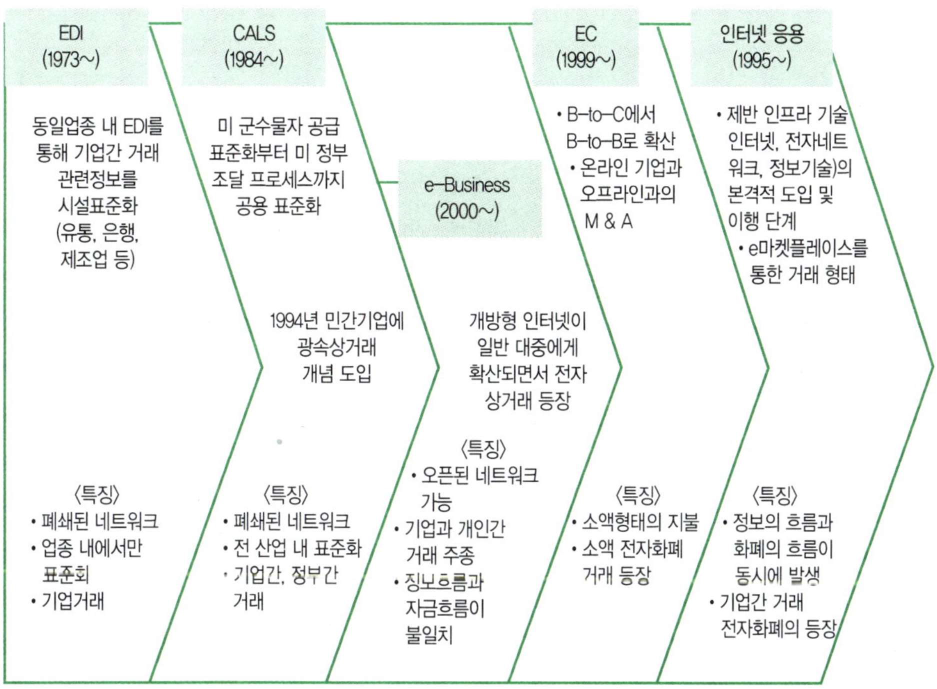

자료 : 김성희 외, 전게서, p.61.

e-비즈니스의 발전 과정과 단계는 [그림 12-1]과 같으며, 기업 대 소비자간(B-To-C)과 소비자 대 소비자간(C-To-C)을 중심으로 발전한 인터넷 비즈니스는 기업 대 기업(B-To-B)과 기업 대 정부(B-To-G)로 발전하고 있다.

제 4 절 자율경영

1. 자율경영의 등장배경

오늘날 기업을 둘러싼 경영환경은 환경변화의 불확실성 및 예측불가능성, IT를 비롯한 제반 디지털기술의 급속한 변화, 고객욕구의 개성화, 가치체계의 다각화, 지식기반경제 등의 등장으로 특징지을 수 있는데, 이러한 경영환경이 미래의 변화에 대한 예측을 더욱 어렵게 하고 있다.

따라서 기업이 생존하고 성장하기 위해서는 과거의 통제 및 관리방식으로는 격변하는 경영환경에 효율적으로 대처하기 힘들다. 이로 인해 시장과 고객의 요구에 민감하게 탄력적으로 대응할 수 있는 새로운 경영패러다임이 불가피하게 요구되고 있다.

과거 고성장시대의 경영은 안정적인 수요를 바탕으로 생산과 원가 그리고 가격면에서의 경쟁력을 추구하는 데 관건을 두었지만, 이제는 품질과 가격뿐만 아니라 변화하는 경영환경에 얼마나 유연하고 기민하게 대응할 수 있는가가 경영의 새로운 관건이 되어, 유연성 확보가 기업의 경쟁우위에 가장 중요한 요소가 되고 있다.

유연성이 의미하는 바를 고객 측면과 환경변화 측면에서 보면, 첫째 고객 측면에서는 전략적인 차원에서 고객의 욕구변화에 따라 전략을 적절하게 수립하고 신속하게 수행해 나가는 능력을 의미하며, 생산 차원에서는 제품을 변화시키고 수정할 수 있는 능력을 의미한다.

둘째, 환경변화 측면에서는 경영환경 변화와의 상호작용 과정에 조직이 수동적으로 적응하는 능력과 경영혁신 등을 통해 조직이 환경변화에 능동적으로 대응하는 능력, 예컨대 전략적인 기동력을 발휘하여 신기술 도입과 신제품 생산 등으로 시장을 적극적으로 개척해 나가는 혁신능력을 의미한다.

그러나 기업의 유연성은 과거의 획일적인 틀과 관리방식 그리고 다계층구조에서 비롯된 경직된 사고방식과 행동에서는 확보하기 어려우며, 책임과 권한위양을 통해 조직구성원들의 자율성을 바탕으로 잠재능력과 창의력을 최대한 발휘하여 조직목표 달성에 자발적으로 몰입하게 될 때 비로소 가능하게 된다.

현재 기업의 경쟁환경은 기존의 원가, 기술, 품질 등의 경쟁력만으로는 더 이상 기업의 생존과 성장을 담보할 수 없기 때문에, 최근 들어 기업의 유연성과 능동성을 확보하기 위한 많은 시도와 노력을 기울이고 있다. 이러한 측면에서 자율경영은 품질, 환경적합성 그리고 유연성이라는 시대적 요청에 부합할 뿐만 아니라, 많은 사례를 통해 그 유효성과 효과성이 입증되고 있다.

포드사의 부사장 케네스 코어스(Kenneth Kohrs)는 '머스탱팀(Team Mustang)'이라고 불리는 내부 조직을 통해 생산팀 구성의 가이드라인을 개발한다고 했다. 오래된 '머스탱 샐리(Mustang Sally)' 기록을 깨고 쇼룸으로 멋지게 들어갈 차를 개발하기 위한 도전 과제를 해결하기 위해, 400여 명의 종업원들은 본사나 타 부서의 승인을 기다리지 않고 자유롭게 결정을 내릴 수 있는 재량권을 부여받았다. 생산팀은 다양한 부서에서 모든 사람을 모아 오래된 창고의 비좁은 사무실 한 칸에 모이게 했다. 설계사들이 회계종업원 옆에 앉아 있고, 엔지니어들은 스타일리스트 옆에 앉아 있다. 부서들을 갈라놓았던 예산의 벽도 각 부서의 담당자들이 종업원들에게 결정권을 양보하면서 무너졌다.

생산된 머스탱 오픈카가 진동문제를 일으키자 공급자들이 호출되었고, 생산팀은 24시간 달라붙어 그 문제를 해결했다. 엔지니어들은 기일 내에 예산 내에서 이 프로그램을 완성하는 것에 집중하여 밤을 새고 사무실 바닥에서 잠을 자면서 일했다. 포드 임원들은 약속을 지키고 생산팀의 업무에 간섭하지 않았다. 팀은 결국 주어진 예산 내에서 예정보다 몇 달 빠르게 진동문제를 해결했다. 새 차는 시장에서 크게 히트를 쳤고, 매출은 급증했다. 사실, 2005년 머스탱은 업계에서 가장 잘 팔리는 차종이었고, 미국 내 스포츠카 시장의 거의 절반을 차지했다.

이러한 자율경영팀들을 잘 활용하기 위해서는 경영진의 개혁이 필수적이다. 종업원들을 존중하고, 즐거운 일을 제공해주고, 성과에 대해서는 보상을 하고, 기술을 개발해주며, 자율성을 부여하고, 권위를 분산시키는 등의 일련의 업무개혁은 자율경영을 위한 조건들이다.

2. 자율경영이란?

1980년대 초반 자율경영팀이란 새로운 개념이 등장하면서 그동안 자신의 아이디어를 실천에 옮길 수 있는 힘과 권한을 거의 가지지 못한 조직구성원들은 자신의 일에 대해 더 많은 통제권을 부여받고, 생산성 향상과 직무만족의 분명한 징후를 발견하였다.

자율경영팀(empowered team)이란 품질혁신 · 생산성향상 · 참여확대를 위한 자율작업집단을 의미하는 것으로, 일상적으로 작업뿐만 아니라 자신의 모든 일을 스스로 관리할 수 있는 권한을 부여받은 이들로 구성된 소규모집단을 일컫는다. 이는 권한이양의 원리 아래 일선 실무자들의 자율성과 창의성을 중시하는 현장중심형 조직으로, 1980년대 중반 이후 미국기업(특히 제조업의 공장부문)들 사이에 유행하기 시작했다. 자율성은 실무자들이 과업에 재량권을 부여받고 결과에 대한 책임을 인식한다는 점에서 자유와는 차별된다. 자율경영팀의 개념은 ① 작업에 가장 가까이 있는 사람이 직무수행과 개선방법을 가장 잘 이해하고, ② 대부분의 종업원들이 자신의 직무와 조직의 효율화에 의미 있는 역할을 하고자 하며, ③ 팀이야말로 개별종업원에게 줄 수 없는 권한과 책임을 부여할 수 있다는 세 가지 가정에 바탕을 두고 있다.

자율경영팀은 작업을 수행하고 관리하는 공식적 · 영구적 조직구조라는 점에서 기존의 팀이나 팀워크와 다르다. 자율팀의 구성원들은 자기 일에 대해 책임을 질 뿐만 아니라, 자신의 작업에 대한 계획을 세우고 생산에 관련된 결정을 내리고 문제를 해결하기 위해 조치를 취하며 리더십을 공유한다.

유사한 의미로서 자율경영이란 자기 스스로 자율적 작업집단(self-leading work team)을 만들어 발전시키고 인간존중경영의 토대를 마련하고자 하는 경영을 의미한다. 이러한 자율경영은 구성원들 간의 상호존중 및 상호 호의적 관계 형성에 도움을 줄 뿐 아니라, 개인 역량의 극대화를 통해 효율적이고 자발적인 업무처리와 더불어 조직 전체의 성과에 긍정적으로 기여하게 된다.

또한 자율경영은 실무자 스스로 작업을 하면서 그들의 작업이나 공정을 개선하고, 업무상의 문제들을 스스로 해결하며, 작업을 계획화하고 통제한다. 이러한 자율경영은 전통적 고전경영학인 테일러리즘(Taylorism)과 대별된다. 테일러식 관리방식은 지시와 감독 그리고 통제 위주의 관리방식인 반면, 자율경영은 부여된 재량권을 통해 스스로 의사결정을 하고 문제를 해결한다. 테일러리즘은 인간을 기계화한 반면, 자율경영은 인간의 존엄성과 인간존중을 중시하기 때문에 일종의 모티베이션(motivation) 활동이라고 한다. 따라서 여기서 가장 중요한 것은 권한을 부여하는 임파워먼트(empowerment)이다.

3. 자율경영시스템의 구축

자율경영시스템을 구축하기 위해서는 우선 조직 자체가 유연하게 움직이도록 만들고, 유연성과 통합성을 갖는 성과중심의 효율적인 운영시스템을 갖추어야 할 뿐만 아니라, 시스템을 운영하는 구성원들이 책임감을 갖고, 자율과 창의를 바탕으로 하는 진취적이고 도전적인 의식 및 관행을 갖춘 조직문화가 필수적이다.

무엇보다 먼저 기업은 환경과 끊임없이 교감하며 상호작용하고, 내부의 커뮤니케이션이 자유롭고 신속하게 이루어지며, 필요한 순간 필요한 사람에 의해 신속한 의사결정이 이루어질 뿐만 아니라, 전략수립부터 실행에 이르는 과정이 통합적으로 이루어지고 기능 간 분화에 따른 고착화가 아니라 프로세스 전체가 분화와 통합 및 연속의 원리에 따라 움직일 수 있는 유연한 조직을 만들어야 한다. 이러한 자율경영조직의 구축을 통해 기업이 어떠한 환경변화에도 유연하게 대처할 수 있게 되는 것이다.

다음에는 신속하고 정확하게 경영환경의 변화를 읽고 그에 적합한 전략을 수립함과 동시에, 이의 전사적 정렬을 통해 경영전략을 체계적으로 실행 · 관리할 수 있도록 해야 한다. 이를 위해서는 조직구성인 전원이 참여하여 업무가 상시 자율적 · 효율적으로 수행될 수 있는 성과중심의 '운영시스템'을 구축함과 동시에, 프로세스 전체가 분화와 통합 및 연속의 원리에 따라 움직일 수 있는 유연한 시스템을 구축하고 운영함으로써 경영자가 경영환경의 변화를 추적하고 조직의 현상을 정확히 파악하여 적기 대응해 나가는 데 몰입할 수 있도록 해야 한다.

유연하고 효율성 높은 관리조직과 '경영시스템'을 갖추었다 할지라도, 이를 운영하는 구성원의 의식과 행동관행이 구태의연하고 목표를 보수적으로 설정하는 등 진취적이고 도전적인 활기찬 조직문화를 형성하지 못하면, 결국 과거 경영패턴을 답습하면서 환경변화에 적절히 대응하지 못하여 생존을 위협받게 된다.

따라서 지속적이고 근본적인 변화를 도모하기 위해서는 구성원 스스로가 도전적인 목표를 설정할 뿐만 아니라, 창의력과 열정을 갖고 어려운 여건 속에서도 끝까지 이를 달성해 나가도록 하는, 진취적이고 도전적인 활기찬 조직문화를 만들어야 한다.

제 5 절 경영트렌드

한때 연평균 10%대의 고속성장을 해 오던 우리나라의 경제가 1997년 12월 30일 IMF에 구제금융을 공식으로 신청한 이후, 정부와 기업은 IMF 관리체제를 벗어나기 위해 많은 노력을 해 왔다. 이 날을 시민들과 언론들은 '제2의 국치일'이라 불렀으며 금 모으기 등 일제시대 국채보상운동을 방불케 하는 시민운동을 펼쳤다.

그 동안 정부의 주도로 4대 개혁을 추진해온 결과, 기업의 관행이 많이 달라졌고 정부가 발표한 외환보유고도 3,000억 달러를 넘어섰다. 아직 여러 부문에 위험이 잔존해 있고, 위기를 극복하지는 못했지만 고성장의 신화에서 벗어나 다시 미래를 보면서 지금부터 우리의 노력 여하에 따라서는 얼마든지 이전보다 호전될 수 있을 것이다. 따라서 기업은 오랜 관행이었던 경제체질을 완전하게 바꾸고 재무구조와 지배구조를 개선해 경영의 안정성과 투명성을 확보하기 위한 노력을 기울여야 하며, 사업구조조정을 통해 핵심역량을 갖춘 업종에 집중시키고 희망이 없는 업종은 과감히 축소하거나 정리하여야 한다.

전환기를 맞은 우리나라는 낙관적인 기대보다는 철저하게 신념을 가지고 미래에 대응한다면 머지않아 더 나은 상황이 도래하리란 긍정적인 사고와 함께, 이러한 관점에서 새로운 기업환경에 대해 기업과 경영자가 추구하여야 할 방향을 종합하여 제시하고자 한다.

1. 미래기업의 대응방향

1) 고객만족경영

기업은 존속 · 발전되어야 하고 현대기업의 궁극적인 목적이 고객의 창출이라 한다면, 고객의 창출은 고객만족으로부터 이룩되며 기업의 이익창출은 고객만족의 대가라 할 수 있다. 구체적으로 고객만족경영이란, 고객이 원하는 품질의 상품을 고객이 원하는 시점에 적절한 가격으로 제공함으로써 고객을 만족시키는 경영을 의미한다. 따라서 고객만족경영은 목적이자 수단으로서의 의미를 동시에 갖는다.

이는 가치창조경영과 비교할 때 동전의 앞 · 뒷면과 같다. 지속적으로 고객을 만족시킬 수 있는 기업만이 기업가치창출이 가능하며 장기적인 생존과 이익을 보장받을 수 있기 때문이다.

생산자시장(seller's market)은 오래전 막을 내리고 앞으로는 더욱 치열한 구매자시장(buyer's market)으로의 이동은 불가피하다. 즉 수요가 공급을 초과하던 과거의 기업경영이 생산자만족경영이었다면 앞으로는 고객만족경영이 필수적이다. 공급이 수요를 초과하는 지금, 고객은 기업에게 어떤 제품을 생산해야 하는가를 결정해주는 주체로 변모하고 있기 때문이다.

더욱이 소득수준의 향상과 정보, 통신, 교통, 제반기술의 발달은 고객욕구의 다양화, 개성화, 특성화를 더욱 촉진할 것이다. 고객은 자신만의 개성과 개별적인 욕구를 중시하며 '나만을 위한 제품이나 서비스'를 제공받기를 원하고 있다. 적은 고객집단이라 하더라도 미충족 욕구를 발견하거나 창출할 수 있는 능력을 개발하여 틈새시장을 충족시킬 수 있는 기업역량을 구축하고, 이를 차별화된 전략으로 활용하는 기업은 고객만족경영을 실천하는 데 아주 유리한 위치를 선점할 수 있을 것이다.

2) 가치창조경영

가치창출을 이루지 못하는 기업은 결국 시장에서 패퇴하게 된다는 평범한 진리를 새롭게 인식해야 한다. 오랜 기간에 걸쳐 한국기업들은 매출액, 시장점유율, 경상이익 등의 단편적인 목표를 설정하고, 기업의 대형화나 외형의 극대화정책을 계속해왔다. 이 과정에서 필요한 자금은 자기자본보다는 금융기관으로부터의 차입금에 주로 의존하였다.

비효율적 투자와 만성적인 자금의 초과수요는 높은 금융비용을 야기하고 고비용 · 저효율 체질을 고착시키는 주요 요인이 되었다. 그러나 이제는 차입의존의 외형확대전략은 그 효용성을 잃어가고 있다. IMF 관리체제로부터 엄청난 경험을 했을 뿐만 아니라 세계화 · 개방화로 인해 외형보다는 내실과 실력이 경쟁력의 결정요인이 되었기 때문이다.

재무구조의 획기적 개선과 과감한 사업구조의 조정을 통해 외형보다는 수익, 양보다는 질을 중시하는 실질지향적인 가치창조경영으로 전환하여야 한다. 자기자본을 포함한 모든 조달자금의 비용을 상회하는 수익성 있는 사업을 영위하여 가치창출 능력을 확보하여야 한다.

따라서 건전한 수익성을 창출할 수 있는 투자, 자본조달비용을 최소화시킬 수 있는 재무구조의 개선 그리고 시너지효과가 적은 비관련 다각화로부터 사업의 집중화 · 전문화로의 이동은 핵심역량(core competence)을 강화시켜 경쟁우위의 원천을 제공할 것이다.

3) 지식중시경영

21세기 지식사회에서 기업의 경쟁력은 종업원들의 지식과 아이디어, 우수한 프로세스, 차별화된 고객만족과 같이 눈에 보이지 않는 요소들에 의해서 결정된다. 공장시설이나 노동력 또는 자본과 같이 눈에 보이는 자산보다는 오히려 눈에 보이지 않는 지식이 기업경쟁력의 핵심으로 떠오르기 시작한 것이다. 즉, 산업사회에서 지식사회로의 전환이 빠르게 진행되고 있는데 지금 인간의 창의력과 정보기술이 결합된 지식사회로 세계경제구조가 재편되고 있는 것이다.

따라서 지식사회에서는 자본과 노동의 투입비율보다는 창의력과 정보기술이 결합된 지식의 투입비율이 훨씬 커진다. 지식을 중요한 자원으로 활용해야 하는 지식사회에서는 경영활동도 기존의 방식에서 변화해야 한다. 이에 따라 대두되는 것이 지식사회에서의 지식을 중시하는 경영이다.

지식경영(knowledge management)이란 기업이나 종업원 개개인이 지니는 지식을 체계적으로 발굴하여 기업 내부의 보편적인 지식으로 발전시켜 기업 전체의 경쟁력을 향상시키는 경영활동을 말한다. 달리 말하면 기업의 경쟁력을 향상시키기 위하여 지식을 축적하고 이를 체계적으로 공유하여 활용하는 경영활동이 지식중시경영인 것이다.

핵심역량으로서의 지식자산은 고도로 발달한 신기술만을 의미하는 것은 아니다. 기존의 유형 · 무형자산의 효율적인 조합과 새로운 유형 · 무형자산의 효과적인 응용 모두를 포괄하는 의미이다. 즉, 이러한 지식자산의 종류는 핵심기술(core technology)부터 영업 노하우, 고가브랜드, 효율적인 유통망의 유지 마케팅 능력,

조직구성원의 업무수행/학습능력, 정보기술 등 다양하나 지식자산은 그 자산의 절대적인 수준보다도 투자효과, 시장성, 경쟁우위 등에서 존재가치가 있을 때 기업의 핵심역량이 될 수 있다.

4) 인간중시경영

산업사회에서는 기업이 건물과 공장을 자산으로 삼아 여기에 인적자원과 물적자원을 비용으로 투입하여 이윤을 창출하였다. 즉 물자와 함께 사람은 단순한 비용으로 인식된다는 것이다. 그러나 정보화시대에서는 사람들이 창조적인 두뇌활동을 벌여 새로운 아이디어를 내놓고 이를 기초로 하여 가치가 창조될 것이기 때문에, 인간이야말로 건물과 공장을 대신해서 이윤창조활동에 가장 중요한 자산이 되고 있는 것이다.

기업은 정보화사회가 도래함으로써 새로운 사회환경에 맞추어 기업을 변신시켜야 하는 것이다. 보다 구체적으로 기업은 지금까지 비용항목으로 처리해 오던 사람을 자산으로 삼고, 지금까지 자산으로 취급해 오던 건물이나 공장은 오히려 비용항목으로 처리해야 한다.

이러한 변신의 핵심은 다음과 같은 한마디로 요약할 수 있다. 즉 미래의 사회에서 "기업의 사명은 사람의 능력을 개발하는 것(The mission of a corporation is to develop human capacity)"이어야 한다.

기업 내에 그러한 분위기를 조성하기 위해 자율과 책임감을 존중하는 분위기를 형성하여 자율경영문화를 정착시키는 것이 중요하다. 따라서 기업이 지향하는 목표에 부합하는 능력의 소유자를 채용하여 각 개인이 노력하는 만큼 발전할 수 있도록 지원함은 물론 스스로의 판단과 결정에 따라 주어진 역할을 제대로 수행할 수 있는 권한과 책임을 부여하는 자율경영의 영역이 확장되어야 할 것이다.

5) IT 중시경영

산업혁명 이후 지금까지 기업에서의 가장 큰 변화는 컴퓨터의 등장이다. 컴퓨터를 활용한 이른바 정보기술은 기업의 경쟁력에 큰 영향을 미치고 있다. 기업뿐만 아니라 세계의 경제질서는 정보기술의 흐름 속에서 재편되고 있다. 중국의 천안문사태를 세상에 알린 팩스라든가 전쟁에서 맨 먼저 공격하는 곳이 정보망이듯이 한 나라의 존폐를 결정하는 군사력에도 첨단기술이 사용되고, 이 기술의 활용은 사회 모든 분야에 영향을 미치고 있다.

따라서 정보기술은 기업의 전통적인 형태도 커다란 변화를 초래하고 있다. 기존의 기업형태는 전형적인 피라미드구조를 가지고 있는 것이 일반적이었다. 그런데 정보기술이 본격적으로 적용되면 서류중심, 사람중심의 의사소통체제가 컴퓨터중심, 통신중심, 무서류중심(paperless system)으로 변하게 된다. 이러한 변화는 결국 기업조직을 수평조직(flat organization)으로 변화하도록 할 뿐만 아니라 특정 공간에 기업부서의 모든 기능이 모여 있는 전통적인 기업의 형태에서, 각 기능에 적합한 지역에서 경영활동을 할 수 있는 새로운 유형의 기업조직인 '네트워크화된 기업조직(networked organization)'을 탄생시켰다.

정보기술의 활용은 제품생산력, 품질향상, 비용절감 등 기업경쟁력을 확보할 수 있는 필수조건이 되고 있다. 신속한 경영정보의 파악과 전략적 활용은 시장변화에 대처할 수 있는 조직의 유연성과 효율성을 높여 준다. 효과적인 정보시스템을 구축하기 위해서는 필요한 정보와 정보기술을 어떻게 통합적으로 개발 · 관리하여 기업의 전략경영의 수행에 절대적인 수단이 되게 하느냐가 관건이 될 것이다.

6) 환경중시경영

어떠한 산업의 범주에 속하더라도 자연보존과 환경보호를 우선으로 하지 않는 기업활동은 앞으로 지속적인 성장을 담보하기는 어렵다. 자연환경 이외에도 기업시민으로서 기업을 둘러싼 사회환경, 지역환경, 국제환경까지 고려한 경영, 나아가 사회적 책임을 감당할 수 있는 기업만이 초우량기업이 되어야 한다.

과거에 보다 많은 자연개발은 보다 높은 경제성장을 의미했으며 환경오염은 경제개발과정에서 불가피한 것으로 인식되기도 하였다. 따라서 기업의 환경오염에 대한 대응방법도 이미 생성된 환경오염물질을 무해하거나 덜 유해하도록 적절히 처리하는 사후처리에 집중되었다. 그러나 이미 환경오염의 정도가 인간의 생존 자체를 위협하는 정도에 이르고 오염처리비용 또한 기하급수적으로 증가, 급격한 생산비용의 증가를 초래하고 있다. 또한 제품 자체의 품질과 더불어 환경에 대한 기업의 인식과 대응방법이 소비자의 구매동기에 영향을 미치고 있다. 따라서 환경에 대한 인식과 대응방법에 대한 근본적인 전환이 요구되어 근래 전사적 환경경영(Total Quality Environmental Management)에 관심이 집중되고 있다.

즉, 자연에 대한 미래세대의 욕구를 훼손시키지 않고 현재 세대의 욕구를 충족시킬 수 있는 지속가능한 개발을 추구해야 한다. 기업의 전략 수립 시에 제품의 전 과정에 걸친 환경오염과 예방비용 분석을 통해 효율적이면서 환경친화적인 생산과정이 계획되고 투자에 의해 뒷받침되어야 한다. 또한 최고경영자의 환경에 대한 확고한 인식과 환경중시 기업문화를 기업 스스로 정착시키는 조직차원의 활동이 필요하다.

7) 세계화전략 추구

'전 세계의 단일시장화'는 우리가 상상하지 못할 정도로 빨리 다가오고 있다. 세계화는 국내시장과 해외시장의 구분을 무의미하게 만들고 단일시장화를 촉진하고 있다. 즉, 새로운 무한경쟁시대를 열고 있는 것이다. 세계시장에서의 강자가 되지 않는 한 국내시장에서의 강자가 될 수 없는 시대가 된 것이다.

기업의 세계화전략이란 R&D로부터 최종제품의 배달, 그리고 A/S에 이르기까지 기업활동의 전 과정이 세계적인 차원에서 최적화되는 것을 의미한다. 그래야만 세계시장에서 일류가 되어 지속적으로 경쟁우위를 창출할 수 있기 때문이다. 세계 각지에서 그 지역문화와 특색에 맞는 현지화를 전개하면서도 동시에 일관된 품질과 기업 아이덴티티를 확립하여야 세계화시대에 살아남을 수 있다.

이러한 세계화 경영을 영위하기 위해서는 다음과 같은 역량을 확보해야 한다.

첫째는 핵심역량의 집중화이다. 제품이나 사업구성 측면에서 글로벌 차원의 경쟁우위 및 효율성을 창출할 수 있도록 집중화된 핵심역량을 보유해야 한다.

둘째는 지역적 분산화이다. 각자의 지역에서는 국가나 지역시장별 고객 특유의 욕구변화에 대한 신속한 대응력 및 유연성을 확보, 그 지역에 적합한 제품을 개발할 수 있어야 한다.

마지막으로 글로벌 학습능력을 확보해야 한다. 전사차원의 일치된 조직운영에 필요한 제반기능을 글로벌 학습망을 통해 공유할 수 있게 함으로써 조직의 효율성은 물론 유연성과 신속성을 확보해야 한다.

한국기업 역시 어떻게 하면 브랜드인지도를 높이고 제품을 차별화 · 고급화하고 유통망을 강화시킬 것인가를 모색하는 것이 치열해지는 세계화 경쟁에서 궁극적으로 살아남는 길인 것이다. 이러한 세계화전략은 단기적인 안목에서가 아니라 장기적인 안목에 의한 경영전략에 따라 해결되어야 하며, 고도 정보화사회로 이전됨에 따라 경영자에게는 과거와 달리 새로운 업무와 지식이 꾸준히 요구될 것이다.

2. 미래의 경영자

미래의 경영자는 어떻게 해야 하는가? 현재와 같은 무한경쟁의 시대에서 우리 기업들이 살아남기 위해서는 진정한 기업경쟁력의 원천이 무엇인지를 다시 한 번 되짚어 볼 필요가 있다. 앞으로는 경쟁의 양상이 지금처럼 자본의 싸움, 기술의 싸움이라는 차원을 넘어서 '두뇌와 문화의 싸움'이라는 새로운 차원으로 발전해 나갈 것으로 예측되고 있다. 최근 '학습조직' 만들기나 '지식경영'이 일대 유행처럼 번지고 있는 이유도 그 때문이다. 이러한 점에서 볼 때 미래에는 '지적 창조력'이 진정한 기업경쟁력의 원천으로 자리매김하게 될 것이라는 것은 분명하다.

성과를 창출하는 주체는 역시 사람이다. 경영환경이 어려울수록 조직원의 단합된 힘을 끌어낼 수 있어야 한다. 이것이 무한경쟁을 극복할 수 있는 최선의 방법이기 때문이다. 따라서 21세기 초우량기업이 되기 위해서는 명확한 전략 방향을 제시하여 조직구성원의 '참여의식'과 '도전의식'을 고취시켜야 한다.

그러므로 경영자는 항상 조직원들에게 비전을 제시하고 스스로는 전략방향에 대한 명확한 그림을 그리고 있어야만 한다. 경영이 위기에 처해도 최고경영자는 흔들림 없이 지속적으로 비전과 전략 방향에 대해 확고한 의지를 표출할 수 있어야 한다. 특히 경영환경이 어려울 때에는 비전이나 기본 전략방향뿐만 아니라 세부 실행전략 및 방침에 대해서도 경영자에게 거는 조직원들의 기대감은 크기 마련이기 때문이다.

여기서 경영자 업무의 변화를 구체적으로 보면, 먼저 컴퓨터와의 친근성은 필수적일 것이다. 과거에는 경영자들이 컴퓨터를 직접 조작하지 않더라도 타인에게 시키거나 도움을 받아 일을 할 수 있었다. 앞으로는 직접 컴퓨터를 조작하고 산업과 업종에 따라서 어느 부문은 전문가 수준의 실력을 요구하게 될 것이다. 더욱이 미래의 경영자들인 여러분들은 일찍부터 컴퓨터에 친숙해져서 스스럼없이 컴퓨터를 생활화할 수 있게 되어야 할 것이다.

둘째, 의사결정의 범위와 능력이 훨씬 커질 것이다.

경영문제와 관련된 필요한 정보가 정확하고 신속하게 제공됨으로써 의사결정의 양과 질을 높일 수 있다. 직접 컴퓨터를 통해 정보를 얻음으로써 통제도 쉽게 할 수 있고 필요한 조치를 빨리 취할 수 있게 된다.

셋째, 격변하는 환경에 적응하려면 경직된 조직보다 적응력이 높은 유기적인 조직이 될 것이며, 통제가 쉬워지므로 한 사람의 경영자가 더 많은 부하를 거느릴 수 있게 된다. 즉, 통제의 폭이 넓어지고 계층은 줄어들어 조직이 지금보다 더 수평적이고 분권화된다. 그리고 스탭의 수도 줄어들게 된다. 왜냐하면 굳이 스탭조직의 도움을 받을 필요 없이 경영자가 직접 중요한 정보를 얻을 수 있기 때문이다.

넷째, 공장이 자동화되면 현장에서의 감독기능은 월등히 감소될 것이며, 사무 자동화가 되면 통제업무를 격감시킬 수 있고 인원을 축소시킬 수 있을 것이다.

이러한 원인으로 해서 권력의 중심이 이동하게 된다. 중요한 정보에 쉽게 접할 수 있는 사람에게 권력이 이동하게 되는데, 이는 경영정보처리 업무가 분산되는 추세이기 때문이다.

이에 따라 과거의 관료주의적인 조직제도에서의 경영자와는 현격히 다른 경영능력을 갖추어야 한다. 앞으로 다가올 새로운 형태의 조직에서는 구성원이 조직인이기보다는 전문가로서 구성될 가능성이 훨씬 높아지게 된다. 즉, 기업 자체가 기업들 간에 정보통신을 이용한 네트워크로 구성될 뿐만 아니라 그 기업 내부의 구성원 자체도 각각 나름대로 전문성을 지닌 사람들로 구성되기 때문이다.

그러므로 미래의 조직구조에서 성공할 수 있는 경영자들에게는 특별히 다음의 세 가지 자질이 요구된다.

첫째, 미래의 경영자들에게는 전략적인 사고가 특히 중요하다. 전략적 제휴와 합작투자를 통한 기업들 간의 장기 및 단기적 제휴관계가 늘어남에 따라 이러한 제휴를 수행하고 관리하는 데 있어서 혼란에 빠지기 쉽다. 또한 어떠한 목표를 달성하기 위한 것인가에 대한 분명한 목표의식 없이는 혼돈 속에 빠지기 쉽고 자신의 핵심역량(core competence)을 파트너에게 쉽게 넘겨주기 마련이다.

둘째, 미래의 경영자들에게 더욱 중요한 경영자적 자질은 세계화의 안목과 사고방식이다. 여기에 무한한 지식창조의 경영을 접합시킬 줄 아는 능력의 소유자이어야 한다. 세계화된 경영환경에서 효과적으로 기업을 운영하려면 경영자는 무엇보다도 글로벌(global)한 안목과 사고방식을 갖고 내부적으로는 이에 대해 경쟁우위에 설 수 있는 창조적 조직을 갖추어야 한다.

셋째, 미래의 경영자들에게 필요한 능력은 교섭능력이다. 미래의 기업조직이 네트워크형 기업조직의 형태를 띠고, 또한 기업내부에서도 전문가들로 구성된 조직이 주를 이루게 되면 이러한 기업에는 내부적으로 또는 외부적으로 끊임없는 교섭(bargaining)과 협상(negotiation)이 일어난다. 보다 더 유리한 조건으로 조직을 운영하려면 뛰어난 협상능력이 필수불가결한 조건이다. 즉 이러한 협상능력을 갖춘 경영자들만이 미래의 기업조직을 효과적으로 운영할 수 있는 것이다. 아울러 경영학의 제반지식은 유능한 경영자가 되기 위해 필수적인 것이며 앞으로의 경영자들도 이러한 관리기법들을 잘 사용할 수 있는 능력이 필요하다.

그러나 전략적인 사고나 글로벌한 마인드, 창조적 지식, 교섭능력과 같은 것은 단순히 교과서를 읽고 배우고 강의를 들음으로써 얻어지는 것은 아니다. 이러한 능력을 갖춘 경영자가 되기 위해서는 평소 생활 속에서 전략적으로, 국제적으로 생각하는 습관을 기르도록 노력하는 것만이 지름길이 될 것이다.

여기에 국가발전의 일익을 담당한다는 사명감과 함께 모험과 위험을 두려워하지 않고 도전하며 이에 책임을 수용할 줄 아는 혁신적인 기업가정신이 기본이 되어야 한다.

변화를 통한 미래경영

세상에는 우리가 보고 듣는 것만 존재하는 것일까. 다소 엉뚱한 질문이기는 하지만 우리 신체는 스스로의 생존을 위해 보고 듣는 영역을 제한하고 있다고 한다. 즉, 분명히 존재하지만 우리가 인지하지 못하는 상황이 있는 것이다. 이 때문에 인간은 과학기술을 발전시켜 미지의 영역을 탐구해 왔고, 지적 상상력을 동원해 문화예술 작품을 창조해 왔다.

해리슨 포드가 주연한 영화 '인디아나 존스'의 한 장면을 인용해 보자. 석판에 새겨진 지도를 따라 성배를 찾던 존스 박사는 벼랑 끝에서 지도상의 다리를 볼 수 없었다. 이 대목에서 주연배우는 실감

나게 연기한다. 보이지 않지만 건너 볼까, 아니면 포기할까.

당사자로서는 목숨을 건 도박을 하는 심정이었을 것이다. 알다시피 존스 박사는 믿음과 용기를 가지고 한발을 내디뎌 무사히 다리를 건넜고, 이후 허공에 모래를 뿌리자 그제서야 다리는 실체를 드러낸다. 눈앞에 없지만 다리는 있었던 것이다. 우리의 미래 역시 마찬가지라고 생각한다.

많은 사람들이 미래를 예측하고 미리 준비하기 위해 다양한 노력을 해왔지만, 완벽한 예견은 불가능하다. 내일에 대한 대비는 개별 사안이 아니라 환경변화 및 사회구성요소 간 변화의 흐름을 읽는 데에서 출발해야 한다. 미래를 경영한다는 것은 변화를 미리 감지하고 대응책을 마련해 나가는 것으로, 경영자라면 20~30년 후를 바라보고 능동적으로 조직을 이끄는 리더십을 겸비해야 한다.

꾸준히 번영하는 조직과 널리 활용되는 사물의 경우, 본래의 기능만으로 쓰이지 않고 시간이 갈수록 외연이 확장되고 새로운 용도로 활용됐다는 특징이 있다. 일례로 과거 수력발전을 목적으로 건설됐던 댐을 보면 최근 발전 비중은 점차 축소되고, 홍수조절 · 용수확보 · 관광 등 새로운 쓰임새가 추가되고 있다.

댐의 용도를 발전용으로만 한정하고 다른 활용 방안을 강구하지 않았다면 수력발전 비중이 1%대로 줄어든 지금 댐은 아마 구시대의 유물로 전락했을 것이다. 하지만 물을 가두고 저장하는 댐의 기본 기능에다 온난화로 인한 기상이변과 용수부족 해결, 관광레저산업의 육성이라는 시대적 상황 변화가 더해져 발전 외에도 다양한 효용가치를 발견할 수 있게 된 것이다.

마찬가지로 기업도 세월이 흐를수록 핵심역량을 발휘할 수 있는 다양한 토대를 마련하고 진화해야 영속할 수 있다. 특히, 국민의 성원으로 유지되는 공기업은 경영환경의 변화뿐 아니라 국민이 원하는 공공서비스 수요에 맞춰 지속적인 혁신과 거듭나기가 필요하다.

빠르게 변하는 세상에서 현실 안주는 퇴보를 의미한다. 보이지 않더라도 누군가는 미래를 향한 거대한 흐름을 보고 있다. 다가올 내일에 대한 부단한 분석은 보이지 않는 다리가 새겨진 존스 박사의 석판처럼 조직이 진화해야 할 방향을 보여주고, 의사결정의 순간 신념과 믿음을 실어 줄 것이다.

영화에서 존스 박사는 보이지 않는 다리를 건너 결국 성배를 손에 넣었다. 우리 기업들도 미래 흐름에 대한 지식과 소신을 가지고 끊임없이 혁신하고 변화하면 성공이라는 '성배'를 얻게 될 것으로 기대한다.

자료 : 서울신문 2011년 3월 21일

참고문헌

▶ 국내문헌

권구혁 외 역, 경영학의 이해, 생능출판사, 2010.

고광선 · 노춘섭 · 허정수, 현대 경영학원론, 양지, 2000.

고동희 외, 경영학원론, 명경사, 2009.

공병호, 21세기 기업변신을 위한 한국기업 흥망사, 명진출판사, 1993.

강병서 외, CEO를 위한 신경영학, 무역경영사, 2002.

김광남 · 윤복만 · 박만홍, 정보와 사회의 경영학, 한올출판사, 2000.

김명학, 경영학 콘서트, 학현사, 2010.

김병윤 외, MANAGEMENT, 명경사, 2009.

김성원, 인터넷 비즈니스 성공전략, 혜지원, 1999.

김성희 · 김재경 · 장기진, 인터넷과 전자상거래, 무역경영사, 2000.

______ · 장기진, e-비즈니스원론, 무역경영사, 2001.

김영재 외, 기업과 사회, 삼영사, 2001.

김완표, 디지털 혁명의 충격과 대응, 삼성경제연구소, 2000. 1.

김원수, 입문 경영학원론, 삼영사, 1993.

______, 기업환경론, 다산출판사, 1991.

김인호, 경영전략론: 한국기업의 경영원리와 전략경영, 비봉출판사, 1991.

김종재 외, 경영학원론, 박영사, 2004.

김현진 역, 타임베이스경쟁, 그린비, 1994.

노승종 외, 경영학의 이해, 한경사, 2009.

노중호, 다운사이징과 기업재창조, 김영사. 1993.

매일경제신문사, 디지털지식혁명, 2000.

박기성, 전통기업의 e-business실행전략, LG주간경제, 2000. 9.

박내회 역, Theory Z, 우아당, 1986.

박운성, 현대경영학원론, 박영사, 1996.

박춘엽 · 박영배, 중소기업경영론, 학문사, 1999.
박형호, 경영학원론, 무역경영사, 1996.
백방선, 경영학원론, 무역경영사, 1996.
산업자원부, 프랜차이즈 경영원론, 한국프랜차이즈협회, 2004.
서남수 외, 경영관리론, 박영사, 1993.
송균석 · 양성국, 현대사회와 기업경영, 무역경영사, 2001.
신용보증기금, 조직구조의 설계와 운영방법, 2004.
신유근, 기업과 사회 -기업환경론, 경문사, 1992.
신재정, 경영학원론, 법영사, 1995.
안중호. 경영과 정보통신기술, 학연사, 1990.
______ · 박철우, 인터넷과 전자상거래, 홍문사, 2000.
유필화 외 4인, 디지털 시대의 경영학, 박영사, 2001.
윤훈현 · 최석신, 현대마케팅론, 범한서적(주), 1993.
이덕훈, 기업과 사회-Business and Environments, 학문사, 1996.
이대용, "가상기업," 한국정보전략학회세미나 자료집, 1996.
이명진, e-비즈니스 활용기업의 경영성과에 영향을 미치는 주요요인 분석에 관한 연구, 숭실대학교 박사학위논문, 2008.
이명호 외, 경영학으로의 초대, 박영사, 2010.
이명환, 고효율 · 자율경영을 위한 시스템경영, 한국기업문화연구소, 2004.
이성호 외, 글로벌 전통기업의 디지털 체험 전략, 삼성경제연구소, 2013.
이학종, 기업문화와 조직개발, 법문사, 1986.
이한검, 경영학원론, 형설출판사, 1994.
장세진, 글로벌시대의 경영전략, 박영사, 1996.
전용수 외, 현대경영학, 법영사, 1995.
전용욱 외, 경영학산책, 북넷, 2010.
전인숙, 신인사제도와 조직문화, 한일경제, 1995. 2.
정기창 외, 윤리경영 표준안 보고서, 국민권익위원회, 2009.
정수영, 신경영학원론, 박영사, 1997.
정영일 외, 생생경영학, 명경사,2009.
조동성, 21세기 경영 패러다임, 민음사, 1995.

______, 21세기를 위한 경영학, 서울경제경영, 2000.
______ · 신철호, 14가지 경영혁신기법의 통합모델, 아이비에스, 1996.
조 담, 현대재무관리, 무역경영사, 2010.
지호준, 알기쉬운 21세기 경영학, 법문사, 2001.
최종태, 현대조직론, 경세원, 1985.
최해술 외 5인, 기업과사회, 한올출판사, 2000.
한희영 · 김종진, 경영학원론, 한국방송통신대학, 1990.
허정수, 경영학원론, 등용문출판사, 1999.
홍석보 외 3인, 전략적경영혁신기법, 학문사, 1999.
삼성경제연구소, http://sericon.seri.org
LG경제연구원, http://www.lgeri.co.kr
현대경제연구원, http://www.hri.co.kr

▶ 외국문헌

井澤良智 · 増國卓司, 現代企業と經營戰略, 同文館, 1992.
土屋守章, 現代の企業の入門, 日本經濟新聞社, 1984.
特本志行, 現代の經營, 中央經濟社, 1991.
Alderfer, C. P., *Existence, Relatedness and Growth*, N.Y.: Free Press, 1972.
Ansoff, H. I., Corporate Strategy, McGraw-Hill, 1965.
Argyris, C., *Integrating the Individual the Organization*, N.Y.: John Wiley and Sons, 1964.
Barney, J. B., *Gaining and Sustaining Competitive Advantage*, Addision- Wesley Publishing, 1997.
Baron, D., *Business and its Environment*, Prentice-Hall, 1993.
Booz-Allen & Hamilton, *Competing in the digital age*, 1999.
Burden, T. & Richard Stead, *Business and Society-consensus and Conflict*, Butterqorts, 1981.
Campbell, J. P., *Managerial Behavior, Performance and Effectiveness*, N.Y.: McGraw-Hill, 1970.
Carroll, Jr., S. J. & Tosi, Jr., *Management by Objectives: Application and*

Research, The Macmillan Company, 1973.

Collis, D. J., & Montgomery, C. A, *Corporate Strategy*, Richard D. Irwin, 1997.

Deal, T. E. & A. A. Kennedy, *Corporate Cultures: The Rites and Rituals of Corporate Life, Leading, Mass*, Addison–Wesley Publishing Co., 1982.

Drucker, P. F., Management : Tasks, Responsibilities, Practices, Harper & Row, 1973.

__________, *Post Capitalist Society*, Harper Business, 1993.

Fellenstein, C. & R. Wood, *Exploring E–commerce*, Prentice–Hall, 2000.

Fuller, F., *Getting Started with Electronic Commerce*, the Dryden Press, 2000.

Galbraith, J. K., *The New Industrial State*, Boston: Houghton Mifflin Co., 1967.

Greiner, Larry E., "Evolution and Revolution as Organization Grow", *Harvard Business Review*, Vol.50, No.4, July–August 1972.

Hax, A. C. & Nicolas S. Majluf, *The Strategy Concept and Process: A Pragmatic Approach*, Prentice–Hall International, Inc., 1991.

Hammer, Michael & James Champy, *Reengineering the Corporation: A Manifesto for Business Revolution*, New York. Harper Business, 1993.

Hayes., R. H. & S. C. Wheelwringht, *Restoring Our Competitive Edge: Competing through Manufacturing*, John Wiley & Sons, 1984.

Hersey, P. & K. H. Blanchard, *Management of Organizational Behavior: Utilizing Human Resources*, 4th ed., Englewood Cliffs, N.J.: Prentice–Hall, Inc., 1982.

Herzberg, F., *Work and the Nature of Man*, Cleveland, Ohio: World Publishing Co., 1966.

Holt, D. H., *Managemen*t, Prentice–Hall, 1993.

Kalakota, R. & B. A. Whinston, *Electronic Commerce: a Manager's Guide*, Addision–Wesley, 1997.

Kotler, J. P., "Leading Changing ; Why Transformation Efforts Fail," *Harvard Business Review*, 3~4. 1995.

Koontz, H. & H. *Weihrich*, *Management*, 10th ed., McGraw–Hill, Inc., 1993.

Luthans, F., *Organization Behavior*, N.Y.: McGraw–Hill Kogakusha, Ltd., 1981.

Mintzberg, Henry, *The Nature of Managerial Work*, N.Y.: Harper & Row, 1973.

McGregor, D., *Leadership and Motivation*, Boston: MIT Press, 1966.

Mouton, J., & Blake Robert R., *The Managerial Grid* Ⅲ, Gulf Publishing, 1985.

Naisbitt, J. & P. Aburdene, *Ten New Directions for the 1990s: Megatrends 2000*, William Morrow Co., 1990.

Peters, T. J., "Symbols Patterns and Setting: Optimistic Cases for Getting Things Dones," *Organizational Dynamics*, 1978.

Porter, M. E., *Competitive Strategy*, The Free Press, 1980.

__________, *Competitive Advantage*, The Free Press, 1985.

Prahalad, C. K. & Hamel, G., "The Core Competence of the Corporation," *Harvard Business Review*, May-June, 1990.

Schendel, D. E. & C. W. Hofer, *Strategic Management: A New View of Business Policy and Planning*, Brown, 1979.

Schermerhorn, J. R., *Management*, John Wiley & Sons, 1996.

Schoderbek, P. P., *Management Systems*, Irwin, 1990.

Senge, Peter, *The Fifth Discipline*, N.Y.: Doubleday, 1990.

Simon, H. A., "Approachings the Theory of Management, " *in Koontz eds, Toward a Unified Theory of Management*, 1964.

Stoner, J. A. F. & Freeman, R. E., *Management*, Prentice-Hill, 1992.

Terry, G. R., Principles of Management, Homewood, Ⅲ.: Richard D. Irwin, Inc., 1960.

Thompson, Jr., Arthur Y., *Strategic Formulation and Implementation Tasks of the General Manager*, Business Publications, Inc., 1983.

Williams, F., Reasons with Statistics, Holt, Rinehart and Winston, 1968.

Whiteley, D., e-Commerce : *strategy, technologies and applications*, McGraw-Hill, 2000.

찾아보기

ㄱ

저자약력

허정수

• e-mail : jshur@honam.ac.kr

• 인하대학교, 전남대학교 대학원, 경영학박사
• 경영지도사
• 한국생산관리학회 이사
• 지방경제살리기위원회 자문위원
• 기업경영연구소 연구위원
• 호남대학교 대학원 교학부장
• 호남대학교 경영대학 학장
현) 호남대학교 경영학과 교수

[주요 저서 및 논문]
• 현대 경영학원론, 등용문출판사, 1997
• 한국의 국제경쟁력과 지역경쟁력 연구총서(공저), IPS, 1999
• 경영학원론, 도서출판 양지, 2000
• 현대 경영학의 이해, 도서출판 대경, 2002
• CIM전략계획을 위한 주요 성공요인에 관한 연구
• 디지털환경과 전략경영
• 신생산기술 도입의 전략계획 수립에 관한 연구
• 지방중소기업의 경쟁력제고를 위한 임파워먼트에 관한 연구 외 다수

노춘섭

• e-mail : noh@sunchon.ac.kr

• 경영학박사(전남대학교)
• 순천대학교 대학원장
• 순천대학교 지역개발연구소장
• 미국 보스톤대학교 객원교수
• 인문사회과학대학, 경영행정대학원 교학부장
• 순천대학교 경영통상학부 학부장
• 한국산학협동연구원 이사
• 21세기 경제연구소 이사
현) 순천대학교 경영학과 교수

[주요 저서 및 논문]
• 제품 · 서비스 운영관리
• 생산운영관리
• 생산조직구조와 신기술간의 적합성이 경영성과에 미치는 영향
• 광주 · 전남 중소기업의 수출경쟁력 증진방안
• 서비스품질 측정모형의 평가에 관한 연구
• 정보기술의 사용과 만족에 관한 통합모형 외 다수

장준호

• e-mail : jjh4653@honam.ac.kr

• 호남대학교, 전남대학교 대학원, 경영학박사
• 대한경영학회 이사
현) 호남대학교 경영학과 조교수

[주요 저서 및 논문]
• 경영학원론(공저), 박영사, 2004
• 처음접하는 경영학, 도서출판 청람, 2012
• 경영학원론, 호남대학교 출판부, 2013
• 부하의 리더 수용의 선행요인과 효과 연구, 2010
• 관광중소기업의 전략적 인적자원관리의 방향, 2011
• 서번트 리더십과 내적 동기간의 관계 및 그 효과성에 관한 연구, 2011
• 상사의 비인격적 감독이 부하태도에 미치는 영향, 2012
• 여성근로자의 일-가정 관계가 성과에 미치는 영향, 2012
• 상사의 모니터링행위가 부하의 계산기반 신뢰와 과업수행에 미치는 영향, 2013
• 변혁적 리더십과 직무몰입 및 혁신성향 간의 관계에 대한 심리적 자본의 매개효과, 2013 외 다수

김영환

• e-mail : podo92@jnu.ac.kr

• 전남대학교, 전남대학교 대학원, 경영학박사
현) 전남대학교 경영학부 강사

[주요 저서 및 논문]
• 경영권 방어 수단을 도입한 기업의 재무적 특성 연구, 2011
• 국내외 외부 주요주주가 기업의 투자결정에 미치는 영향, 2011
• 경영권 방어수단 도입이 주주 부에 미치는 영향, 2012
• 경영권 방어수단이 자기주식 취득에 미치는 영향, 2013 외 다수

경영 스케치

2014년 2월 25일 1판 1쇄 발행
2018년 2월 25일 1판 3쇄 발행

저 자 | 허정수 · 노춘섭 · 장준호 · 김영환
발 행 인 | 이수영
발 행 처 | 도서출판 청람
서울시 마포구 독막로 288(대흥동, 세양상가 109호)
전 화 | 02)3272-2601(대)~2
팩 스 | 02)3272-2603
이 메 일 | crbooks@daum.net
홈페이지 | www.crbooks.co.kr
등 록 | 2000년 8월 26일 제6-0509호

ISBN 978-89-5972-381-2 93320 [정가 23,000원]